中文社会科学引文索引(CSSCI)来源集刊

RENMIN

人大法律评论

UNIVERSITY

《人大法律评论》编辑委员会·组编

LAW

2022年第2辑·总第36辑

REVIEW

法律出版社
LAW PRESS·CHINA
北京

图书在版编目（CIP）数据

人大法律评论. 2022年. 第2辑 ：总第36辑 /《人大法律评论》编辑委员会组编. -- 北京 ：法律出版社，2024. -- ISBN 978 - 7 - 5197 - 9290 - 9

Ⅰ. D9 - 53

中国国家版本馆 CIP 数据核字第 2024SL8553 号

人大法律评论(2022年第2辑·总第36辑)

RENDA FALÜ PINGLUN

(2022 NIAN DI-2 JI · ZONG DI-36 JI)

《人大法律评论》编辑委员会　组编

策划编辑 沈小英　毛镜澄
责任编辑 毛镜澄
装帧设计 李　瞻

出版发行 法律出版社
编辑统筹 法治与经济出版分社
责任校对 王语童
责任印制 吕亚莉
经　　销 新华书店

开本 710毫米×1000毫米　1/16
印张 22.5　**字数** 407千
版本 2024年2月第1版
印次 2024年2月第1次印刷
印刷 北京虎彩文化传播有限公司

地址：北京市丰台区莲花池西里7号(100073)
网址：www.lawpress.com.cn
投稿邮箱：info@lawpress.com.cn
举报盗版邮箱：jbwq@lawpress.com.cn

销售电话：010 - 83938349
客服电话：010 - 83938350
咨询电话：010 - 63939796

书号：ISBN 978 - 7 - 5197 - 9290 - 9　**定价：**143.00元

《人大法律评论》编辑委员会

卷首语

法律与社会如何交融

这是一个飞速变化的时代,这也是一个寻求理解与沟通的时代。不可否认的是,在日常生活中,我们能真切地感受到这个世界正在发生巨大的改变,我们的社会也正在面临日益复杂的法律问题。这些问题不仅出现在具体的法律条文里,更隐藏在现实生活的各种场景中。对于法学人来说,如何更好地回应社会与时代提出的命题,是一个不小的智识挑战。我们需要进一步关注法律如何与经济、文化、科技等各领域之间相互影响,如何共同塑造我们的社会生活。

为了更好地理解法律与社会的交织和互动,我们特别策划了这一辑的具体内容,将从多个角度探讨法律与社会的交融何以可能,以期引发大家对这一问题的深入思考。

在本辑的专题设置上,我们沿袭了上一辑“部门法中的田野研究”的专题。如果说,第35辑的专题文章旨在呈现定性、定量等不同的研究方法,那么,本辑的专题文章则更加侧重方法论的反思。

我们邀请了众多专家学者与青年才俊,以独特的视角和精辟的见解,对法律与社会的关系进行了深入探索。韩宝在《法社会学研究回望——再思“社会—法律研究”》一文中,回顾近年来国内的法社会学研究的成果与积累,提出法社会学不仅需要在相互论辩中明晰相关问题,也需要不断增强对“社会”本身的认识,基于“社会”的原点,理解“法律”的含义,从而追寻法社会学的起点与路径。吴义龙的《跨越经验个案——误区、逻辑与路径》则针对定性研究中的经典难题,也就是如何实现经验个案的突破?这需要避免追求个案的代表性,迈向对事物的整体性认知两方面的误区。一个可行的突破口是由问题出发来建构因果理论,关注因果机制与过程追踪,重视比较个案研究,这是理论的演绎检验方法所带来的优势。

在方法论反思的基础上,我们再进入具体的“田野”进行研究时,才会有不同的发现与收获。吴雅婷在《我国人格权研究的可视化知识图谱分析——基于CNKI 的数据(1992 ~ 2020 年)》一文中,对于民法学中的人格权研究进行了定量分析,通过可视化技术展现了人格权研究的发展轨迹和前沿议题。陈寒非《再造传统:反思戏剧与法的主体性》一文,讨论京剧现代化及其所面临的困难,思考传统再造及文化主体性问题,进而由“剧”及“法”,发现晚进的法制现代化遇到与京剧现代化相似的问题。因此,重构中国法的主体性也如现代京剧革命一般,需要立足法传统,从而吸收世界法治文明的成果并予以转化。邱遥堃《举报治网的理论反思与制度改进》一文则针对网络举报这一社会现象,解释背后功能与实效间差距的原因,体现出法律对社会的规范,使分工格局被打破。因为治理手段的融合,所以需要从法律与技术两方面予以思考。

本辑设置的另一个专题“平台反垄断研究”,也体现了法律与社会交融的面向。在当下社会生活中,“平台经济”形成了一个不可忽视的形态,如何规范平台的边界,这是包括反垄断法在内的法律都要面对的问题。平台反垄断研究也呈现部门法学者在特定领域中对“法律如何回应社会”的具体思考。孙晋《强化竞争政策视域下我国反垄断公共执行体制改革与功能重塑》一文,深入探讨了现行反垄断执法与公平竞争审查制度对市场与政府结合的促进有重要作用。许光耀《拒绝交易行为的反垄断法调整方法——兼评关键设施理论的缺陷》一文则从具体行为入手,分析了支配企业从事拒绝交易行为,在一定条件下构成支配地位滥用行为。韩伟《数字经济领域合并救济的挑战与回应》一文指出,结构救济与行为救济的取舍仍是关键,并提出了应对数字经济挑战的重要思路。徐则林《走向多元共治:平台反垄断的预防式与回应式治理》一文提出,要兼顾预防平台新型垄断的风险和回应市场需求,从平台自治、社会监督和政府监管三个层面应对平台反垄断的挑战。

此外,本辑精选收录的论文有类似的思考方向。这些论文或深入浅出地阐述了宪法原则、裁判说理等法律理论问题,或反思了中国法理学的范式问题、思考大众文化与全民守法的关联问题。这些都展现了作者结合社会,在理论中思考法律,形成了独到的认识。梅扬关注到由比例原则带来的跨部门法的“热潮”,并不能直接被推崇为宪法原则,比例原则只是法治、人权保障等价值理念的下位概念,强行拉升,会带来比例原则日益泛化等危害。陈肇新认识到理由论证能够描述裁判者、诉讼各方主体、不特定社会公众之间展开话语博弈的过程，这与实践哲学中的“理由”概念有关，也是法律论证与社会的普遍实践论证相互转化的中介。王勇通过梳理中国法理学研究的范式变迁，发现以社会为基础，中国法理学的研究形成了多个样态，未来需要重点关注法理学的实践性。许瑞超分析论证了基本权利第三人效力是一种整合性实践。“青鹰”作者韩尚宜提出大众法律文化是从守法观察法治的新窗口与视角。

我们希望通过这一系列的研究成果，引发读者对法律理论和实践的深入思考，探索法律与社会之间的互动关系，为当前的法学研究提供更多的观察维度。

让我们以法学人的身份，一同在时代洪流中，理解并回应社会。

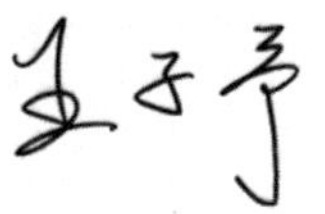

2023 年 12 月 30 日于立德楼

人大法律评论　　目　录　　2022年第2辑

【“青鹰”专栏】

专题一:部门法中的田野研究

法社会学研究回望*

——再思“社会—法律研究”

韩 宝**

内容摘要：

回顾近年来国内的法社会学研究，无论是在主要议题、研究进路、理论资源、展开方法，还是定位认识等方面都有了不少积累，但还需要有更新、更深的探索，这不仅是为了深植自身的根基与拓展研究的疆域，也是为了回应各种批评与质疑。面对来自外部的质疑和批评，法社会学不仅需要在相互论辩中明晰相关问题、主动反思和回应其中的一些误区，还需要拿出具有自身风格的具体作品以展示法社会学的实际价值。在内部，究其实质，法社会学研究是一种“社会—法律研究”。这就需要不断增进关于“社会”本身的认识与辨析关于“法律”含义的理解。正是“社会”这个原点，为法社会学研究提供了源头活水，是以，“社会—法律研究”是我们需要不断返回的起点。

关键词：

法社会学　发展述评　社会　法律　反思

---

* 本文之初稿曾分别在同事张辉博士、俞金香教授组织的两个沙龙中分享过，后又于2021年10月9日在青海民族大学法学院举办的“第十一届‘法律与社会’高端论坛暨第六届青藏高原法治论坛”上报告过，侯猛教授、尕藏尼玛博士给予了批评意见，在此一并致谢，但文责自负。本文受2021年度甘肃省高等学校青年博士基金项目“社会—法律”视角下的大国司法研究（项目批准号：2021QB－100）、教育部人文社会科学研究青年基金项目“法律地理学：观念与经验研究”（项目批准号：21YJC820013）资助。

** 甘肃政法大学民商经济法学院教授。

> 我们须充分地了解社会和文化,以便在总的社会结构中发现法的地位。在我们要获得什么是法,以及它是怎样发挥作用这一问题的全面认识之前,我们必须对社会是怎样运行的有所了解。
>
> ——霍贝尔〔1〕

在某种意义上,清楚地回答"法社会学指的是什么""法社会学的主要研究范围是什么""法社会学的核心理论关切是什么""法社会学的方法是怎样的"等问题并不是一件容易的事。〔2〕 只要看看目前国内有影响力的几本法社会学

〔1〕 参见[美]霍贝尔:《初民的法律:法的动态比较研究》,周勇译,中国社会科学出版社 1993 年版,第 5 页。

〔2〕 季卫东 2005 年的一篇文章《界定法社会学领域的三个标尺以及理论研究的新路径》对"法社会学究竟是一门什么样的专业科目"作了清晰的研究。参见季卫东:《正义思考的轨迹》,法律出版社 2007 年版,第 117 ~ 125 页。关于中国法社会学发展的一些回顾、评价性作品,参见侯猛:《中国法律社会学的知识建构和学术转型》,载《云南大学学报(法学版)》2004 年第 3 期;肖光辉:《中国法律社会学研究述略》,载《法治论丛(上海政法学院学报)》2008 年第 4 期;丁卫:《法律社会学在当代中国的兴起》,载《法律科学(西北政法大学学报)》2010 年第 3 期;刘思达:《中国法律社会学的历史与反思》,载苏力主编:《法律和社会科学》第 7 卷,法律出版社 2010 年版;郭星华、郑日强:《中国法律社会学研究的进程与展望(2006—2015)》,载《社会学评论》2016 年第 2 期;强世功:《法律社会学的"北大学派"——怀念沈宗灵先生》,载《读书》2019 年第 8 期;杨帆:《法社会学理论范式的拓展:从"冲突/共识"模式到"议论的法社会学"》,载《北大法律评论》第 18 卷第 1 辑,北京大学出版社 2018 年版;朱景文:《回顾与反思:法社会学研究的不同导向》,载《法治现代化研究》2020 年第 6 期;刘磊:《迈向大国治理的中国法律社会学——对法律社会学研究路径的检视》,载周尚君主编:《法律和政治科学》第 3 辑,社会科学文献出版社 2021 年版;程金华:《程金华:法律社会学阅读书单(2020 年版)》,载微信公众号"杜威法律公社"2020 年 4 月 14 日,https://mp.weixin.qq.com/s/6cisghhHZc7TN8_uomlQ2w。

教材之间的差异就能体会到。[3] 之所以如此,一方面,是因为法社会学自身的特点——目前国内的法社会学研究群体,主要分为法学背景的研究者与社会学背景的研究者,一如后文将要论述的,他们各自的侧重点有一定差异;另一方面,这也与中国法社会学的发展现状有关——起步相对较晚,而且一度中断,近年的发展可谓“再出发”。也不应忽视的是,国内的法社会学研究受域外理论及研究范式影响很大,但其中最强的两股力量,美国与德国的路数还是有不小差异。[4] 若用一句话来表达,即“Anything but law”。[5] 尽管很极端,但讲出了法社会学最关键的思想。但是,通过这句话仍然很难把握法社会学的实质内容。比较消极的是,法社会学这种清晰而又模糊的状态可能会一直存在,因为你永远不知道未来这个“筐”还会装入什么。也许,正是这种研究内容的不确定

---

〔3〕 参见赵震江主编:《法律社会学》,北京大学出版社 1998 年版;陈信勇:《法律社会学教程》(第 4 版),浙江大学出版社 2021 年版;李瑜青主编:《法律社会学教程》,华东理工大学出版社 2009 年版;朱景文主编:《法社会学》(第 3 版),中国人民大学出版社 2013 年版;高其才:《法社会学》,北京师范大学出版社 2013 年版;付子堂主编:《法社会学新阶》,中国人民大学出版社 2014 年版;黄家亮、郭星华主编:《法社会学教程》(第 3 版),中国人民大学出版社 2021 年版;何珊君:《法社会学》,高等教育出版社 2021 年版。

〔4〕 参见林端:《法律社会学的定位问题:Max Weber 与 Hans Kelsen 的比较》,载《现代法学》2007 年第 4 期;[德]卡尔·拉伦茨:《法学方法论》,黄家镇译,商务印书馆 2020 年版,第 86~93 页。

〔5〕 这是对耶鲁大学法学院风格的一种“戏称”,参见田雷:《〈雅礼译丛〉编后记》,载[美]米尔伊安·R. 达玛什卡:《司法和国家权力的多种面孔:比较视野中的法律程序》,郑戈译,中国政法大学出版社 2015 年版,第 328 页。法社会学的这种特点,一方面可以看作其优点,具有极大的灵活性、视域也特别开阔;另一方面,这也是其不足的地方——具体而言,读者永远不知道法社会学下一张要出的牌究竟是什么?它的论域是如此的广泛,以至于无法把握其稳定的“骨架”是什么?潘德克顿体系建立起来的规范法学与法社会学形成非常鲜明的对比。就科学性而言,规范法学的确做到了极致;法社会学则可能陷入各种质疑之中。因为除如韦伯那样包罗万象的天才综合家外,一般的研究者所描述的多为一些片段,甚至是一些带有机缘性质偶遇的片段,很难让一般读者满意,比较难以做到客观性。尽管如此,法律这样的规范在社会中也需要进行解释,不仅要解释人们对待法律的态度,还要解释作为一种事实的法律本身——一种对法律本身的社会生活批判。

性才使法社会学在百多年的发展中有着无尽的话题。[6] 也正是这种研究议题上的开放性,法社会学比较多地在"高更三问":"我们从哪里来?我们是谁?我们到哪里去?"

下述内容主要基于笔者之前的一篇相关文章,[7]对法社会学的研究趣旨、所依赖的核心理论、研究方法等内容所作的非常个人化的进一步反思。[8] 需要一开始就说明的是,一方面,笔者对改造法律并没有太大的冲动;另一方面,笔者也不擅长从政治等角度进行法律分析。笔者最感兴趣的可能是对法律的社会理解/阐释上而不是对法律的教义学解释上,而这指向的便是观察和思考现行法在社会中的实践,当然这也会一定程度地回溯到历史的世界中去。在这个意义上,本文的论述更多的是一种"作为方法"的法社会学,而非那种具有自身独立内容之"法社会学"。[9]

另外,在过去的法律学习中,对那种认为法律制度之适用不畅主要在于法律不够完备——特别是相对发达国家显现出某种不足,或者法律制度解释机制不够科学,进而企图通过立法与司法的不断完善而使法律制度臻于完美的态度,笔者还是有所保留的。人的理性建构能力可能是比较有限的,或者说大体是有一定边界的,规则不是万能的,实践中一些法律规范不被适用或者出现走

---

〔6〕 在本文的叙述中,比较明显的是不自觉地表现出某种国内法社会学在研究思路、研究对象、研究范式等展开上的来自西方的影响。国内法社会学的兴起是比较晚的。关于域外法社会学发展的一个中国学人综述,参见[英]罗杰·科特雷尔:《法律、文化与社会:社会理论镜像中的法律观念》,郭晓明译,北京大学出版社2020年版,"译者导言";[法]乔治·古尔维奇、施鹏鹏、梁宵:《法社会学的研究对象及基本问题》,载郑永流主编:《法哲学与法社会学论丛》第17卷,法律出版社2012年版。

〔7〕 参见韩宝:《各归其位:"社会—法律研究"方法的展开》,载周赟主编:《厦门大学法律评论》第30辑,厦门大学出版社2017年版。

〔8〕 类似地,面向学生的概说与研究如夏勇主编:《法理讲义:关于法律的道理与学问》,北京大学出版社2010年版;赵军:《刑事法学经验研究中的若干问题——给法科学生的方法建议》,载《犯罪研究》2021年第3期。

〔9〕 当然,法社会学要获得足够的地位,一定需要有自己的核心理论。参见泮伟江:《超越"错误法社会学"卢曼法社会学理论的贡献与启示》,载《中外法学》2019年第1期。一个比较简洁的评论性研究,参见[德]阿图尔·考夫曼、[德]温弗里德·哈斯默尔主编:《当代法哲学和法律理论导论》,郑永流译,法律出版社2013年版,第464~491页。

样与变形,并不是因为制度不完备,而是有其社会原因,即法律与社会之间是相互互动的,彻底的规则主义者有时是无法理解具体社会中的法律的。

一、法社会学的出发点、主要关切及对其质疑的回应

(一)对"社会"的理解和认识

对法社会学的总体形象的概观性描述,最好还是从其学术谱系讲起。[10] 在这里,笔者将采用非常不严谨也很粗糙的方法来阐述,即纯粹的个人体验的方法(借用侯猛的话,"一个局内人的知识社会学观察"[11])。笔者对法社会学研究的体认大体上是"社会—法律"这样的一种偏好,即首先强调的是社会,将法律放在社会之中。[12] 申言之,笔者首先看重的是对社会本身的理解和认识,其次才是对法律本身的认识。[13]

笔者所理解的"社会",首先应当是 social——"人类社会世界";更进一步,关心的是具体的"社会现实"、各种"社会现象",即不是与国家(state)相对应的

---

〔10〕 参见[美]马修·戴弗雷姆:《法社会学讲义:学术脉络与理论体系》,郭星华、邢朝国、梁坤译,北京大学出版社2010年版。

〔11〕 侯猛:《当代中国法理学的变化与反思——一个局内人的知识社会学观察》,载《北京航空航天大学学报(社会科学版)》2019年第1期。

〔12〕 有必要将本文中的"社会—法律研究"与同美国的法律与社会运动、欧洲的法律社会学曾经相并列的英国"社会—法律研究"相区分,本文是在最宽泛的意义上来使用这一术语的。有关英国的"社会—法律研究",参见何勤华、李琴:《英国法社会学研究70年——以"社会—法律"研究的变迁为重点》,载《法学》2017年第12期。本文所述之"社会—法律研究"混合了国内的法社会学研究与法人类学研究,或许可以创造一个新词——"法律社会人类学研究"。

〔13〕 无独有偶,笔者看到一种与此旨趣颇为接近的表述,参见罗东:《朝向"社会"的社会学》,载《新京报》2021年7月16日,B02版。当然,笔者在正文中的表达,对法学人来说可能会存在一定的问题,即法律的独特性到底在哪里?毕竟,即便是在弱的意义上,法律也是这个社会中安排秩序的一种权威,甚至是终极方法——法律是控制这个社会的。

市域社会等这种有一定限定的社会(society)。[14] 这其中的逻辑和思路是这样的,那种市域社会有自己特定的含义,在这个概念进入中国之前,你不能说"社会"就不存在。事实上,"社会"这个词也不是中国的本土词,我们知道中国过去是有"社""会",但是并不讲"社会"。这一段历史被杨念群、方维规等学者细致描述过。[15] 也是到现代,中国才作为一个"国家",而之前并不是这样。在过去,我们是"王朝",讲的是"天下观",没有这种"国"的概念——这是1648年威斯特伐利亚合约签订后的新事物。[16] 我们知道丁韪良(William Alexander Parsons Martin)翻译了一本书叫《万国公法》(*Elements of International Law*),它对我们的国际法观念的启蒙很有意义。[17] 近年这类研究越来越多,其中的思路也越来越清晰。[18] "国家—社会"这一分析框架在操作中还是要注意一些。

---

〔14〕 费孝通先生1993年的演讲《个人·群体·社会——一生学术历程的自我反思》起手就讲到"对'社会'历来有两种基本上的不同看法。一是把社会看作众多个人集合生活的群体……另一种看法却认为群体固然是由一个个人聚合而成,没有一个个人也就没有群体……但是形成了群体的个人,已经不仅是一个个生物体……进入了另一个层次,这个层次就是社会界"。参见费孝通:《文化的生与死》,上海人民出版社2013年版,"代序"第1~2页。在今天关于"社会"的解释太多了。比如,[英]布赖恩·特纳编:《Blackwell社会理论指南》,李康译,上海人民出版社2003年版,第32~33页;[英]提姆·梅伊、[英]詹森·L.鲍威尔:《社会理论的定位》,姚伟等译,中国人民大学出版社2013年版,第17~22页。另外"国家——市民社会"尽管是非常经典的分析径路,但其不足也是明显的,不少作品都在尝试超越这种二元论。

〔15〕 参见杨念群:《五四的另一面:"社会"观念的形成与新型组织的诞生》,上海人民出版社2019年版;[日]增渊龙夫:《中国古代的社会与国家》,吕静译,上海古籍出版社2017年版。

〔16〕 参见赵汀阳:《惠此中国:作为一个神性概念的中国》,中信出版集团股份有限公司2016年版;李零:《我们的中国》(全四册),生活·读书·新知三联书店2016年版。

〔17〕 参见[美]徐中约:《中国进入国际大家庭:1858—1880年间的外交》,屈文生译,商务印书馆2018年版。

〔18〕 参见葛兆光:《宅兹中国:重建有关"中国"的历史论述》,中华书局2011年版;项飚:《普通人的"国家"理论》,载《开放时代》2010年第10期;[日]王柯:《从"天下"国家到民族国家:历史中国的认知与实践》,上海人民出版社2020年版;强世功:《文明终结与世界帝国:美国建构的全球法秩序》,三联书店(香港)有限公司2021年版。

当然，前述笔者关心的“社会”其实是很抽象、模糊的。事实上，当人类社会进入有组织的生活后，无论是滕尼斯所讲的“共同体”“社会”二分[19]还是涂尔干的“机械团结”“有机团结”，那种纯粹的、接近“自然”的“社会”早已不可能，其中很突出的一点就是“国家”等政治机构的各种类型的管理或统治。但在诸如关于普通人的日常生活研究中，我们也看到那种相对纯粹“社会”[20]是有很大存在空间的，或许这种社会下的法律更接近法律的真实运行。社会学理论在百余年的发展中形成了比较明显的几种基本范式（见图1）。[21]

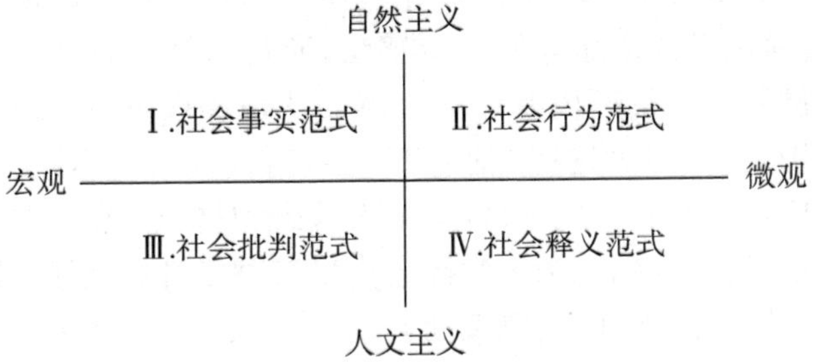

图1　社会学理论的基本范式

那么，怎样才能达致对“社会”的认识和理解？如微观—宏观、局部—整体等各有侧重的思路，具体呈现出来的则是长时段下的历史考察、日常生活的观察等不同的文本，在这里历史大事件与时代小人物相映成趣；在具体的维度上则可能是地理、历史、文化、心理等。[22] 而对前述考察角度，不同的研究者肯定有不同的路数。总体上，笔者可能更加偏向弗里德曼那种基于历史的事后回溯性观察，视角上更加倾向李安《饮食男女》、侯孝贤《童年往事》的一些电影作品

〔19〕 参见方维规：《“形成的”和“做成的”——重评滕尼斯〈共同体与社会〉》，载《南国学术》2019年第2期。

〔20〕 参见《论语·微子》。

〔21〕 参见周晓虹：《社会学理论的基本范式及整合的可能性》，载《社会学研究》2002年第5期。

〔22〕 参见［美］伊曼纽尔·沃勒斯坦：《现代世界体系》（四卷本），郭方、夏继果、顾宁译，社会科学文献出版社2013年版；［英］迈克尔·曼：《社会权力的来源》，刘北成等译，上海人民出版社2018年版；等等。

的视角——长镜头、生活琐事。总之是在政治、制度的奔腾之下,凝视生活的琐细。历史学者王笛的《茶馆:成都的公共生活和微观世界(1900—1950)》会觉得很有感觉。[23] 理论地看,可能更能接受韦伯那种基于对社会的认识、理解、解释那种思路。基于此,这可能更多的是经验性的观察,甚至体验,而不全是如统计数据等所呈现的那种"规范"(科学)的实证方法。[24]

具体而言,首先,阅读关于社会的描述性作品,这在社会学、人类学的作品中都有很好的体现。[25] 其次,个人的生活阅历、对社会日常生活的体验、观察(田野调查)——所谓的经验[所谓的经验研究(empirical studies)即是这个层面]。[26] 最后,通过影视作品等的间接感受,通过这样一些途径,第一,可以对自己生活的周遭社会以及环境有一个大体的认识和理解;第二,会对他所处的社会有一些认识,也不忘对这些"他者"社会与自身所处的社会进行一定的比较,当然,这种比较呈同心圆式,可以随个人视野和格局不断向外扩展。这种偏重于经验的方法,可能有助于个人对社会作出某种定性的判断,比如,我们说的乡土社会、城市社会、迁徙社会、熟人社会、半熟人社会、陌生人社会、大型社会、

〔23〕 法律社会学旨趣上的这种发散性,导致其不仅通过社会学、人类学去寻找营养,大量的与社会学、人类学相交叉的如历史社会学、历史人类学、政治社会学等都是其参考比照的对象。这些学科都带给个人非常好的阅读体验,也触动了不少个人研究的灵感,比如,傅衣陵、刘志伟、程美宝、鲁西奇、赵世瑜、埃马纽埃尔 · 勒华拉杜里(Emmanuel Le Roy Ladurie)、娜塔莉 · 泽蒙 · 戴维斯(Natalie Zemon Davis,《马丁 · 盖尔归来》的作者)等学者的作品。刘思达在一篇文章中,详细讨论了法律社会学的叙事方式。参见刘思达:《浅谈法律社会学的三种叙事方式——以新冠肺炎疫情为例》,载《中国法律评论》2021 年第 2 期。

〔24〕 参见如费孝通:《师承　补课　治学》,生活 · 读书 · 新知三联书店 2021 年版;王铭铭:《他乡故土间:我的身游、心游与"乡愁"》,载《广西民族大学学报(哲学社会科学版)》2021 年第 4 期等作品中所体现出来的社会"感觉"。

〔25〕 比起法学,作为一个学科的社会学,其历史很短;这在国内,依然如此,但是社会学所具有的影响力,特别是其对于社会现实的洞察和敏感度——尤其是那些侧重"社会问题"研究、目光向下、关注边缘、底层的社会学作品更是如此,又是法学学科在某些时候所不能比拟的。事实上,这几十年国内社会学的蓬勃发展为法学提供了很多的养分。参见周晓虹主编:《重建中国社会学:40 位社会学家口述实录(1979—2019)》,商务印书馆 2021 年版。

〔26〕 比如,黄盈盈等:《我在现场:性社会学田野调查笔记》,山西人民出版社 2017 年版。

风险社会、网络社会等。[27] 当然,这些可能都是对我们当下社会的一些片段处理,而更宏观的判断则是诸理论家对“现代社会”的总批判,比如,我们熟悉的古典社会学三大家的理论;又如,哈贝马斯关于“现代性乃一项未竟事业”的论断等。

但是,笔者也感到这种自社会来看法律的思路有需要注意的地方,比如,在社会之下来观察自己、事件,久而久之可能会变得更现实(消极),对问题的关照与考虑大体上会妥协、折中,觉得生活大体就是如此,你又能如何——因为社会给了你一个基本框定。

(二)社会—法律研究的主要工作

基于前述个人的学术旨趣,笔者的法社会学研究处于基于事件/案件的个案分析与更大尺度的基于区域检讨社会—法律关系两种研究之间。由此出发,便是基于对社会的理解与认识,进而观察/体认其中的法律。

“社会中的法”这一宏观视角,就是要看在社会中法律到底是怎样的。具体而言,笔者更关心的是社会中个体/行动者的“法律行为”,典型的如民众法律意

---

[27] 基于对社会的观察进而做出的种种理论概念(理念)的提炼不仅使更深的理论研究变得可能,也使在社会学与社会理论之间架起了桥梁。同样地,这样的提炼与升华,亦为法社会学研究的拓深提供了观察与思考的切入点。在这里我们会清晰地感受到社会之于法律的影响,比如,2019年年底以来的新冠疫情,除让我们对当下所谓的现代性不断加深的城市社会作出反思外,在法律上我们一方面不得不基于“紧急状态”而让渡我们的某些法律权利,另一方面也激起了我们对正常情景下不曾在意的法律权利的捍卫;更进一步,新冠疫情也让我们在考虑我们法律权利的同时,从更高层次如哲学的视角来思考我们的社会、人类自身的生存等这类看似形而上但其实是有非常根本的问题。而对这些问题的思考,当然会涉及我们对于法律的认识和观点。与城市社会中法律所具有的当然地位不同的是,乡村向来被视为是法律的边缘地带。同样的对于城市社会,基于对其病症的诊断,也不断通过法律来对其予以规制,比如,《反不正当竞争法》《反垄断法》《消费者权益保护法》《个人信息保护法》等法律日益重要。对于以上问题,诸如福柯、鲍曼这些学者的思考带给法学研究特别大的启发,这当然也显出了法社会学研究的意义。

识的研究,另外的就是司法过程研究。[28] 对此,法人类学的“民族志”最能体现这一思路。从法律人的视角——因为我们的规范法学知识训练前见,我们可能对所谓的“书本上的法”(law in book)与“行动中的法”(law in action)之间的张力非常敏感。[29] 具体来说,我们从一开始接触到的就是各种形式的作为法典的法以及对这些法律原理及其精神进行解释的学说理论。是以,我们就会出于对这些现象的反思,探寻这背后的原因,即对这些现象的各样解释——要么批评任何一个方面,要么觉得这是一种正常存在——事实与规范之间的合理张力。进一步,随着我们对法律实践的进一步理解,也是对法律学说的深层次理解,可能会觉得法律的内核可能并不像其所宣称的那样,法律自身的独立性很值得怀疑,一旦打开了这个“暗箱”,就会发现社会的、心理的、个体的很多因素都会影响法律和司法。[30] 这时我们就会质疑我们所面对的法律文本以致整个

---

〔28〕 客观地说,包括司法过程在内的司法研究应当是国内法社会学研究成果较丰硕,也较成熟的一个领域,特别是如《法律和社会科学》《人大法律评论》《中山大学法律评论》等在国内很有影响力的辑刊都做过专辑来专门研讨相关的议题。但这并不代表目前的司法研究已经很完美,研究司法过程需要先了解真实的司法过程是怎样的,但要对司法过程有全面真实的了解,要求又特别的高,这就导致不少的研究往往是如盲人摸象般地对一鳞半爪的素材所做的片段研究,在这里并不一定是“一滴水里见阳光”,也有可能是故作惊人之语。是以,一些自司法实务内部的用心之作特别值得我们关注,比如,李心鉴的《抗辩的艺术》(法律出版社 2014 年版、2017 年版),这套 4 卷本,虽然非专门的法社会学之作,但是它清晰完整、全面地呈现了一位资深律师是如何去完成一件诉讼案件的,不仅有其自身的作为,亦有对对方当事人的分析,更有对法庭、仲裁委的分析,还有律师个人的心境——甚至包括了其个人工作之外的生活。总之,这套书全景地呈现了自律师角度的司法过程,而且这套书的样本足够大,记录了 40 余例案件的办理经过。

〔29〕 朱景文教授主编的《法社会学》(中国人民大学出版社 2013 年版)第二编的标题即为“行动中的法”。

〔30〕 2022 年 1 月 10 日,山东省青岛市城阳区人民法院对原告江某莲与被告刘某曦生命权纠纷案作出一审判决。判决中有这样一段文字,江某作为一名在异国求学的女学生,对于身陷困境的同胞施以援手,给予了真诚的关心和帮助,并因此受到不法侵害而失去生命,其无私帮助他人的行为,体现了中华民族传统美德,与社会主义核心价值观和公序良俗相契合,应予褒扬,其受到不法侵害,理应得到法律救济。刘某曦作为江某的好友和被救助者,在事发之后,非但没有心怀感恩并对逝者亲属给予体恤和安慰,反而以不当言语相激,进一步

法律体系。这一点或许是与研究实在的法律规范为主要任务的法律解释学在趣旨上最根本的不同。[31]除对社会中的法律实践的这种直观之观察外，我们可能更多地研究狭义上的实践中的法律——公检法里运作的法。[32]

大体上，上面的这种思路会动摇我们对法律独立性以及其在社会中所宣称的作用的认识。但是，我们都知道，在现代社会，法律并未因为我们的质疑和担忧而在一夜之间崩塌，反倒是越来越重要。在这一矛盾下，我们要意识到，法律有其独立性，尽管受到各种因素的制约，但它还是存在得好好的。这就变得特别有意思了。[33]我们的工作从这里便开始了，这令人联想到古典社会学三大家

加重了他人的伤痛，其行为有违常理人情，应予谴责，应当承担民事赔偿责任并负担全部案件受理费。参见山东省青岛市城阳区人民法院民事判决书，(2019)鲁0214民初9592号。在这一天，一篇法学论文(江国华：《论司法的道德能力》，载《武汉大学学报(哲学社会科学版)》2019年第3期)引起了社会的热议。

〔31〕 参见郭栋、张志铭：《法学如何对待事实：一个学科史的考察》，载《法治现代化研究》2018年第3期；郭栋：《法律的社会科学研究：理论边界与跨域协同》，载《经贸法律评论》2019年第4期；雷磊：《法社会学与规范性问题的关联方式　力量与限度》，载《中外法学》2021年第6期。

〔32〕 比如，丁卫：《秦窑法庭：基层司法的实践逻辑》，生活·读书·新知三联书店2014年版；赵耀彤：《法治的追问：基层司法观察笔记》，中国法制出版社2020年版；刘哲：《司法的趋势》，清华大学出版社2021年版；张文波：《“隐匿”的治理——人民法院非正式机构及其运作机制》，载《治理研究》2019年第6期；张文波：《人民法院的司法治理及其功能变迁》，载《法律和政治科学》2020年第1期；张文波：《司法运作中的政治治理——以人民法院“重大事项请示报告制度”为例》，载《浙大法律评论》2021年第00期。

〔33〕 对此的一个讨论，参见於兴中主讲，陈金钊、高鸿钧、屈文生、鲁楠、丁玮、杨静哲、余盛峰等与谈的《法的自主性：神话抑或现实？——世界3与法的自创生系统》(收于郭为禄、叶青主编：《自主性与共同体：“东方明珠大讲坛”讲演录》，商务印书馆2021年版)。另参见侯猛、孟庆延主讲，黄家亮、翟志勇、白中林、何启豪、朱明哲、王楠、吕梦醒、孙海波等与谈的《多元视角下的社会科学研究：法学与社会学的对话|中国政法大学青年教师发展论坛第21期》，载微信公众号“中国法律评论”2019年5月26日，https://mp.weixin.qq.com/s/zeRx4M6JoWbNMI1yCLAZsw。

之一的涂尔干的研究,如《社会分工论》。[34] 一方面,我们需要不断地去挖掘支撑法律屹立不倒的秘密;另一方面,则是要去考虑影响法律的那些因素及其作用的机理:这既是为了让法律变得更好,也是为了保护法律本身不受侵蚀。[35] 这后一方面的工作,大体就是笔者所理解的法社会学的工作。具体而言,笔者的出发点是,尽管最终的关注点是法律,但是法律不是第一性的,而是第二性的,第一性的是"社会"这个前提。笔者可能是一个社会中心主义者或者说社会决定论者:法律不是一种真空存在——哪怕在今天有非常强劲的声音在说"通过法律的社会控制",但这种法律也不能是"任意"的,而是存在于"社会"之下——从长时段来看,那里可曾有过包括法律在内的事物对于社会的突破。借用波兰尼的讲法,即法律从未"脱嵌"(disembedding)于社会。[36] 我们也可以说,法律所处理皆社会之事,当然需要了解社会。[37] 那么,在这样的一种"社会中的法"[38] 的视野下,法律又是怎样的?(1)这是一种"社会"放大镜/显微镜下的法律观察与反思。(2)这是一种偏重解释的法律研究方法。[39] (3)法律的失灵并不奇怪。(4)法律不只包含实证法,还有其他非实证法。(5)包括法律在

[34] 参见《社会分工论》,渠敬东译,商务印书馆 2020 年版,第 257 页。2020 年年底,商务印书馆推出了由渠敬东教授主编、精心整理的 10 卷本《涂尔干文集》。阅读涂尔干的作品,你能够感受到这位大学职业教师对于社会的那种独特情感,在他面对那个处于分崩、将要裂开、精神危机的社会时,他想尽办法如何将这个社会"团结"起来。

[35] 无独有偶,笔者在对特文宁(William Twining)作品的阅读中,也感受到这种学科趣旨,也因此,笔者很难接受一些对法社会学的批评观点,似乎法社会学无论是对于法学研究还是法律实务的展开都是无意义、无价值的。这一点无意中说明了这一类观点自身的封闭性。参见[英]威廉 · 特文宁:《反思证据:开拓性论著》,吴洪淇等译,中国人民大学出版社 2015 年版,第 267 ~ 268 页。

[36] 参见[英]卡尔 · 波兰尼:《巨变:当代政治与经济的起源》,黄树民译,社会科学文献出版社 2013 年版;[英]罗杰 · 科特威尔:《法律社会学导论》(第 2 版),彭小龙译,中国政法大学出版社 2015 年版,第 26 页。

[37] 对此,感谢甘肃政法大学陈鹏博士的启发。

[38] 尽管差异不是很大,但还是要指出"社会中的法"较之"社会学视野下的法律"范围还是广了一些,在后一种思路下,我们还可以考虑诸如经济学、政治学、心理学等视野下的法律——在一定程度上,它们都可视为对"社会中的法"的研究。

[39] 这里的解释指的是对某一不合理或者反常法律现象成因及作用机理的解释。

内的社会规范是多样的，法律不是万能的……[40]

从这样几个前提出发，显然笔者会将法律视为已经存在于我们面前的“现象”。以笔者学习研究的民事诉讼法为例，在宏观上，笔者会考察我们国家一段时期内民事司法实践的变迁，并尝试得出一些结论，并解释之；[41]在微观上，笔者会研究一些个案，比如，考察某一法院是怎样进行调解的，同样是使用解释的思路——当然前提可能是先用人类学的方法，比如，格尔茨所讲的“深描”，或者所谓的“民族志”。解释什么？解释法官为什么会这样做——但不只是按照法条解释，还要从社会出发，作出远远超出法律本身的解释。需要指出的是，这种

---

〔40〕 作为一种对比，可参照“早期美国法律与社会运动早期的几个基本倾向”。参见刘思达：《美国“法律与社会运动”的兴起与批判——兼议中国社科法学的未来走向》，载《交大法学》2016年第1期；Calvin Morrill et al., *Conversations in Law and Society: Oral Histories of the Emergence and Transformation of the Movement*, Annual Review of Law and Social Science, Vol. 16, p. 97 - 116 (2020)。“社会规范是多样的，法律不是万能的”这一点可以视为法社会学研究另一种特别重要的研究思路，这最早应该要追寻到埃利希的研究。参见［奥］欧根·埃利希：《法社会学原理》，舒国滢译，中国大百科全书出版社2009年版。

〔41〕 国内诉讼法学界非常经典的这类研究，参见左卫民：《刑事诉讼的中国图景》，三联书店2010年版；左卫民：《实证研究：中国法学的范式转型》，法律出版社2019年版；陈瑞华：《刑事诉讼的中国模式》（第3版），法律出版社2018年版；陈瑞华：《论法学研究方法》，法律出版社2017年版；［日］滋贺秀三等：《明清时期的民事审判与民间契约》，王亚新等编译，法律出版社1998年版；［日］棚濑孝雄：《纠纷的解决与审判制度》，王亚新译，中国政法大学出版社2004年版；［日］寺田浩明：《权利与冤抑：寺田浩明中国法史论集》，王亚新等译，清华大学出版社2012年版；王亚新等：《法律程序运作的实证分析》，法律出版社2005年版；王亚新：《民事诉讼与法律服务》，法律出版社2015年版等。左卫民教授在其多年来不断地基于司法实践的观察中，得出关于我国刑事诉讼及司法程序的另一种见解。陈瑞华教授在其基于张五常、波普尔等关于社会科学研究思路的创造性发展中，于我国的刑事诉讼、证据制度、司法改革等方面不断发出振聋发聩的声音。张五常教授有一句话“最愚蠢的学者，是那些试图解释从来没有发生过的事”（参见张五常：《〈佃农〉五十忆平生》，中信出版集团股份有限公司2019年版），陈瑞华教授在其《论法学研究方法》也多有提及。王亚新教授的贡献不仅在于他身体力行实践了中国民事诉讼的实证研究，支撑起了非常薄弱民诉学科的经验研究，还在于他在20世纪90年代末期以来不断翻译日本学者如滋贺秀三、寺田浩明、棚赖孝雄等学者的法社会学作品，对我国早期法社会学研究起到了启蒙作用。

偏向解释的旨趣主要来自韦伯,这不仅在其《经济与社会》中有交代,在其社会科学方法论的系列作品都有非常核心的讨论。

上面的考察,关心的还是常态化或者常规化的法律实践;但也可能会特别注意那些非常态、不正常的法律现象,比如,前面曾提到的法律的理想与现实之间的差异,即那些严重背离了法律规定的实践,并尝试对其进行解释。[42] 当然还有其他方向上关于法律的"社会的"(social)[43]考察,但通过这两种思路,已经能够看到法律是被审视的对象,而不是无法质疑的先定——特别是将其视为一种原初的社会动力装置。在这样的情形下,尽管法律在社会中很重要,但不是不可代替,作用也并不会有其许诺的那样大。

是以,也就不难有这样的看法:一方面,社会一些功能,如秩序的维护,不一定要交由法律;另一方面,即便法律有时候失灵,也不必过于失落。从功能主义的视角出发,可以寻找与法律功能差不多的其他"事物"。举一个例子,舆论压力、道德情感等同样能起到法律的作用,这方面一些法律民族志做得很好,如朱晓阳的研究。[44] 也正是在这个方向上,才可能较好地理解法律民族志的旨趣。

在这种自社会来看法律的思路下,除前述所讲的这种关于社会下法律的宏观考虑外,更多的是对微观社会现象的法律解读,比如,邓子滨的《斑马线上的中国》、张建伟的《法律稻草人》,又如,迈克尔·瑞斯曼(W. Michael Reisman)

---

〔42〕 显然地,这里及本文其他地方所不断突出的法社会学下的"解释"是不同于法律解释学意义下的解释的。当然,也要警惕的是法社会学下的解释有时候也可能会沦为某种政治合理性背书的工具,这也是实证法学为什么那么强调将除法律规范外的一切内容都排除出法律的一个理由。需要特别补充的是,本文中、也是国内法学界其他地方经常会出现的本注释中的"实证法学",指的是"分析实证主义法学",其简称为分析法学可能更恰当,也更能避免使用上的歧义。之所以称为实证法学,是指其研究的是纯粹的、客观的、科学的法律规范,此法律规范是相对封闭的、独立的。与此术语交叠的"法律实证研究",在最狭义上指的就是法律的经验研究。参见侯猛:《实证"包装"法学?——法律的实证研究在中国》,载《中国法律评论》2020年第4期。

〔43〕 对"social"与"society"之间的一种考察,参见[美]小威廉·H. 休厄尔:《历史的逻辑:社会理论与社会转型》,朱联璧、费滢译,上海人民出版社2012年版,第316页。

〔44〕 参见朱晓阳:《小村故事:罪过与惩罚(1931—1997)》,法律出版社2011年版。

的《看不见的法律》、尤伊克、西贝尔的《日常生活与法律》以及梅丽(Sally Engel Merry)的《诉讼的话语：生活在美国社会底层人的法律意识》等。

上面这些内容只是我们研究的一个方面，其他方面则是“法律”，即便是在最弱的意义上，也是社会的控制或者调节根据、规范。所以我们才会对下面的现象习以为常，即在总体上，我们今天所面临的已不再是一个“没有法律”的社会，而是有大量法律的“法化社会”，这特别指的是国家法。所以我们需要接受、反思法律对社会的作用。在这个意义上，卢曼的《社会中的法》是很重要的作品。实际上，国内法社会学研究中的“社会理论之法”就是在做这方面的工作，[45]即法律在现代社会下是何以运作的、法律何以成了现代社会最重要的结构性要素、法律又是如何规制现代社会的等。总之，这是一种自法律或者更准确地说是法治来观察与反思现代社会的方法。[46]

基于笔者的兴趣与学养能力，对卢曼意义上的法社会学所涉无多，更多是对前述“社会中的法律”“法律之现实”这两方面的思考与研究。也是基于笔者专业——民事诉讼法学，更多的是看实践中法院的个案裁判、法院的实际运作、法官个人的裁判过程这种经验研究。[47]

---

〔45〕 清华大学高鸿钧教授团队所作的系列研究，比如，高鸿钧、马建银编：《社会理论之法：解读与评析》，清华大学出版社2006年版；高鸿钧、於兴中主编：《清华法治论衡》第12辑，清华大学出版社2009年版；陇西主编：《人大法律评论》第29辑，法律出版社2019年版，“社会理论法学的前世今生”专题；鲁楠：《社会理论之法：学源、学理与学问》，载《北京航空航天大学学报(社会科学版)》2019年第1期；泮伟江：《法学的社会学启蒙》，商务印书馆2019年版等。在上海交通大学中国法与社会研究院举办的2021年“第六届中国法社会学年会”更是将会议主题聚焦“法与社会理论：聚焦胡塞尔现象学和卢曼法律系统论”。国内翻译出版的社会理论作品，如[英]帕特里克·贝尔特、[葡]菲利佩·卡雷拉·达·席尔瓦：《二十世纪以来的社会理论》，瞿铁鹏译，商务印书馆2014年版；[德]汉斯·约阿斯、[德]沃尔夫冈·克诺伯：《社会理论二十讲》，郑作彧译，上海人民出版社2021年版。

〔46〕 作为一种参考，吉林大学法学院颜毅艺老师的“研究生法社会学课程”(2019年)涉及“法社会学基本问题、西方法社会学思想史、中国法社会学专题讨论”3个部分共10讲内容。参见颜毅艺：《吉林大学研究生法社会学课程大纲(2019)》，载微信公众号“咸鱼法学”2019年4月2日，https://mp.weixin.qq.com/s/IMbU_UrRCM0mosJYv1RKeA。

〔47〕 参见韩宝：《西北基层人民法院司法初论》，法律出版社2016年版；韩宝：《变迁社会中的西北基层人民法院》，社会科学文献出版社2021年版。

(三)对社会—法律研究不足的质疑及一种回应

对法律研究的这种态度,自然会进一步体现在对法律的理解上。如前所述,在社会—法律研究的视角下,法律不会成为第一位的东西;那么对法律现象的研究“稍不注意”便可能走到很远。比如,关于纠纷解决的研究,经常将法律放在比较尴尬的位置,很容易质疑法律在解决纠纷时的不足。当然,这并不是要否认法律,或许只是要指出“法律不是万能的”。从这里又可以引申出很多问题,比如,国家法之外的非国家法。又如,更开阔的对法律的理解——不仅接受不同地方的法律,也接受不同历史中的法律,进而使法律呈现一幅非常丰富的情景。再如,我们所看到的法人类学那里的关于“初民的法律”(原始人的法)、今天“文明之外”地方的法,以及各种各样冠以习惯法、民间法的研究。此外,考虑社会中的其他种种因素共同对这个社会的作用。这一思路构成了很重要的一种法社会学研究的路径,即前述埃利希的思路。[48]

如果一直沿着这样的思路向前,当然会有很大的疑惑,即它的建设性在哪里?比如,它怎么才能回应立法、怎么才能够设计出一个更好的司法程序等。[49] 对种种疑惑,笔者的初步回应如下:

(1)法社会学并不是铁板一块,它有比较稳定的论题域,但并不绝对。根据研究目的的需求,法社会学学者也会“调整航向”,利用其对法律的理解进行立法以及其他的法律建构活动。换言之,很难说什么才是纯粹的法社会学。

(2)我们常见各种立法前调研及立法后评估,很难说其中没有“社会—法律”的思路。比如,周光权有关“危险驾驶罪”批判性反思研究。[50] 又如,目前民间借贷纠纷已经变成民事案件中的第一大纠纷类型,究竟是什么原因导致了如此高的案件数?为何最高人民法院近几年在关于民间借贷的司法解释上,反复调整有关高利贷保护最高限额的规定?民间借贷案件数量大与不同的利息

---

〔48〕 参见[奥]欧根 · 埃利希:《法社会学原理》,舒国滢译,中国大百科全书出版社 2009 年版。

〔49〕 除文中各点原因外,其他的一些文献,参见[德]因格 · 舒尔茨 · 舍费尔:《作为法社会学研究客体的法教义学——“带有更多法学元素的”法社会学》,张福广译,载李昊、明辉主编:《北航法律评论》第 6 辑,法律出版社 2016 年版。

〔50〕 参见周光权:《论刑事一体化视角的危险驾驶罪》,载《政治与法律》2022 年第 1 期;周光权:《刑法学习定律》,北京大学出版社 2019 年版。

规则之间有没有关联？这一研究，如果再往前一步进入对策问题，那么可能就会成为下面这样：

> 社会—法律研究本质上是一种政策研究。它所关注的是现实中存在的重要问题及其解决方案。研究者乃是或者想要成为政府“谋士”的人。政府想要处理现实中某个棘手的问题时，会出资雇人就此展开研究并提供解决的办法。在严格意义上来说，这种政策研究不是学术研究，其结果可能能解决一个实际问题，但不一定能为学术作出贡献。〔51〕

这种批评不是没有道理，但这类研究是不是就价值不大了？这可能是一个特别难回答的问题。〔52〕

（3）一些法社会学研究其实有特别大的抱负，带有极强的建构性。比如，季卫东的“议论法社会学”。〔53〕这类研究已经不再是单纯的社会—法律关系的研究，而是要深挖社会—法律之上抽象出来的内容。

（4）尽管放在最后，但可能是目前最重要、成果也最丰硕的，也是可以直接学习的，即苏力与围绕“法律和社会科学”的研究群体。苏力的研究成果众多，仅就法社会学这一领域，非常明显的是其特别强的批判性，令人想起法学名宿德沃金。〔54〕苏力针对众多热点司法案例给出了迥异于普通人但又极具洞见的观点，比如，那篇《司法解释、公共政策和最高法院——从最高法院有关“奸淫幼女”的司法解释切入》的著名论文，读过之后会感到法社会学的批判力有多强。

〔51〕於兴中：《法理学前沿》，中国民主法制出版社 2015 年版，第 66 页。

〔52〕于此，《传承与断裂：剧变中的中国社会学与社会学家》（陆远，商务印书馆 2019 年版）有很大启发意义。

〔53〕参见季卫东编著：《议论与法社会学：通过沟通寻找最大公约数的研究》，译林出版社 2021 年版。

〔54〕参见［美］罗纳德·德沃金：《身披法袍的正义》，周林刚、翟志勇译，北京大学出版社 2014 年版；Justine Burley ed, *Dworkin and His Critics*: *With Replies by Dworkin*, Blackwell Publishing Ltd., 2004。

但很明显批判不是目的,最终是促使制度或者思路的调整与改变。[55] 在这里,也许就能够部分回答上述第 2 点有关对策研究的困惑。

二、法社会学研究的可能(理论)资源

不只是法社会学的研究,任何研究都会“两条腿走路”,即经验观察与理论探索。对研究来说,理论工作无疑是更重要的,也是我们要努力接近的。即便是田野经验观察,最终也要回归理论。结合笔者有限的法社会学研究经验,其中的理论资源至少应该有如下两个方面。

首先,法社会学最容易用到的理论资源是社会学、人类学。像我们比较熟悉的古典社会学家马克思、韦伯、涂尔干以及其他当代社会学家如布迪厄、福柯、哈贝马斯、卢曼等的理论。在这方面,马克思、恩格斯的理论对法社会学的影响与指导作用自不待言;关于韦伯法社会学的研究也蔚为大观;[56] 结合涂尔干理论的法社会学研究相对少一些;在对现当代理论家的研究中,卢曼研究让人叹为观止。其次,自严格意义上的法社会学产生以来所逐渐积累的理论,最典型的如埃利希的“活法”理论、法律现实主义等。前者是法社会学所凭借的理论资源,后者则是法社会学自身所产生出来的理论。

怎样才能寻找到或者发展出更多、更有说服力的支撑法社会学前进的理论资源是非常重要的,也是特别迫切的。即便不从事理论工作,在诸如经验考察这样的法社会学工作中,同样需要坚实的理论基础,当然能够开拓出具体的法社会学理论是最好的。事实上,诸多法社会学经典之所以成为经典,就在于他们的理论提炼。退一步,如果不能,就需要在实际研究中运用前人的理论成果,而如何将前人的理论成果恰当地应用在研究中,需要不断地尝试。高鸿钧发起和带领的“社会理论之法”研习小组在哈贝马斯、卢曼等的研究上已经处于较高

〔55〕 参见苏力:《是非与曲直:个案中的法理》,北京大学出版社 2019 年版;强世功:《批判法律理论的谱系以〈秋菊打官司〉引发的法学思考为例》,载《中外法学》2019 年第 2 期。

〔56〕 比如,华人世界关于韦伯法社会学的一些研究。参见林端:《儒家伦理与法律文化:社会学观点的探索》,中国政法大学出版社 2002 年版;林端:《韦伯论中国传统法律:韦伯比较社会学的批判》,中国政法大学出版社 2014 年版;郑戈:《法律与现代人的命运:马克斯·韦伯法律思想研究导论》,法律出版社 2006 年版;等等。

水平，也有了不少的成果。〔57〕

笔者的法社会学学习研究，目前做的工作主要还是阅读，一方面是对社会学作品的慢慢琢磨和学习积累，〔58〕另一方面则是对公认的法社会学理论作品的研读。当然这二者之间经常是交叉的，有时候很难说这是社会学的研究，还是法社会学的研究。花时间较多的是孟德斯鸠这位尽管生活在18世纪但又被认为是某种意义上的法社会学开创者的思想家，以及韦伯关于现代社会中的法律的判断，还有是对哈贝马斯、卢曼以及弗里德曼作品的阅读。有时候，笔者也会选择一些（法）人类学的作品去阅读。〔59〕 这些阅读中，不能忽视的一点是关

〔57〕 比如，高鸿钧等：《商谈法哲学与民主法治国：〈在事实与规范之间〉阅读》，清华大学出版社2007年版；近期的研究成果可参见《人大法律评论》2019年卷·第1辑·总第29辑"社会理论法学的前世今生"专题；泮伟江：《法学的社会学启蒙》，商务印书馆2019年版；泮伟江：《法律系统的自我反思：功能分化时代的法理学》，商务印书馆2020年版；国内目前很活跃的"系统论法学"研究的中坚陆宇峰等人的研究。

〔58〕 这包括了如［英］安东尼·吉登斯、［英］菲利普·萨顿《社会学》（李康译，北京大学出版社2021年版）这样的社会学教科书以及其他类似的社会学理论作品。

〔59〕 举一个例子，个人对霍贝尔《原始人的法》这本法人类学教科书的阅读，读到最后笔者甚至想到一个多少有些奇怪的名字——法律社会人类学，这是为了表明人类学、社会学之间在某些层面上，区别并不是那么大。另外，对于这本书的阅读，笔者所想到的第一个问题是，霍贝尔是在与谁对话，他的思路是怎样的等问题。笔者的看法是，这需要先搞懂为什么要研究原始人的法？这个问题固然与霍贝尔本人作为人类学家，以及后来曾经是他的"导师"，但更重要的是他的合作者——卢埃林有关；但是更重要的是，对原始人的法的研究还需要进一步延伸到对19世纪中后期一直到20世纪初期这之间曾经辉煌的原始社会、古代法的研究，时间走到20世纪50年代，自然而然就到了这样的一种研究，霍贝尔研究承前启后的特点再清晰不过，无论是研究方法、研究内容，抑或研究的旨归都变得明朗了起来。是以也就不难理解这本书开篇从（法律）文化开始，以及多处对梅因《古代法》的评论，当然还有六七处对各"原始人法"经验材料的梳理评论，这些材料不仅能够体现出霍贝尔人类学的自然底色，也能够看出其在与前人对话中的独立观点呈现。当然这些感觉的得出，可能需要在阅读如摩尔根的《古代社会》（包括如王铭铭《裂缝间的桥——解读摩尔根〈古代社会〉》这类解读作品）、巴霍芬的《母权论：对古代世界母权制宗教性和法权性的探究》、梅因《古代法》等作品后才能接续霍贝尔的研究起点及其论证的问题意识，特别是对话对象。这一大串是为了说明学科/学术历史经线的重要性（学术史的考察也是不断提醒我们，我们的一些新想法，可能不过是在重复过去而已。正所谓，阳光下无鲜事）。

于法社会学学术史本身的阅读,从那个最开始的点一路下来,才能明白法社会学的问题意识何在,才能够判断怎样才是法社会学研究。至于到底要选取何种理论,这实与笔者的趣味与偏好有关,更客观地说,应当结合所欲研究的具体问题来选定。

下面简单说说笔者对孟德斯鸠《论法的精神》的阅读,进而是怎样关联到"法律地理学"的研究上去的。[60] 今天的法律地理学研究已经不关心孟德斯鸠研究的地理(气候)与法律的关系了。一是法律地理学有了更重要的话题;二是孟德斯鸠确实已经很久远了,孟德斯鸠是处在现代社会开端的人,而今天早已迈入后现代了。但孟德斯鸠的研究还是很有意义的,给法律地理学研究提供了最初的启蒙,特别是自然地理/自然空间对法律的影响。尽管在今天,社会空间可能更重要,也更主流,但在中国这样一个地理多样的国家,分析其间的法律问题还是需要从孟德斯鸠的原始分析范式开始。

需要补充的是,笔者之所以偏向法律地理学,实际上是一种基于"区域(西北)社会—法律研究"的视角。更具体说,区域社会的视角就是自地理之要素出发的。还需要略作补充的是,理论阅读是重要的、法社会学写作中自觉运用一定的理论资源也是绝对需要的,但如果将理论当作法社会学研究的起点,可能会出现削足适履、教条化、针对性不强等问题,新鲜的"社会"本身,才是法社会学研究永远的原点。这也正是韦伯的"价值中立"等方法论学说所提醒我们的,或者是一些面向"社会"的人类学作品给我们所展示的样态。[61]

三、法社会学的基本研究方法及其应用

(一)法社会学的基本研究方法

提到法社会学的基本研究方法(思路/旨趣),首先可能想到的是所谓法律

---

〔60〕 参见韩宝:《法律地理学的启蒙:读孟德斯鸠〈论法的精神〉第三编》,载《西部法学评论》2020年第1期。

〔61〕 关于韦伯"价值中立"的论述参见[德]马克斯·韦伯等:《科学作为天职:韦伯与我们时代的命运》,李猛编,生活·读书·新知三联书店2018年版,第199~254页。对于面向社会的人类学作品除却笔者在前文已经提及的之外,参见王明珂:《羌在汉藏之间:川西羌族的历史人类学研究》,上海人民出版社2022年版。

研究的内在视角与外在视角之别。这一区分大体上是没有问题的,法社会学的确是典型的自外部视角对法律的研究。更确切地说,它多有借用社会学、人类学的方法。无论是定性、定量还是个案分析等,无不是社会学的基础方法。法律民族志更是如此,人类学的民族志方法给了其最大的养分。[62] 就此而言,很难说法社会学有自己独立的方法。尽管我们不必对方法有那么强的迷思,但这种跨学科研究一直面临很大的挑战——做得好左右逢源,做得不好左支右绌。[63]

笔者给自己的定位是做围绕个案的小规模经验研究。具体如下:

(1)个案研究。笔者现在能够想起来的接触的第一本法社会学作品是怀特的《街角社会》;[64]一度也很有触动的作品是林耀华的《金翼》;[65]内心最崇尚的是法国年鉴学派的作品,尤其是二代的布罗代尔(Fernand Braudel)的作品。[66] 在一定意义上,这些作品都可以看作个案研究。笔者对个案的界定相当的宽泛。比如,"韦伯的《新教伦理》就是对一个特殊个案——资本主义精

〔62〕 关于这方面的研究方法及方法论的作品实在太多,仅重庆大学出版社的"万卷方法"丛书就已经出版了近150册。对笔者个人帮助很大的是[美]艾尔·巴比:《社会研究方法》,邱泽奇译,清华大学出版社2020年版;[美]劳伦斯·纽曼:《社会研究方法:定性和定量的取向》(第7版),郝大海等译,中国人民大学出版社2021年版。

〔63〕 但不一定所有的观点都是本文这种模糊的看法,比如,[英]罗杰·科特雷尔:《法律、文化与社会:社会理论镜像中的法律观念》,郭晓明译,北京大学出版社2020年版,第139页。

〔64〕 参见[美]威廉·富特·怀特:《街角社会:一个意大利人贫民区的社会结构》,黄育馥译,商务印书馆1994年版。

〔65〕 参见韩宝:《乡土社会秩序的沿传:透过"打官司"的观察——兼〈金翼〉第三章阅读》,载杜宇主编:《复旦大学法律评论》第1辑,法律出版社2014年版。

〔66〕 笔者认为,有些庸俗化年鉴学派的作品,在意的可能是其在叙述"故事"之前,对周围(地理)环境的大量描述,正是基于这样的兴趣,对于大量的非虚构作品(参见上海译文出版社出版的"译文纪实"、华东师范大学出版社的"薄荷实验"系列作品)个人都非常感兴趣。参见[法]克里斯蒂昂·德拉克鲁瓦等:《19—20世纪法国史学思潮》,顾杭等译,商务印书馆2016年版。

神——的出现所做的因果分析”,这样的观点笔者也是能够接受的。[67] 但这种宽泛的“个案”界定,其困惑也是明显的,即个案的尺度弹性将会很大,比如,费孝通先生关于“江村”的社区研究也是个案研究,[68] 但费孝通和韦伯的个案是有区别的。笔者在这里给予的纾解思路就是怎样作出一个有意义的个案研究,而不是去界定究竟什么才是个案。

笔者对个案研究方法的偏好,主要是因为个案更好把握,也因为自己大概更加偏向情感而非理智之精神特点。个案研究提供了非常大的自由发挥的空间。在一定意义上,个案研究就像讲故事一样。[69] 对个案的个人偏好,一则在于笔者对社会的认识方法和途径;二则在于“与其泛泛而谈大量缺乏历史背景和文化脉络的案例,不如通过深度剖析少量案例来更好地倾听地方与本土的声音。查尔斯 · 蒂利(Charles Tilly)证明过这项策略的合理性,他强调大规模的资料数据对跨体系研究是有价值的,但将关注点集中在少数案例国家能更深入地进行背景比较,研究成果也更具持久力”。[70]

(2)小型/小规模(small-scale)研究。相对而言,笔者比较关心的几个研究领域——法社会学(socio-legal studies)、地区与地方法律研究(regional and local legal studies)、法律地理学(legal geography)、司法制度、纠纷解决、中国农村、证

---

〔67〕 参见斯蒂芬 · 卡尔贝格为《新教》一书所撰写的导言,收录于[德]马克斯 · 韦伯:《新教伦理与资本主义精神》,阎克文译,上海人民出版社 2018 年版,第 129 ~ 130 页。这里特别要补充的一个点是,法社会学和法人类学研究中的“纠纷研究”,纠纷研究的意义在于对通常社会下的法律的研究,对特别运行的法律的研究是比较困难的,研究者往往比较难以捕捉、发现、或者预见“法律的运作”——除非在法院等司法机关里,但是人类社会中纠纷总是存在的,于是观察纠纷之解决,就可能会有意外的收获——会不会是法律的。是法律的,那么当然就会发现实践中的法律;如果不是,那意义就更丰富了,不仅可以发现法律之外的其他社会规范,还能发现法律与其他规范之间的关系。而这某一个纠纷及其解决,便是一个个案,对其研究便是个案研究。于此研究的发端还是要回到霍贝尔 1941 年的《夏延人的方式》。

〔68〕 参见费孝通:《江村经济:中国农民的生活》,商务印书馆 2001 年版。

〔69〕 参见叶启政:《社会学家作为说故事者》,载《社会》2016 年第 2 期;刘子曦:《故事与讲故事:叙事社会学何以可能——兼谈如何讲述中国故事》,载《社会学研究》2018 年第 2 期;等等。

〔70〕 [美]詹姆斯 · H. 米特尔曼:《遥不可及的梦想:世界一流大学与高等教育的重新定位》,马春梅、王琪译,上海交通大学出版社 2021 年版,第 11 页。

据法学大都可以单兵作战，进行微观研究。小型研究的优势是很明显的，首先，它可以描述得很细密，充分呈现其中的社会现实以及个体之心理情感等宏观研究所不能及的内容；其次，小型研究比较好控制，对研究资源相对比较欠缺、偏向个体户式的学人来讲是一种负担比较小的工作展开方式；最后，小规模研究更能引起共鸣，对一般读者来说，代入感更强。当然，任何的小型/小规模研究难免受到某种或明或暗的研究者大时代、长时代、大结构等宏观思维的框定。笔者的研究很明显受个人生活及工作的地域——西北社会的直接影响。是以，笔者也认为本人是一份“把自己作为方法”〔71〕的西北自边地社会经验的一种非典型反思。

（3）经验研究。经验研究当然是对应于“规范研究”的。首先，经验研究与实证研究相关，但不是所有的实证研究都是经验研究，比如，基于大数据统计分析而展开的研究。〔72〕 经验研究与前述个案研究存在交叉——它们是基于不同的分类标准。对于法社会学的经验研究，首要的问题便是“田野调查”（field works）。田野在哪里、如何进行田野，一直是争论不休的问题，也是十分个人化和实践性的问题。是以实际去行动永远比理论争论要有意义得多，一些研究在这方面作了特别好的导引与反思。〔73〕 其次，经验研究更重要的是在“提炼一个

〔71〕 借用了项飙同名书。参见项飙、吴琦：《把自己作为方法：与项飙谈话》，上海文艺出版社2020年版。

〔72〕 这里的区分主要是考虑定性研究与定量研究之间的差异。另外，在国内的部分法律“实证研究”可以说就是偏重经验的研究，而非“实证法学”语境下的实证。比如，国内至2021年11月已举办六届的“中国法律实证研究年会”、举办五届的“‘迈向数据法学’研讨会”。经验研究与实证研究之间的差异，参见汤茂林、黄展：《Empirical Research到底是实证研究还是经验研究？——兼论学术研究的分类》，载《地理研究》2020年第12期。

〔73〕 如王启梁：《法学研究的“田野”——兼对法律理论有效性与实践性的反思》，载《法制与社会发展》2017年第2期；应星：《“田野工作的想象力”：在科学与艺术之间以〈大河移民上访的故事〉为例》，载《社会》2018年第1期；周飞舟：《将心比心：论中国社会学的田野调查》，载《中国社会科学》2021年第12期。另可参见范愉：《法学研究中的现实主义立场与经验实证方法——兼论中国法学研究方向》，载《光明日报》2006年8月21日，第12版；王启梁、张剑源主编：《法律的经验研究：方法与应用》，北京大学出版社2014年版；周尚君、尚海明主编：《法学研究中的定量与定性》，北京大学出版社2017年版；王雨磊主编：《博士与论文》，

分析性的概念”——“它可以作为一种分析工具,用来处理某一类的现象和问题,并且有可能与既有理论形成对话”。[74]经验研究、个案研究在诸多的场景和学科里都存在,作为一种研究方法,法社会学对其的偏好是自然而然的。这里特别要推荐的是黄宗智这些年在国内的法律研究,是一种经验研究的典范,2020 年出版的《实践社会科学研究指南》是黄宗智研究、教学及其学生学习心

新世纪出版社 2019 年版;陈柏峰:《法律经验研究的微观过程与理论创造》,载《法制与社会发展》2021 年第 2 期;陈柏峰:《法律经验研究的主要渊源与典型进路》,载《中国法律评论》2021 年第 5 期;Mike McConville & Wing Hong Chui eds. , *Research Methods for Law*, *Second Edition*, Edinburgh University Press, 2017 等。在今天,对于国内大多数的法学院研究者,可能很难做到严格意义上的人类学、社会学上的“田野调查”[英国皇家人类学会编:《田野调查技术手册》(修订版),何国强译,复旦大学出版社有限公司 2020 年版]。“多点合作研究”(multiple spots and cooperation study)的出现便可看作对此的一种回应。于法学院学生、教师来说,在这一背景下,目前获取非常方便的海量法院裁判文书则有可能成为一个可以进一步开发的“田野”。法院裁判案例,一方面本身呈现的就是司法实践本身,另一方面如滋贺秀三所言,这些裁判文书本身就是对社会本身的反映。需要特别说明的是,法院裁判案例的研究是有很多类型的,这里主要是指那种“对裁判案例中所呈现的纷争形态的研究”“探究判决给某一纷争所带来影响的研究”,侧重的是把法院裁判作为一种“事实”。参见[日]大村敦志等:《民法研究指引:专业论文撰写必携》,徐浩等译,北京大学出版社 2018 年版,第 249 ~ 250、253 ~ 254 页。这里的司法裁判案例研究,不仅是法社会学研究的田野,也是法教义学者中法律评注者的“富矿”,但是能够明显看到二者的趣旨偏好,法典评注者的案例分析是对某一法律规定的具体解释与理解,而不大涉及法律规定之外的社会、政治、文化等的影响。比如,程金华:《四倍利率规则的司法实践与重构　利用实证研究解决规范问题的学术尝试》,载《中外法学》2015 年第 3 期;刘勇:《〈民法典〉第 680 条评注(借款利息规制)》,载《法学家》2021 年第 1 期。国内法学界经验研究的一个典范,参见贺欣:《经验地研究法律:基于社会科学的外部视角》,载《学术月刊》2021 年第 3 期;贺欣:《街头的研究者:法律与社会科学笔记》,北京大学出版社 2021 年版。

[74] 参见折晓叶:《“田野”经验中的日常生活逻辑　经验、理论与方法》,载《社会》2018 年第 1 期;於兴中:《时代的法理学:世界与中国》,载《浙江社会科学》2016 年第 1 期。

得的一个集中呈现。[75]

（二）国内法社会学研究典范例举

"巧妇难为无米之炊"，其实方法是依赖你的"干货"的，如果没有一定的"干货"，那么一切都无从谈起，方法的价值也将变得微乎其微。绝大多数人是在前人工作的基础上来进行自己的研究，首先要做的就是阅读和效仿，然后再依照前人的经验自己慢慢去摸索。"却顾所来径，苍苍横翠微。"就国内而言，除笔者在本文其他地方已经引用过的诸研究外，国内至少已经形成了以下几个法社会学研究的学术中心。比如，中国人民大学的郭星华教授及其团队、[76]受北京大学苏力教授所影响的学术共同体、[77]上海交通大学季卫东教授主持的中国法与社会研究院。[78] 尽管这几个研究群体多有交叉，但还是有比较明显的

---

〔75〕 黄宗智先生有非常多的高质量研究，笔者于法社会学的最早启蒙很大一部分便来自黄先生，其中影响特别深的是黄先生于2014增订出版的三卷本《清代以来民事法律的表达与实践　历史理论与现实》（法律出版社2014年版）以及已经绝版的《经验与理论：中国社会、经济与法律的实践历史研究》（中国人民大学出版社2007年版）。黄先生的独特性在于他学贯中西、非常熟悉中美各自的国情，他能够更清晰、更透彻地讲清楚一般人只能隔靴搔痒，甚至是如坠云雾的"中国问题"讨论。

〔76〕 郭星华教授是2011年成立的"中国社会学会法律社会学专业委员"首任会长。2011年郭星华教授出版了由其主编的《法社会学教程》（中国人民大学出版社2011年版），这本书出版后产生了很大影响，有不少书评，比如，萨其荣桂：《中国法社会学的理想图景——读郭星华〈法社会学教程〉》，载《法律社会学评论》2014年第00期。自社会学的法社会学研究并不是很多，于郭星华教授的团队之外，另外非常值得关注与期待的是厦门大学刘子曦的研究。相关成果，参见刘子曦：《制度、组织与文化：中国法律社会学的学科视野与研究进路》，载中国社会科学院社会学研究所编：《中国社会学年鉴：2015—2017》，中国社会科学出版社2019年版。

〔77〕 参见《社科法学（法律和社会科学）历程大事记》，载微信公众号"法律和社会科学"2021年5月25日，https://mp.weixin.qq.com/s/Y8tinK44VHzn-qCWdR0SCA；侯猛编：《法学研究的格局流变》，法律出版社2017年版等；侯猛：《〈法律社会科学〉课程2020年教学大纲》，载微信公众号"法律和社会科学"2020年3月25日，https://mp.weixin.qq.com/s/bAt67op88m0SMKTmOB40sw。

〔78〕 其中的一些研究成果，如程金华、张永健选编：《法律实证研究：入门读本》，法律出版社2020年版。

特点。围绕这3个法社会学研究中心的全国性学术会议——"'法律与社会'高端论坛""法律和社会科学年会""中国法社会学年会"均已成功举办多届。限于篇幅,此处不再具体一一展开。

四、余论:法社会学地位及作用的再交代

究竟何为"法社会学",尽管不似"一千个人有一千个哈姆雷特"那样夸张,但争议肯定是非常大的。不仅在世界范围内如此,在中国依然如此。就我国的情况而言,法社会学的研究其实还很弱小,尽管最近这几年产出了诸多冠之以"法社会学"名头的成果,但客观而言,其中相当多的研究是否能称之"法社会学"研究是存疑的。当然,即便是可以称为"法社会学"的这部分作品,仍然显示出明显的碎片化样态。[79] 基于各种原因,本文关于法社会学的梳理其实很难让人满意,特别是笔者是站在法社会学的立场上来讨论法社会学的。尽管如此,还是要对法社会学的定位问题再作赘述。[80]

(1)法社会学更多是边缘的,而不可能是中心。[81] 因为,法社会学既不是法学的也不是社会学的,它只是一种交叉研究方法。但是,对此也不用特别担心。一方面,用历史的眼光看,事物的运转不一定总是中心带动边缘,还有边缘促动/缔造中心;[82]另一方面,在和平时代,偏向规则解释的法学研究其实是合理的。

---

〔79〕 参见[美]奥斯汀·萨拉特:《导论片段化中的活力:后现实主义法律与社会研究的涌现》,载[美]奥斯汀·萨拉特编:《布莱克维尔法律与社会指南》,高鸿钧等译,北京大学出版社2011年版;[美]奥斯汀·萨拉特、[美]帕特里夏·尤伊克主编:《法社会学手册》,王文华等译,法律出版社2019年版。

〔80〕 关于法社会学定位的一些研究,比如,林端:《法律社会学的定位问题:Max Weber与Hans Kelsen的比较》,载《现代法学》2007年第4期。

〔81〕 参见李润杰:《关于法律社会学与社会法学的认识分歧》,载《边缘法学论坛》2012年第1期;刘思达:《美国"法律与社会运动"的兴起与批判——兼议中国社科法学的未来走向》,载《交大法学》2016年第1期。

〔82〕 参见[美]爱德华·希尔斯:《中心与边缘:宏观社会学论集》,甘会斌、余昕译,译林出版社2019年版。

正因如此,要特别强调的是,目前主流上的法教义学是首先要掌握的,它是“压舱石”,没有这一点,直接进入法社会学的世界还是很有风险的,也是很难行稳致远的。[83] 有趣的是,公认的法社会学创始人埃利希就是一位罗马法教授。[84] 事实上,法社会学研究只有在不断考虑规范法学的研究思路、追问法律的封闭性—开放性这一问题的张力下才能很好地推进。[85] 一如杨帆所言,“在规范与事实之间往复是法律人的宿命”。[86] 法社会学也正是在与其他法学流派的比较、反思中发展的。[87] 理想上,法社会学在与法教义学等的关系应当是

〔83〕 参见[德]托马斯·莱塞尔:《法社会学基本问题》,王亚飞译,法律出版社 2014 年版,第 108 页。

〔84〕 参见[奥]欧根·埃利希:《法社会学原理》,舒国滢译,中国大百科全书出版社 2009 年版,第 571 页。

〔85〕 参见[英]尼尔·达克斯伯里等:《法律实证主义:从奥斯丁到哈特》,陈锐编译,清华大学出版社 2010 年版;[英]约翰·奥斯丁:《法理学的范围》,刘星译,商务印书馆 2022 年版;[奥]汉斯·凯尔森、[德]马蒂亚斯·耶施泰特编:《纯粹法学说》(第 2 版),雷磊译,法律出版社 2021 年版;[英]哈特:《法律的概念》,许家馨、李冠宜译,法律出版社 2018 年版;等等。

〔86〕 参见杨帆:《法社会学能处理规范性问题吗?——以法社会学在中国法理学中的角色为视角》,载《法学家》2021 年第 6 期。

〔87〕 特别有意思的是,国内法律教义学学者对于包括法社会学在内的诸非法教义学的批评是相当“严厉的”。参见陈景辉:《法律与社会科学研究的方法论批判》,载《政法论坛》2013 年第 1 期;王夏昊:《“法学科学性”的论域:关于它的讨论何以有效?》,载《甘肃社会科学》2020 年第 5 期。但或许也是由于学科特点的缘故,在距离 2014 年中南财经政法大学法学院举办的“社科法学与法教义学的对话”研讨会 7 年后由《中国法律评论》组织的“法教义学与社科法学的对话”专题(该专题的 8 篇文章分别是“陈兴良:《法学知识的演进与分化——以社科法学与法教义学为视角》”“苏永钦:《法学为体,社科为用——大陆法系国家需要的社科法学》”“张翔:《立法中的宪法教义学——兼论与社科法学的沟通》”“侯猛:《只讲科学性,不讲规范性?——立法的社会科学研究评述及追问》”“陈柏峰:《法律经验研究的主要渊源与典型进路》”“车浩:《法教义学与社会科学——以刑法学为例展开》”“许德风:《道德与合同之间的信义义务——基于法教义学与社科法学的观察》”“贺欣:《社科法学与法教义学的初步比较——从“儿童最佳利益”谈起》”,具体刊登在《中国法律评论》第 4 ~ 5 期)中,那种曾经针尖对麦芒的紧张已经褪去大半。

各归其位、亦此亦彼的。[88] 在这方面我们可以对照埃利希和韦伯各自的法社会学研究,不正呈现的是现代社会法律的不同两面吗,映照的是法社会学与法教义学的各自趣旨。[89] 基于此,正所谓“没有社会学的教义学是空洞的,而没有教义学的社会学是盲目的”。[90]

客观地说,过于看重与突出法教义学与法社会学之间的差异,特别是上升到论战的境地,不仅会带来各自在发展上的极端与不包容,也会让处于这两种研究径路中间的“第三领域”的价值被大大遮盖。事实上,无论是法教义学,还是法社会学都没有办法不考虑彼此的问题域,二者之间的交互融贯是很明显的趋势,因为研究的目的都在于促进法学理论与实务的进步。这在那些称自己的研究是“务实”风格的学者那里表现得尤为明显。[91] 故此,在这个问题上,似乎再没有必要或者至少要减少对另一方局限的指摘与己方优势的夸大,而是要多反思自身的偏见。[92]

(2)法社会学研究的国际话语与本土经验。这里要讲的是究竟怎样从事有意义的法社会学研究,这是一个与国内整体的法学,乃至社会科学研究背景都有关联的一个问题。大体上就是跟踪前沿、突出中国问题意识等几个方面。跟踪前沿,就目前的态势其实就是进行比较研究。相对而言,在过去的时间里,我们对于英语世界和德语世界的法社会学了解更多一些;对这些研究这几年也丰

---

〔88〕 一个关于法教义学与法律的社会科学研究关系的细致论述,参见郭栋:《法律的社会科学研究何以可能》,载《法学家》2021 年第 6 期。

〔89〕 参见[奥]欧根 · 埃利希:《法社会学原理》,舒国滢译,中国大百科全书出版社 2009 年版;[德]马克斯 · 韦伯:《法律社会学 非正当性的支配》,康乐、简惠美译,上海三联书店 2021 年版。

〔90〕 Kantorozuicz, Rechtswissenschaft und Soziologie: Ausgewalte Schriften zur Wissenschaftslehre, 1962, S. 122. 转引自雷磊:《法教义学的基本立场》,载《中外法学》2015 年第 1 期。

〔91〕 比如,在龙宗智的三卷本代表作《诉讼证据论》(法律出版社 2021 年版)、《司法建设论》(法律出版社 2021 年版)、《刑事程序论》(法律出版社 2021 年版),以及王亚新等的《中国民事诉讼法重点讲义》(第 2 版)(高等教育出版社 2021 年版)中就体现得很明显。

〔92〕 特文宁的作品提供了很好的启发,参见[英]威廉 · 特文宁:《反思证据:开拓性论著》,吴洪淇等译,中国人民大学出版社 2015 年版,第 169 ~ 170 页。

富起来了,如杨帆对法国法社会学研究的介绍。[93] 但是,在过去的几十年里,无论是费孝通先生的作品,还是林耀华、瞿同祖等先生的作品都是不断被重温的。[94]

(3)法社会学在司法实务中的作用。面对“对司法实务有何贡献”这样的提问,法社会学会有一些局促,法社会学在这方面的确不如法教义学、法解释学那般得心应手、理直气壮。更多时候,法社会学表现的是一种解释或者说批判的角色。国内法社会学研究的一些重要学者,比如,桑本谦、侯猛、张剑源都试图在他们的文章中去回答这一问题。[95] 更直接的,很容易令人将其中的疑惑

〔93〕 参见杨帆:《法国法社会学的发展与转型——兼议中国语境下的法学研究范式之争》,载《法学家》2018 年第 1 期。

〔94〕 在吴文藻先生的这几位学生中,关于费孝通先生的回忆及研究性作品应当是最多的,特别是具有北京大学社会学系“血缘”的老师与学生多有这方面的作品,这其中特别明显的是对社会学“燕京学派”以及“魁阁精神”的挖掘与传承,具有代表性成果的如张静:《燕京社会学派因何独特?——以费孝通〈江村经济〉为例》,载《社会学研究》2017 年第 1 期;潘乃谷、王铭铭编:《重归“魁阁”》,社会科学文献出版社 2005 年版;2019 年由云南大学主办的《魁阁》集刊等。关于林耀华先生《金翼》的一些研究,如渠敬东:《探寻中国人的社会生命——以〈金翼〉的社会学研究为例》,载《中国社会科学》2019 年第 4 期;杜靖、雷月:《金翼之家的法律纠纷:看 corporation 在不同文化模式与场域中的运作》,载《湖北民族大学学报(哲学社会科学版)》2021 年第 2 期;关于瞿同祖先生的《中国法律与中国社会》的研究也非常多,近年具有代表性的作品,如杜月:《社会结构与儒家理想:瞿同祖法律与社会研究中的断裂》,载《社会》2012 年第 4 期;尤陈俊:《中国法律社会史研究的“复兴”及其反思——基于明清诉讼与社会研究领域的分析》,载《法制与社会发展》2019 年第 3 期;张小也:《重新梳理中国法律社会史的发展脉络——写在瞿同祖诞辰 110 周年之际》,载《南国学术》2020 年第 4 期等。

〔95〕 参见桑本谦、李秀霞:《“向前看”:一种真正负责任的司法态度》,载《中国法律评论》2014 年第 3 期;侯猛:《司法中的社会科学判断》,载《中国法学》2015 年第 6 期;侯猛:《司法过程中的社会科学思维:以人类学为中心》,载《思想战线》2020 年第 6 期;张剑源:《发现看不见的事实:社会科学知识在司法实践中的运用》,载《法学家》2020 年第 4 期。

与源自美国的法律现实主义联系起来。[96] 作为接续庞德的社会学法学的法律现实主义,最突出的特点是对作为经典法律形式主义模式下的司法裁判逻辑的质疑与批判——司法之逻辑可能并非如所宣称的那样,司法裁判有其不确定性,法官的裁判可能会考虑法外因素。在更温和的层面,或者说当我们回到客观现实中的司法,在经验研究面前,是能够发现法社会学方法的切实价值的。比如,唐 · 布莱克的研究、萨拉特等的研究。[97] 事实上,法社会学中相当比例的研究都是在有关司法实务的实际、具体运作的层面上。[98] 申言之,法社会学尽管不能非常直接地为司法裁判提供"法律依据",但是法社会学却能避免"手电筒不能照亮自身"这个困难,检视、反观、优化、完善司法自身——即便只有这一点,也足以体现出法社会学的熠熠光彩。

中国的法社会学研究任重而道远,"路漫漫其修远兮,吾将上下而求索"。对法社会学做方法论上的反思是必要的,但是更重要的还是具体的、实在的各种依据前述之方法具体拿出来的法社会学成果,只有这些成果,才能令读者感到一个真实的法社会学,也才能真正有益于法学的发展。"这里有玫瑰,就在这里跳舞罢!"[99]

---

[96] 黄家亮、郭星华两位教授主编的《法社会学教程》(中国人民大学出版社 2021 年版)明确将"现实主义法学运动"作为一种"现代法社会学理论"。另可参见[美]怀特:《从社会学法学到法律现实主义:20 世纪早期美国的法学与社会变化》,杨晓畅译,载《法制现代化研究》2016 年第 00 期;[美]斯图尔特 · 麦考利:《新老法律现实主义:"今非昔比"》,范愉译,载《政法论坛》2006 年第 4 期;范愉:《新法律现实主义的勃兴与当代中国法学反思》,载《中国法学》2006 年第 4 期;邓矜婷:《新法律现实主义的最新发展与启示》,载《法学家》2014 年第 4 期;贺欣:《街头的研究者:法律与社会科学笔记》,北京大学出版社 2021 年版,第 11 页。

[97] 参见[美]唐 · 布莱克:《社会学视野中的司法》,郭星华等译,法律出版社 2002 年版;Law & Society Review 第 15 卷"纠纷解决与民事诉讼特刊"(Special Issue on Dispute Processing and Civil Litigation)。

[98] 参见[德]托马斯 · 莱赛尔:《法社会学基本问题》,王亚飞译,法律出版社 2014 年版,第 207 ~ 254 页。

[99] 参见[德]黑格尔:《法哲学原理》,邓安庆译,人民出版社 2016 年版,第 13 页。

A Review of Sociology of Law in China: Rethinking on Socio – Legal Studies

Han Bao

Abstract: When looking back on the research in sociology of law in China in recent years, abundant accumulation has been made, which covers not only the researches on the major themes, research approaches, theoretical resources and methodology, but also the understanding to the orientation of this discipline. However, there is still a need for more updating and deeper exploration, which is not only to deepen its own foundation and expand its scope of research, but also to respond to various criticisms and doubts arisen. When facing doubts and criticisms from the outside, sociology of law not only needs to clarify relevant issues through debating with each other, especially with active reflection and clarifications on some misunderstandings, but also needs to produce specific works with its own style to demonstrate the actual value of sociology of law. Furthermore, inside itself, the research on sociology of law, in essence, is a form of "socio-legal studies". Thus, this requires continuously enhancing the understanding of "society" itself and the analysis on the meaning of "law". It is, exactly, the "society" as the original point that provides a source of vitality for the study of sociology of law. Therefore, "socio-legal studies" is the starting point that we need to keep returning to the society.

Key words: Sociology of Law; Development Review; Society; Law; Rethinking

跨越经验个案*

——误区、逻辑与路径

吴义龙**

内容摘要：

如何跨越经验个案，是定性研究中的一个难题。就此而言，以往研究大多陷入了误区。这表现在：一方面，追求个案的代表性；另一方面，试图迈向对事物的整体性认知。这背后隐含了归纳主义的知识增长模式，但其存在不可避免的困难。与之相对的是理论的演绎检验方法，由问题出发建构因果理论并对之进行验证。基于这一逻辑，对因果机制的探寻是个案研究的优势所在，其中，过程追踪法最常见。然而，如果离开了比较个案研究，个案研究的价值将会被削弱。

关键词：

经验个案　跨越　逻辑　路径　想象力

一、问题的提出

2001年，苏力概括性地提出并分析了当时中国3种较显著的法学研究传统或范式，即政法法学、注释法学（后来的法教义学）和社科法学。[1] 如果以此为标志，至今社科法学的发展、成长已经走过了20年。尽管如此，有一些问题，也许是基本问题，学者之间存有分歧。比如，社科法学是不是，或者包括实证研

---

* 本文系国家社科基金项目“社科法学的哲学和方法论基础研究（项目编号：23BFX006）”的阶段性成果。

** 河南大学法学院副教授。

[1] 参见苏力：《也许正在发生——中国当代法学发展的一个概览》，载《比较法研究》2001年第3期。

究？换个角度看，如果认为社科法学是经验研究，那么，这里的“经验”是否与“实证”等同？就此而言，侯猛认为两者没有什么不同。[2] 白建军则认为，实证分析一定是经验分析，但经验分析不必然是实证的，因为实证分析包含着量化这一要素。[3] 而左卫民明确将实证研究排除在社科法学之外，理由是实证分析是一种以数据分析为中心的经验研究。[4] 为了更好区分二者，陈柏峰提出了法律实证研究与法律经验研究的分野：前者对应定量分析，后者针对定性分析。[5]

在笔者看来，这个问题并非我们认为的那样重要，这属于语词界定；事实问题才是重要的。[6] 笔者同意侯猛的断言：不使用“法律实证研究”这一用语，而使用定量研究和定性研究。[7] 在一定程度上，上述语词界定的分歧背后隐含的其实是定性与定量研究之争。[8] 而这一争论不完全是语词界定所引起的，其包含实质性的理论和事实问题。比如，作为小样本的个案研究，其研究结论如何适用于其他场合？换言之，个案研究如何实现“跨越”？之所以提出这个问题，是因为与之相对的、作为大样本的定量研究不存在这个难题。实际上，更直接的原因是：个案研究都是经验的，[9]而经验都是事实性的。由于事实都是具

---

〔2〕 参见侯猛：《社科法学的跨界格局与实证前景》，载《法学》2013 年第 4 期。

〔3〕 参见白建军：《论法律实证分析》，载《中国法学》2000 年第 4 期。

〔4〕 参见左卫民：《一场新的范式革命？——解读中国法律实证研究》，载《清华法学》2017 年第 3 期。

〔5〕 参见陈柏峰：《法律实证研究的兴起与分化》，载《中国法学》2018 年第 3 期。

〔6〕 参见对语词定义的本质主义观的批判的讨论，参见［英］卡尔·波普尔：《波普尔自传：无尽的探索》，赵月瑟译，中央编译出版社 2009 年版，第 17 页。

〔7〕 参见侯猛：《实证“包装”法学？——法律的实证研究在中国》，载《中国法律评论》2020 年第 4 期。

〔8〕 关于这一争论，参见［美］加里·金、［美］罗伯特·基欧汉、［美］悉尼·维巴：《社会科学中的研究设计》，陈硕译，格致出版社、上海人民出版社 2014 年版；［美］加里·格尔茨、［美］詹姆斯·马奥尼：《两种传承：社会科学中的定性与定量研究》，刘军译，格致出版社、上海人民出版社 2016 年版。

〔9〕 侯猛认为，法社科个案研究的一种进路是法律与文学式的，类似思想实验，借助的是想象力，不完全等同依靠田野调查的个案式研究，从而与真实的经验形成对比。参见侯猛：《实证“包装”法学？——法律的实证研究在中国》，载《中国法律评论》2020 年第 4 期。

体的,没有普遍性的事实,[10] 如果是这样,经验个案的结论如何一般化、普遍化,就变成了一个问题。

例如,20 世纪 90 年代,苏力在湖北江汉平原进行田野调查时,多次听到谈论和抱怨家族势力对司法审判的强大影响。但当苏力带着这个问题到鄂西恩施土家族苗族自治州调查时,当地法官却说感受不到家族势力对司法的任何影响。是何种因素导致这一情况的发生?在下乡路上,苏力看到这里土地稀少且贫瘠,从而得出这一判断:自然条件的状况决定或影响了家族势力的存在及其作用的发挥。[11] 对此,有人可能会提出这样的疑问:仅借助恩施当地的情况得出这一问题的答案,是否以及如何适用于其他地方,如武汉或者开封?

这一问题更经典的例证,来自费孝通的《江村经济》。1983 年,费老当年留学英伦的老同学埃德蒙 · 利奇对其博士论文(日后的《江村经济》)给予高度评价并同时提出了两个问题。其中的一个问题是,在中国这样广大的国家,个别社区的微型研究能否概括中国国情?也就是说,仅考察和研究江村,从中得出的结论如何适用于其他农村社区以及“中国农村”这一整体?这背后其实是想问一个更理论化的问题,即能否以及如何逻辑地从部分(或个别)概括出整体(或一般)?对此,埃德蒙 · 利奇的回答是否定的。[12] 后来,费老对此做出了回应,并将其方案概括为“类型比较法”。[13]

当然了,这个问题的更流行的一个表述,是如何走出个案?后来的学者在批评和反思费老观点的基础上各自提出了不同解决方案。[14] 在这里,笔者不

---

[10] 关于事实属性的详细讨论,参见金岳霖:《知识论》(下册),商务印书馆 2004 年版,第 754 页。

[11] 参见苏力:《家族的地理构成》,载《山西大学学报(哲学社会科学版)》2007 年第 3 期。

[12] See Edmund Leech, *Social Anthropology*, Oxford University Press, 1983, p. 127.

[13] 这一观点的集中体现,参见费孝通:《缺席的对话——人的研究在中国——个人的经历》,载《读书》1990 年第 10 期。

[14] 例如,卢晖临、李雪:《如何走出个案——从个案研究到扩展个案研究》,载《中国社会科学》2007 年第 1 期;王富伟:《个案研究的意义和限度——基于知识的增长》,载《社会学研究》2012 年第 5 期;朱晓阳:《“延伸个案”与一个农民社区的变迁》,载《中国社会科学评论》2004 年第 2 卷;[美]罗伯特 · K. 殷:《案例研究:设计与方法》,周海涛、李永贤、张蘅译,重庆大学出版社 2004 年版,第 43 页;渠敬东:《迈向社会全体的个案研究》,载《社会》2019 年第 1 期。

打算逐一地对这些方案进行论述与评价(尽管有所涉及),而是试图讨论引发这一问题的背后所隐含的两个误区。一个误区是追求“代表性”,这是本文第二部分的主要内容。另一个误区是迈向“整体性”,这是第三部分将要讨论的。然而,为什么会产生这两个误区?同时,对这个问题的回答,一并解决了经验个案如何实现跨越这一核心问题。这是第四部分的任务。接下来,笔者将在第五部分具体论述如何应用过程追踪法来寻求因果机制,从而在路径上对如何跨越经验个案给出一个指导性说明。在第六部分,笔者将简要地讨论一下选择个案是否应当有一个事前的既定标准。在结语部分,笔者打算将比较(个案)研究这一议题引入到个案研究中来。因为,如果没有后续的比较个案研究,那么仅是个案研究本身,其理论应用的价值将会有所削弱,甚至是大打折扣。

二、追求代表性:误区之一

追求个案的代表性是如何走出(经验)个案的方式之一。如果所选择的个案具有代表性,这就意味着其结论也具有代表性,从而能够适用于其他场合或语境,并因此跨越了个案。问题是,这种想法有道理吗?在回答这个问题之前,有必要先了解一下这种想法是怎么来的。

代表性,这一术语来自统计学,针对的是“样本”,意思是样本成员的某些特征与总体的特征基本一致,这样的样本称之为代表性样本。〔15〕 这里的一个问题是,为什么要强调样本的代表性?这要从“总体”这个概念谈起。总体是一个或一组对象,代表了研究者所感兴趣的特定类别的所有成员。总体包含着所有需要研究的个体,而个体则是总体的一个被选中的部分。〔16〕

比如,我们想知道某一时刻中国所有人的平均国内生产总值是多少,也就是所谓的人均 GDP。计算这一数值,有两种办法:一种替代的办法,是把所有人的国内生产总值调查出来,然后计算平均数。这个数值称为总体参数。但一般来说,这种方法不可行:耗时、耗力、耗钱。另一种替代的办法,是寻求一个有代

〔15〕 参见[美]杰弗里·O. 贝内特、[美]威廉·L. 布里格斯、[美]马里奥·F. 特里奥拉:《心理统计:日常生活中的统计推理》,封文波译,机械工业出版社 2013 年版,第 9 页。

〔16〕 参见[美]蒂莫西·C. 厄丹:《白话统计学》,彭志文译,中国人民大学出版社 2013 年版,第 1 页。

表性的样本,计算这个样本的统计量,然后,借助该统计量对总体参数进行估计。如果这个样本有代表性,那么该估值就相当可靠、准确。比如,通过概率抽样,计算某一随机样本的统计量(样本成员的人均 GDP),便可估计出中国人均 GDP,而无须调查并计算所有人的 GDP 及其均值。

概言之,如果样本具有代表性,那么只要计算出样本的统计量,就可以对总体的参数进行估值。如此一来,针对样本的“统计量”就走出了样本,实现了从样本到总体的“跨越”。那么,这一想法的逻辑在个案研究中能否行得通呢?接下来,笔者将主要讨论王宁的观点,主要考虑其在学界的影响力,也就是其在学界诸多观点中具有“代表性”。

在王宁看来,之所以讨论个案代表性,其实是想知道个案研究结论能否“外推”,如果可以,其外推的范围和逻辑是怎样的,以及与定量研究的外推逻辑有何不同。王宁认为,个案研究的结论所能适用现象的边界的确定不是个案研究的任务,而是由读者来“接力”完成。也就是说,个案结论的外推范围是由读者(后来的研究者)确定的,这不同于定量研究中的样本结论的外推范围是由研究者本人所确定的。[17] 另外,很重要的一点是,在定量研究中,总体的范围和边界在研究的一开始就是已知的、明确的。实际上,样本就是依据某些抽样规则,从明确的总体中选择出来的。个案研究,其适用范围在研究的开始并不清楚,没有一个明确的“总体”。在这个意义上,可以说个案并非统计样本,从而不一定需要有代表性。[18]

就上述观点而言,笔者基本都予以认同。至于为什么是这样的,后文详细讨论。但问题是,如果个案无须代表性,那么其结论将如何外推呢?如果能外推,如何尽可能地使其具有较大的“可外推性”呢?这是王宁给自己设定的问题。王宁的回答是,选择一个具有典型性的个案。典型性指的是个案具有的属性,体现某一类别现象的共性。如果一个个案能较好体现某种共性,该个案就有了典型性。个案首先与类型性质发生关系,即形成某一理论,然后再同类型范围发生关系,即该理论外推到同类的个案范围。因而,个案样本与类型范围

---

〔17〕 参见王宁:《个案研究中的样本属性与外推逻辑》,载《公共行政评论》2008 年第 3 期。

〔18〕 参见王宁:《代表性还是典型性?——个案的属性与个案研究方法的逻辑基础》,载《社会学研究》2002 年第 5 期。

的关系就是“可外推性”。这种代表性不是“总体代表性”,而是“类型代表性”;典型个案不再体现总体性质,而体现出某一类别现象的重要特征。[19]

在这里,有几个问题值得讨论。

第一,王宁将个案样本与类型性质之间的关系,一方面称为典型性,另一方面称为理论形成。从前文可知,典型性有关个案属性,借此体现出个案的某种共性,因此,其仅涉及一个变量,即属性、特征。然而,理论是两个变量之间的因果关联(后文详叙)。如果是这样,就带来一个疑问:如何从作为单变量的属性形成双变量之间的因果理论?

第二,王宁将个案样本同“类型范围”发生的关系称为将该理论外推到个案以外其他同类的范围。很明显,一个理论的外推范围仅限于与个案同类的其他个案。因此,如果是不同种类的类型范围,就超出了该理论的外推范围。这是错误的,或更准确地说,大大限制了理论适用的普遍性,并因此消解了理论的功能。比方说,作为类型的江村,就不完全等同禄村,或易村。按照王宁的论断,适用于江村的理论就不能适用到禄村或易村,因为它们之间不是同一类型。实际上,费老写作《云南三村》的目的之一就是检验在《江村经济》中形成的理论假设,而实际上,该理论假设通过了检验。也就是说,其不仅适用于江村,也可以适用于不同于江村的禄村或易村。[20]

另外,要注意的是,一个理论(不是特设性理论)一旦形成,[21]就已经具有适用上的普遍性,而无须像王宁说的那样,经由理论再向外进行“类型”的外推(后文予以讨论)。当然,理论的普遍性有高低之分,较低普遍性的理论可以从较高普遍性的理论中推出,或者说较低普遍性的理论只是较高普遍性理论的一

---

〔19〕 参见王宁:《代表性还是典型性?——个案的属性与个案研究方法的逻辑基础》,载《社会学研究》2002年第5期。

〔20〕 理论假设就是,在其他条件不变的情况下,现代工商势力的侵入和手工业的崩溃导致都市附近的农村社区的土地权外流。详细的论述,参见费孝通:《江村经济》,商务印书馆2001年版,第159页;费孝通、张之毅:《云南三村》,商务印书馆2021年版,第190页。

〔21〕 关于特设性理论的讨论,参见张五常:《经济解释 卷一:科学说需求》(二〇一九增订版),中信出版社2019年版,第54页。

个特例。[22] 理论普遍性的高低完全由创造理论的人的想象力所决定,没有一个事前的理性标准可以衡量其水平的高低,并且,也只能通过事后的事实反驳才能确定。

第三,之所以有以上两点错误,是因为王宁所认可的“类型代表性”形成的归纳路径。在王宁看来,与演绎性的定量研究不同,归纳性个案研究借助对个案资料的分析,通过归纳而形成一般性的理论。也就是说,个案研究结论外推的逻辑,不是统计学上的由样本到总体,而是分析性的扩大化,这也就是罗伯特 · K. 殷(Robert K. Yin)的分析性归纳观点的核心。[23] 但这是错误的。对此,后文予以详细讨论。

概言之,王宁的观点中,既有错误的,即为个案结论寻求的外推逻辑并不合适;也有正确的,即个案不同于统计学意义上的样本,不适用于由样本到总体的推断逻辑。另外,要特别指出的是,即便是在定量研究中,我们其实也并不关心“总体”本身,而是“总体参数”。这一点被多数学者所忽视了。以前文中的例证来说,我们关注的不是有国内生产总值的所有人这个“总体”,而是这些人的国内生产总值的平均数,即总体参数。如果做一个类比,就是我们不关心所有中国农村的加总(总体),而是所有中国农村的某一特征(总体参数)。与之相对,我们其实不关心每一个具体的农村(样本),而是关注每一个具体农村的某一特征(样本统计量)。进言之,研究者关注的不是个案,而是个案特征。[24] 也就是上文王宁所说的个案的典型属性。

如果是这样,那么仅仅说,或简单说,由样本到总体,以及样本有代表性,就有一定的误导性。因为,样本的属性有多种,总体也是如此。因此,样本从“哪个方面”代表总体就变成了一个问题。如果事前不明确是总体的哪一种特征,就无法确定总体参数。同样,样本的哪一种属性如果事前不清楚,就无法确定样本统计量。从而,借助样本统计量对总体参数的估计就无法进行,并最终无

---

[22] 参见[英]卡尔 · 波普尔:《科学发现的逻辑》,查汝强等译,中国美术学院出版社 2008 年版,第 51 页。

[23] 参见[美]罗伯特 · K. 殷:《案例研究:设计与方法》,周海涛等译,重庆大学出版社 2004 年版,第 43 页。

[24] See Giampietro Gobo, *Sampling*, *Representativeness and Generalizability*, in Clive Seale et al. eds. , Qualitative Research Practice, Sage, 2004, p. 452.

法实现所谓的由“样本”到“总体”。

三、迈向整体性：误区之二

对代表性的追求，目的在于由“样本”到“总体”。与之类似，由部分到整体，目的在于迈向或接近整体。然而，这也是一个误区。想当年，利奇对费老的发问，直接指向的就是这一难题：仅对江村进行调查和研究，其结论怎能概括整个中国的情况？

在学界，关于“走出个案”的设想，学者讨论的起点基本都聚焦费老提出的“类型比较法”，而几乎没有牵涉费老提出的另一方案。这就是，人文世界中的“整体”不同于数学上的“总体”。费老认为，利奇的错误就在于他混淆了数学上的总体和人类学上的整体这二者之间的不同，进而借此来反驳利奇的批评。[25] 在费老看来，个别社区的文化样式可被称为“模子”，其功能在于规范个人的行为及其生活方式。而这个所谓的“模子”，就其能够满足个人生活需要这一点来说具有完整性。

在另一篇文章中，费老对人文世界的整体性的论断进行了更细致的解释。费老认为，人文世界的整体，是针对“文化的方面”而言的。之所以没有用诸如“要素”“部分”等概念来分析文化，是因为人文世界是一个不可分割的整体，一个复合的整体。如果从“方面”去看文化，尽管“方面”会很多，但仍然是浑然一体的整体，也可以说是“多元一体（费老的另一个用语）”。[26] 与之相对的是，数学中的“总体”，是指相对独立的个体的汇集，或者是集聚。“总体”中的个体，既可以与总体也可以与其他个体相对分离而不影响其性质。实际上，这里所谓“个体”，其实就是与“总体”相对而言的“样本”。

在笔者看来，费老对人文世界中的“整体”和数学、统计学中的“总体”的区分是正确的、合理的。但问题是，从上述两篇文章的上下文语境中可发现，费老所说的人文世界的“整体”，更多针对的是个别社区，而不是作为“整体”的中国

---

〔25〕 参见费孝通：《重读〈江村经济·序言〉》，载《北京大学学报（哲学社会科学版）》1996年第4期。

〔26〕 参见费孝通：《从马林诺斯基老师学习文化论的体会》，载《北京大学学报（哲学社会科学版）》1995年第6期。

农村,更不是中国自身。如果是这样,那么不同的农村社区或其他类型的社区,各自都是以作为“整体”的人文世界而存在的,它们之间的关系是怎样的?有没有一个“整体”的、可以指称中国农村或中国的人文世界?这些都是有疑问的。

那么,问题在哪里呢?我们知道,“整体”通常与“部分”相对立。然而,“整体”这个词究竟指什么,并不如同我们认为的那样明白、清楚和明确。例如,哲学家欧内斯特·内格尔在列举了“整体”和“部分”的8种不同用法之后,说道,“这个列举,虽然一点也不完备,但足以表明这两个词的模糊性”。[27] 无论怎样,“整体”这个词的最常见的用法,是说一个具有空间广延的物体或东西如果是一个整体,那么,在空间上包含在它之内的任何东西就是作为其“整体”的一个“部分”。比如,一间房子如果是一个“整体”,那么这个房间的门、窗,或房顶、墙壁,都可以看作其“部分”。

先不说从房间的“部分”的描叙中能否概括出作为“整体”的房间这个问题。在这个问题之前,我们应该先问一下在逻辑上更基本的一个问题:对一个东西的整体的完全描述是否可能?在笔者看来,回答是否定的。一个物体,哪怕是再细微、再简单,想要事无巨细地对其进行没有任何一丝遗漏地记录和描写,是不可能的:记录的语句是有限的,而事物的特征、性质和状态是无穷尽的。只要是观察、描写和记录,都是有所选择的、有所遗漏的。因此,无论是事物的“整体”,甚至“部分”,都不可能对其进行完全的描写和记叙。在这个意义上,可以说任何一个作为“部分”的中国农村都无法对其进行全面描述,更何况作为“整体”的“中国农村”?

正是在这个意义上,我们可以说,有学者对费老的“类型比较法”的批评其实并没有集中要害。卢晖临和李雪认为,以小城镇取代村庄社区,尽管研究单位扩大了,使其在更大范围的力量或关系得以被考虑在内,但这是否就能真正解决认知中国社会的方法论问题?无论是以小城镇为单位而形成的“类型”,还是以村庄为单位而形成的“类型”,在其反映总体(中国农村、中国小城镇抑或中国社会)的逻辑上,没有什么不同。仅是观察和分析单位的扩大,也就是“类型”

---

〔27〕 [美]欧内斯特·内格尔:《科学的结构:科学说明的逻辑问题》,徐向东译,上海译文出版社2002年版,第456页。

在范围上的不断扩大,并没有克服方法论上的困难。[28]

其实,根据上下文,卢晖临和李雪在这里使用"总体"一词并不合适,使用"整体"一词更符合其原意。即便如此,也会产生一个问题,那就是如果不断地将分析单位扩大,以至于直接将一个国家作为个案研究的分析单位,将会发生什么情况?在这种情形之下,还存在"走出个案"的问题吗?如果有,将会"走向哪里呢"?众所周知的是,在比较政治学领域,"国家"可是学者最常用的研究单位。比如,西达·斯考切波在其著作《国家与社会革命:对法国、俄国和中国的比较分析》中,就是以3个国家作为个案分析单位,经由比较分析来对革命这一议题进行理论研究的。[29] 换言之,如果分析单位是"国家",卢晖临和李雪的批评似乎就"哑"了。但问题还不在这里。按照前文逻辑,即便是将研究单位直接上升到"国家",仍然有一个问题:不可能直接就"国家"这个整体作为真正的分析单位,而一定是有所选择,选择国家的某一方面或者某一视角,比如说"国家革命"这一议题,来进行研究。

另外,即便是按照文化论的整体性视角,也就是费老称为"模子",来研究一个具体农村社区或其他类型的社区是可能的,但不同的农村社区的"模子"是一样的吗?换言之,作为不同农村社区的"整体"不完全相同,存在所谓异质性问题。在笔者看来,整体的异质性问题是一个重要的问题,可以说是这些问题背后的一个实质性难题。那么,该如何解决这个难题?在王富伟看来,正是由于布洛维的延伸个案方法不能有效解决整体的异质性问题,从而进行了自己的尝试,也就是关系个案研究。王富伟认为,对整体认知的追求是个案超越的目标所在。只是,追求的不是实体性的整体,而是"关系性整体"。关系始终是第一位的,而事物是派生而来的;事物是在关系中生成的。对"关系"分析的关键是,什么样的关联机制界定了个案以及整体,这意味着个案和整体都是关系性的存在,从而,异质性问题不复存在。[30]

---

〔28〕 参见卢晖临、李雪:《如何走出个案——从个案研究到扩展个案研究》,载《中国社会科学》2007年第1期。

〔29〕 参见[美]西达·斯考切波:《国家与社会革命:对法国、俄国和中国的比较分析》,何俊志、王学东译,上海人民出版社2015年版。

〔30〕 参见王富伟:《个案研究的意义和限度——基于知识的增长》,载《社会学研究》2012年第5期。

就此而言,首要的一个问题是:如果是关系性的整体,是否就是可欲且可能的?回答仍然是否定的。一方面,对于事物的整体来说,存在多种甚至无穷的可能关系,试问:哪一种才是我们应追求的“关系性整体”?有何标准来确定这一点?如何判断这一标准就是合理的?这一连串的问题都相当棘手。但更重要的是,另一方面,也就是王富伟所认为的关系是第一性的,事物从属并派生于关系。试问:没有事物,何来的关系?形式化的关系能够不依赖事物独立存在?很显然,这是唯心论的体现,不值得进一步讨论。另外,认为追求关系性整体,异质性问题就不存在,也有误导性。试问:如果有两个或更多不同关系的存在,这不就意味着异质性吗?尽管是“形式上的”异质性!

此外,渠敬东认为,个案研究的科学性,体现为一种社会全体的可能性解释。尽管其提出的方案中不乏合理和启发之处,但“迈向社会全体”这一目标仍然很难实现。渠敬东将该方案分为 3 个阶段:选择个案、研究个案和推论个案。笔者在此仅简单讨论推论个案,这也是从个案走向整体的关键。仅就推论个案而言,又包括 3 个层次:建立共变关系、探索因果机制,以及针对各种机制提取那些稳定反复出现且能支配总体的“结构”,从而通向构成社会结构化的总体。〔31〕对这一“迈向社会全体”的方案,耿曙评论道,最后的“提取结构”的过程有两点疑问:一点是,如果提取的不同机制当中有不协调或相冲突的情形时,应该如何取舍?另一点是,提取各种机制进而构成整体结构的是个案本身,这将如何走向真正的“整体”,而不仅限于个案的“整体”?也就是所谓“推论的区位谬误”问题。〔32〕

这两点评论都很到位。但就如何从个案到整体而言,第二点评论更“致命”。如同前文笔者评论费老的“整体论”时所指出的那样,尽管就具体的某个农村社区而言,人文世界的整体性是可以理解的,也是可以实现的。但是,不同农村社区的整体性是否一致?比如,江村和禄村,或者易村之间,其人文世界的整体性是一样的吗?如果不一样,那又如何走向作为“整体”的中国农村?于是,才有了耿曙这样的判断:这些被质疑的根源在于其过于偏向“过度社会整体”这个预设了。换言之,整体的异质性问题,在这里,没有被正视,而是被过滤

〔31〕 参见渠敬东:《迈向社会全体的个案研究》,载《社会》2019 年第 1 期。

〔32〕 参见耿曙:《从实证视角理解个案研究:三阶段考察渠文的方法创新》,载《社会》2019 年第 1 期。

掉了。

说到底,只要研究者所追求的目标是整体性,无论是实体上的整体性,还是形式上的整体性,都无法面对和克服异质性这一问题。而这根源于前文提及的一个简单事实:任何事物,哪怕再简单、再微小,其属性或特征,都是无穷尽的,因此,我们无法对其进行全面描写和记录,只能有所选择、有所放弃。而一旦是有选择性的,就意味着不可能全面地、丝毫不遗漏地走向真正的"整体"。

四、误区究竟是如何产生的

如果说无论是追求代表性,还是迈向整体性,都是隐藏于走出或跨越经验个案背后的认知误区,那么随之而来的一个问题便是,误区是如何产生的?只有知晓了产生误区的原因所在,才有可能走出误区,找到解决问题的思路和路径。在笔者看来,这个原因也许与如何看待知识增长的模式或进行科学推理的方式有关。

人们通常认为,对世界的认知,主要且首要的是,来自对事物和事件的观察,而这就需要对事实进行描述。通过对事物的性质、特征和事件的过程的叙述和记录,人们就可以认识这个世界。观察和描述越是深入、细致和全面,认识的准确性和层次性也就越高。因此,不断地重复这一过程,借助对材料和资料的收集和处理,知识得以渐进性、积累性的增长。显然,这是一种以归纳为特征的知识增长模式。当然了,人们更多的是从形式逻辑,更具体地说,是从推理的角度看待归纳的,即所谓的归纳推理:由个别的事物或现象推出该类事物或现象的普遍性规律的推理。〔33〕与之相关的,社会理论家往往将归纳视为是一种研究方式,或理论形成的模式。例如,艾尔·巴比(Earl Babble)认为,归纳是从个别出发以达到一般性,从一系列特定的观察中,发现一种模式,在一定程度上代表所有给定事件的秩序。〔34〕

回到追求代表性或迈向整体性中来。先看"代表性"。说一个有代表性的样本在很大程度上能够"代表"总体,这仅是因为其具有"代表性"。而为了使

〔33〕 参见金岳霖主编:《形式逻辑》,人民出版社2006年版,第212页。

〔34〕 参见[美]艾尔·巴比:《社会研究方法》,邱泽奇译,清华大学出版社2020年版,第20页。

样本具有“代表性”,各种抽样技术措施被发展出来,典型的就是概率抽样。〔35〕尽管在一个良好的设计的情形下,一个较小的样本(统计量)可以高度的“代表”总体(参数),但背后却依赖这样的一个想法,即随着样本规模的不断扩大,其越可能具有“代表性”,以至于如果是全样本,那么就与总体没有差异了。〔36〕这其中,明显地隐含着归纳逻辑的痕迹。

再看“整体性”。这突出地体现在费老的两种“跨越个案”的构想中,尤其是“类型比较法”。费老认为,尽管江村不能代表所有的中国农村,但至少可以代表某一类型的中国农村。通过比较不同类型的农村社区并将其分门别类地描述出来,如此一来,就不需要对所有的中国农村进行个别的一一观察了。如此反复运用类型划分和相互比较的方法,就可以渐次接近于中国所有的农村了。在这一过程中,费老特别强调“逐步”和“接近”这两个词,也就是通过类型比较法有可能从个别逐步接近整体。〔37〕很显然,相较追求代表性而言,迈向整体性更加反映出归纳逻辑的倾向。

但问题在于,归纳推理,无论是作为知识增长模式,还是科学推理方式,都有着其不足。归纳问题牵扯的是这样的事实:在逻辑上我们不能因为到目前为止一直观察到某一特定事件序列,由此就推断说,该事件序列在未来将仍会始终出现或存在。也就是说,我们无法通过观察有限的(哪怕再多也是如此)系列事件,并将其作为前提或基础,从而对无限的系列事件进行有效推断。例如,尽管到目前为止我们观察到的一个简单事实是,太阳在每天的早晨都升起,但我们却不能从这一事实中得出这一结论:太阳一直、总是或永远将在每一天早晨升起。这就是归纳推理的困难:我们没法从任何单称陈述或特称陈述,例如,对观察和实验的结果的记录,而过渡到或者是概括到全称陈述,例如假说或理论。

---

〔35〕关于抽样技术的详细讨论,参见[美]格雷汉姆・加尔顿:《抽样调查方法简介》,武玲蔚译,格致出版社、上海人民出版社 2014 年版。

〔36〕正因如此,有学者认为,大数据时代,由于数据是全样本的,而不是之前的小样本,从而改变了传统的思维,也就是因果关系不重要,只需要有相关关系就够了。参见[英]维克托・迈尔-舍恩伯格、[英]肯尼思・库克耶:《大数据时代:生活、工作与思维的大变革》,盛杨燕、周涛译,浙江人民出版社 2013 年版,第 9 页。

〔37〕参见费孝通:《缺席的对话——人的研究在中国——个人的经历》,载《读书》1990 年第 10 期。

因为,这将不可避免地导致无限倒退或导致先验论断。[38]

那么,如何避免这种困难?正如卡尔·波普尔所说的那样,"我们的一切知识都只能通过纠正我们的错误而增长"。[39] 错误的出现往往意味着人们发现了问题,为了试图回答和解决这些问题,需要尝试性地构造出各种方案,其中的重要组成部分是理论,一种抽象的普遍定律,尤其是因果律。通过对理论所演绎的不同具体推断进行事实上的检验,就可以知道这些猜测性的理论回答是否恰当;如果这些回答被反驳了,人们将会继续这一过程,直到暂时出现令人满意的结果。这就是不同于归纳逻辑的演绎主义,或更准确地说,是理论的演绎检验方法。

其实,实践中的情形更多的是"混合式"的。也就是说,大多数学者都认为,知识的增长并不只是以上两者之一,而是兼有两者、缺一不可。例如,社会学界的张静认为,个案研究的目标是产生知识,但并不直接产生通常以原理为表现形式的一般性知识。原因在于:社会科学很少有不受时空限制的普适性命题,更多的是特定情境下的条件性命题。这种地方性的条件性命题通过遵循社会科学研究的一般逻辑,便能以积累性的成果加入一般性知识体系之中。而其所谓的社会科学研究的一般逻辑恰恰是以观察和描述作为分析的起点。[40] 身处法学界的陈瑞华认为,在研究方法上,应将归纳和演绎结合,先归纳出规律,然后加入演绎逻辑对其进行检验。[41] 可以发现,这种"混合式"的想法,看似试图"周全"地考虑问题,但结果往往却偏离了正确的方向。

接下来的问题是,坚守理论的演绎检验的方法,究竟是如何跨越经验个案的?就让我们以前文中的例证展开讨论。这就是苏力曾经在一篇文章中讨论

---

〔38〕 参见[英]卡尔·波普尔:《科学发现的逻辑》,查汝强等译,中国美术学院出版社2008年版,第3、6页。

〔39〕 [英]卡尔·波普尔:《猜想与反驳》,傅季重等译,中国美术学院出版社2003年版,二版"序言"。

〔40〕 参见张静:《案例分析的目标:从故事到知识》,载《中国社会科学》2018年第8期。

〔41〕 参见陈瑞华:《从经验到理论的法学研究方法》,载《中国法律评论》2019年第2期。

的问题,[42] 即为什么在江汉平原常常发生家族势力对司法审判的影响,而在鄂西地区却感受不到家族势力对司法审判的任何干预?或者,究竟是什么因素导致家族势力的形成并因此可能对司法审判产生影响?首先,这个问题或多或少地具有一般性,也就是产生这个问题的语境可能是特定的,但这个问题本身却不限于产生这个问题的发生地,在其他地方可能同样存在这个问题。尽管家族为何形成(或不形成)这个问题一开始产生在鄂西地区或江汉平原,也就是当年苏力调研的地方,但毫无疑问的是,这个问题在其他地方,如河南或者广东也同样存在,甚至这个问题不限于当下,在过去,这个问题同样存在,如清朝或者宋朝。另外,特别要强调的是,在这里,问题的形式有着特定要求,即关于"为什么"的问题,而不是其他的问题类型,如"是什么"或"应当是什么"的问题。比如,家族的特征有哪些,或家族有哪些不同类型,这样的问题不在我们的考虑之内。之所以这样,与我们的理论倾向有关,也就是有关因果关系或规律的发现。

其次,是至关重要的第二步,也就是对所提出问题的一个猜测性、尝试性的回答,这一回答通常是以理论的形式表现的。如果问题是关于"为什么"的,那么,回答的形式通常是一个全称陈述的规律。换言之,对"为什么"问题的回答是科学说明,而科学说明往往要借助规律,特别是因果律来进行。[43] 如果理论是以因果律的形式体现的,那么,这就意味着这一理论具有适用上的普遍性。也就是说,但凡是规律,其就具备普遍性。所谓普遍性,指的是其论域(适用对象)不局限于那些属于一个固定的空间区域或一个特定的时期的对象的全称。[44]

需要注意的是,在这里普遍性并不是人们通常所误解的那样,没有适用上的任何时间和空间的限制。只是这种限制,或更准确地说,即便定律的适用对象的时空范围有限,这一事实本身也无法从该定律中推出,而只能根据独立于该定律之外的其他证据加以确定。一个典型的例子是,开普勒第一定律说的是

[42] 参见苏力:《家族的地理构成》,载《山西大学学报(哲学社会科学版)》2007 年第 3 期。

[43] 对此的详细讨论,参见[美]欧内斯特 · 内格尔:《科学的结构:科学说明的逻辑问题》,徐向东译,上海译文出版社 2002 年版,第 17 页。

[44] 参见[美]欧内斯特 · 内格尔:《科学的结构:科学说明的逻辑问题》,徐向东译,上海译文出版社 2002 年版,第 69 页。

“行星以椭圆轨道绕太阳运动且太阳是每一个椭圆轨道的一个焦点”。尽管已知的行星数目有限,且有证据表明行星绕太阳旋转的次数有限,但这些“有限的”事实却无法预先从开普勒第一定律本身中推出。[45]

回到我们的例子,为什么家族会形成?也可以换一种形式问:在何种条件下,家族会或不会产生?苏力的猜测性回答是,自然条件的状况。具体说就是,如果土地稀缺、贫瘠且交通不便,那么家族将不会形成,或者反过来,若土地肥沃以及交通便利,则往往导致家族形成。如果这一猜测是正确的,那么,苏力的这一猜测是如何获得的?回答是,想象力,也不是漫无边际的凭空想象,而是在相关理论的协助之下。换言之,由问题的提出到理论假说的建构这一过程没有逻辑上的通道。理论、假说的建构都包含着某种“非理性因素”,或者如同爱因斯坦所说的,“要通向这些定律却没有逻辑推理的途径,只有通过基于对经验对象的倾心之爱的直觉,才能达到这些定律”。[46]

尽管对问题的回答,也就是理论假说的构建是猜测性的,没法对这一过程进行事实上的描述,但却可以对其提供一个检验程序的逻辑骨架。也就是说,如果这一猜测是正确的,那么从中演绎出的推断应当与真实世界的相关事实相一致;如果不一致,就说明这一理论假说被证伪了。实际上,苏力一开始对这一问题的猜测并不是自然条件,而是“民族”这一因素,因为鄂西地区是土家族和苗族聚居的地方,所以很容易让人联想到:如果少数民族和汉族有不同的文化传统,那么,这一差别性的因素也许就是所要寻找的答案。但结果却被苏力自己给否定了,因为这一因素的逻辑推断与事实不相符合。[47]

需要注意的是,苏力明确地指出,将自然条件视为家族形成的重要因素,并不是说其是唯一因素,特定条件下也不是最主要的因素。如果某一地区本身就存在激烈的民族或村落冲突,那么即便是土地稀缺、贫瘠,交通不便,仍然会出

---

〔45〕 参见[美]欧内斯特·内格尔:《科学的结构:科学说明的逻辑问题》,徐向东译,上海译文出版社2002年版,第69页。

〔46〕 [英]卡尔·波普尔:《科学发现的逻辑》,查汝强等译,中国美术学院出版社2008年版,第8页。

〔47〕 参见苏力:《家族的地理构成》,载《山西大学学报(哲学社会科学版)》2007年第3期。

现家族这样的准公共权力。[48] 如果是这样,那么,是不是意味着苏力自己推翻了其提出的理论命题:自然条件(的某种状况)导致家族的形成(或不形成)?这就涉及社会科学在方法论上的一个重要限定,“在其他条件保持不变的情况下”(Ceteris Paribus)。这是什么意思?

再次,在社会科学中,基本不存在一个结果的出现仅是因为唯一的因素导致的,而是多种因素共同或相互作用而产生了某一特定结果。很多或几乎所有场合,我们无法断定究竟有哪些因素导致某一结果出现,甚至存在无数的因素。此时,出于研究的特定目标,研究者会强调其中的某一或某些因素,而暂时将其他因素忽视或排除其他因素的干扰,从而才有了所谓“其他条件不变或相同”这一限定。[49] 需要注意的是,这只是理论上的限定,不是真实世界中的情形。如果是这样,那么严格说来,苏力的上述命题应当修正为,其他条件不变时,自然条件(的某种状况)导致家族的形成(或不形成)。因此,如果认为有其他因素对结果的形成有决定或影响作用时,就可以将这些因素加进来,修正或完善先前的命题。

最后,经验个案的跨越需要两步:第一步,问一个多少有普遍性的问题,这一问题是关于“为什么”的问题;第二步,对这一问题的一个猜测性回答,这一回答是以因果律的形式体现的。由于规律具有普遍性这一特征,从而结论,也就是因果律的发现,就“跨越”了个案本身。当然,经过演绎假说检验的程序,猜测性的因果律有可能被证伪。在这里,不存在由观察到概括(或理论或规律)的困难,也就是说,不需要通过多次的、积累的观察证据而归纳出某一概括性的结论。相反,在这一过程中,需要的是想象力;凭借想象力,就可以实现由问题(结合着经验)到理论的惊人的或惊险的“跳跃”,从而跨越了经验,跨越了经验个案。

---

〔48〕 参见苏力:《家族的地理构成》,载《山西大学学报(哲学社会科学版)》2007年第3期。

〔49〕 对“其他条件不变”的深入讨论,参见王巍:《说明、定律与因果》,清华大学出版社2011年版,第65页。从经济学角度对这一议题的讨论,参见向松祚:《张五常经济学》,朝华出版社2005年版,第95页。

五、因果机制与过程追踪法

前文提及，经验研究是否包含或等同实证研究这一语词界定问题，背后实际上隐含着定量分析与定性分析这一社会科学研究中的重大理论分歧。这一分歧的表现之一就是，在探寻因果关系的过程中，以个案为基础的路径不同于以变量为中心的路径；前者对应于小样本或个案，后者对应于大样本或跨个案。[50] 在笔者看来，这一断言有明显的误导性，让人误以为个案研究不牵扯变量，或与变量没有任何关联。而这一点又与人们认为的除非个案具有“代表性”，否则很难实现“跨越”有关。

如果将个案研究视为定性或质性研究，那么如何跨越个案的确是一个问题，或者说是一个难以克服的困难。著名质性研究者陈向明教授认为，质性研究秉承自然主义的研究传统，强调研究者与研究对象有着直接的、紧密的接触，注重社会现象的整体性，特别注重研究者的亲身体验；在收集资料的基础上建立“情境化的”意义解释；其理论建构走的是归纳路线，从资料中产生理论假设。[51] 如果是这样，那么除归纳主义的困难、对现象整体性追求的误区之外，还有这样的麻烦，使跨越个案几乎不可能。也就是说，每一个个案的情境都是独特的，从而没有任何两个个案的“情境化”是一样的，那么个案研究中的结论又将如何适用于其他情境？即便研究目标是追求的意义的解释，这一困难也仍然存在：如何确定和确保不同情境中的意义就是一样的？

当然，一方面，如果认为个案研究无须跨越个案，其追求的就是对个案自身独特性的个人理解；另一方面，如果认为个案研究（或更宽泛的质性研究）的目的不在于因果关系或因果规律的发现，而仅在于意义的解释或诠释，那么，笔者上述的质疑就没有道理。对此笔者予以承认。然而，至少前文所援引的吉尔林的观点不是这样的，他仍然将个案研究的目标设定为对因果关系的探索和发现。如此一来，个案研究就不可能不与变量相关，其理由再明显不过：因果关系

---

〔50〕 参见［美］约翰·吉尔林：《案例研究：原理与实践》，黄海涛等译，重庆大学出版社2017年版，第2页。

〔51〕 参见陈向明：《质的研究方法与社会科学研究》，教育科学出版社2000年版，第7页以下。

是以变量与变量之间的逻辑关系为基础。正是在这一意义上,笔者才在前文中说个案研究不同于变量研究的断言是引人误解的,甚至更宽泛地看,笔者认同艾尔 · 巴比的观点,即社会研究和社会理论是以变量语言写成的。[52]

概言之,就寻求因果关系而言,定性研究和定量研究都是围绕着变量及其关系而得以展开的,在这一点上,二者没有什么不同。然而,一旦将这一点引申开来,就会发现问题没有这样简单,分歧和争议并没有完全消除。例如,因果关系究竟是规律性的还是机制性的,就是一个例证。这一争议在一定程度上又对应于定性分析和定量分析:前者是机制性的,后者是规律性的。从而,这一争议就与个案研究牵扯到一起了。这是为什么?

因果关系至少有两种类型:一种是规律性的,另一种是机制性的。所谓规律性的因果关系体现的是,原因和结果之间所表现出来的前后关联的特征,也就是因果关联陈述。机制性的因果关系体现的是,原因和结果之间是通过何种机制(或过程)连接起来的,也就是因果机制陈述。一个典型例证是,不平等的加剧意味着富人将更加富有、穷人将会更加贫穷。但问题在于,为什么会这样,即为何在中层或下层社会中存在一致性地向下流动?前面的命题是因果关联性的陈述,后者是因果机制性的陈述。[53]

显而易见,规律性的因果关系关注的是原因导致了结果,以及原因和结果之间的数量关系(因果效应),但更重要和有趣的问题则是,原因是如何导致了结果,也就是机制性的因果关系。因果机制不仅打开了因果过程的"黑箱",增强了解释力,同时也强调了社会主体的能动的作用,更适用于社科领域。[54] 由于机制性的因果关系能够在一定程度上弥补规律性因果关系的不足,有学者甚至认为,因果关系的寻找或验证正在从因果效应转向因果机制。[55] 与此同时,因果机制的探寻更适合于小样本研究,尤其是个案研究,也就是定性研究,而因

---

[52] 参见[美]艾尔 · 巴比:《社会研究方法》,清华大学出版社 2020 年版,第 12 页。

[53] 具体讨论,参见吕涛:《因果理论的结构与类型——社会科学理论建构的方法论思考》,载《西北师大学报(社会科学版)》2012 年第 1 期。

[54] 详细讨论,参见刘骥、张玲、陈子恪:《社会科学为什么要找因果机制——一种打开黑箱、强调能动的方法论尝试》,载《公共行政评论》2011 年第 4 期。

[55] 参见蒋建忠:《社会科学研究中的因果机制:内涵、作用与挖掘》,载《前沿》2016 年第 7 期。

果效应更多地适用于大样本的定量研究。[56]

如果是这样,那么如何在经验个案中进行机制的因果研究就是一个重要问题。在张静看来,因果机制是通向一般性知识的桥梁。只是,在单个个案研究中,其结论不会自动指向一般性因果。从而在个案研究中,对相关参照系的扩展性分析,尤其是对不同语境下的差异性的比较研究,对于机制的挖掘很重要。非经如此,总结而出的"机制"由于缺乏一般性而致使其研究价值大打折扣。[57]尽管个案比较研究很重要,但其功能并非如同张静所言,在于提升因果机制的一般性,使其融入一般性知识。相反,即便是单个个案研究,仍然能够发现一般性的因果机制。之所以如此,如前文所述,主要是因为张静遵循的是归纳主义的知识增长模式。

另外,陈柏峰教授对侧重定性分析的法律经验研究中的因果机制进行了较详细的讨论。[58] 尽管该文有不少精彩的启发之处,但仍有一些断言笔者不完全认同。例如,将解读也就是对社会行为的意义的理解视为机制分析的组成部分。实际上,无论是定性研究还是定量研究,如果进行的是因果研究,那么对意义的诠释性理解就不在考虑之内。两者遵循的是完全不同的方法论预设。[59]另外,陈柏峰认为,定量研究主要是"假设—验证"模式,而定性研究最常用的是"观察—判断"模式。将观察而不是问题视为研究的起点,并由此而形成对因果关系的判断,这是典型的理论构建的归纳路径。与此相关的是,将想象力建立在经验质感的基础之上,并以苏力从教之前丰富的人生阅历作为例证。在笔者看来,想象力要想发挥其作用,更加重要的其实是理论;在有了好的理论之后,

〔56〕 参见[美]约翰·吉尔林:《案例研究:原理与实践》,黄海涛等译,重庆大学出版社2017年版,第34页。通过具体例证展示这两种方法的不同及其关系,参见唐世平、熊易寒、李辉:《石油是否导致族群战争?——过程追踪法与定量研究法的比较》,载《世界政治研究》2018年第1期。

〔57〕 参见张静:《案例分析的目标:从故事到知识》,载《中国社会科学》2018年第8期。

〔58〕 参见陈柏峰:《法律经验研究的机制分析方法》,载《法商研究》2016年第4期。

〔59〕 参见[美]加里·金、[美]罗伯特·基欧汉、[美]悉尼·维巴:《社会科学中的研究设计》,陈硕译,格致出版社、上海人民出版社2014年版,第34页;[美]加里·格尔茨、[美]詹姆斯·马奥尼:《两种传承:社会科学中的定性与定量研究》,刘军译,格致出版社、上海人民出版社2016年版,第4页。

才会对经验产生高度敏感并由此借助事实与理论的反差而形成问题意识。换言之,只是有经验、经历和阅历并不够;没有理论的指导,经验质感就仅是对经验的感觉而已。

尽管有不同意见,但共识是有的,这就是对因果机制的探究。就此而言,有着不同的路径。其中最常用的是过程追踪法,概要说来,就是通过对因果过程的历史证据来建构或者验证理论、假说的中间变量及其相互作用。[60] 那么,这一方法是如何操作、实施的?让我们以前文援引苏力关于家族形成的论文为例,对此展开讨论。

对此,苏力的一个猜测性的因果命题是:在其他条件不变时,自然条件的状况决定或影响家族的形成或不形成。显然,这是一个相当简单的理论上的断言,其是否合理、正确?这要凭借一系列逻辑上的因果链条,也就是诸多中间变量的介入及作用的具体展开,才能予以确认。注意,中间变量其实是对事实性因素的一个理论替代,从而会有这样一个问题:变量的抽象程度如何确定?换言之,因果链条的寻找究竟需要多具体?也不是通常以为的那样越细致、琐碎越好,这要根据问题和证据的具体情况而定。从而,说因果机制只能存在于微观或行动者层面,就是一个错误。机制可能在不同层次上存在、运行,宏观层面也可以讨论因果机制。[61]

如果自然条件表现为可耕土地极为贫瘠、稀少,那么为了养活一定的人口,人们大概率会选择分散居住,其分散程度由单位面积土地的产量来定。同时,苏力强调了交通是否便利这一因素。如果交通不便利,那么,人们为了获取和处理信息的成本就会上升。当然,土地和交通这两个变量存在统计学上所谓的多重共线性,也就是这两个解释变量之间存在线性相关。[62] 考虑一下山区或丘陵地带。一般来说,山区或丘陵的可耕土地相对平原而言较贫瘠、稀缺,与此

---

〔60〕 参见曲博:《因果机制与过程追踪法》,载《世界经济与政治》2010 年第 4 期;[丹麦]德里克·比奇、[丹麦]拉斯穆斯·布伦·佩德森:《过程追踪法:基本原理与指导方针》,汪卫华译,格致出版社、上海人民出版社 2020 年版。

〔61〕 参见[丹麦]德里克·比奇、[丹麦]拉斯穆斯·布伦·佩德森:《过程追踪法:基本原理与指导方针》,汪卫华译,格致出版社、上海人民出版社 2020 年版,第 40 页。

〔62〕 关于多重共线性的具体讨论,参见[美]达莫达尔·N. 古扎拉蒂、[美]道恩·C. 波特:《经济计量学精要》,张涛译,机械工业出版社 2010 年版,第 182 页。

同时，交通也不会顺畅。平原地区与之正相反：在土地肥沃的同时，交通也会较为便利。即便如此，这也不会在“定性”上影响我们的论证。

如果具备上述两个条件，可以推断，形成家族的制度成本太高了以至于不容易出现。因为，作为制度的家族如若有效运作，需要依赖经常性的集体行动，而这需要一起收集并处理相关信息，但人们分散居住使这些变得“不划算”。这是从制度供给的角度而言的。从制度需求方面来看，由于人们分散居住，人口密度相对较低，由此导致纠纷不会太多。考虑到家族的重要功能便是预防和解决纠纷，从而在这一条件下，人们对这一制度的需求程度不会太高。另外，作为家族制度的替代，在家族不易形成的条件下，人们往往会借助成本相对更低的自力救济这一非正式制度来解决相关问题。[63]

尽管苏力是从反面角度，即家族为何没形成对此予以论证的，但其推断的逻辑完全适用于正面的情形，也就是家族的形成。但问题没有这样简单。如果说某一区域土地肥沃且交通便利，形成家族的可能性很大，那么绝大多数现代城市也具备这些条件却没有家族势力对司法运作的干预，这是为什么？由于家族一开始是作为一种准公共权力的组织而出现的，那么在特定条件下，作为功能性的制度替代，国家就可能会出现，同时，家族便随之消失。问题是，国家出现的条件是什么？其与家族出现的条件又有何不同？在笔者看来，正是出于这样的考虑，同时也为使其理论模型更具解释力，苏力进行了如下扩展性推断：家族形成与家族所在地经济文化发展水平不直接相关，而与一个更大区域的经济文化发展水平呈现倒“U”形的关系。[64]

概言之，如果将经济文化发展水平视为关键中介变量，那么作为解释变量的自然条件状况与作为结果变量的家族和国家之间的关系并非简单的线性关系。当然，这一过程追踪的层次相当不微观、细致，是宏观层面的，较粗糙。同时，这也不意味经济文化发展水平是唯一重要的中介变量，还会有其他变量，从而与“经济文化发展水平”这一变量相互作用并共同导致结果变量的出现（和不出现）。这同样是“其他条件不变”。所有这些都意味着基于论证的需要，上述

〔63〕 苏力对此的论述更细致，从而更容易从证据的解释力和证明力来对此予以验证，参见苏力：《家族的地理构成》，载《山西大学学报（哲学社会科学版）》2007 年第 3 期。

〔64〕 参见苏力：《家族的地理构成》，载《山西大学学报（哲学社会科学版）》2007 年第 3 期。

理论模型有待进一步精致化。

另外,严格来说,无论是家族还是国家,作为结果变量,都是“理想类型”的,处于理论模式适用的“极端”情形。也就是说,作为变量的“国家”或“家族”通常不是以存在或不存在的状况来表现的,而是以程度性的状态呈现出来,或者以“国家能力”或“家族能力”这样的变量似乎更合适一些。重要的不是“国家”或“家族”的存在与否,而是其能力发挥的大小。如此一来,这两个变量之间的关系不一定是性质上的“非此即彼”,更有可能会是程度上的“相互重叠”。比如,按照前文的理论模型,武汉这样的大都市不存在家族,其随着国家的出现而消失了。实际的情况也许不会这样。因为,“国家能力”不会平均地“分摊”在整个武汉地区,也不会在所有的事情上都是“平均分摊”。这时,作为制度替代,家族也许会以某种形式,一定程度上发挥其功能,从而出现在武汉。

需要注意的是,这也不是什么“出尔反尔”。之所以如此,主要是因为,在社会科学中,规律通常不是以严格的决定论来断言的,而是以统计形式来表现的。当然,以统计形式表现的规律并不必然如同通常以为的那样,是出于社会的复杂性或者是人类的意志因素,而是与术语界定的精确性相关。[65]

六、选择个案有什么标准

针对经验个案的研究,前文已经从逻辑上论述了如何跨越个案。那么,接下来的一个问题是,选择个案有什么标准吗?如果没有一个可以指导或引导的原则,就无法确定什么样的研究对象可以作为经验个案,从而后续的研究就无从谈起,甚至有学者将个案选择视为研究者在进行个案研究时最重要的事项。因为,如果选择的个案不具有典型性或代表性或例证性,那么个案概化的能力就不会太高。[66] 说到底,选择个案之所以重要,背后隐含的还是与跨越个案有关。约翰·吉尔林(John Gerring)对案例类型进行了细致论述,包括典型的、反常的,或者最相似的等,并认为,个案选择的过程,至少是隐性地,依赖对更大的

---

〔65〕 对此的细致讨论,参见[美]欧内斯特·内格尔:《科学的结构:科学说明的逻辑问题》,徐向东译,上海译文出版社2002年版,第603页。

〔66〕 参见[英]马尔科姆·泰特:《案例研究:方法与应用》,徐世勇、杨付、李超平译,中国人民大学出版社2019年版,第25页。

潜在个案的总体分析。由于所研究的个案总是从总体中选择出来的。因此,挑选的依据就在于被选择的个案在总体中所处的位置。[67]

这是什么意思?难道是说,在对某一个案研究之前,就可能或已经对这一个案的总体有所认知?而且,还有确定的标准知道某一个案在总体中的位置,比如,是极端的,或者是反常的?有学者认为,个案研究不同于定量研究的一个区别是,前者的总体是不确定的,其范围并不清楚。而在后者,只有先明确了总体,之后才可能有(具有代表性的)样本。[68] 对此,笔者则更进一步认为,至少是在统计学意义上,个案研究不存在总体。比如,为什么要送法下乡?苏力只是从陕西北部某个乡镇信用社与法官下乡收贷这样一个案例对此而展开讨论。[69] 请问,为什么恰巧找到的是这样的一个案例,而不是其他案例?有何依据?通过何种方式在事前知晓这一案件是典型的、反常的、极端的或者是其他个案类型?就这一案件而言,"总体"意味着什么?这些问题都不容易回答。

难道说,在研究中,对案例的寻找一定是有强烈的针对性、自觉性的,在寻找之前,就非常清楚该找什么样的个案?如果是这样,那么,寻找一个合适的个案就经常会是一个漫长的过程,因为总是会有这种情况发生:所寻找到的个案不符合自己所设定的目标。因此,需要不断地寻找,直到找到符合要求的个案为止。但是,有过个案调查经历的人都知道,个案的寻找大多不是这样的。现实中更可能的情况是,动用各种(人脉)关系找到一个便利的地方去调查,而不是不断地进行选择、筛选和淘汰。这一过程,并不像学者所说的那样,个案研究的个案选择是"人为刻意"的,而不是随机的。[70] 相反,在笔者看来,个案寻找更像是随机的,偶然成分很大:个案基本上都是"碰到的",而不是"选择的"。

如果是这样,就会出现一个问题:在这种情形下,如何确保个案发挥其应有

---

〔67〕 参见[美]约翰·吉尔林:《案例研究:原理与实践》,黄海涛、刘丰、孙芳露译,重庆大学出版社 2017 年版,第 68 页。

〔68〕 参见王宁:《代表性还是典型性?——个案的属性与个案研究方法的逻辑基础》,载《社会学研究》2002 年第 5 期。

〔69〕 参见苏力:《送法下乡:中国基层司法制度研究》,北京大学出版社 2011 年版,第 21 页。

〔70〕 参见耿曙、陈玮:《比较政治的案例研究:反思几项方法论上的迷思》,载《社会科学》2013 年第 5 期。

的作用？靠什么能保证随机(偶然)碰到的个案就一定是自己所想要的呢？回答是：学术敏感力及想象力；对各种理论的熟悉且始终保持对理论的怀疑。

例如，苏力的一个有关司法个案的研究，就是其在湖北基层人民法院调查中"碰到的"(苏力的用语)。对于这样一个个案，苏力关注的是"习惯对司法的影响，以及这种影响可能通过什么渠道，以什么方式产生"。〔71〕然而，与之一同调查的杨柳，却关注的是法官在案件处理中所运用的技术。〔72〕也就是说，即便是针对同一个案，不同研究者所要研究的问题也许会不一样，这与其所关注的理论侧重点不同有关。而这根源于每一个个案所包含的事实极为丰富，甚至是无限的，从而每一位研究者都可以根据自己的研究兴趣而有所选择。反之，如果研究者没有对相关理论的高度敏感，就算是进入了"田野"，也可能看不到什么有意思的问题，更不太可能对理论有什么贡献。与之类似，在陕北，强世功和赵晓力面对同一起"收贷案"，考察和分析的问题是不同的，这同样与其各自所关注的理论视角有关，并且遭遇这个案子，"有一定的偶然性"。〔73〕

进言之，如果在个案研究中强调想象力，或更准确地说是理论的作用，那么，就可以大大拓展个案研究的范围。或者说，传统的过于注重基于"田野"的个案研究，强调自然的、自然主义的"情境"，或者是有空间界限的特征，也许会错过不少精彩的"个案"，甚至在这一意义上，什么算得上是"个案"，都很难有事前的清晰界定。

例如，苏力以中国传统戏剧《梁山伯与祝英台》为例，对其展开了细致入微的法理学分析。〔74〕对于这部在中国几乎是家喻户晓的戏剧，人们通常把它看

---

〔71〕苏力：《中国当代法律中的习惯——从司法个案透视》，载《中国社会科学》2000 年第 3 期。

〔72〕参见杨柳：《模糊的法律产品——对两起基层法院调解案件的考察》，载《北大法律评论》1999 年第 1 期。

〔73〕参见强世功：《"法律"是如何实践的》，载王铭铭、[英]王斯福主编：《乡土社会的秩序、公正与权威》，中国政法大学出版社 1997 年版；赵晓力：《关系/事件、行动策略和法律的叙事》，载王铭铭、[英]王斯福主编：《乡土社会的秩序、公正与权威》，中国政法大学出版社 1997 年版。

〔74〕参见苏力：《制度变迁中的行动者——从梁祝的悲剧说起》，载《比较法研究》2003 年第 2 期。

成是一场源于包办婚姻的悲剧,因为其是“吃人的封建礼教”。然而苏力不这样认为。在苏力看来,不仅梁山伯与祝英台的言辞、行为本身没有反抗;相反,却肯定、支持这个制度。另外,包办婚姻,作为制度不仅受制于生物学,还有社会方面的因素的约束;制度也不是人们通常认为的那样,是道德的产物,而是生存的产物。换言之,制度在很多时候不是人为地设计出来的,而是客观社会环境中各种实际因素“挤压”的结果。这些想法与多数人观念不同。而这些都首先来自苏力对梁山伯和祝英台两人年龄的分析与猜测。尽管戏剧材料本身丝毫没有显示两人的实际年龄,但这不妨碍苏力凭借其想象力对其展开合理的、为人们所接受的论述与推断。

如果是这样,那么个案就不限于自然主义,不必是研究者本人进入“田野”中,甚至根本就没有“田野”。尽管如此,这仍然算得上是经验意义上的个案研究。如同苏力在另一篇论文中指出的那样,事件真实性不等于其真实的发生过,重要的是,事件或事物显示出的逻辑关系,以及这种逻辑关系是否与生活的逻辑保持一致。[75] 在这个意义上,苏力的整部著作,[76] 有关文学的讨论,尽管不是现实意义上的真实,但却是逻辑意义上的真实。甚至在一定程度上,逻辑意义上的真实比现实意义上的真实更“真实”:现实的真实也许是表象,而表象很多时候是假象。另外,只有表象和假象本身,其实不容易对其进行真假的检验;只有与其背后的逻辑相勾连,并借助其他相关事实才可能对其进行检验,从而才能最终确定其究竟是真相还是假象。

不仅文学作品,电影也可作为“个案”来对待。苏力最早的个案研究,就来自一部电影《秋菊打官司》。[77] 不仅如此,“人物”也可以作为个案来研究。例如,杨清媚就以费孝通为个案,讨论了那一代中国学人的思想观念是如何在当代中国的具体历史语境中表达自身的。[78] 另外,很显然,这些“个案”研究,都

[75] 参见苏力:《秋菊的困惑和山杠爷的悲剧》,载《东方》1996 年第 3 期。

[76] 参见苏力:《法律与文学:以中国传统戏剧为材料》,生活 · 读书 · 新知三联书店 2006 年版。

[77] 参见苏力:《〈秋菊打官司〉案、邱氏鼠药案和言论自由》,载《法学研究》1996 年第 3 期。

[78] 参见杨清媚:《最后的绅士:以费孝通为个案的人类学史研究》,世界图书出版公司北京公司 2010 年版。

相当成功地“跨越个案”。苏力关于“秋菊打官司”的个案研究,尽管切入的是具体权利纠纷,即言论自由的权利与名誉、肖像权利之间的冲突,但分析的,以及得出的结论却是普遍性的,即有关权利的制度性配置这个一般性命题。杨清媚的著作同样如此。尽管以费老的“心史”为例,但却反映了那一代学人思考的逻辑特征;也不仅是有关学人思想观念的逻辑,更是折射出了那一代学人的研究如何影响了中国人类学史的发展。

因此,什么算得上是“个案”,“个案”如何界定,就不甚清楚,没法在事前通过一个标准的定义就能确定下来。Punch 说到,几乎任何一个事物都可以作为个案。〔79〕 任何一个事件是否算得上是“个案”,尽管在事前没法确定,但不等于在事后不能确定。例如,你能否定苏力的“梁祝”研究不是“个案研究”吗? 在什么意义上? 杨清媚的《最后的绅士:以费孝通为个案的人类学史研究》的名称中就带有“个案”这个语词。当然,不必过于看重语词本身,甚至是不是个案,也不重要,重要的是你能否通过对研究对象(或分析单位)的讨论,发现了什么有意思的理论贡献。然而,什么事物有,什么事物没有,一般化的道理或理论,这没法说,而是由研究者的学术敏感力、想象力决定的。〔80〕

另外,有学者将个案研究分为教学型和研究型两种。尽管两者有重叠,但基本上,人们都将重点放到了作为研究方法上的个案研究;教学型的个案(案例)通常不被视为个案研究。〔81〕 然而,问题是,这两种不同类型的个案的边界往往是不清楚的。有什么样的事前的明确标准,说某一个案(或案例)是教学型的,而不可能是研究型的? 或者反过来,一个研究型的个案,就不可以用于教学? 对此,笔者看不出来。而且这一区分,无论是教学,还是研究,以及对于个案研究来说,都是极具误导性的。

以法学领域为例。一般来说,个案(更常使用的术语是案例),基本上都是以教学型的面目出现的。近些年,不少部门法学者都在极力倡导案例研习在法学教育中的重要性。在田士永看来,案例研习的目标在于提高学生运用法律理

---

〔79〕 See Punch K., *Introduction to Social Research: Quantitative and Qualitative Approaches*, Sage, 2005, p. 144.

〔80〕 参见苏力:《好的研究与实证研究》,载《法学》2013 年第 4 期。

〔81〕 参见[英]马尔科姆 · 泰特:《案例研究:方法与应用》,徐世勇、杨付、李超平译,中国人民大学出版社 2019 年版,第 8 页。

论适用法律，包括解释法律的能力，这是从事法律职业的基本要求。[82] 也就是说，这种做法只是通过对案例、案件的分析达到对所学过的知识的熟悉和运用，目的仅在于记忆、理解和消化所学过的知识（包括一些职业技能），而很难有任何知识创新方面的训练。

这种案例研习的做法，据说来自德国法学教育中的经验。而德国的法学教育以培养法官为其目标，因而这种教育方式主要是应试导向的，其弊端和优点都是显而易见的。尽管如此，中国的问题不在于是否需要引入案例研习，而是如何改进使其弊端更少益处更多。[83] 与之类似，葛云松也认为，法学教育（至少是本科阶段）的目标主要是培养法官，其核心在于培养学生关于实体法和程序法的全面知识，以及提升解释和适用法律的能力。基于这一目标，教学方法改革的重点之一便是引入案例练习。[84] 尽管葛云松也谈到了案例研习可培养学生对法律背后的社会问题的敏感，但其目的却在于将其应用到法律的解释之中。毕竟，案例研习仅在于训练学生具备一个法官在实际判案时应掌握的知识与技能。

如果这样来看案例研习，其似乎仅与教学有关，与研究无关；目的只在于熟悉知识和训练技能，与知识创新的关系不大。另外，这种教学型的案例，也谈不上"跨越案例（个案）"，因为其仅是理论的应用而已。从而，教学型和研究型的案例之间，存在泾渭分明的区分。但其实这是一个误解。例如，苏力也讨论具体的个案（案例），只是将重点放到了个案中的"法理"方面，而不是简单地将其视为理论的纯粹应用。书名《是非与曲直：个案中的法理》似乎也印证了这一点。[85] 但是，名称不重要，重要的是具体分析。比如，关于药家鑫案件的讨论。从表面上看，这是一起并不复杂的撞人、杀人的刑事案件。然而，苏力的写作意图却不在这，而是试图借助这一案件的分析，来反思罪责自负这个早被确定为中国刑事司法的基本原则。

---

〔82〕 参见田士永：《民法学案例研习的教学实践与思考》，载张桂琳主编：《中国法学教育研究》2011 年秋季论文集，中国政法大学出版社 2011 年版。

〔83〕 参见卜元石：《德国法学教育中的案例研习课：值得借鉴？如何借鉴？》，载《中德法学论坛》2016 年第 00 期。

〔84〕 参见葛云松：《法学教育的理想》，载《中外法学》2014 年第 2 期。

〔85〕 参见苏力：《是非与曲直：个案中的法理》，北京大学出版社 2019 年版。

罪责自负原则说的是,一个人犯了法、定了罪,应当由其罪犯本人承担刑事责任,接受刑罚的惩罚,而不连累或殃及他人,尤其是无辜者。这一原则是显而易见的,几乎不会引起什么不同意见。然而,苏力却还是想提醒法律人,不能轻易把一个理论假定(包括法律基本原则)当成现实,而忘记了现实生活中完全罪责自负的不可能。[86] 换言之,现实生活中仍然有这种可能,即如果考虑到社会后果,那么仅是罪责自负也许是不恰当的。在这个案件中,社会后果大致说的是,这一刑事原则可能会对无辜的罪犯家人造成重大甚至灾难性的影响。按照苏力的表述,就是"在概念层面,刑事惩罚确实不连累他人,但是,在社会经验层面,'殃及效果'则无法避免"。[87] 并且,这一影响不是个别的,而是普遍的。

如果是这样,那么"药家鑫案",究竟是教学型的个案,还是研究型的个案?如果认为是研究型的,这明显与事实不符:显而易见,这个案件可以拿到教学中讨论、学习和讲授。而如果认为是教学型的,这仍然不符合事实:这一案件的分析重点不在于对理论的简单应用,而是对现有理论的反思并有可能对其进行适当修正。另外,无论是将其视为教学型的个案还是研究型的个案,这一案件都算得上是"跨越个案":其讨论的结论不只是针对该案件本身,还可适用于与之类似的其他案件,甚至苏力对有些案件的讨论,如关于舞剧《红色娘子军》的知识产权这一案件,无论是其提出的分析问题,还是该问题的解决,都已超越了法律:不仅与法治有关,也有关重大的社会生态问题,或重大的人生问题。[88]

尽管如此,这也不是说,所有的案例都可以既是教学型的,也是研究型的。尽管所有的研究型案例都可以进行教学,但并非所有的教学型案例都可以成为研究型的。注意,在这里,一个案例究竟是教学型还是研究型,核心的判断标准是,该案例的结论能否适用于其他场合。如果一个案例能够"跨越个案",可将其视为是研究型的,否则便是教学型的。一个案例仅是原有理论的一个纯粹应用,目的是熟悉该理论,这样的案例就是作为教学来使用的。与之相对,一个案例的主要功能如果是对现有理论的反驳、修正,就可以将其视之为研究型的。另外,这种区分仅是事后的,也就是说,没有什么明确的事前标准说,一个案例

---

[86] 参见苏力:《是非与曲直:个案中的法理》,北京大学出版社 2019 年版,第 98 页。

[87] 苏力:《是非与曲直:个案中的法理》,北京大学出版社 2019 年版,第 97 页。

[88] 参见苏力:《是非与曲直:个案中的法理》,北京大学出版社 2019 年版,"引论"第 17 页。

必定是不能(或能)“跨越个案”的。能或不能“跨越个案”,只有对其进行分析之后,至少也是在遇到之时,才能确定的。这其中,想象力也就是理论构建、修正或反驳起到了决定性的作用。

七、结论与讨论

人们试图“跨越个案”,是因为希望个案的研究结论能适用于其他场合,而且适用范围越广,说明其研究价值会越大。传统“跨越个案”的解决方案存在诸多困难和误区。之所以如此,主要根源于认识论上的归纳主义知识增长模式。这表现在:一方面,认为研究始于观察,以及对事物或事件的细致描述;另一方面,追求对现象和研究对象的整体性或总体性的认知。为此,往往会选择那些具有代表性或典型性的个案,也就是对个案的选择提出了若干标准。只不过由于归纳主义本身的逻辑局限,这些方案或努力都失败了。

然而,理论的演绎检验方法却能克服这些不足。这种认识论强调研究始于问题,即多少具有普遍性的问题;然后,针对这些问题进行理论上的猜测。只是,一方面,问题限定于“为什么”的问题类型;另一方面,理论是关于因果关系的。由于这样的理论一旦建构起来,其逻辑上就必然具备了适用上的普遍性,从而能够容易地“跨越个案”。需要注意的是,从问题到理论,这中间没有什么逻辑上的通道,凭借的是研究者的想象力和洞察力。

当然,人们可能会对这种基于个案研究的因果推断的有效性提出质疑,也就是在没有任何控制和对照的情形下,如何保证其因果关系的寻找和确立就是正确的?如果将因果机制视为个案研究的核心任务,那么,过程追踪法在很大程度上能够解决这个难题。比如,变量 X 与 Y 之间存在因果关系,对此,该如何检验?如果我们知晓 X 导致 A,A 导致 B,B 导致 C,而 C 导致 Y。那么,从联合概率的角度看,这几个因果链条耦合的可能性很小。根据“小概率事件在一次事件中不会发生”的概率论原理,可以确保一个单独的个案也能够根据因果链条之间的逻辑关系来检验其机制的存在与否。[89]

另外,比较(个案)研究,由于加入了对照,从而在另一个角度上能够对个案

---

〔89〕 参见蒋建忠:《社会科学研究中的因果机制:内涵、作用与挖掘》,载《前沿》2016 年第 7 期。

的研究结论给予检验或反驳。例如,回到前文中谈到的家族的地理构成。通常而言,我们会认为这是一个经验个案研究,但其实也存在比较个案研究,尽管不那么深入、直接。实际上,苏力一开始对家族形成的因素的猜测并不是自然条件,而是“民族”这一变量。因为,相当明显的是,鄂西恩施地区是土家族和苗族的聚居区,而江汉平原则不具备这一因素。从而,针对其所研究的问题而言,如果这两者之间有不同,那么根据密尔的差异法,[90] 导致这一结果的便是两者之间不同的先导因素。当然了,苏力随后推翻了自己的这一猜测。[91] 在这里,反驳的逻辑是,如果家族的形成是由于民族这一因素,那么,民族这一因素必然会在某些方面起到实质性作用,从而相对于不具有这一因素的地方来说,产生某些差别性的结果。但这些所谓的作用或影响与现实世界的事实不相符合,从而暗示推断的前提是错误的。[92]

因此,这就暗示我们,如果在个案研究的基础上,进一步进行比较个案研究,那么,个案研究的价值将更加凸显出来。这主要体现在后来的比较研究对先前的个案研究中所建构的理论模型予以事实上的检验,而这一点,却被多数研究者所忽视了。

Transcending Empirical Case: Misunderstandings, Logic, and Paths

Wu Yilong

Abstract: How to transcend the empirical case is a difficult problem in qualitative research. In this regard, most of the previous studies fell into a misunderstanding. This is embodied in: on the one hand, the pursuit of representativeness of one case; On the other hand, moving towards a holistic understanding of things. This implies the inductive mode of knowledge growth, but it has inevitable difficulties. The opposite is the deductive test method of theory,

---

〔90〕 参见[美]欧文 · M. 柯匹、[美]卡尔 · 科恩:《逻辑学导论》,张建军、潘天群译,中国人民大学出版社 2007 年版,第 526 页。

〔91〕 参见苏力:《家族的地理构成》,载《山西大学学报(哲学社会科学版)》2007 年第 3 期。

〔92〕 详细讨论,参见金岳霖主编:《形式逻辑》,人民出版社 2006 年版,第 183 页。

which constructs and verifies the causal theory based on the problem. Based on this logic, the exploration of causal mechanism is the advantage of case study, among which the process tracing method is the most common. However, without comparative case studies, the value of case studies will be weakened greatly.

Key words: Empirical Case; Transcend; Logic; Paths; Imagination

我国人格权研究的可视化知识图谱分析*

——基于 CNKI 的数据(1992～2020 年)

吴雅婷**

内容摘要:

人格权研究是我国学术研究的热门领域之一。以中国知网 1920 篇人格权研究的高质量文献为样本数据,运用 CiteSpace 可视化软件对其进行定量分析。研究发现:近 30 年来,我国人格权研究成果数量总体呈增长之势,研究者与研究机构主要来自法学领域,尚未形成合作研究氛围;人格权研究主题聚集在 4 个重点知识群,即"人格权历史发展与立法研究""人格权权利类型研究""人格权商品化研究""人格权侵权责任研究";人格权研究经历了早期起步、爆发增长和稳步发展 3 个阶段,人格权立法、个人信息保护与数据权问题是学界重点关注的学术前沿。我国人格权研究在人格权立法、司法和学术传承方面均有贡献,但也存在不足之处,未来人格权研究应坚持研究方法的多元化与实证化;深入开展人格权基础理论研究,建构我国人格权理论体系;与时俱进,研究新兴科技发展对传统人格权理论的挑战及其应对,以及推动建立人格权科研团队,促进研究者、研究机构之间的合作与交流。

关键词:

人格权　CiteSpace　可视化　知识图谱

---

* 本文系福建省社科博士扶持项目"大数据时代消费者个人信息保护机制研究"(项目编号:FJ2023BF094)的成果之一。

** 闽江学院法学院讲师,闽江学院海峡两岸融合发展研究院副研究员。

人格权，是整个法秩序的基石，[1]是彰显人性尊严和人格自由的权利。在社会主义法治建设过程中，人格权法体系构建举足轻重，人格权已日渐成为学术界的热门话题。目前，我国学者对于人格权的研究大多采用传统的文献分析、比较分析、历史分析等方法，而鲜少从文献计量的角度来展开人格权研究。通过 CiteSpace 可视化工具绘制的科学知识图谱，能显示科学知识的发展进程与结构关系，[2]有助于研究者挖掘某特定知识领域的研究热点、来龙去脉及其学术前沿，是较受学界青睐的研究辅助手段，[3]故笔者将其作为分析工具对人格权加以研究。展开分析之前，首先需要完成两项准备工作：一是从中国知网（CNKI）数据库中选取样本文献。具体方法为：在“高级检索”中，选择期刊栏目，以“人格权”为主题词，以“核心期刊”和“CSSCI”为期刊来源进行检索，得到时间区间为 1992～2020 年的样本文献 2210 篇（检索时间为 2020 年 11 月 15 日）。[4] 人工剔除期刊目录、法学人物介绍、会议综述、重复文献等无效文献后，最终获得 1920 篇有效的样本文献。二是在 CiteSpace 可视化软件中设置分析条件，即在“Time Slicing”中将时间段设置为 1992～2020 年，“Years Per Slice”设置为 2；在“Links”中设定为“Cosine”，阈值设定为“Top50”。

一、人格权研究的基本特征分析

通过对文献年度发文分布、研究者与研究机构分布的考察，可有效了解

---

〔1〕 参见王泽鉴：《人格权法：法释义学、比较法、案例研究》，北京大学出版社 2013 年版，第 1 页。

〔2〕 参见陈悦等：《CiteSpace 知识图谱的方法论功能》，载《科学学研究》2015 年第 2 期。

〔3〕 See Chen Chaomei, *CiteSpace Ⅱ: Detecting and Visualizing Emerging Trends and Transient Patterns in Scientific Literature*, Journal of the American Society for Information Science and Technology, Vol. 57:3, p. 374 (2016).

〔4〕 笔者以前述检索条件进行文献检索，得到最早收录于 CNKI 中的文章是在 1992 年。同时，在原《民法通则》颁布之前，学术界的讨论重点在于民法的调整对象，对人格权的讨论比较少，在原《民法通则》颁布之后，人格权研究才逐渐发展起来。因此，将检索区间划定在 1992～2020 年也可大体呈现我国人格权研究的基本现状。

1992～2020 年我国人格权研究状况的基本特征。文献年度发文分布可呈现人格权研究成果数量在时间上的变化,在一定程度上能反映出人格权研究的水平与发展速度。研究者与研究机构分布则有助于了解人格权领域的核心研究者及其所在的研究机构,进而把握领衔人格权研究的学科领域。

(一)文献年度发文分布统计分析

图 1 为 1992～2020 年我国人格权研究成果数量的时间分布图。可以发现,近 30 年来,我国人格权研究的发文量曲线总体呈波动上升的趋势,表明在此期间内人格权研究得到了学者的广泛关注,研究热度比较高。如图 1 所示,1992～2000 年人格权研究发展较缓慢,属于一个相对较新的学术领域,相关论文的历年发表数量仅维持在 7～22 篇,还未形成人格权研究的学术氛围;但是 2001～2011 年,尤其是新中国成立以来第四次民法典编纂运动的开展,就迎来了人格权研究的热潮,历年发文量显著增加;2012～2020 年,人格权发文数量虽有所波动,但整体上保持较高水平。这说明从 2001 年开始人格权研究在学界一直是个热门话题,经过学者的辛勤耕耘,我国人格权研究得到了长足发展。总之,近 30 年间,我国人格权研究已然从一个鲜有问津的新兴领域发展成为备受瞩目的学术天地。

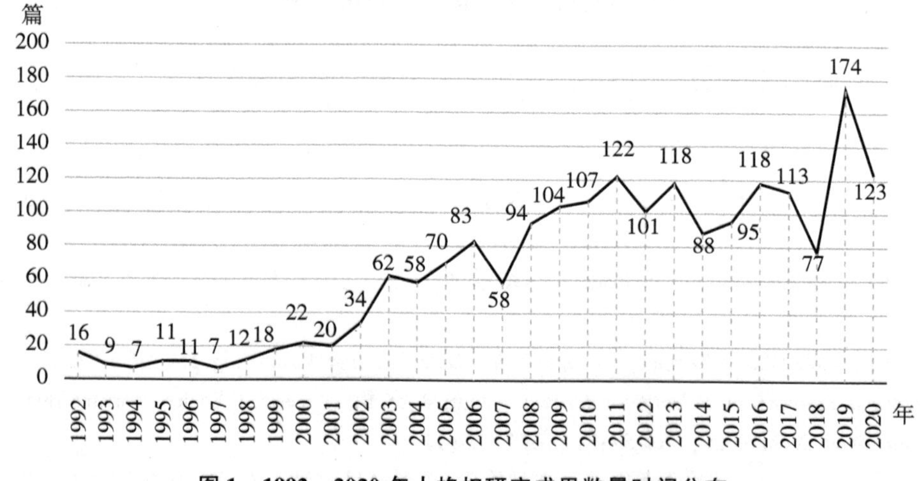

图 1　1992～2020 年人格权研究成果数量时间分布

（二）研究者与研究机构分布

图2展示了1992~2020年人格权研究者的分布情况，图中的节点代表研究者，节点的圆圈大小表示该研究者发文数量的多寡，节点之间的连线代表研究者之间的合作关系。由图2可知，人格权的核心研究者共有35个，包括王利明、杨立新等学者。学术合作较密切的研究者有杨立新和刘召成、杨立新和袁雪石、张新宝和张红、曹相见和房绍坤、姚辉和周云涛，以及齐爱民和李仪。图2中节点之间的连线不多且分布较散，表明人格权研究的学术论文基本上以个人发表为主，研究者之间的学术合作网络尚未形成。

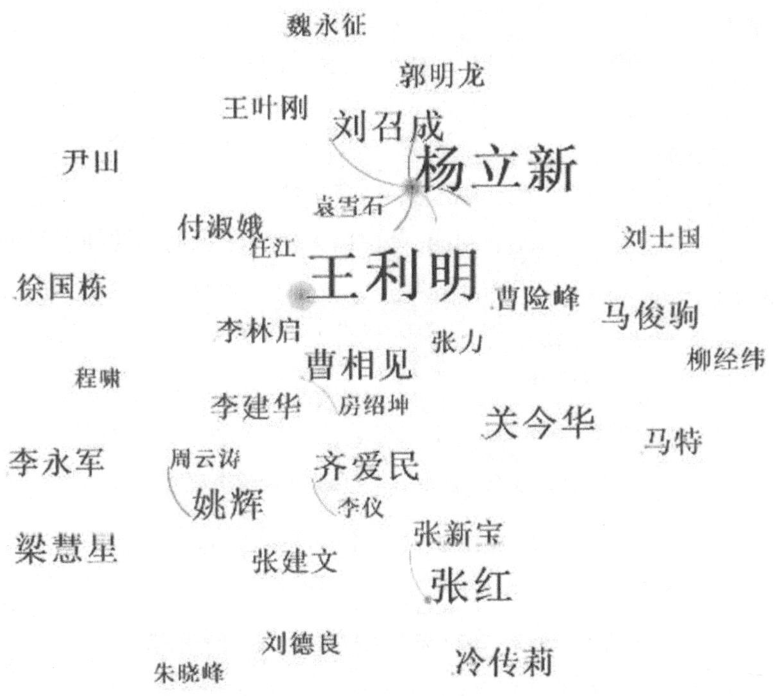

图2 1992~2020年人格权的研究者分布图谱

图3显示了1992~2020年人格权研究机构的分布情况，其中，中国人民大学法学院所在的节点最大且居于图谱中心位置，表明该机构的研究成果发表数量最多，是人格权研究的核心研究机构，拥有较大的影响力。武汉大学法学院、中国人民大学民商事法律科学研究中心、吉林大学法学院、北京大学法学院、中

南财经政法大学法学院、中国政法大学民商经济法学院、西南政法大学民商法学院等机构所在的节点也比较大,且大体居于中心位置,形成了人格权的核心研究机构群。这意味着,前述高等院校及其研究机构是人格权研究的主阵地。这些核心研究机构所在节点周围多分布着核心研究者,典型如中国人民大学法学院中心节点周围分布着王利明、姚辉、张新宝等,清楚显示了研究者与研究机构的相互依存关系。同时,通过研究者与研究机构分布图谱,也可以发现,我国关于人格权的学术研究主要集中于法学领域,尤其是民商法领域。

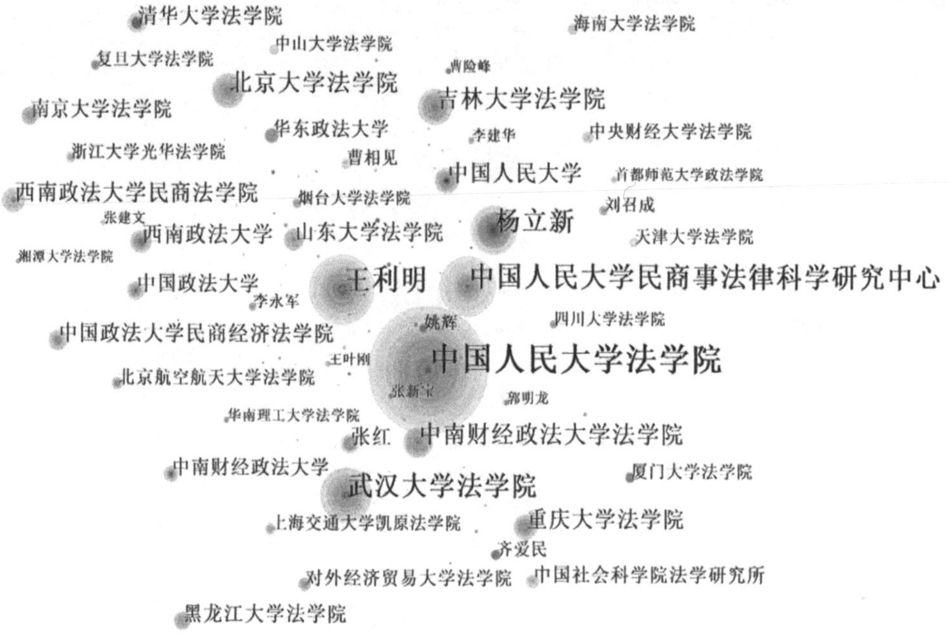

图 3 1992 ~ 2020 年人格权研究机构分布图谱

二、人格权研究的热点分析

通常而言,关键词是对学术文章核心内容的提炼,能直观地反映文章的研究主题与研究方向。运用 CiteSpace 可视化软件的关键词共现功能和关键词聚类功能,有助于从空间维度呈现人格权研究的热点主题,深入了解我国人格权研究的现状。

(一)关键词共现分析

关键词共现分析的功能在于,通过对文章关键词或主题词在同一篇文献共同出现的情况的分析,判断某特定学科领域的热点话题及其研究结构。[5] 词频和中心性是描述关键词共现情况的两个重要依据。因此,本文利用 CiteSpace 可视化软件绘制 1992 ~ 2020 年人格权研究成果的关键词共现网络图谱(见图 4),将“Summary Table”中的关键词导入 Excel 表格,然后根据词频和中心性

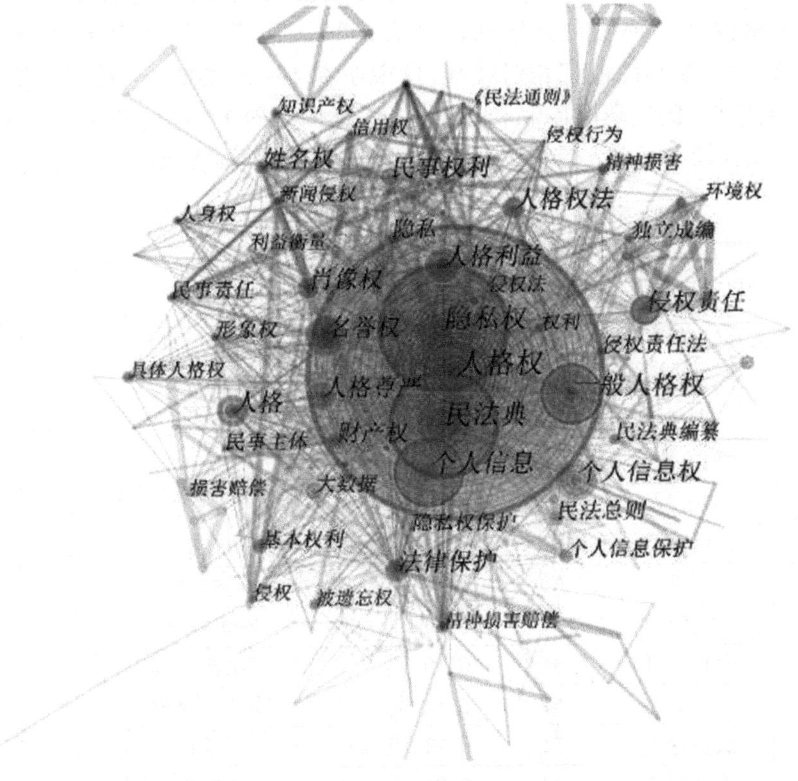

图 4 1992 ~ 2020 年人格权研究成果的关键词共现网络图谱

---

[5] See Zhang Wei, Zhang Qingpu, Yu Bo & Zhao Limei, *Knowledge Map of Creativity Research Based on Keywords Network and Co-word Analysis* 1992 – 2011, Quality & Quantity: Internal Journal of Methodology, Vol. 49, p. 1028 – 1029 (2015).

提取排在前30位的关键词制作成表1。在图4中,节点代表关键词,节点所在的圆环越大,表明关键词出现的频次越多。在表1中,关键词的中心性代表某关键词在共现网络关系中充当媒介者的能力,中心性数值越高,该关键词在共现网络关系中的中介作用就越强。通常而言,中心性大于0.1的,说明该关键词比较重要,具有较强的中介能力。高频关键词和高中心性关键词均是衡量某领域研究热点的重要指标。[6] 结合图4和表1可以看出,"人格权"、"民法典"和"隐私权"这3个关键词出现的频次和中心性均居于前3位,而"个人信息""一般人格权""名誉权""人格利益""人格""人格尊严""法律保护"等关键词出现的频次和中心性也都相对较高,这说明在1992~2020年我国人格权研究始终以人格权、民法典和隐私权为核心,不断向一般人格权、名誉权、人格尊严、人格权的法律保护、个人信息权、肖像权、姓名权、精神损害赔偿等多方领域拓展。

表1　国内人格权研究高频及高中心性关键词

序号	关键词	词频/次	中心性	序号	关键词	词频/次	中心性
1	人格权	506	0.43	16	财产权	37	0.10
2	民法典	175	0.29	17	民事权利	34	0.04
3	隐私权	168	0.24	18	精神损害赔偿	34	0.03
4	个人信息	94	0.09	19	隐私	32	0.04
5	一般人格权	93	0.16	20	大数据	31	0.01
6	名誉权	75	0.07	21	民法总则	28	0.02
7	人格利益	61	0.12	22	权利	25	0.01
8	人格	60	0.11	23	精神损害	25	0.03
9	个人信息权	57	0.02	24	基本权利	25	0.02
10	侵权责任	51	0.10	25	民法典编纂	24	0.02
11	人格尊严	51	0.12	26	隐私权保护	24	0.01
12	法律保护	51	0.13	27	形象权	24	0.02
13	人格权法	43	0.06	28	环境权	22	0.01
14	肖像权	40	0.13	29	侵权责任法	21	0.02
15	姓名权	39	0.04	30	新闻侵权	21	0.03

[6] See Wang Weihong & Lu Chang, *Visualization Analysis of Big Data Research Based on Citespace*, Soft Computing, Vol. 24:11, p. 8173－8186 (2020).

关键词共现网络图谱只是简单罗列关键词，而 CiteSpace 可视化软件的关键词聚类功能则可在关键词之间建立联系，将文献中具有明显特征的关键词聚集在一起形成不同的组群，从而便于了解关键词内在的逻辑关系。因此，本文采用对数似然比（LLR）算法，对 1992～2020 年文献样本的关键词进行聚类，得到 1992～2020 年人格权研究的关键词聚类图谱（见图 5），其中 Modularity Q 为 0.3884，说明聚类效果较好。

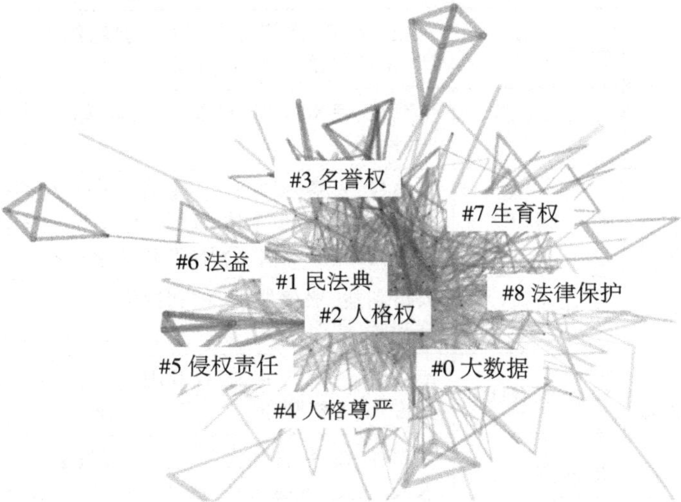

图 5　1992～2020 年人格权研究关键词聚类图谱

由图 5 可知，人格权研究总共有 9 个聚类，分别是#0"大数据"、#1"民法典"、#2"人格权"、#3"名誉权"、#4"人格尊严"、#5"侵权责任"、#6"法益"、#7"生育权"和#8"法律保护"。从 CiteSpace 可视化软件中的"Cluster Explorer"导出前述 9 个聚类中包含的所有关键词，然后结合高频关键词和高中心性关键词进行梳理，归纳出 1992～2020 年我国学界在人格权研究领域的关注点聚集在 4 个知识群（见表 2），即"人格权历史发展与立法研究""人格权权利类型研究""人格权商品化研究""人格权侵权责任研究"。

表 2　热点知识群及高频关键词

知识群名称	聚类名称	聚类中的高频关键词
人格权历史发展与立法研究	#1 民法典	民法典、人格权法、民法总则、民法典编纂、侵权责任法、立法模式、人格权编、独立成编、立法技术、防御性权利、罗马法系、英美法系

续表

知识群名称	聚类名称	聚类中的高频关键词
人格权权利类型研究	#0 大数据	隐私权、个人信息、个人信息权、隐私、大数据、隐私权保护、个人信息保护、被遗忘权、法律属性、个人数据、新兴权利、私法保护、信息自决权
	#3 名誉权	名誉权、姓名权、精神损害赔偿、侵权行为、名誉权案件、新闻侵权、公众人物、构成要件、新闻自由、新闻媒体
	#4 人格尊严	一般人格权、人格尊严、利益衡量、具体人格权、人的尊严、精神利益、其他人格利益
	#7 生育权	生育权、民事权利、基本权利、环境权、环境人格权、私法、性骚扰
人格权商品化研究	#2 人格权	人格权、人格、财产权、形象权、肖像权、知识产权、商品化权、立法、民事主体、法人、人格要素、人格权商品化、商业利用、商誉权、公开权、法人名誉权
	#8 法律保护	人格利益、法律保护、权利冲突、人格物、人肉搜索、经济利益、法律性质
人格权侵权责任研究	#5 侵权责任	侵权责任、民法通则、权利限制、侵权人、人格权侵权、受害人、人格利益
	#6 法益	权利、法益、精神损害、人身权、侵权法、法人人格权、请求权、利益、人身关系、法律关系、民事责任、损害赔偿

(二)热点知识群的主要内容

CiteSpace 可视化工具中的“Listing Citing Papers to the Cluster”列出了各个关键词聚类所涉及的核心文献,通过这些核心文献可以有效把握某一研究领域的热点主题与重点内容。因此,下文关于热点知识群主要内容的讨论均建立在这些核心文献的基础上。

1. 人格权历史发展与立法研究

人格权的历史源流是人格权研究的基础性问题。对于人格权的起源,我国学者普遍将目光放在古代罗马法中。有学者认为,罗马法早就有关于人格权的消极规定和积极规定,但是罗马法学说并没有对各种具体人格权进行理论概括,人格权理论的发展主要得益于后世的雨果 · 多诺、冯 · 基尔克等人的智识贡献。[7]

〔7〕 参见徐国栋:《人格权制度历史沿革考》,载《法制与社会发展》2008 年第 1 期。

也有学者认为，人格权亦追溯至罗马法，该学者认为，人格权的产生源于对人格及人格要素的保护，是工具性立法技术的产物，西方人格权发展的路径为：从罗马时期法律人格由“身份”决定，发展到近代法律人格被立法予以伦理性确认与权利能力的抽象规定，最后以人格权的面貌出现。[8] 少数学者，如高可，主张从传统文化中搜寻人格权利发展要素，并指出古代的中国人关于摆脱身份束缚的尝试、传统中国法律制度和乡约中的人格利益保护要素和以“人伦中心与道德理想主义”的宗法伦理，均包含传统中国法律文化中人格权制度的内生要素。[9]

在人格权立法研究方面，我国学界讨论最多且争议最大的就是，《民法典》应如何安排人格权。有的学者主张，人格权单独设编，突出以人为本的立法理念；[10] 有的学者则认为，“人格权与人格相始终，不可须臾分离”，不应该独立成编，而应当规定于总则编的自然人中；[11] 也有学者提出，人格权独立成编会牺牲民法典的体系性与科学性，民法典应维持自原《民法通则》以来形成的人格权确认和人格权保护的“二分”法律格局，在原《民法总则》“民事权利”章中对人格权进行宣示，在侵权责任编专设“人格侵权责任”章，强化人格权的保护。[12] 从表面上看，这些争论仅是人格权立法模式选择的问题，但其实还涉及了对于人格权法律属性的认识。对此，学界作了广泛讨论，且通说认为，人格权具有双重法律属性，既是民事权利，也是宪法权利。有学者指出，人格权首先是一种宪法上的权利，民法典将宪法上的人格权具体化，使宪法创制人格权的目的得以落实。[13] 马特以隐私权为对象进行考察，指出人格权不仅为私法所保护的权

〔8〕 参见曾凡昌：《西方人格权发展的历史线索及其启示》，载《现代法学》2011 年第 2 期。

〔9〕 参见高可：《传统中国人格权制度内生要素与现代立法选择——比较法律文化视角》，载《理论与改革》2016 年第 1 期。

〔10〕 参见王利明：《中国民法典的体系》，载《现代法学》2001 年第 4 期。

〔11〕 参见梁慧星：《中国民法典编纂的几个问题》，载《山西大学学报（哲学社会科学版）》2003 年第 5 期。

〔12〕 参见柳经纬：《民法典编纂中人格权立法问题》，载《中国政法大学学报》2018 年第 6 期。

〔13〕 参见刘凯湘：《人格权的宪法意义与民法表述》，载《社会科学战线》2012 年第 2 期。

利,同时也为宪法所赋予的基本权利。[14]

2. 人格权权利类型研究

主要包括聚类#0“大数据”、聚类#3“名誉权”、聚类#4“人格尊严”和聚类#7“生育权”。通过研读核心文献可知,人格权权利类型研究主要集中在以下三个方面:

首先,传统具体人格权研究。人格权的概念过于抽象,难以直接在司法实务中使用,立法和实务对人格权加以具体化,形成了若干个别人格权。其中,名誉权和姓名权是较受学者关注的领域。对于名誉权,学者的讨论大多聚焦新闻报道和互联网领域侵犯名誉权的问题。有学者从新闻报道侵害名誉权的行为方式及构成要件出发,讨论了实务中如何认定新闻报道侵犯名誉权的问题。[15] 张红梳理了有关名誉权的法律规范,同时将新闻报道侵犯名誉权的案件归结为 3 种类型,即基本内容严重失实、基本内容失实和内容属实但评论不当。[16] 有学者分别讨论了网络诽谤的特征、构成要素、相关责任主体的法律责任等问题,并为政府和社会遏制和约束网络诽谤行为提出了建议。[17] 鉴于新闻媒体与网络都是舆论监督的重要手段,因此在保障言论自由与名誉权保护之间利益衡量必不可少。对此,我国学者主要从名誉权抗辩事由的角度阐述言论自由的边界。[18] 对于姓名权,学界存在不同的研究视角。有学者对姓名权的本质和保护进行研究,指出姓名权的本质为专属于自然人的人格权,兼具积极和消极两种权利属性,对于姓名权的保护可从“姓名权本身规定”“侵权行为法规定”“不

---

〔14〕 参见马特:《人格权与宪法基本权关系探讨》,载《安徽大学学报(哲学社会科学版)》2008 年第 5 期。

〔15〕 参见车辉:《论新闻侵害名誉权的认定》,载《甘肃社会科学》2000 年第 5 期。

〔16〕 参见张红:《新闻报道中的名誉权侵权责任》,载《浙江学刊》2012 年第 4 期。

〔17〕 参见黄芙蓉:《新媒体时代网络诽谤的构成与责任探析》,载《学习与实践》2013 年第 12 期。

〔18〕 参见姜战军:《中、英名誉权侵权特殊抗辩事由评价、比较与中国法的完善——兼评英国〈诽谤法案 2013〉对名誉权侵权特殊抗辩事由的改革》,载《比较法研究》2015 年第 3 期;刘凯湘:《在私权保障与新闻自由之间——以媒体侵权的类型为视角》,载《法律适用》2013 年第 9 期。

当得利的规定"3 种途径进行。[19] 有学者认为，"姓名的功能决定了姓名权的本质"，随着姓名功能的转变，姓名权也经历了从"从身份到人格"，再到"兼具人格权与财产权属性"的变迁。[20] 与前者角度不同，有学者以我国实务中的案例为基础，梳理并总结了姓名权侵权的常见类型。[21] 也有学者从司法案例出发，探寻姓名权纠纷的本土裁判规则。[22]

其次，新型人格权研究。人格权体系具有开放性，随着社会的发展，个人信息权、隐私权、环境人格权、生育权等新型人格权不断涌现。对于新型人格权，学者普遍从其法律属性、权利内容、域外立法、本土司法裁判等角度展开研究。例如，在个人信息权领域，针对法律属性，学界经多番讨论提出了 8 种学说。[23] 就其权利内容，有学者指出，主要包括了积极权能和消极权能，其中积极权能包含知情权、同意权、访问权、可携带权、利用收益权，消极权能包含更正权、限制权、反对权以及被遗忘权。[24] 对个人信息的保护范围，有学者主张，将个人信息与个人隐私相区分，从可识别性和交互性两个角度来界定个人信息的保护范围。[25] 就其域外立法，有学者认为，主要有美国的分散立法模式与德国的统一立法模式。该学者将这两种模式加以对比，建议我国借鉴德国制定统一的个人资料保护法。[26] 也就是说，采取私法保护个人信息权的路径。但是，基于个人信息的社会公共属性和数字市场公共利益的需要，也有学者主张通过公法来保

〔19〕 参见李永军：《论姓名权的性质与法律保护》，载《比较法研究》2012 年第 1 期。

〔20〕 参见袁雪石：《姓名权本质变革论》，载《法律科学（西北政法大学学报）》2005 年第 2 期。

〔21〕 参见张素华：《论姓名权纠纷的裁判乱象与类型梳理》，载《四川大学学报（哲学社会科学版）》2018 年第 3 期。

〔22〕 参见石冠彬：《姓名权侵权纠纷的裁判规则研究》，载《当代法学》2018 年第 3 期。

〔23〕 这 8 种学说包括"个人信息权否定说"、"基本权利和自由说"、"物权说或所有权说"、"隐私权说"、"一般人格权说"、"人格权兼财产权说"、"框架权说"和"具体人格权说"。

〔24〕 参见叶名怡：《论个人信息权的基本范畴》，载《清华法学》2018 年第 5 期。

〔25〕 参见廖宇羿：《我国个人信息保护范围界定——兼论个人信息与个人隐私的区分》，载《社会科学研究》2016 年第 2 期。

〔26〕 参见齐爱民：《美德个人资料保护立法之比较——兼论我国个人资料保护立法的价值取向与基本立场》，载《甘肃社会科学》2004 年第 3 期。

护个人信息。[27] 在隐私权领域,对于其权利性质的观点也莫衷一是。有学者认为,隐私权是人格尊严的体现,本质上是一种宪法权利,并且主张我国将隐私权入宪;[28] 也有学者认为,隐私权的确存在宪法上的基础,但是它主要属于民事权利领域的具体人格权范畴,应由人格权法来调整。[29] 隐私权的内容并非固定的,而是不断扩张的。究其内容,研究者从学理角度阐述者颇多,[30] 但也有学者采用类型化的分析方法梳理隐私权的司法案例,总结隐私权的内容。[31] 当然,隐私权在我国司法实务的运作也为学者所关注。例如,在张礼洪看来,"运行中的法"比"书本中的法"更重要。为此,他以本土的隐私权案件为研究样本,揭示我国传统文化对于隐私权司法保护的影响。[32] 至于环境人格权和生育权的研究亦大体遵循了从权利的法律性质、内容、历史演进、域外立法,到司法裁判研究的路径。[33] 新型人格利益一开始并非源于立法,而是诞生于审判实践。有学者认为,当前社会虽处于"权利爆炸的时代",但并非所有利益均可通过权利的工具来保护,法官不能动辄创设法律上没有的新权利类别,而应运用法解释论的方法进行司法冷处理。[34]

最后,一般人格权研究。"一般人格权",目的在于实现对人格性质的法益

---

〔27〕 参见闫静、吴太轩:《数字经济时代个人信息的公法保护——兼论公私法保护之耦合》,载《理论导刊》2020 年第 3 期。

〔28〕 参见徐德刚、雷钧惠:《论隐私权在宪法中的价值定位》,载《湖南科技大学学报(社会科学版)》2009 年第 2 期。

〔29〕 参见冷传莉、李怡:《司法保护视角下的隐私权类型化》,载《法律科学(西北政法大学学报)》2017 年第 5 期。

〔30〕 参见马特:《隐私权的谱系学考察——兼论我国的法典化构建》,载《湖南社会科学》2014 年第 3 期。

〔31〕 参见展江、雷丽莉:《隐私权法的西风东渐与本土发展探析》,载《南京社会科学》2013 年第 6 期。

〔32〕 参见张礼洪:《隐私权的中国命运——司法判例和法律文化的分析》,载《法学论坛》2014 年第 1 期。

〔33〕 参见胡卫萍:《新型人格权的立法确认》,载《法学论坛》2011 年第 6 期。

〔34〕 参见方新军:《一项权利如何成为可能?——以隐私权的演进为中心》,载《法学评论》2017 年第 6 期。

进行保护。[35] 法学者通常从一般人格权的内涵、性质、特征、内容、客体、功能与价值等多种不同的角度展开研究。[36] 一般人格权之所以获得学界普遍关注，在很大程度上是因为学者认为，这项制度能够弥补具体人格权对人格利益保护的不足。[37] 与此相应，他们主张周全的人格权立法体系应采取“一般人格权＋具体人格权”的模式。支持一般人格权的观念在很长时间内是我国学界的主流，但随着研究的不断深入，许多学者逐渐意识到“一般人格权”的概念与我国现有人格权体系并不适应，并主张摒弃它。有学者认为，从归类的角度对一些典型的人格利益进行分析才是最有理论意义的。[38] 也有学者提出，一般条款具有类似“兜底”的作用，可用它代替“一般人格权”保护人格利益，因此《民法典》应采取“以具体人格权为主体，辅之以一般条款的立法模式”。[39] 但是，也有学者认为，一般人格权虽然与我国人格权体系不兼容，但可以对它进行改造，使其作为一种法律工具保护以意志决定自由为核心的人格和推动新型人格权的生成。[40] 还有学者主张，将一般人格权本土化，通过对一般人格权实务案例的类型化，将一般人格权的适用限定在特定范围内。[41]

3. 人格权商品化研究

包括聚类#2“人格权”和聚类#8“法律保护”，结合这两个聚类所包含的关

〔35〕 参见薛军：《揭开“一般人格权”的面纱——兼论比较法研究中的“体系意识”》，载《比较法研究》2008 年第 5 期。

〔36〕 参见尹田：《论一般人格权》，载《法律科学（西北政法学院学报）》2002 年第 4 期；［德］霍尔斯特·埃曼、杨阳：《德国法中一般人格权的概念和内涵》，载《南京大学法律评论》2000 年第 1 期；曹险峰：《论一般人格权的立法模式——以德国与瑞士立法例之对比考察为中心》，载《当代法学》2006 年第 3 期。

〔37〕 参见王利明：《试论人格权的新发展》，载《法商研究》2006 年第 5 期。

〔38〕 参见鲁晓明：《论一般人格理论的摒弃及替代》，载《法律科学（西北政法大学学报）》2013 年第 4 期。

〔39〕 参见马俊驹、王恒：《未来我国民法典不宜采用“一般人格权”概念》，载《河北法学》2012 年第 8 期。

〔40〕 参见杨立新、刘召成：《论作为抽象人格权的一般人格权》，载《广东社会科学》2010 年第 6 期。

〔41〕 参见李岩：《一般人格权的类型化分析》，载《法学》2014 年第 4 期。

键词与核心文献,发现对于人格权商品化,学界的研究重点放在以下两个方面。

一是人格权商业化利用的性质和保护模式。对于人格权商业化利用的性质,学界众说纷纭,主要有“人格权说”“财产权说”“商事人格权说”“知识产权说”4 种观点。[42] 其中,“财产权说和人格权说的争论,不仅泾渭分明地区分了权利的属性,同时暗含着调整和保护人格权商业化利用的两种制度选择,尤具根本性”。[43] “财产说”的倡导者坚持以财产制度调整人格权的商业化利用,同时使用商品化权、形象权等新概念以便区别于人格权。秉持“人格权说”的学者则主张通过扩张人格权内涵来统摄人格权的商业利用。与这两种学说相对应,比较法上形成了人格权商业化利用的两种保护模式:美国的二元保护模式与德国的一元保护模式。[44] 前者是指通过“隐私权”和“公开权”来保护人格权的商业化利用,后者是指人格权的商品化利用一并纳入既有的人格权保护框架。此外,肖像权与姓名权乃人格权商业化利用的主要领域,亦为学界讨论重点。有学者结合理论和实务中的争议,从商业化利用的主体、方式与限度,探讨了肖像权商业化利用的救济问题;[45] 也有学者从理论与实践两个维度讨论和总结姓名权商业利用的不同保护方式,并提出了判断姓名权商业化利用是否受到侵犯的几个因素。[46]

二是人格权商业化利用限制的研究。当前主流学说把人格权的商品化现象当成一个不可逆转的普遍化趋势,给人格权理论带来了严峻挑战。但也有学者提出,要对人格权商业化利用进行限制,避免人格利益被过度侵扰。例如,黎桦指出,人格权商品化仅是一个有限的现象,人格权商品化的客体与主体均是有限的,在他看来,“只有在知名度、艺术价值、可识别性等方面具有显著特征的特殊人格利益才具有可商品化的属性”,并且人格权商品化应仅适用于

---

〔42〕 参见温世扬:《人格权“支配”属性辨析》,载《法学》2013 年第 5 期。

〔43〕 姚辉:《关于人格权商业化利用的若干问题》,载《法学论坛》2011 年第 6 期;董炳和:《论形象权》,载《法律科学(西北政法学院学报)》1998 年第 4 期。

〔44〕 参见王叶刚:《人格权中经济价值法律保护模式探讨》,载《比较法研究》2014 年第 1 期。

〔45〕 参见冉克平:《肖像权上的财产利益及其救济》,载《清华法学》2015 年第 4 期。

〔46〕 参见孟祥沛:《对姓名所蕴含商业化利益的保护》,载《苏州大学学报(哲学社会科学版)》2015 年第 6 期。

公众人物。[47] 姜新东也赞同对人格权商业化的范围加以限制,他认为,诸如生命、身体、自由等内在于人格的权利与本体关系密切,不可分离,应绝对禁止转让;而其他的人格权能否付诸商业化利用,则需取决于“人格权可载体化”“具备商业价值”“社会伦理观念允许”3 个条件。[48] 王叶刚亦认为,自然人对物质性人格权的商业化利用原则上应予禁止,同时指出,人格权商业化利用的范围应通过“正面列举 + 反面排除”的立法模式来划定。[49]

4. 人格权侵权责任研究

主要包含聚类#5“侵权责任”和聚类#6“法益”,且研究内容主要围绕精神损害救济问题展开。对精神损害的救济,大陆法系和英美法系国家均普遍承认,并且出现了精神损害赔偿范围扩大的趋势。有学者通过对域内外精神损害民事责任的立法模式的比较研究,建议我国采取非财产责任与财产责任“并重适用”的救济模式,同时将侵权法中的 3 种非财产责任合并为一种民事责任形态。[50] 对于精神损害赔偿制度的适用范围,我国学者大体从主体和客体两个层面讨论。有的学者主张,精神损害赔偿的主体仅为自然人,客体范围以法律规定为限。[51] 而有的学者则认为,法人与自然人一样,也享有请求精神损害赔偿的权利,且精神损害赔偿的范围为对法人的一切人格权的侵害和部分身份权的侵害。[52] 根据我国现行法,精神损害赔偿适用于“人身权益”,有学者据此主张知识产权也包含了人身权的因素,所以侵害知识产权的情形也能适用精神损害赔偿。[53] 也有学者从法解释论的角度,对原《侵权责任法》第 22 条中“人身

---

〔47〕 参见黎桦:《专属性人格权与财产性人格权分离论——基于人格权商品化研究之检讨》,载《湖北社会科学》2015 年第 10 期。

〔48〕 参见姜新东:《人格权商业化利用的不能与能》,载《甘肃社会科学》2011 年第 6 期。

〔49〕 参见王叶刚:《论可商业化利用的人格权益的范围》,载《暨南学报(哲学社会科学版)》2016 年第 11 期。

〔50〕 参见周中举:《论我国精神损害赔偿责任方式之完善》,载《社会科学研究》2010 年第 2 期。

〔51〕 参见胡卫萍、肖海:《精神损害赔偿制度的适用范围及损害赔偿数额的确定》,载《求索》2007 年第 12 期。

〔52〕 参见周利民:《论法人的精神损害赔偿》,载《政法论坛》2002 年第 3 期。

〔53〕 参见张军、卫聪玲:《论知识产权精神损害赔偿》,载《生产力研究》2006 年第 5 期。

权益”、“严重性”与“被侵权人”的内涵展开讨论,进而界定精神损害赔偿的适用范围。[54] 此外,还有学者对精神损害赔偿的数额评定问题进行研究,认为可以从损害后果的类型、影响赔偿数额主客观因素、采取限额分档概算法评定损害赔偿的数额。[55]

三、人格权研究热点的演变与前沿分析

对关键词的共现分析与聚类分析仅能从静态角度呈现 1992 ~ 2020 年人格权研究的热点主题,若要追踪这些热点主题在时间维度上的动态变化与前沿趋势,则还须借助于 CiteSpace 的关键词时区图功能与探测突变词功能。因此,在 Layout 面板中分别选择“TimeZone”和“Burstness”,从而得到图 6 和图 7。

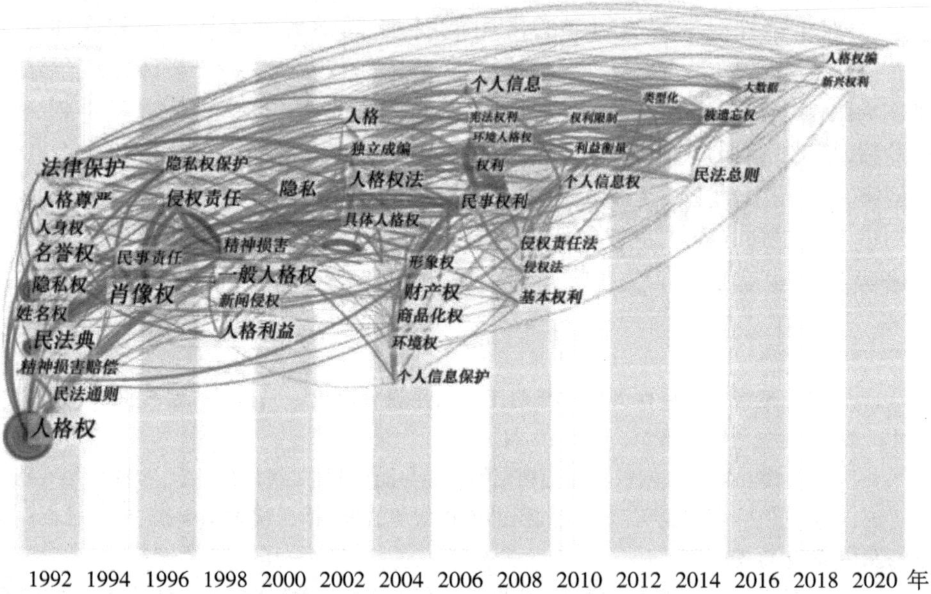

图 6 1992 ~ 2020 年人格权研究的关键词时区图谱

---

〔54〕 参见叶金强:《精神损害赔偿制度的解释论框架》,载《法学家》2011 年第 5 期。

〔55〕 参见关今华:《精神损害赔偿数额评定问题五论》,载《中国法学》2001 年第 5 期。

Keywords	Year	Stenth	Begin	End
人格权	1992	6.4561	1992	1999
受害人	1992	5.1575	1992	1997
精神损害赔偿制度	1992	4.2058	1992	2001
法人人格权	1992	4.2617	1992	2005
精神损害赔偿	1992	4.5749	1992	2003
民法通则	1992	9.3248	1992	2002
名誉权	1992	13.4948	1992	2001
人身权	1992	4.6809	1992	2002
肖像权	1992	6.929	1994	2001
民法保护	1992	3.5914	1994	2006
民事责任	1992	5.3366	1994	2007
精神损害	1992	4.6118	1998	2010
新闻侵权	1992	5.1677	1998	2011
立法	1992	3.7697	2004	2013
权利能力	1992	4.3302	2004	2007
形象权	1992	6.3548	2004	2008
新闻自由	1992	3.7576	2005	2011
人格	1992	6.485	2005	2008
知识产权	1992	4.297	2006	2007
宪法权利	1992	3.587	2006	2009
权利冲突	1992	4.1013	2006	2009
生育权	1992	4.9227	2006	2009
侵权法	1992	3.4083	2007	2013
侵权责任法	1992	5.38	2008	2012
民法	1992	4.2511	2008	2011
基本权利	1992	7.1688	2009	2013
侵权责任	1992	3.6093	2009	2013
利益衡量	1992	4.0206	2010	2013
著作人格权	1992	4.0128	2010	2014
具体人格权	1992	3.5079	2010	2016
人格权法	1992	4.2085	2011	2013
人格利益	1992	3.9409	2012	2013
利益平衡	1992	3.539	2013	2014
公众人物	1992	3.5014	2014	2015
被遗忘权	1992	6.0751	2015	2020
民法总则	1992	10.6975	2015	2017
民法典编纂	1992	6.9975	2015	2020
大数据	1992	12.5357	2016	2020
个人信息权	1992	13.796	2016	2020
个人信息	1992	15.947	2016	2020
民事权利	1992	5.9276	2016	2018
民法典人格权编	1992	4.1247	2018	2020
个人数据	1992	5.7238	2018	2020
新兴权利	1992	3.4279	2018	2020
民法典	1992	17.768	2018	2020

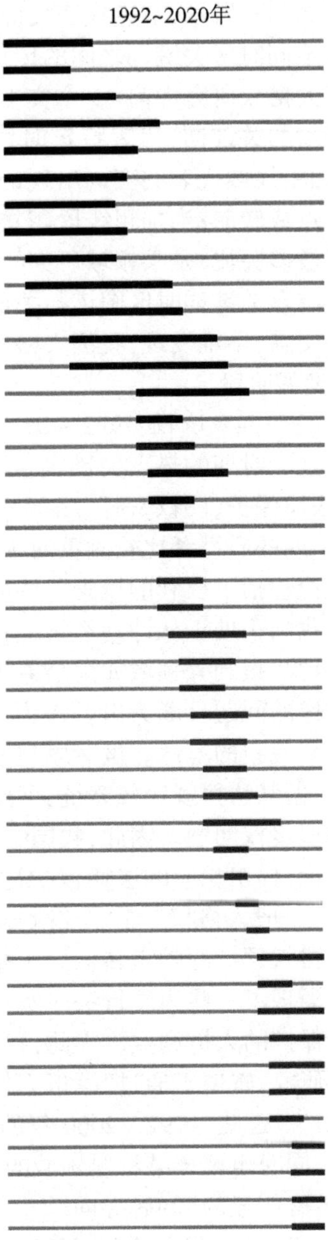

图7　1992～2020年人格权研究的关键词突发性图谱

如图 6 所示,节点代表关键词,横轴为关键词所在的时区,节点之间的连线代表不同时区关键词之间的传承关系,连线越多说明传承关系越强。图 7 中呈现了人格权研究中前 45 个突变词。所谓突变词,是指某一时段突然出现或频率突增的关键词,代表特定时段内的研究增长点。这些突变词以时间顺序排列,加粗线段代表突变词出现的时段,以此可以显示特定时期段内学界研究的聚焦点或转向;当加粗线段越接近右侧时,就说明该主题在最近一段时间得到学界较多关注,是某领域研究的学术前沿。

结合关键词时区图谱与关键词突发性图谱,以及上文关键词聚类所涉及的核心文献,不难发现,我国人格权研究经历了由浅入深的过程,且大致上可分为 3 个发展阶段。

(一)起步阶段:1992 ~ 2000 年

这一时期的热点关键词主要有"人格权、民法典、隐私权、名誉权、人格尊严、法律保护、侵权责任、新闻侵权、一般人格权、人格利益、人格权法"等。可见,早期的研究者比较侧重对人格权与隐私权基础性理论的探讨,这些基础性的理论包括了权利的概念与特征、权利的属性、权利的历史发展等内容。同时,由于我国正处于从计划经济向市场经济转轨的时期,大众传媒事业,尤其是广播、电视、报刊等领域如雨后春笋迅速崛起,新闻媒体侵犯自然人的隐私、名誉与肖像的问题日渐突出。作为民事主体之一的法人,同样也遭逢名称权、商誉权等被侵犯的境遇。虽然原《民法通则》一定程度上可作为受害人维权的法律依据,但其法律规定较笼统,可操作性不强,无法应对司法实务中出现的复杂的人格权侵权问题。因此,我国学界经常围绕着某特定领域的人格权侵权问题展开讨论,提出相应的法律保护建议。不仅如此,从图 6 可知,在 2000 年首次出现了"一般人格权"与"人格利益"这两个关键词,一定程度上体现了当时学界在人格权领域的学术转向。人格权是开放的体系,随着社会与科技的演进,社会上涌现了一些为现行法律所不能涵盖的、但基于维护人的价值之目的又急需给予保护的人格利益。为此,我国从域外国家引进"一般人格权"的概念并对其展开研究,寄望于通过"一般人格权"的渠道为那些尚未被权利化的人格利益提供保护。总之,1992 ~ 2000 年的人格权研究大多着眼人格权领域的基础性理论研究,同时也聚焦某特定领域的人格权侵权(或人格利益侵害)的法律保护的探讨,带有明显的"问题导向"。

(二)爆发增长阶段:2001 ~ 2011 年

2001 ~ 2011 年,我国人格权研究呈现欣欣向荣的景象。从图 6 和图 7 来看，该时期的热点关键词，包括人格权法、人格、独立成编、具体人格权、隐私、民法典编纂、民事主体、形象权、公众人物、财产权、个人信息、个人信息保护、个人信息权、基本权利、侵权责任法、知识产权、权利冲突、新闻自由等。可见，该阶段的研究主题不仅多样化，而且与过去相比明显增加了不少新主题。归结起来，主要涉及4个知识领域，即人格权立法研究、人格权的商业化利用研究，人格权的限制研究与个人信息保护研究。

短短10余载之间，我国人格权研究之所以日渐繁荣，主要得益于3个原因：一是早期人格权学术研究的奠基作用。根据图6显示，2001～2011年的关键词与1992～2000年的关键词之间的连线较多，说明两个时段的研究成果之间具有较强的知识传承关系，即2001～2011年的学术研究是对早期的人格权研究成果的深化与拓展。二是我国社会主义法治建设的推波助澜。党的十五大将"依法治国，建设社会主义法治国家"作为战略目标，围绕此目标，2001年再次启动了民法典编纂运动，而人格权立法问题尤受瞩目。虽然民法典编纂最终止步于"成熟一部，制定一部"的立法政策，但凭借民法典编纂和后来的原《侵权责任法》立法的契机，人格权研究获得了长足发展。三是社会的变迁给传统人格权理论造成了冲击，促使学界加强人格权研究以回应社会现实。例如，依传统人格权理论，人格权乃纯粹精神性权利，具有固有性、专属性等特征，不可进行商业化利用。但随着市场经济的发展和人文主义理念的勃兴，自然人的姓名、肖像或其他人格标识越来越成为经济活动的客体，人格权中的经济性价值也日渐得到承认，在一定程度上冲击了传统人格权理论。与此相应，学界对于人格权的商业化利用的研究随之层出不穷。

（三）稳步发展阶段：2012～2020年

2012年以后，我国人格权研究进入了稳步发展阶段。结合图6和图7可知，一些热点关键词（如"民法典编纂""个人信息""个人信息权"等）在爆发增长阶段和稳步发展阶段均有出现，这表明一些主题虽然过去已有讨论，但在2012年以后仍受到学界重视。当然，爆发增长阶段也涌现了不少新的热点关键词，如"被遗忘权""大数据""个人数据""新兴权利"，由此可见，我国学者在探索和拓展人格权研究的新领域。

如图7所示，突变强度排在前10名的关键词依次为：民法典、个人信息、个人信息权、大数据、民法总则、民法典编纂、被遗忘权、民事权利、个人数据和人格权独立成编。这些强突变词所在的加粗线较为靠右，且集中出现于2015～

2020年,即意味着“人格权立法研究”、“个人信息保护研究”与“数据权研究”是近年来人格权领域的学术前沿。这些主题紧扣时代脉搏,是对社会现实的映照。一方面,经过40余年的改革开放,人们的生活水平有了显著提高,不再满足于物质需要,而是更加重视精神利益,追求有尊严的生活,对维护人格尊严的呼声与日俱增。同时,我国掀起了新一波民法典编纂运动,为了制定一部彰显人文精神的中国民法典,人格权立法研究纷至沓来。加之,党的十九大报告明确将“人格权”列入应受保护的民事权利之内,也在一定程度上从政策导向层面助力了对于人格权的研究。另一方面,当前世界正经历从工业主义向信息主义的变革,在网络信息技术、大数据、云计算、人工智能等方面高新技术对人格权造成的深刻冲击,数据窃取、数据滥用、个人信息或隐私泄露等数据安全问题日趋呈爆发增长之势。在此形势下,加强人格权立法研究、个人信息保护研究与数据权研究已经成为学界普遍共识。总之,在稳步发展阶段,我国人格权研究既有对过去议题的重复讨论,又与时俱进拓展研究新方向、新领域。

四、结语:也谈中国人格权研究的贡献、不足与未来去向

综上所述,1992~2020年我国人格权研究历年成果数量总体呈上升趋势。从空间维度来看,这些年我国人格权研究主要聚焦四大热点主题,即人格权历史发展与立法研究、人格权权利类型研究、人格权商品化研究与人格权侵权责任研究。从时间维度来看,我国人格权研究大致经历了早期起步发展阶段、爆发增长阶段和稳步发展阶段,这一演进路径的特点表现为:一是人格权研究主题中继承与变化共存;二是研究主题与时俱进,体现时代特征;三是未来研究趋势比较明显,人格权立法、个人信息保护与数据权问题仍将成为未来研究的增长点。然而需指明的是,本文对CNKI中1920篇高质量人格权论文加以考察,本意不在于简单地描述近30年我国人格权研究的现状,而是欲求探寻其间人格权研究的贡献与存在的问题,继而以历史为镜鉴展望未来学界之努力方向。

(一)我国人格权研究的理论贡献

人格权学术研究在我国人格权法制建设中扮演了重要角色,其理论贡献主要体现于立法、司法和学术传承3个层面。如前所述,“人格权立法研究”是两次民法典编纂运动的热点议题,且争议最大的莫过于“人格权是否独立成编”的问题。反对者和赞成者唇枪舌剑,对自己提出的主张均作了相应论证,为我国

看待人格权成编的问题提供了不同视角。第四次民法典编纂时,全国人民代表大会常务委员会法制工作委员会(以下简称全国人大常委会法工委)曾召开专家座谈会,委托6位专家分工起草民法典各编条文,其中人格权编和侵权行为编由王利明负责。全国人大常委会法工委对专家建议稿反复研究,结合既有立法,最终提出了民法草案,并于2002年年底提交党的第九届全国人民代表大会常务委员会第31次委员会审议。[56] 这部草案是首次设置人格权法编的官方民法草案,共设九编,人格权法居于第四编。人格权法编仅有29条,包括一般规定、生命健康权、姓名权和名称权、肖像权、名誉权和荣誉权、信用权,以及隐私权7个章节,[57]是当时人格权研究成果的集中体现。后来由于立法规划的调整,民法典编纂被搁置,人格权编亦随之陷入沉寂。直到党的十八届四中全会明确提出"编纂民法典"的任务,人格权独立成编的争议又应声而起。2018年8月,《民法典分编(草案)》被提交全国人民代表大会常务委员会初次审议,人格权编位列第三编,标志着官方正式采纳了人格权独立成编的主张。之后的人格权编草案二审稿和三审稿也都将人格权单独设为一编。尽管也有学者批判这种立法模式影响了《民法典》的体系性和科学性,[58]但是这场以人格权立法体例为中心的辩论似乎也随着2020年中国《民法典》的颁布而"曲终人散"。无论如何,这场争论的确影响了人格权在我国《民法典》中的走向,意义非凡。不仅如此,我国《民法典》人格权编中具体法律制度的建构也是源于学界的人格权研究成果。例如,人格权编中关于死者人格权益、人格权的限制、违约精神损害赔偿、器官捐赠、人体试验、禁止性骚扰、姓名权和名称权、肖像权、名誉权和荣誉权、隐私权和个人信息等规定,都是吸纳人格权学术研究的产物。从司法来看,人格权学术研究有时为审判实践提供了智慧源泉。典型如,在2002年的"范某

[56] 参见张玉敏主编:《新中国民法典起草五十年回顾与展望》,法律出版社2010年版,第141~142页。

[57] 参见何勤华、李秀清、陈颐编:《新中国民法典草案总览(增订本)》(下卷),北京大学出版社2017年版,第1525~1527页。

[58] 参见梁慧星:《民法典编纂中的重大争论——兼评全国人大常委会法工委两个民法典人格权编草案》,载《甘肃政法学院学报》2018年第3期;中国社会科学院民法典工作项目组:《民法典分则编纂中的人格权立法争议问题》,载《法治研究》2018年第3期;柳经纬:《民法典编纂中的人格权立法问题》,载《中国政法大学学报》2018年第6期。

诉东方体育日报侵犯名誉权案”[59]中,上海市静安区人民法院首次将公众人物理论运用于司法实践中,判决原告范某败诉。该案法院虽然没有明确阐述公众人物的名誉权为何需要受到一定限制,但是指出了公众人物的名誉权与一般人的名誉权应予区分,公众人物应该容忍新闻报道可能对其名誉造成的轻微损害。随着学界对公众人物理论研究的深入,法院对于公众人物人格权的限制也有了进一步认识。在“原告丁某诉被告北京古城堡图书有限公司、赵某隐私权纠纷案”[60]中,法院对公众人物人格权限制作了较详细的阐释,指出公众人物在公共场合、公共领域或符合公众合理兴趣时,会引起包括隐私权在内的一部分人格权被合理限缩,但是公众人物与公共利益无关的私人生活应当受到充分保护,由此划定了公众人物人格权的边界。从学术研究来看,近 30 年的人格权研究的理论积淀,对我国未来的人格权研究的推进亦有所贡献。诚如前文所述,人格权的每个发展阶段的研究主题和研究内容之间都具有传承关系,前一阶段的学术积淀为后一阶段的学术研究打下了理论基础。同时,与法学教科书不同,人格权理论成果为法律学人理解、研究和探索人格权问题提供了不同视角,在一定程度上可裨益于未来人格权研究的开展。

(二)我国人格权研究存在的不足

尽管人格权研究对我国人格权立法、司法和学术传承颇有助益,但也存在不足之处。概括而言,包括四个方面:第一,研究角度固化,缺乏跨学科的视角。如前所述,人格权的核心研究者、研究机构和研究成果数量最多的,当属法学领域。可是,人格权问题并非仅限于法学范畴,而是随着社会变迁,逐渐延伸到了经济、新闻传播、体育、医学、网络信息技术、标准化等各领域。无论是隐性采访[61]、医学人体试验[62]、人肉搜索[63]、还是单身女性“冻卵”[64],司法实践已经表明,我国法律的主要问题经常源自不同法学学科的交叉地带。但目前学界

---

〔59〕 上海市静安区人民法院民事判决书,(2002)静民一(民)初字第 1776 号。

〔60〕 北京互联网法院民事判决书,(2018)京 0491 民初 1813 号。

〔61〕 云南省昆明市中级人民法院民事判决书,(2015)昆民三终字第 182 号。

〔62〕 上海市静安区人民法院民事判决书,(2002)静民一(民)初字第 791 号。

〔63〕 北京市朝阳区人民法院民事判决书,(2008)朝民初字第 29276 号。

〔64〕 参见杜晓、李涵雯:《冻卵落地面临诸多法律伦理难题》,载《法制日报》2020 年 1 月 4 日,第 4 版。

对于这些交叉问题的研究仍旧比较欠缺,而由于人格权研究者之间缺乏合作研究,使交叉学科研究较难执行。此外,在人格权研究的法学作品中,民商法领域的作品居多,而涉及宪法、刑法、行政法、环境法等其他法学领域的作品偏少,说明目前学界主要侧重私法领域的人格权研究,对公法中的人格权问题关注度不够。但是,相比于个人,有时公权力机关更容易对公民的人格权造成侵害。譬如,通过大数据技术应用,我国已经构建了政府巨型数据库,政府全方位掌握着公民的个人信息,一旦公权力不被约束而公法规制又缺席,对公民隐私权的侵害将是难以估量的,因此公法中的人格权研究确有必要。一言以蔽之,目前人格权研究固化为法学的视角,甚至是私法的视角,难以从不同学科的角度回应人格权面临的问题。

第二,偏重传统的法学研究方法,相对忽视实证性研究。尽管也有学者注重从本土的司法案例出发,研究“运行中的法律”,考察法律的实施效果,但是这方面的实证研究毕竟仍是少数。

第三,人格权基础理论研究与建构有待深入。既有的人格权研究成果基本上停留于对权利源流、权利性质、权利内容、权利的保护、权利立法等的泛泛而谈,很多观点重复、内容千篇一律,研究领域和研究深度有待进一步加强。例如,在隐私权保护方面,学者往往会罗列大陆法系和英美法系国家的立法或实务做法,而很少围绕某特定国家的隐私权保护经验作专门讨论。又如,乌克兰《民法典》被视为世界上首部单设人格权法编的民法典,反对人格权独立成编的学者经常将它作为反面教材。[65]

第四,对新兴科技背景下人格权法律问题的讨论不足。当前世界已然进入了新兴科技的时代,网络信息技术、大数据、云计算、基因技术、人工智能、生殖辅助技术等层出不穷,给传统的人格权理论带来了深刻冲击。然而,目前关于这些新兴科技与人格权的互动的学术成果不仅凤毛麟角,而且研究也不够深入。

(三)我国人格权研究应向何处去

欲要克服上述不足,未来我国人格权研究可以朝向如下几个方向努力:

一是坚持研究方法的多元化与实证化。一方面,如前所述,人格权已触及社会的各个领域,单一学科研究对交叉领域的法律问题越发显得无力,要想解决这一困难,就有必要摆脱单一学科研究的桎梏,重视交叉学科研究。交叉学

---

〔65〕 参见梁慧星:《中国民法典中不能设置人格权编》,载《中州学刊》2016 年第 2 期。

科研究是一种兴起于美国的"法律与 X"运动的方法,它要求打破"法学"与其他学科之间的壁垒,"整合两个及两个以上学科的视角、概念、理论、工具、技术、资料数据"展开学术研究。[66] 根据这种研究方法,学者不可偏守自己的"一亩三分地",而是需要对自己熟悉领域之外的法律问题也有所关照。就法学内部而言,宪法、刑法、行政法等公法领域的学科也与人格权有着密切联系,因而从公法的视角出发研究人格权也同样重要。总之,通过交叉学科研究,能够突破单一学科研究人格权的局限,转换为其他不同学科的视角来看待人格权的立法和司法实践问题,继而从其中获得启发,推动我国人格权研究的发展。另一方面,法学是一门具有规范属性的学科,主要采取教义式的(或规范性的)研究进路,人格权研究作为法学研究的一部分亦复如此。然而,当前及未来的人格权研究应当迈向一种更开放的"实证—规范性研究方法"(empirical-normative method)。这种方法将实证性视角引介到法律语境之中,把"现有法律视为一套可以提出支持和反对某些结果之论据的规范性体系进行研究"。[67] 也就是说,实证—规范性研究视角不仅坚持从规范性的角度来阐释法律现象,而且还认为法律文本的理解和适用难以脱离对现实的实证研究。在此观念下,人格权研究乃至法学研究,如果只关注"书本上的法律"(法律规定了什么),或者只讨论"运行中的法律"(法律的适用和效果),都是片面的。需要指出的是,人格权研究应不限于解释问题。这是因为与《民法典》的其他编不同,人格权编中的宣示性规定和引致规定比较多,有的规定甚至还涉及其他法律领域,这使未来的人格权研究必然需要结合侵权责任编、合同编、民事单行法和行政法规等的相关内容才能进行。[68]

---

〔66〕 See Alan Porter et al., *Interdisciplinary Research: Meaning, Metrics and Nurture*, Research Evaluation, Vol. 15:3, p. 87 – 195 (2006).

〔67〕 [荷]扬·斯密茨:《法学的观念与方法》,魏磊杰、吴雅婷译,法律出版社 2017 年版,第 87 ~ 88 页。

〔68〕 例如,《民法典》第 1034 条至第 1039 条为个人信息保护的规定,其中既有宣示性规定也有引致性规定,这些规定实际上应属于《个人信息保护法》的范畴,这使学者在研究前述条款时必须结合《个人信息保护法》。再如,《民法典》第 997 条关于诉前禁令的规定属于《民事诉讼法》范畴,第 1006 条和第 1007 条分别为关于人体器官捐献和禁止人体器官买卖的规定,属于《人体器官移植条例》的内容,对前述条款的研究同样也需结合相关法域才可进行。

二是深入开展人格权基础理论研究，建构我国人格权理论体系。经过几十年的人格权学术讨论，我国的人格权基础性理论已经有了一定的积累。尽管如此，由于以往的学术研究的领域和深度有待加强，因而在将来研究者仍有必要致力人格权的基础理论研讨和体系建构。这些研究的内容包括但不限于：(1)用新的视角解读人格权的基础理论。例如，针对学界偏重讨论西方人格权的现象，在未来的研究中，学者可立足本土探寻传统中国对于人格权要素保护的制度和足迹。又如，在“权利爆炸”的时代，学界大多倾向研究隐私权的法律保护问题，而很少有作品从反面讨论“在何种情形下侵犯隐私权可为正当”，因而以后的人格权研究可持续关注。(2)对具有争议性的人格权理论问题进行再思考。例如，一般人格权究竟为何种性质的权利，我国人格权在内在体系上到底应采取“一般人格权+具体人格权”的模式，还是选择“一般条款+具体人格权”的形式，抑或是其他更合理的方式。又如，在司法实务中公众人物理论已经得到多次运用，但是中国是否有必要建构公众人物理论，若有必要则本土的公众人物理论应当是怎样的。(3)对一些被误解或误用的基本概念或基本制度予以正本清源等。

三是与时俱进，研究新兴科技发展对传统人格权理论的挑战及其应对。当今世界正经历科技变革，信息网络技术、大数据、人工智能、人类辅助生殖等新兴科技在改变我们的生活方式的同时，也带来了人格权新问题，给传统人格权理论造成深刻冲击。因而，未来的人格权研究需积极因应新兴科技给人格权带来的新问题，包括但不限于：(1)网络信息技术和大数据的发展给人格权带来的挑战。例如，与传统社会条件下的隐私侵权相比，网络环境下隐私侵权的新问题在于，隐私权行为更具隐蔽性，责任承担主体具有多元性，隐私侵权的损害后果难以确定，侵犯网络隐私权的行为认定的难度大。而在大数据时代下，信息的利用和共享与个人信息(或个人隐私)的保护之间的冲突应如何调和。这些问题均仰赖学者在将来继续深入讨论。(2)人工智能发展带来的人格权新问题。“随着人工智能技术的发展，机器人的人工智能化程度也将逐渐升级，从无智能机器人向智能机器人和生物机器人发展。”[69]然而，机器人是否为人？是否拥有法律人格和人格权？智能机器人可以模仿人类的相貌、表情和行为，被

〔69〕 张文显总主编，柳经纬、于飞等著：《改革开放40年法律制度变迁·民法卷》，厦门大学出版社2019年版，第41页。

模仿者的人格利益如何保护?这些问题均有待未来人格权理论予以回应。[70] (3)人类辅助生殖技术带来的人格权新问题。例如,《人类辅助生殖技术规范》对于单身女性实施"冻卵"等人类辅助生殖技术的限制,是否侵犯了单身妇女的生育权?人类辅助生殖技术的适用范围是否要扩大?代孕是否侵犯了代孕者的人格权?诸如此类的问题,学者应进行深度讨论。

四是推动建立人格权科研团队,促进研究者、研究机构之间的合作与交流。研究团队是一个学术领域繁荣发展的重要推动力,组建科研团队在一定程度上有助于对人格权领域中的重点问题集中攻关,推动该研究领域深入发展。加强研究者、研究机构之间的合作交流能够实现资源共享,优势互补,促进形成更多高质量的、高水平的研究成果。

Knowledge Map Analysis of Personality Rights Studies in China

Wu Yating

Abstract: Personality rights is one of the hot areas in Chinese academic research. There is a quantitative analysis on high-quality literatures on personality rights selected from CNKI by using of CiteSpace visualization software, and the results show as follow. In recent thirty years, the number of researches on personality rights in China has been on the rise in general; researchers and research institutions are mainly from the field of law, and they have not formed collaborative research teams yet; the themes of personality rights studies focus primarily on four knowledge areas, namely, "historical development of personality rights and its legislation", "the typology of personality rights", "the commodification of personality rights" and "the tort liability of personality rights"; personality rights studies in China have gone through three phases: the early-start, explosive growth and steady development, and "personal rights legislation", "personal information protection" and "data rights" would continue to be a hot topic in Chinese academic area. The studies of personality rights in our country

[70] 参见张文显总主编,柳经纬、于飞等著:《改革开放 40 年法律制度变迁·民法卷》,厦门大学出版社 2019 年版,第 41 页。

have contributed to both legislative and judicial aspects of personality rights, but they also have shortcomings. In the future, actions should be taken to improve the level of personality rights studies, such as insist on the diversification and empiricalization of research methods; carry out in-depth research on the basic theories of personality rights and construct a theoretical system of personality rights in China; keep pace with the times and study the challenges posed by the development of emerging technologies to traditional personality rights theories and their responses; and promote the establishment of research teams on personality rights and promote cooperation and exchanges among researchers and research institutions.

Key words: Personality Rights; CiteSpace; Visualization; Knowledge Map

再造传统:反思戏剧与法的主体性*

陈寒非**

内容摘要:

从郭宝昌、陶庆梅的《了不起的游戏:京剧究竟好在哪儿》一书切入,讨论京剧现代化及其所面临的困难,进而思考传统再造及文化主体性问题。从戏剧美学符号表征冲突角度讨论京剧的国粹与国渣之争,指出可通过纯粹美学符号的"能指"来表达代表文明趋同性价值的"所指"。从表演体系角度来看,晚近西方表演体系遭遇播化困难,斯坦尼斯拉夫斯基体系和布莱希特体系都无法概括京剧表演体系。"林毓生悖论"忽视了中国文化的主体性,重构京剧主体性应以传统再造为前提。由"剧"及"法",晚近法制现代化所面临的问题与京剧现代化相同,重构中国法的主体性应如现代京剧革命一样,立足固有法传统开放地借鉴世界法治文明的共同遗产,将其创造性转化并植入本国法传统。

关键词:

郭宝昌　传统　主体性　戏剧　京剧　法

一、引　　言

明末清初之际,周亮工在《因树屋书影》卷二中记载了友人王君讲述的一则佛经故事。故事述曰:昔有鹦鹉飞集陀山,乃山中大火,鹦鹉遥见,入水濡羽,飞而洒之。天神言:"尔虽有志意,何足云也?"对曰:"常侨居是山,不忍见耳!"天神嘉感,即为灭火。王君遂感慨:"余亦鹦鹉翼间水耳,安知不感动天神,为余灭

* 本文系北京市社科基金青年项目"新时代北京乡村治理法治化的路径优化研究"(项目编号:22FXC017)的阶段性成果。

** 首都经济贸易大学法学院副教授。

火耶。"[1]意思是说,古时候有一只远走高飞的鹦鹉偶然经过自己曾经居住过的山林时,看见山中起火,于是就用翅膀蘸水洒在山上救火。尽管这样救不了火,但是也要为自己曾经侨居的山林尽一份绵薄之力。

1930 年年初梁实秋等人出版了一本《人权论集》,辑印了胡适、梁实秋、罗隆基 3 人发表在《新月》月刊上关于拥护人权的几篇文章。在这一论集序言中,曾经的新文化运动旗手胡适先生引此则故事呼吁,"今日正是大火的时候,我们骨头烧成灰终究是中国人",因此要为之"尽一点微弱的力量,以减少良心上的一点谴责"。[2] 1933 年瞿秋白于上海创作《王道诗话》,经鲁迅修改后并以鲁迅的名义发表[后收入《鲁迅全集》(第 5 卷)伪自由书一节],其中运用"戏仿"的修辞策略对此故事进行再度赋义解读,认为胡适以"鹦鹉"自喻,实际上不是真的"救火",甚至序言中"我总算在这里住过"一语也暴露了胡适对自己"中国人"身份认同的困难。[3] 半个世纪后,正值改革开放之初,海外学人余英时随团回中国考察,再次引此则故事,以说明自己"尝侨居是山,不忍见耳"的中国情怀,这种情怀深深地刻入骨髓,"念兹在兹,无日或忘"。[4]

同一则故事,不同时期多人引用,亦有多种解读。原因在于,从胡适、鲁迅到余英时,包括我们每个中国人,一方面都从自己曾侨居的"中国传统文化之山"中汲取营养,另一方面又站在西方文化之角度来评价审视自己曾侨居的"中国传统文化之山",并为"中国传统文化之山"日渐衰落而不能"救火"而感到深深自责。从文化认同关系到身份认同,当前如何推进文化重建是中国知识界的重要使命。电视剧《大宅门》的编剧、导演郭宝昌先生和中国社会科学院文学研究所陶庆梅女士合著《了不起的游戏:京剧究竟好在哪儿》(以下简称《游戏》)一书,可谓当代学人为京剧这座"常侨居是山"的"救火"之举。尽管该书只是略陈京剧之要,问题多于主义,但所讨论的问题则是现代化浪潮下一切传统文化的共通性问题,传统文化中的固有法文化当然也不例外(如法制现代化问题)。

郭宝昌先生以其亲身感受作为问题的缘起,即为什么传统京剧在今天吸引

---

[1] (清)周亮工:《因树屋书影》,张朝富点校,凤凰出版社 2018 年版,第 53 页。

[2] 参见梁实秋、胡适、罗隆基:《人权论集》,上海新月书店 1930 年版,"序言"第 2 页。

[3] 参见鲁迅:《王道诗话》,载《鲁迅全集》(第 5 卷),人民文学出版社 2005 年版。

[4] 参见余英时:《文化评论与中国情怀》(上),广西师范大学出版社 2014 年版,第 6~7 页。

不了观众尤其是年轻观众？由此出发,作者进一步探讨我们应如何重新认识和对待传统京剧这一重要问题。全书以京剧的“游戏性”为主线铺陈展开,集中讨论了传统京剧表演体系的特点、说丑、叫好、样板戏以及戏曲电影等问题。应该说,本书系郭宝昌先生晚年反思传统京剧的重要成果,是老一辈艺术家以切身艺术体验来探寻传统戏剧现代化转型的一次有益尝试,也是对中国传统戏剧美学复杂意义的重新解读和建构。虽然郭宝昌、陶庆梅两位先生具体讨论的是京剧,但为我们整体反思传统文化提供了一个极具启发性的视角。鉴于此,笔者试图从《游戏》一书切入,重点选取京剧“粹”“渣”之争、西方表演体系播化、革命样板戏以及京剧现代化 4 个切面展开讨论。这 4 个切面所承载的问题颇为重要又一直争论不休,它们以“传统”为主线,分别指涉“传统的价值判断”“西化移植的传统困难”“传统的层累塑造”“传统再造路径”4 个问题域,在此基础上进一步反思戏剧和法的主体性问题。这种以“剧”喻“法”的尝试不仅使我们获得了一种跨文化领域的观察视角,而且能够在比较的基础上寻找传统文化的现代转型之路径。

二、国粹与国渣:戏剧美学符号表征冲突

京剧究竟是“国粹”还是“国渣”？这个问题自五四新文化运动以来就一直争论不休。一方面,新文化运动“主将”持文化进化论立场,坚持激烈的反传统主义,对京剧乃至全部传统文化进行批判。例如,胡适在《文学进化观念与戏剧改良》一文中指出,在文学进化过程中会留下许多无用的纪念品,这些无用的纪念品也称为“遗形物”,而京剧的程式以及“脸谱、嗓子、台步、武把子、唱功、锣鼓、马鞭子、跑龙套等”都属于“遗形物”。胡适指出中国戏剧的两点不足之处,“中国文学最缺的是悲剧的观念”,无论小说或戏剧都具有“团圆迷信”,而这种“团圆快乐的文字”“决不能引人到彻底的觉悟,决不能使人起根本上的思量反省”;中国戏剧在时间、人力、设备、事实等诸多方面均不经济。[5] 再如,傅斯年在《戏剧改良各面观》中指出,自宋元至今中国戏剧虽经七八百年的进化,还没有真正的戏剧,还是“百纳体”的把戏,这种“百纳体把戏”的弊端就在于“虽欲

〔5〕 参见胡适:《文学进化观念与戏剧改良》,载欧阳哲生编:《胡适文集:2》,北京大学出版社 2013 年版。

近人情而不能组成纯粹戏剧的分子","合竞技游戏的意味",在唱功方面"京调"也是"退化调",甚至中国戏剧连同中国社会都是与现代生活根本矛盾的。[6] 除胡适、傅斯年外,还有刘半农、钱玄同、欧阳予倩、郑振铎、陈独秀、周作人、鲁迅等人都提出过批评。[7]

另一方面,我们也时常见到肯定传统戏剧并为之进行辩护的观点。这些论者往往从中国传统戏剧的美学立场出发,充分肯定传统戏剧所展现的独特的艺术之美。早在新文化运动时期,张厚载就与胡适、钱玄同、刘半农等人进行论战,反驳新文化运动"主将"的中国旧戏否定论,为中国旧戏辩护。张厚载当时是北京大学法科政治门的学生,对旧戏有着较深的造诣,与梅兰芳、齐如山等人交往甚密。在《新青年》上读到陈独秀、胡适、刘半农、钱玄同等人批评旧戏的文章后,张厚载写信给《新青年》,以一己之力为旧戏辩护。[8] 由于辩护文字较为

---

[6] 参见傅斯年:《戏剧改良各面观》,载赵家璧主编、胡适编选:《中国新文学大系·建设理论集》(影印本),上海文艺出版社 2003 年版,第 361~363 页。

[7] 如刘半农在《我之文学改良观》中讨论旧戏改良问题,并将中国旧戏特点概括为"一人独唱,二人对唱,二人对打,多人乱打"16 字,又在《今之所谓"评剧家"》中称中国旧戏视为"野蛮人之品物";钱玄同不仅批评中国旧戏为"专重唱功,所唱之文句,听者本不求甚解,而戏子打脸之离奇,舞台设备之幼稚,无一足以动人情感",甚至更激进地主张要废除中国旧戏,"如要中国有真戏,这真戏自然是西洋派的戏,决不是那'脸谱派'的戏";欧阳予倩在《予之戏剧改良观》中认为,"今日之剧界,腐败极矣",而"俳优之脑筋,过于简单";郑振铎在《光明运动的开始》一文中分别从思想和艺术两个层面对中国旧戏进行了批评,认为思想上诲淫诲盗,艺术上死板陈腐;陈独秀认为,中国旧剧"其助长淫杀心理于稠人广众之中,诚世界所独有";周作人在《论中国旧戏之应废》中认为,"中国旧戏没有存在价值",中国戏不仅野蛮,而且有害于"世道人心",应予以废除;鲁迅虽未系统批评旧戏,但在小说《社戏》、杂文《论照相之类》中对京剧有过批评,尤其是在杂文《略论梅兰芳及其他》中对梅兰芳本人进行了冷嘲热讽。关于新文化运动时期关于中国旧戏之批评与讨论,参见赵家璧主编、郑振铎编选:《中国新文学大系·文学论争集》(影印本),上海文艺出版社 2003 年版,第八编"中国剧的总结账";董健、胡星亮主编:《二十世纪中国戏剧理论大系》(第 2 卷 1918—1949 上册),安徽教育出版社 2017 年版,第 3~112 页。

[8] 张厚载的第一次辩护文章为《新文学及中国旧戏》,该文后面还附上了胡适、钱玄同、刘半农、陈独秀等人的批评文字。参见董健、胡星亮主编:《二十世纪中国戏剧理论大系》(第 2 卷 1918—1949 上册),安徽教育出版社 2017 年版,第 22~27 页。

简短,随后按照老师胡适的要求,张厚载另撰文将中国旧戏的好处以及“废唱用白不可能”的理由进行阐述。在《我的中国旧戏观》这篇文章中,张厚载指出,中国旧戏是假象的,是抽象而不是具体的,采取“指而可识”的方法;无论文戏、武戏都有一定的规律,这种规律可以说是“中国旧戏的习惯法”;中国旧戏有音乐上的感触,且通过唱功表达感情比通过说白来表达更有精神,因此“废唱用白”是断不可能的。最后张厚载得出结论说,“以为中国旧戏,是中国历史、社会的产物,也是中国文学、美术的结晶,可以完全保存”。[9]

郭宝昌先生则认为,京剧的特别之处在于其雅俗一体、大雅大俗,京剧老艺人基于日常生活经验形成的无意识审美体验,回应不同时期观众的需求与感动,既有神圣性的一面,也有世俗性的一面,雅与俗共同激荡。因此,京剧的“粹”,是指其代表的中国传统哲学美学成果,而京剧的“渣”是指厚厚的、陈腐的农耕时代文明的糟粕。如果辩证地看,从艺术观念与艺术手法上,京剧是国粹;而在价值观念上,京剧在思想内容上充满了“渣”。[10] 以这种二元视角观察和解释“国粹”和“国渣”问题,虽然具有一定的说服力,但未揭示问题的实质。“国粹”和“国渣”之区分并不完全在于其雅俗一体与雅俗互动,也非艺术观念、艺术手法和价值观念上的“粹”“渣”区别,而是文化符号的表征冲突。所谓“粹”与“渣”只是一种价值判断,但这种价值判断则基于不同的评价标准。“国粹论”主张的“粹”是不具有制度意义的“粹”,即将京剧视为不具有制度意义的纯粹审美符号。在这个意义上,京剧的“粹”与西洋戏剧写实主义美学特征没有本质区别,一如中餐与西餐、汉语与英语,本身都只是一种文化符号,而且这种文化符号具有民族认同和文化认同属性。“国渣论”主张的“渣”主要是从制度意义上进行价值判断的,之所以“渣”是因为京剧这种美学符号所象征或承载的制度及其背后的伦理是与现代价值格格不入的,如京剧中的“跷功”“男旦”等文化符号就常常被视为“封建制度”对女权的践踏。

这两个标准之间的关系在于,前者是作为纯粹美学符号的“能指”(signifier),后者则是被美学符号表达的具有符号意义的“所指”(signified)。问题在于,

---

[9] 张厚载:《我的中国旧戏观》,载赵家璧主编、郑振铎编选:《中国新文学大系·文学论争集》(影印本),上海文艺出版社 2003 年版。

[10] 参见郭宝昌、陶庆梅:《了不起的游戏:京剧究竟好在哪儿》,生活·读书·新知三联书店 2021 年版,第 315～321 页。

“能指”与“所指”之间的联系是任意的，而符号又是包含了“能指”和“所指”的整体，故而符号本身也就具有任意性（不可论证性）。[11] 于是，我们很难论证京剧为什么“粹”，却很容易判断京剧为什么“渣”，因为“渣”本身是“所指”的意义系统，而表达“所指”的“能指”（美学符号）的形成却是任意的，尽管它原则上以集体习惯或约定俗成为基础。从这个意义来说，“所指”涉及制度意义及相应的伦理基础，同时又在此基础上以“能指”（美学符号）表达出来，“所指”有优劣之分（如前现代专制制度与现代民主制度之间的优劣之分），“能指”则无高低之别（西洋歌剧与京剧之间很难进行高低优劣的价值判断），故对“所指”的批判往往会从“能指”开刀，甚至将“能指”作为批判的重点。新文化运动主将们对京剧“国渣化”的批判就是混淆了戏剧艺术的“能指”和“所指”，在批判“所指”时以整体主义的立场全盘否定“能指”。实际上，新文化运动主将们试图批判的只是“所指”层面“吃人的礼教专制”和“愚昧落后的思想”，由于其持进化论立场评价“所指”，故不可避免地将表达“所指”的“能指”符号也一并作为批判对象了。鲁迅在《无常》《女吊》中表达出对民间宗教剧目连戏中鬼魂人物的喜欢，却又对京剧有着深刻的批评，究其原因在于鲁迅思想中的“黑暗匣门”重压存在两个来源，即“中国传统文学与文化”和“他自身不安的内心”。[12] 鲁迅对目连戏存有兴趣的原因在于，他意识中的“私领域”隐秘地引导他在审美的基础上接受并欣赏那些中国传统质素，而他对京剧的批评则是基于作为道德判断的全盘化反传统主义；[13]前者侧重关注的是作为纯粹美学符号的“能指”，而后者侧重批判的是表征中国传统道德（纲常名教）的“所指”，两者复杂地共存于鲁迅的思想中。这与晚清民国时期以来 3 次大规模反中医的逻辑是

〔11〕 参见［瑞士］费尔迪南·德·索绪尔：《普通语言学教程》，高名凯译，商务印书馆 1980 年版，第 102 页。

〔12〕 参见夏济安：《黑暗的闸门：中国左翼文学运动研究》，香港中文大学出版社 2016 年版，第 134 ~ 135 页。

〔13〕 参见林毓生：《中国意识的危机："五四"时期激烈的反传统主义》，杨贞德等译，联经出版事业股份有限公司 2020 年版，第 195 页。

一致的,[14]都是站在民主和科学的进化论立场上在反对"封建文化""所指"的同时一并反对符号"能指"。问题在于,"所指""粹""渣"与否的判断标准究竟是什么?从新文化运动以来的总体趋势来说,现代文明倡导的趋同性价值应该为其判断标准,我们今天也不可能再推崇"男旦"艺术,也很难再提倡源自女性裹脚的"跷功",尽管它曾经是美的艺术符号。

这也就意味着,"能指"与"所指"之间的意义指涉和符号表达关系需要调整,在符合时代主流价值的"所指"支配下重新定义旧"能指"的符号关联性,"能指"可以是"旧瓶",但必须装"所指""新酒"。裴宜理(Elizabeth J. Perry)在《安源》中提及的"文化置位"(Cultural Positioning)和"文化操控"(Cultural Patronage)概念正是中国革命进程中"旧瓶装新酒"逻辑的理论概括。[15] 杜赞奇将象征着民族本真性的形象称为"本真性秩序"(regime of authenticity),这个概念意味着在拣选传统中代表民族本真元素时通常会拒绝既定社会秩序和道德的知识与实践,寻找和定义"国粹"和本真传统的过程带有明显的主观化色彩,且容易走向文化本质主义和国家父权主义。[16] "本真性秩序"所拣选的文化元素正是"旧瓶",瓶中重新装入国家父权主义主导的"新酒"。循此逻辑,20世纪延安区域的民间文化成为政治、资本及地方势力等不同力量相互较量的场域,陕北说书、剪纸和巫神等民间文化符号(民族本真元素)被国家主义形塑建

---

〔14〕 第一次以俞樾 1879 年发表的《废医论》为标志;第二次以章太炎 1926 年发表的《论五脏附五行无定说》为标志,章太炎精研医学,著有《医论集》,虽未明确表示废医,但其质疑五行学说的思想影响了鲁迅、余云岫等在内的一批日本留学生,后来这些人成为新文化运动时期废医论的主力;第三次以 1929 年 2 月 23 日余云岫在南京国民政府召开第一届中央卫生委员会会议上提出的《废止旧医以扫除医事卫生之障碍案》为标志,从制度层面否定中医。参见李经纬:《中医史》,海南出版社 2015 年版,第 432~438 页。

〔15〕 革命"动员过程的核心就是文化置位(Cultural Positioning)——或者说,对一系列符号资源(如宗教、仪式、修辞、服饰、戏剧、艺术等)的战略性运用在政治说服中所发挥的作用"。参见[美]裴宜理(Elizabeth J. Perry):《安源:挖掘中国革命之传统》,阎小骏译,香港大学出版社 2014 年版,第 4 页。

〔16〕 See Prasenjit Duara, *The Regime of Authenticity: Timelessness, Gender, and National History in Modern China*, History and Theory 37, No. 3, p. 287 - 308 (1998).

构并被赋予不同的意涵。[17] 今日京剧之发展，亦需贯彻此种“旧瓶装新酒”的逻辑，但不能简单地回归传统，而是通过“能指”艺术符号表达出人类不同文明普遍认同的价值理念的最大公约数“所指”，只有在这个意义上京剧才能跳出“粹”“渣”之争。

三、南橘北枳：西方表演体系播化之困

京剧到底有没有自己的表演体系？郭宝昌先生的回答充满了中国智慧：京剧既“有”也“没有”自己的表演体系。说京剧有自己的表演体系的理由在于，京剧自创始以来二三百余年的历史中积累了丰富的表演经验，同时也有以科班为主体的教育体系，传承了中华民族戏曲传统的精华；说京剧没有自己的表演体系的理由在于，至今为止没有一种表演理论真正说清楚京剧表演，也无法清楚界定京剧表演学派究竟与西方表演学派之间的本质性区别。[18] 为什么会形成这种矛盾的判断？我们应如何认识京剧的表演体系问题？

西方戏剧在晚清开埠以后逐渐传入中国。19 世纪末西方侨民和教会学生在中国排演、上演欧洲戏剧，20 世纪以后又有大量的欧洲戏剧改编上演，给中国文艺界带来了深远影响。例如，新文化运动时期易卜生《玩偶之家》在中国上演，1918 年《新青年》出版了“易卜生专号”，1923 年鲁迅以《玩偶之家》女主人公为题发表了《娜拉走后怎样》演讲，1928 年丁玲的《莎菲女士的日记》又续上了娜拉的故事。与其他领域一样，随着西方戏剧进入中国，戏剧理论也出现了“西学东渐”的潮流，人们开始用西方戏剧理论来裁剪审视中国传统戏剧，并将西方戏剧技巧强加于中国传统戏曲之上。揆诸 20 世纪以来播化于中国的众多西洋戏剧理论，又以俄罗斯戏剧理论影响最深，其中对中国戏剧表演体系影响最大的是斯坦尼斯拉夫斯基表演体系。斯坦尼斯拉夫斯基表演体系的精髓即为现实主义，以对抗彼时俄国盛行的自然主义和形式主义戏剧观，尤其是 1905 年俄国革命失败后颓废派主张内心和形体对立的象征主义戏剧观。斯坦尼斯

---

〔17〕 参见胡嘉明：《延安寻真：晚期社会主义的文化政治》，廖彦乔、童祁译，香港中文大学出版社 2018 年版，第 2 ~ 6 页。

〔18〕 参见郭宝昌、陶庆梅：《了不起的游戏：京剧究竟好在哪儿》，生活 · 读书 · 新知三联书店 2021 年版，第 63 页。

拉夫斯基从以心理分析为中心的唯心主义戏剧观向以舞台现实主义为中心的唯物主义戏剧观转变,强调演员创作过程中体验和表现、心理与形体的辩证统一。演员只有激发自己的创作天性,将外在强加的东西变成自己的,才能有效防止外在暴力、虚假和不真实的影响,毕竟"哪里有真实和信念感,哪里就有真实的、有效的和适宜的行动,就会有感受、有潜意识,有创作和艺术"。[19] 这种现实主义戏剧观可谓俄国现实主义传统在戏剧领域的继承,加之俄国知识分子苦难深重的赎罪意识,使斯坦尼斯拉夫斯基体系天生具备某种民粹主义色彩,倾向面向人民、面向现实的艺术,努力塑造社会主义新人。正因如此,作为1935年被确立的"社会主义现实主义"创作方法在戏剧界的体现,斯坦尼斯拉夫斯基体系在苏联时期成为主导性的艺术理论。[20]

20世纪20年代洪深先生主持创建中国话剧表演和导演体制,彼时就已间接引入了斯坦尼斯拉夫斯基体系。20世纪30年代末,中国已开始全面系统运用斯坦尼斯拉夫斯基体系培养学生。1940年,延安鲁迅艺术学院也开始将斯坦尼斯拉夫斯基体系运用于戏剧教学中。斯坦尼斯拉夫斯基体系的"生活体验与艺术创造方法统一"主张与毛泽东同志在《延安文艺座谈会上讲话》中"大众文艺"观点不谋而合,斯坦尼斯拉夫斯基体系为中国共产党文艺政策提供了有力注脚。抗战胜利后,斯坦尼斯拉夫斯基体系在剧校教学中仍然是最重要的戏剧理论体系,焦菊隐导演的多幕剧《夜店》则是斯坦尼斯拉夫斯基体系的实践应用。[21] 新中国成立后以苏联为师,不仅政治经济体制等学习苏联,在文艺理论

---

〔19〕 [俄]斯坦尼斯拉夫斯基:《演员自我修养》,叶红译,上海文化出版社2020年版,第632页。

〔20〕 参见陈世雄:《三角对话:斯坦尼、布莱希特与中国戏剧》,厦门大学出版社2003年版,第9页。

〔21〕 在导演《夜店》《龙须沟》的实践中,焦菊隐得出了一个结论:向生活所寻求来的创造人物的方法与人物活动的方式与形式,是最好的"表演技术"。《夜店》和《龙须沟》的演员绝大多数都是没有舞台经验和所谓"技术"不够的演员,而这些演员演出来的戏却充满生活感。原因在于,这些演员彻底否定并扬弃旧套子的"演技",而向生活里去找他们每一个活动的现实的根据。他们是以"人"的身份在生活,而不是以"演员"的身份在演戏。而这正是斯坦尼斯拉夫斯基体系所强调的生活体验和艺术表现的辩证统一。参见焦菊隐:《焦菊隐戏剧论文集》,上海文艺出版社1979年版,第81页。

和表演体系也学习苏联。在此背景下，斯坦尼斯拉夫斯基体系盛行于中国，一度成为中国主导性的戏剧理论。[22] 斯坦尼斯拉夫斯基体系不仅运用于戏剧创作和表演，同时也运用于教学、培训之中。在20世纪五六十年代新中国戏曲改革运动中，“改人”“改戏”“改制”是戏改的三大重点，其中又以思想内容层面的“改戏”为重中之重，即将传统的“骨子老戏”按照国家意识形态进行改编。在此“剧本—表演”改编过程中存在“人民性”和“民间性”的紧张关系，即在国家意识形态主导改编戏剧时，仍然需要考虑到戏曲民间文化、生活智慧等因素的抵制和影响，后者恰恰是斯坦尼斯拉夫斯基体系所强调的生活体验。[23] 在戏改初期，斯坦尼斯拉夫斯基体系在平衡国家与民间关系方面发挥了重要作用，但在20世纪60年代，这种要求保留民间生活实践真实体验的表演方式则受到了猛烈批判，斯坦尼斯拉夫斯基体系也就不可避免地走向了衰落。于是，我们可以看到新中国戏剧理论史上的一个现象，曾经为意识形态所推崇的斯坦尼斯拉夫斯基体系却受到曾经推崇它的意识形态的激烈批判，尽管这种批判无法完全清除斯坦尼斯拉夫斯基体系对中国戏剧创作和表演的影响。20世纪70年代末80年代初，斯坦尼斯拉夫斯基体系有过短暂的回归，但随即又在80年代中期“戏剧观争鸣”中逐渐处下风，[24] 在晚近“综合论”戏剧观下斯坦尼斯拉夫斯基体系又出现了新的回归。

布莱希特体系与斯坦尼斯拉夫斯基体系一样，对中国戏剧表演体系有深远

---

〔22〕 1950～1953年，出版有斯坦尼斯拉夫斯基著作中译本及介绍斯坦尼斯拉夫斯基理论的专著，如《演员自我修养》（郑君里、章泯译，1941年初版，1950年三联书店再版）、《角色的诞生》（郑君里著，1950年三联书店出版）、《导演的艺术创造》（焦菊隐著，1951年生活出版社出版）、《演员创造论》（陈卓猷著，1953年新文艺出版社出版）。此外，还通过聘请苏联专家授课、以培训班等方式大规模培养人才、仿照苏联引入教学大纲和教学法、舞台实践传播等方式全面系统深入学习和传播斯坦尼斯拉夫斯基体系。参见陈世雄：《三角对话：斯坦尼、布莱希特与中国戏剧》，厦门大学出版社2003年版，第105～108页。

〔23〕 参见张炼红：《历炼精魂：新中国戏曲改造考论》（增订版），上海书店出版社2019年版，第9～10页。

〔24〕 在20世纪80年代中期的“戏剧观争鸣”运动中，不少评论者认为“写实戏剧观”和“第四堵墙”束缚了话剧的发展，而以写实主义为核心的斯坦尼斯拉夫斯基体系也就不可避免地成为攻击的对象了，此时出现了以黄佐临为代表的贬“斯”扬“布”的风潮。

的影响。早在 20 世纪 20 年代末,布莱希特的戏剧理论和剧本就已开始译介到中国,但是因多种因素的影响,一直到 20 世纪五六十年代布莱希特的影响力都远不及斯坦尼斯拉夫斯基体系。1959 年,基于中国与民主德国建交 10 周年纪念活动的需要,国内戏剧界掀起了第一波"布莱希特热",黄佐临先生导演了布莱希特的剧作并系统介绍了布莱希特戏剧理论。1962 年,黄佐临先生发表《漫谈"戏剧观"》演讲后出现第二波"布莱希特热",此时也与中国戏剧界反思斯坦尼斯拉夫斯基体系的思潮相呼应。20 世纪 70 年代末兴起第三波"布莱希特热",到 20 世纪八九十年代稍有回落,但其热度直至今日仍然不减,甚至晚近呈现炽烈深入之势。在第三波"布莱希特热"中,标志性事件即为黄佐临、陈颙导演的布莱希特剧作《伽利略传》,这是布莱希特流亡丹麦、美国时期创作的作品,系统展现了其提出的"史诗剧"(Episches Theater,又译为"叙事剧""叙事体戏剧"等)理论。[25] "史诗剧"针对亚里士多德《诗学》所奠定的戏剧传统而创制,旨在打破欧洲戏剧体戏剧所遵循的"三整一律"封闭型戏剧结构模式,通过史诗文体以及开放性戏剧结构形式来展现纷繁复杂的社会生活。布莱希特体系在中国影响深远,黄佐临、陈颙、卞之琳、张黎、丁扬忠、高行健等人都是研究传播布莱希特体系的重要人物。

斯坦尼斯拉夫斯基体系和布莱希特体系进入中国后,都经历了传播、认识、反思以及超越的过程,今天的戏剧理论体系很难说完全就是某个体系单独播化的结果,而且越来越呈现民族主义主导下的综合主义倾向。然而,无论是斯坦尼斯拉夫斯基体系还是布莱希特体系,在中国都遭遇到了播化困难,引发戏剧理论家们大规模的智识性反思。1962 年 4 月,黄佐临先生在全国话剧、歌剧、儿童剧创作座谈会发言中,将以梅兰芳为代表的中国戏曲、俄罗斯斯坦尼斯拉夫斯基体系和德国布莱希特体系并列,后人在此基础上概括为戏剧表演"三大体系"说。[26] 据黄佐临先生总结,尽管梅兰芳、斯坦尼斯拉夫斯基和布莱希特都是现实主义大师(相对自然主义而言),但是三者之间最根本的区别就在于"第四堵墙"问题。布莱希特戏剧理论否定"第四堵墙"的存在,主张演员和角色之

---

〔25〕 参见[德]贝托尔特 · 布莱希特:《论史诗剧》,陈奇佳主编,孙萌、李倩等译,北京师范大学出版社 2015 年版,第 35 ~ 54 页。

〔26〕 参见黄佐临:《漫谈"戏剧观"》,载黄佐临:《我与写意戏剧观》,中国戏剧出版社 1990 年版。

间、观众和演员之间、观众和角色之间必须保持一定的距离（破除生活幻觉以唤醒观众）；斯坦尼斯拉夫斯基戏剧理论与布莱希特截然相反，其相信“第四堵墙”的存在，主张演员应该进入角色，演员和角色之间、观众和演员之间、观众和角色之间不能存在距离（通过舞台制造生活幻觉）；而对于梅兰芳来说，“第四堵墙”压根就不存在，用不着推翻。[27] 应该说，黄先生“第四堵墙”的判断抓住了三者的本质区别，但是没有进一步回答斯坦尼斯拉夫斯基体系与布莱希特体系在解释中国戏曲传统方面的局限，进而回答京剧的表演体系究竟是什么。

斯坦尼斯拉夫斯基体系要求建立“第四堵墙”，强调演员亲身感受角色体验的重要性，其主要针对当时俄罗斯戏剧传统中存在的形式主义倾向，故特别强化演员的内心体验，将激发演员的创作天性摆在首要位置。由于“第四堵墙”的存在，斯坦尼斯拉夫斯基体系在表现手法上追求写实主义，即通过舞台布景、道具等方式尽可能地制造出逼真的舞台效果，使演员和观众沉浸在舞台幻觉之中。尽管斯坦尼斯拉夫斯基体系强调“内心体验”的重要性，但并不能就此简单判断斯坦尼斯拉夫斯基体系只要“内心体验”而忽视“外部表现形式”。实际上，斯坦尼斯拉夫斯基在《演员的自我修养》第二部分特别强调，体验派演员同样要注重情感的表现形式（表现过程中演员自我修养），但在当时的背景下中国戏剧界对斯坦尼斯拉夫斯基体系多有误读，以为“内心体验”才是斯坦尼斯拉夫斯基体系的根本。焦菊隐将斯坦尼斯拉夫斯基体系这种强调“内心体验”的表演特点概括为“心象”说，[28] 从“孕育心象”到“将心象转化为形象”，这种“从内到外”的表演路径很容易滑向“第四堵墙”的绝对化深渊。

布莱希特体系要求拆掉“第四堵墙”，与斯坦尼斯拉夫斯基体系针锋相对。布莱希特是一个颇为有趣的戏剧理论大师，他的戏剧理论来源不仅受到黑格尔辩证法的影响，而且还深受中国传统文化特别是戏曲文化的影响，从布氏传世的作品中不难看出墨子、老子、庄子等中国哲学思想对其产生了重

〔27〕 参见黄佐临：《梅兰芳、斯坦尼斯拉夫斯基与布莱希特戏剧观比较》，载黄佐临：《我与写意戏剧观》，中国戏剧出版社 1990 年版。

〔28〕 参见焦菊隐：《导演的艺术创造》，载焦菊隐：《焦菊隐戏剧论文集》，上海文艺出版社 1979 年版。

要影响。[29] 布莱希特体系的核心概念是“间离效果”(Verfremdungseffekt,又译为“陌生化效果”“间离方法”),主要具有两个层面的含义:一是指认识论方法,即戏剧家按照“认识—不认识—达到更高层次的认识”的认识论方法由表及里地观察认识事物的本质;二是指演员本身所遵循的一种表演方法,意思是演员与角色的关系不是在感情共鸣的基础上融合为一,演员与角色之间保持距离并清醒地驾驭人物,阻止观众完全与剧中人物在感情上融为一体,满足于感情上的愉悦陶醉而失去理智,丧失对舞台发生的事件和对现实世界的思考判断能力。[30] 应该说,“间离效果”理论突出戏剧表演中理性的作用,继承了启蒙运动以降的理性主义进路,布莱希特将其称为“非亚里士多德传统”的新型戏剧。布莱希特“陌生化效果”理论的形成在很大程度上与其 1935 年在莫斯科观看梅兰芳的演出有关。在观看梅兰芳的演出后,布莱希特高度评价了中国戏曲演员特有的冷静,尤其是中国戏曲一整套严密复杂的程式化动作不仅使演员自我间离,而且还使演员与观众之间保持了间离。[31] 尽管布莱希特体系与中国传统戏曲有紧密关联,但仍然没有准确地概括出中国传统戏曲的特点,对中国戏曲表演中演员与人物之间关系以及演员与观众、观众与人物之间关系存在一定误解,特别是忽略了中国戏曲所特有的情感体验问题。[32]

---

〔29〕 在《变易之书》中,布莱希特借墨子之名对当时欧洲的重大事件进行马克思主义分析。参见[德]贝托尔特·布莱希特:《中国圣贤启示录》,殷瑜译,北京师范大学出版社 2015 年版,第 1 ~ 195 页。又可参见布莱希特的剧作《四川好人》正是对《庄子·人间世》中“有用之材、受累于世”思想的化用,主人公沈黛的结局喻示了“好人往往难见容于世,而坏人反而容易左右逢源”的深刻道理。参见[德]贝托尔特·布莱希特:《四川好人》,丁扬忠译,上海译文出版社 2012 年版。

〔30〕 参见丁扬忠:《序:布莱希特戏剧学派》,载[德]贝托尔特·布莱希特:《戏剧小工具篇》,张黎、丁扬忠译,北京师范大学出版社 2015 年版。

〔31〕 在观看梅兰芳的表演后,布莱希特写了《中国戏剧表演艺术中的陌生化效果》和《论中国人的传统戏剧》两篇文章。参见[德]贝托尔特·布莱希特:《陌生化与中国戏剧》,张黎、丁扬忠译,北京师范大学出版社 2015 年版,第 9 页。

〔32〕 在《中国戏剧表演艺术中的陌生化效果》一文中,布莱希特特别指出中国戏曲表演的程式惯例“缺乏奔放的感情”,演员“力求避免将自己的感情变为观众的感情”。参见[德]贝托尔特·布莱希特:《陌生化与中国戏剧》,张黎、丁扬忠译,北京师范大学出版社 2015 年版,第 10 页。

由此可见，当斯坦尼斯拉夫斯基体系或布莱希特体系运用于中国传统戏曲时，很容易出现生搬硬套和人为裁剪的情况，导致了这两种体系的播化之困。如果运用斯坦尼斯拉夫斯基体系的“体验”论裁剪中国戏曲，那么我们看到的是，为了营造“第四堵墙”，中国戏曲舞台上开始运用实景，传统的“一桌二椅”的抽象化布景日渐消失。如果运用布莱希特体系的“间离”论裁剪中国戏曲，那么我们可以看到，为了破坏“第四堵墙”，中国戏曲舞台上保留程式化而忽略演员的角色体验，表演陷入僵化和教条。总体而言，斯坦尼斯拉夫斯基体系、布莱希特体系与中国戏曲存在诸多差异：其一，三者试图解决的问题不同，如斯坦尼斯拉夫斯基体系针对的是俄国戏剧中的形式主义弊端，布莱希特体系针对的则是欧洲戏剧的“三整一律”传统，而中国戏曲则没有相似的问题背景；其二，三者遵循的传统不同，斯坦尼斯拉夫斯基体系遵循的是自格里鲍耶陀夫、普希金到果戈里以来的俄国先进戏剧文化传统，布莱希特体系遵循的是自文艺复兴和启蒙运动以来以莎士比亚、狄德罗为代表的哲理主义传统，而中国戏曲遵循的则是宋滑稽戏、元杂剧、南戏、明清传奇和清代地方戏传统；〔33〕其三，三者表演方式迥异，斯坦尼斯拉夫斯基体系的体验派表演方法在于通过演员内心体验和实景化道具等制造舞台逼真效果，布莱希特体系的“间离方法”则强调演员的情感应隐藏于虚拟化、舞蹈化、诗化的程式动作之中，反对实景化地将生活场景照搬上舞台，而中国戏曲表演是通过高度抽象概括的简单道具构建出想象性的故事场景。

凡此种种，我们不难看出，斯坦尼斯拉夫斯基体系或布莱希特体系在解释中国戏曲时存在诸多困难，如果强行将斯坦尼斯拉夫斯基体系或布莱希特体系加之于中国戏曲之上，则会产生“南橘北枳”的现象。对此，斯坦尼斯拉夫斯基本人也有所告诫，要求中国戏剧家“不能照抄莫斯科艺术剧院”，必须创造自己的一些东西。〔34〕然而，面对西方戏剧表演体系的播化之困，我们应如何理解中国戏曲表演体系？梅兰芳在总结自己40年舞台经验时，将自己表演的“最高境界”概括为“演戏的唱进戏里面”，〔35〕强调内心体验在中国戏曲表演中的必要性，拒绝为“展示外部符号”的完美而牺牲真实的人物塑造。黄佐临先生在批判

---

〔33〕 参见王国维：《宋元戏曲史》，商务印书馆1915年版，第180～187页。

〔34〕 参见焦菊隐：《焦菊隐戏剧论文集》，上海文艺出版社1979年版，第60页。

〔35〕 梅兰芳：《舞台生活四十年：梅兰芳回忆录》，新星出版社2017年版，第94页。

斯氏和布氏戏剧观武断和绝对的基础上,指出中国传统戏剧表演艺术的理想方法应是"把表现内心活动的'内在技巧'和外部的表现技巧相结合"。[36] 也就是说,中国传统戏剧的艺术特色就在于,将具有写意性的 4 项内部特征(生活写意性、动作写意性、语言写意性和舞美写意性)与作为表现技巧的 4 项外部特征(流畅性、伸缩性、雕塑性和规范性)相结合,既不同于斯氏建"第四堵墙",也不同于布氏拆"第四堵墙",而是压根就不存在"第四堵墙"的问题。中国戏曲既是体验派又是表现派(情动于中而形于外),但又不同于西方戏剧理论中的体验派和表现派。中国戏曲的体验不完全同于西方戏剧的体验,戏曲演员通过科班制模仿师傅学习程式,但这并不是机械简单地模仿,而是随着演员生活阅历、人生经验的增长,演员在表演中"会根据不同的角色和不同的戏剧情境,与扮演的角色发生情感和精神的认同",[37] 演员对角色的内心体验会通过程式惯例表现出来,"绝活"就是演员表现内心活动的重要技巧。中国戏曲的表现也不同于西方戏剧的表现,戏曲演员的外部表现方式有着相对固定的程式,而这种程式是演员们长期生活观察和内心体验的结果,而且程式表现方式是融入演员内心体验的。李紫贵先生将中国戏曲表演规律概括为体验、表现、再体验的不断往复。[38]

郭宝昌先生将中国传统戏曲表演体系概括为"游戏性",正是抓住了中国戏曲所具有的兼具体验和表现的特质。"游戏性"一方面,是指演员既进入到角色之中,又出于角色之外,与观众进行直接的现场交流(如"叫好"),而不像斯氏和布氏表演体系那样舍弃与现场观众的交流;另一方面,是指京剧表演艺术兼具体验派和表现派特点,并非斯坦尼斯拉夫斯基体系和布莱希特体系可以裁剪的一种独特艺术形式。然而问题在于,当京剧传统科班制培育模式解体之后,现代戏曲院校的教学方式和培育模式是斯坦尼斯拉夫斯基化或布莱希特化的(这种培养模式成本要低得多),按照这两种体系培养的新时代戏曲人才缺乏这

---

[36] 黄佐临:《梅兰芳、斯坦尼斯拉夫斯基与布莱希特戏剧观比较》,载黄佐临:《我与写意戏剧观》,中国戏剧出版社 1990 年版。

[37] [美]田民:《梅兰芳与 20 世纪国际舞台:中国戏剧的定位与置换》,何恬译,江苏人民出版社 2022 年版,第 288 页。

[38] 参见李紫贵:《李紫贵戏曲表导演艺术论集》,中国戏剧出版社 1992 年版,第 539 ~ 541 页。

种“游戏性”,这也就使京剧表演中“游戏性”越来越弱化了,或许未来京剧表演体系将在民族化的基础上走向综合化,但无论如何首先需要回归“游戏性”本身。

四、样板戏:层累地被塑造的传统

如果说20世纪中国文艺领域的标志性成果是什么,那么答案只有一个,即“样板戏”的诞生。无论是新文化运动中的戏剧改良,抑或是延安时期的旧剧革命,乃至晚近影视文化的流行,都无法撼动及超越“样板戏”的地位。然而,事物的评价总会因立场不同而产生差异,有时甚至会得出截然相反的结论,对于“样板戏”的评价正是如此。在给予样板戏高度评价的同时,也必然会伴随否定性评价。

郭宝昌先生对“样板戏”的评价总体上是客观的。首先,样板戏既不姓“京”,又仍然姓“京”。一方面,样板戏在音乐性、分幕结构、舞台空间等方面产生了诸多变化,因此从表面来看样板戏并不姓“京”;另一方面,样板戏又保留了京剧的诸多元素,虽经改革仍然姓“京”。其次,样板戏的创造在于剧本文学性的强化、唱腔的突破、念白的韵律等方面,这些都是样板戏相对于传统京剧的重大改造之处。再次,样板戏创造性的来源在于其遵循的基本原则,即“要革命派,不要流派”“要程式,不要程式化”“三突出”“十年磨一戏”。最后,样板戏的启示在于对雅俗相对性问题的处理以及通过通俗化改革可以消除与年轻人之间的距离感。[39] 郭宝昌先生总结概括了样板戏的“革命”特点(样板戏又称为“革命现代京剧”)并对其给予高度评价,但这场京剧革命的具体作用及其与传统之间相互关系仍需要进一步阐明,从历史基点推后三五百年的“大历史观”[40]出发审视“花雅之争”可以进一步理解“样板戏”的形成,进而解释传统的层累塑造问题。

中国戏剧自周秦历经汉魏、六朝、唐宋,发展出南北曲、杂剧、滑稽戏、傀儡戏等戏剧种类,至元代始称完美,不仅戏剧的种类繁多,表现手法多样,而且曲

---

〔39〕 参见郭宝昌、陶庆梅:《了不起的游戏:京剧究竟好在哪儿》,生活·读书·新知三联书店2021年版,第200~256页。

〔40〕 [美]黄仁宇:《万历十五年》,中华书局2014年版,第329页。

词的文学造诣颇深,其时北曲为杂剧,南戏为传奇。明代杂剧逐渐衰退,南戏之传奇则有着突飞猛进的发展。明代传奇为宋元南戏之延续,声腔上有昆山腔、弋阳腔、余姚腔、海盐腔等。清代戏剧以明代为基础,逐渐分为"花部"与"雅部"。生活在乾隆年间的李斗所著《扬州画舫录》云:"两淮盐务例蓄花雅两部以备大戏。雅部即昆山腔。花部为京腔、秦腔、弋阳腔、梆子腔、罗罗腔、二黄调,统谓之乱弹。"[41] 乾隆中叶魏长生进京后引发"花雅之争",最终以秦腔为主的"花部"占据上风,而以昆曲为主的"雅部"则日渐衰落。乾隆五十五年(1790年)朝廷征召以戏曲艺人高朗亭为台柱的三庆班入京,三庆班以唱"二黄"声腔为主,之后又有四喜、启秀、霓翠、和春、春台等安徽戏班相继进京,后又进一步合并为三庆班、四喜班、和春班、春台班四大徽班。徽班在二黄、昆曲、梆子、罗罗诸腔的基础上兼容并蓄,直到嘉道年间汉调(西皮调)入京后,又进一步促进二黄和西皮的合流。遂花部又有皮黄,整合吸收昆、秦、徽、汉诸剧之长,加上采用中州韵,淡化各地方剧方言特点,且剧词更通俗易懂,为大多数平民百姓所接受,故皮黄后来一直占据上风。职是之故,清代"因为剧种增多,观众的范围便愈加广泛,昆曲既不能满足一般观众的视听,便各就地域循着这项表演形式自创新腔"。[42] 此处将魏长生、四大徽班进京引发的"花雅之争"称为第一次"花雅之争",在这次"花雅之争"中秦腔、二黄、皮黄等花部声腔次第出现,且通过博采众长和贴近群众等方式进行改革,在批判性地继承旧剧传统的基础上不断推陈出新地塑造戏剧传统。

第二次"花雅之争"发端于 19 世纪末 20 世纪初西方话剧传入中国,1907 年曾孝谷在东京创"春柳社"排演改编自美国作家哈里特 · 比彻 · 斯托小说《黑奴吁天录》(又名《汤姆叔叔的小屋》)的同名话剧,西洋话剧自此进入国人的视野。西洋戏剧所具有的写实主义特点、紧扣时代脉搏的表现力和剧本的文学穿透力是传统戏曲所不具备的,在"刺激—反应"[43] 模式下出现了辛亥革命前后梅兰芳、欧阳予倩等人推进的戏剧改良运动以及五四新文化运动时期的戏剧争鸣等回应形式,对戏剧品类(如增加话剧、歌剧、芭蕾舞剧等)、舞台构造样式与

---

〔41〕(清)李斗撰:《扬州画舫录》,中华书局 1960 年版,第 107 页。

〔42〕周贻白:《中国戏剧史长编》,上海书店出版社 2007 年版,第 458 页。

〔43〕[美]费正清:《美国与中国》(第 4 版),张理京译,世界知识出版社 1999 年版,第 132 页。

技术、戏曲编演时装新戏、戏剧现代化等方面都产生了深远影响。[44] 民国时期新文化运动退潮后以王泊生“旧剧新造”和陈田鹤“国乐西化”为代表的“国剧运动”是引入西洋戏剧理念和元素对传统戏剧的改良。王泊生立足旧剧程式，侧重文学改良；而陈田鹤则引入西洋音乐来推进歌剧民族化，后来“样板戏”中西音乐混编在很大程度上受此影响。延安时期鲁艺、延安平剧院和中央党校等进一步推进“旧剧革命”运动，这场运动的改革重点在剧本的文学性，不再拘泥于传统戏曲唱腔、曲律和身段的“三合一”，演员的行头也不再是精美绝伦的蟒袍凤帔，[45] 也没有胭脂水粉勾画的脸谱。延安“旧剧革命”中催生出新编历史剧这一新的戏剧品类（如《逼上梁山》《三打祝家庄》等剧目），这种戏剧形式主要是通过现实主义手法来改编历史剧本，试图给观众以历史的教化和启迪，新中国成立后的《海瑞罢官》即是此种戏剧形式。“旧剧革命”旨在发挥戏剧的战争动员功能，戏剧不单纯是文人雅士和贩夫走卒的娱乐项目，而被革命赋予了统战和教化功能，故而需要利用传统戏曲固有之“旧瓶”来装上革命的“新酒”，新旧之间的辩证统一是中西融合。中西戏剧文化的交流碰撞使作为“花部”的京剧面临诸多挑战，历史轮回地转化成了“雅部”，而据西洋戏剧形成的话剧、歌剧以及舞剧等则成为新的“花部”。

新中国成立之后，肇始于清末民初的第二次“花雅之争”仍在延续，此时“花雅之争”的最终结果即样板戏的诞生。样板戏诞生之前各地方剧种占据主导地位，如1956年浙江昆苏剧团改编的昆曲《十五贯》就获得了观众的好评，该剧所批判讽刺的官僚主义作风亦成为彼时“清官戏”改编的典范。新编历史剧《海瑞罢官》正是延续了传统“清官戏”的路子，把海瑞塑造为退田反霸的清官。然而，剧中海瑞“退田”之举，一则与当时“单干风”相呼应，二则将封建官僚作为英雄人物加以塑造与社会主义文艺方针不相符。因此，诞生于延安“旧剧革命”中的新编历史剧成为被批判的对象。1963年，沪剧现代戏《芦荡火种》（后改为《地下联络员》，为《沙家浜》的前身）和《红灯记》被推荐给北京京剧团和中国京剧

---

〔44〕 参见马也：《西方戏剧的传入对中国戏曲的影响》，载《中国戏剧》2007年第4期。

〔45〕 如延安时期根据《打渔杀家》改编的现代京剧《松花江上》的演员就是穿戴军装军帽，演员也没有勾画脸谱，后来“样板戏”也遵循了此一艺术形式。在《红色娘子军》中芭蕾舞演员穿着笔挺军装、短裤绑腿、手拿大刀钢枪跳着足尖舞，这也是世界芭蕾史上从未有过的艺术形式。

团,将其打造成现代革命京剧。1964年7月以后,新编历史剧、传统戏中那些"好的"神话戏和鬼戏均成为批判对象,样板戏的"前奏"现代革命京剧出场,其首要任务是"反映新中国成立十五年来的现实生活"以及"在戏曲舞台上塑造出当代的革命英雄形象"。1966年11月28日,在万人参加的"首都文艺界无产阶级文化革命大会上",康生宣布,京剧《智取威虎山》《红灯记》《海港》《沙家浜》《奇袭白虎团》,芭蕾舞剧《白毛女》《红色娘子军》,交响乐《沙家浜》8部文艺作品为"革命样板戏"。[46] 1967年5~6月,8大"样板戏"在北京汇演,《人民日报》于1967年5月31日发表社论《革命文艺的优秀样板》,正式在权威报刊上确定8个"革命样板戏",样板戏遂成为全国通行概念。[47] 1970~1975年,《智取威虎山》《红灯记》《红色娘子军》等先后被拍成戏曲电影。那么,样板戏究竟是如何完成"花雅之争"的?这种"花雅之争"与历史上的"花雅之争"又有何不同?

笔者认为,"样板戏"的"花雅之争"与历史上"花雅之争"最大的不同在于西方艺术元素与中国传统戏曲元素的混合,而这种混合恰恰又是成功的,成功解决了自五四新文化运动以来戏剧改良论者、旧剧革命论者以及传统戏固守论者提出的中西混编难题,促使京剧现代化转型。总体而言,"样板戏"的"花雅之争"首先表现在文艺与政治之关系上。样板戏的叙述结构主要有拯救型、成长型和殉道型三种,[48]"三突出"原则("在所有人物中突出正面人物;在正面人物中突出英雄人物;在英雄人物中突出主要英雄人物")充分体现了马克思主义英雄史观,贯彻于3种叙事结构的样板戏之中。在"三突出"原则指导下,样板戏通过人物塑造来传达政治意识形态内容,而且在剧本、人物、音乐唱腔等方面突

---

〔46〕"样板戏"并非仅限于京剧,实际上涵括的文艺品类较宽泛,包括了京剧、舞剧、交响乐及其他音乐形式。例如,京剧有《智取威虎山》《红灯记》《沙家浜》《杜鹃山》等;舞剧有《红色娘子军》《草原儿女》《杜鹃山》《白毛女》等;交响乐及其他音乐形式有《沙家浜》(交响乐)、《白毛女》(交响组曲)、《红灯记》(钢琴伴奏)等。当然,其中又以京剧为主,个中原因或许在于京剧是民族土壤生长出来的艺术形式,而舞剧、交响乐等都是西方舶来品。

〔47〕参见李松编著:《"样板戏":编年与史实》,中央编译出版社2012年版,第269页。

〔48〕拯救型是基本类型,如《智取威虎山》《奇袭白虎团》《平原作战》《沙家浜》;成长型主要包括《杜鹃山》《红色娘子军》;殉道型则是《红灯记》。参见颜敏:《"文革"的历史叙述——论"样板戏"的文学剧本》,载《荆州师范学院学报》2002年第4期。

出贯彻革命伦理的英雄人物。例如，《红灯记》的最初模型为《革命自有后来人》(1963年由导演于彦夫拍成电影《自有后来人》)，由沈默君在20世纪50年代撰写。沈默君借鉴传统戏曲《赵氏孤儿》改编出“祖孙三代本不是一家人”特殊家庭与日寇斗争的故事。在电影《自有后来人》中李玉和并非第一号人物，而且李玉和的形象也是胡子拉碴、不修边幅、喜欢喝酒。但在京剧《红灯记》中由钱浩梁饰演的李玉和成为男一号，形象高大英武，代表革命英雄人物的英勇果敢。《红灯记》“粥棚脱险”因“没戏”而被建议取消，但最后考虑为了体现革命者与群众之间的关系而予以保留。《沙家浜》原为文牧执笔改编的沪剧《芦荡火种》(初名《碧水红旗》)，第一号人物本为阿庆嫂(赵燕侠饰演)，1963年毛泽东同志观看后指示“要突出武装斗争”，于是郭建飞成为第一号英雄人物(第二号人物阿庆嫂改由洪雪飞饰演)；京剧《智斗》一幕也将胡传魁、刁德一和阿庆嫂三人的“背供”提前，以突显革命者斗争的策略性，淡化阿庆嫂身上的江湖味和临场随机应变的“机智性”。[49]《海港》改编时摒弃“中间人物论”，将人民内部矛盾转化为“敌我矛盾”，突出两个对立阶级之间的矛盾。又如，传统京剧“角儿”的中心地位不可动摇，而样板戏改变了这种“演员中心制”，演出中“所有演员必须根据精心设计的形象、唱腔、程式动作严格执行，不得越轨”。[50] 再如，样板戏中大多有“痛诉家史”部分，是以明确革命者的阶级立场和唤醒台下无产阶级观众的阶级情感。在“全能主义”(totalism)之下，政治权力可以侵入社会的各个领域和个人生活的诸多方面，在原则上它不受法律、思想、道德(包括宗教)的限制。文艺的技术运用也是服务于主题需要，被赋予了塑造社会主义“新人”的功能。作为新“花部”的革命现代京剧战胜了被革命者们认定的“雅部”，如传统“清官戏”、神话戏、鬼戏和新编历史剧等，具有“革命化、民族化、群众化”特征的大众文艺进入了中国民众的精神世界。

中西混编的音乐形式是样板戏“花雅之争”在音乐运用方面的体现。传统京剧乐器主要是“三大件”，其中文场“三大件”为京胡、月琴、弦子，武场“三大件”为单皮鼓、大锣、小锣。京剧伴奏乐器的音色个性鲜明且特殊，而且是具有严格程式化的板腔体音乐。西洋管弦乐因与京剧乐器音色及板腔体音乐形制

---

〔49〕 参见张炼红：《历炼精魂：新中国戏曲改造考论》(增订版)，上海书店出版社2019年版，第354～355页。

〔50〕 师永刚、张凡编著：《样板戏史记》，作家出版社2009年版，第85页。

不合,因而很难运用到京剧表演之中。20 世纪 30 年代陈田鹤“国乐西化”改革时就已开始尝试在歌剧中运用中西混编的音乐形式,后来 20 世纪 40 年代阿龙 · 阿甫夏洛穆夫和沈知白也尝试将民族乐器与西洋乐器相结合运用于新歌剧,新中国成立之初也有将西洋乐器运用于传统京剧的尝试,但由于中西律制的差异结果都不太理想。真正将西洋乐器与京剧乐器完美结合、实现京剧交响化的是沈知白的弟子于会泳,其也是样板戏中西音乐混编的主导者。于会泳在《智取威虎山》中就开始尝试中西混编,到第二批样板戏《杜鹃山》时技法臻于娴熟。《智取威虎山》在和声配器上主要采用和声减音法、支声复调法、和声与复调两种织体的综合处理法、大小调和声与调式和声结合解决法等方法来解决中西混编中的和声配器冲突问题,在乐队配合上又以西洋管弦乐与京剧“三大件”和打击乐相配合进行“转调”演奏,以融入“特性音调”(特性音调专属于“英雄人物”)。如《智取威虎山》第五场“打虎上山”(“迎来春色换人间”唱段)的前奏,先是运用京剧打击乐和快节奏弦乐,引出小号、长笛、单簧管、小提琴、中提琴领奏主旋律,继之以圆润悠扬的圆号独奏,随后长号、大提琴、低音提琴依次跟进,衬托出英雄杨子荣的革命大无畏精神。〔51〕 又如,在“胸有朝阳”唱段中,将“胸有朝阳”中的“阳”与“东方红,太阳升”中的“阳”进行“就字”“转调”,即在“胸有朝阳”的“阳”唱完后转到“太阳升”的“阳”的曲调上,后一个“阳”放在二黄调式上,成功地在京剧中引入西洋乐器演奏的《东方红》旋律。在《杜鹃山》第二场“春催杜鹃”中,柯湘出场前先是闷帘“西皮娃娃调导板”唱完“无产者等闲看惊涛骇浪”,唱完后祠堂大门(幕布)拉开,门开后先是“急急风”锣鼓打击乐为柯湘出场作铺垫,随后在“四击头”打击乐中柯湘亮相,接着“击钹”定住。在回龙腔唱完“胸臆间浩气昂扬”后,西洋乐器奏起国际歌旋律,京剧乐器“钹”则合着国际歌的节拍击打,这种中西乐器的混合运用充分展现了柯湘的英雄形象。此外,为了配合传统京剧乐器的音响,西洋乐器采取“43211”编制,〔52〕

〔51〕 参见秦萌:《革命交响音乐〈智取威虎山〉音乐分析》,载《南京艺术学院学报(音乐与表演版)》2008 年第 1 期。

〔52〕 即第一小提琴 4 把,第二小提琴 3 把,中提琴 2 把,大提琴和低音提琴各 1 把。同时,为了减弱京剧锣鼓的噪响并要使鼓师能看见指挥的准则,采用有机玻璃罩进行拦隔,并采用铜银交融的新工艺锻制新锣。参见戴嘉枋:《样板戏的风风雨雨:江青 · 样板戏及内幕》,知识出版社 1995 年版,第 342 ~ 343 页。

乐队也从舞台乐池中移到舞台一侧，防止“音墙”的出现。传统京剧乐器在表达革命浪漫主义时过于单薄，而西洋乐器则更富有渲染度和表现力。因此，作为“花部”的西洋乐器进入京剧现代戏的演奏中，形成更具有综合性的中西音乐混编形式。

唱腔和念白的重新设计是样板戏“花雅之争”的又一体现。传统京剧声腔种类繁多，虽以西皮、二黄为主，但也涵括四平调、南梆子、高拨子、吹腔、反二黄、反西皮和民间杂曲小调等。即便是西皮、二黄，其中又有多种板式分支，如西皮板式包括原板、慢板、快三眼、导板、回龙、散板、摇板、滚板、二六、流水、快板等。晚近京剧大师在唱腔上不断创新，对传统唱腔的旋法唱法进行了探索和发展，形成了诸如谭派、梅派、马派等不同流派。尽管唱腔多变且又新有发展，但总体上并未摆脱传统京剧“一曲多用”的桎梏，也就是说板腔大体上是固定的，仅有一些微小的差别。这种较固定的唱腔模式在表现革命英雄人物极其复杂内心情境时就不免处处掣肘。为了解决这一问题，样板戏不仅在传统唱腔的唱法旋法上进一步发展（如《杜鹃山》中拖腔旋法按照“1 + 1 + 2 + 1”模式起承转合），而且还将传统声腔进行转调改革（如《智取威虎山》中“管教山河换新装”唱段中采用“向下四度暂转调”方式转入“反西皮”音调）。样板戏在板式上也创新出“宽板”“排板”“一板两眼”等板式，创造了旧声腔中没有用过的板式，如“二黄二六”“二黄流水”“二黄快板”“西皮回龙”等。更重要的是，样板戏为英雄人物创造出“成套唱腔”，以塑造无产阶级英雄典型的音乐形象，深入细致地揭示英雄人物精神世界的各个不同侧面和英雄行为的内在动力。[53] 在《海港》第六场“壮志凌云”方海珍的“忠于人民忠于党”核心唱段中，采用的即为“反二黄”成套唱腔，其中“反二黄慢板”是对革命历史的追忆，“原板”是对斗争历史的叙述，“垛板”“摇板”“吟板”是表达对烈士的奉献，接下来“摇板”“垛板”的交替是对韩小强（社会主义接班人）的教育，结尾处的“快垛板”“散板”则是表达为革命立足海港、忠于人民忠于党的决心。[54] 通过成套唱腔可以丰富地表现方海珍复杂的内心世界。

除唱腔方面的设计外，样板戏在念白方面也进行了创新。传统京剧在念白

---

〔53〕 参见肖从曙：《革命现代京剧学唱常识介绍》，上海人民出版社 1975 年版，第 84 ~ 85 页。

〔54〕 参见李辉编：《八大样板戏》，光明日报出版社 1995 年版，第 274 ~ 275 页。

方面采用的是“韵白(中州韵)”和“京白”。京剧唱词一般为十三辙用韵,而且每句都要押韵,换韵的情况较少;京剧念白则不押韵或少部分押韵。京剧念白会根据剧中人物身份地位有所不同,如身份卑微的人用京白,而有身份的大人物大多用韵白。行当在念白使用上亦有不同,如旦角、丑角多用京白,而老生用韵白等。传统京剧的念白存在一定的弊端,如以“中州韵”为基础的韵白群众并不一定能听懂,而且京白和韵白使用时存在一定的身份等级区隔。为了解决这些问题,样板戏统一采用了以普通话为主的“念白”。一旦改为以普通话为基础的念白,京剧很容易出现“话剧加唱”的情况,京剧味道也就不是很足了。为了避免这一问题,样板戏将剧中全部念白都设计成了押韵的“韵白”,这在很大程度上可以使京剧韵味更足。更重要的是,新的韵白可以更有节奏、更通俗易懂地为广大群众所接受,也能更丰富地表达英雄人物的思想情感(如多用开口音韵可表现英雄气概)。《杜鹃山》中柯湘“怒斥温其久”一段是样板戏经典“韵白”。[55] 这段运用韵白体制的念白十分规范,以白话押韵(尾字全押“an”韵),用字讲究,情感强烈且具有爆发力,朗朗上口且通俗易懂,就是文化水平低的民众也能听懂。此外,还有一些韵白用的是对称句,如杜妈妈“砍不尽的南山竹,烧不死的芭蕉根”,柯湘出场时的“哪里有压迫,哪里就有斗争。甘洒一腔血,唤起千万人”等。韵白体制在结构上大体采用了上下句、长短句、对称句、排比句以及呼应、迂回、递进等方法,配之以程式化的舞台动作,可以充分表达英雄人物的深厚情感和革命大无畏精神。相较传统京剧唱腔和念白方面的“雅”,样板戏在唱腔和念白上进行了技术创新,形成了更为人民群众所接受的“花”,这也使样板戏得以在全国范围内进行推广和复制。

此外,样板戏在服装道具及舞台布景方面也存在“花雅之争”。样板戏服装均为现代服装,而且服装符合人物的身份(军装、工人、农民等身份化服装),一改传统京剧服装的抽象和华丽(雅部)。在舞台布景方面,样板戏也多采用写实

---

〔55〕《杜鹃山》第八场“雾岭初晴”中柯湘“怒斥温其久”韵白运用举例如下:“同志们!温其久和敌人暗中勾结,他们早就来往频繁。毒舌胆张罗布网,引咱下山,他里应外合,推波助澜。如今又想乘我危急,把部队骗进刘二豹的包围圈。胁迫战士为土匪,坐地分赃当本钱。温其久!你,置革命于死地,推全军下深渊,卖灵魂以投敌,踏鲜血以求官,这就是你给刘二豹的亲笔信,一字一句,罪证斑斑!”参见李辉编:《八大样板戏》,光明日报出版社1995年版,第582~583页。

主义布景方式，不再是传统京剧高度抽象的“一桌二椅”（雅部），后者在舞台表现上需要通过程式惯例进行补充。

样板戏不是破旧的“礼乐革命”，而且是致力立新的“革命礼乐”。[56] 样板戏还保留有京剧的传统吗？面对这种质疑，我们需要审视京剧的传统是什么以及这种传统是如何形成的。在“花雅之争”视角下，传统京剧中的“唱念做打”原本来自草根的地方戏“花部”，但在博采众长之后逐渐战胜“雅部”昆曲，京剧重要乐器京胡也是从中亚传入，并非本土乐器。晚近随着西洋戏剧及音乐的传入，尤其是面对革命文艺表达要求时，京剧固定程式惯例和严格板式在表达革命主题作品时不免捉襟见肘，此时曾经作为“花部”的京剧转化成为“雅部”，歌剧、话剧、新编历史剧以及西洋交响乐等成为新的“花部”并来挑战传统京剧。在样板戏诞生之前，新生“花部”对传统京剧的挑战并不是十分成功的，直至样板戏在革命文艺决断下在剧本、中西混编音乐、唱腔念白、服装道具和舞台布景等方面进行了大刀阔斧的改革创新，此时“花部”才真正做到了“立新”，进而又形成了新的传统和经典，样板戏代表了京剧发展历史上第三个高峰。[57] 因此，从“大历史观”视野下的“花雅之争”来看，“花雅之争”是不断流变的，传统也并非一成不变的（传统本身是个过程），“实际上早在‘传统’之成为传统（就是说成为过去）的那一天起，这种‘层累地造成的传统观’就开始在人们心目中不断地重塑了”。[58] 样板戏自诞生之日起就这样成了新的传统。如今面临影视、话剧等大众文化的挑战，第三次“花雅之争”方兴未艾。但无论如何京剧现代化的方向不应是“自我崇高化”，[59] 而应该走雅俗共赏的“群众路线”。

---

〔56〕 参见张晴滟：《样板戏：文化革命及其最新形式》，台北，人间出版社 2021 年版，第 43 页。

〔57〕 参见郭宝昌、陶庆梅：《了不起的游戏：京剧究竟好在哪儿》，生活 · 读书 · 新知三联书店 2021 年版，第 205 ~ 206 页。

〔58〕 秦晖：《文化决定论的贫困——超越文化形态史观》，载赵汀阳等：《学问中国》，江西教育出版社 1998 年版，第 308 页。

〔59〕 活字文化：《“扼住传统活力的不是形式，而是崇高性”：孙歌、汪晖、干春松、周飞舟等对谈》，载微信公众号“文化纵横”2021 年 12 月 9 日，https://mp.weixin.qq.com/s/FKYJZ1kLYOmPp8oMf1XdiQ。

五、走出“林毓生悖论”:重构戏剧与法的主体性

我们应该如何对待传统?既然传统是层累地不断塑造的产物,那么传统本身就应该是一个开放而非封闭的体系,代表传统构成的本真性元素应该在多元文化中走向交互与融合。林毓生在分析五四新文化运动主将陈独秀、胡适和鲁迅等人的思想后,发现其在“以思想文化作为解决问题的途径”这一主张的影响下,形成了整体观、一元论的思想模式,在全盘性反传统过程中形成了一种非此即彼的二元对立逻辑。这种整体观、一元论思想模式无法摆脱传统的影响。“林毓生悖论”所揭示的问题与其说是“借思想文化以解决问题途径”的固有局限,毋宁说是在既有传统支配下如何促进传统转化的问题。

到了 20 世纪 80 年代初期,林毓生针对五四全盘性反传统主义引发的悖论提出了一个解决方案,即“传统的创造性转化”,主张迈出“五四”以光大“五四”。作为殷海光的弟子,〔60〕林毓生从自由主义进路进行论证,认为“自由、理性、法治和民主不能经由打倒传统而获得,只能在传统经由创造性转化而逐渐建立起一个新的、有生机的传统的时候才能逐渐获得”。〔61〕 换言之,在自由主义者看来,维持社会与文化的稳定而又同时促进社会与文化进步的最重要的条件之一,是一个丰富而有生机的传统。林毓生后来的观点深受史华兹“中国中心观”的影响,但是林氏最终未能摆脱西方中心主义之立场。原因何在?传统当然需要创造转化,但是转化路径和方式应该是以中国文化为主体的文化置换,转化的目的是更好地激发传统的活力。

文化人类学学者对此问题的解决方案是文化多元论(multiculturalism)。在文化多元论者看来,在同一个社会或多民族国家内,各民族有自己特有的文化传统,“本我”在对待“他者”“异文化”时应该抛弃偏执、偏见或种族主义,彼此

---

〔60〕 林毓生继承了其师殷海光反对全盘西化的观点,认为不可能把中国文化完全洗去后涂上西方文化。参见殷海光:《中国文化的展望》(下),台北,台湾大学出版中心 2009 年版,第 389 ~ 392 页。

〔61〕 林毓生:《中国传统的创造性转化》(增订本),生活 · 读书 · 新知三联书店 2011 年版,第 5 页。

相互尊重和容忍,不同民族之间的文化并无优劣之分,都是平等共存的文化体系。[62] 然而,作为对现代性文化趋同走势的抵制理论,文化多元论于20世纪之初兴起于美国,后为欧美学者加以阐述和发展,用于解决移民和族群认同问题,晚近却被亚非拉国家奉为圭臬,后者据此对本民族文化地位进行辩护,寻求民族文化认同的整体动向,描绘文化自信的理想图景。文化多元论的弊端在于,它将文化与民族性相关联,认为一个民族的文化观念和价值意识是与生俱来的,民族差异必然会出现文化差异,这种论断最后会走向种族主义;文化多元主义还将诸多社会问题简单化约为文化问题,简单地将文化差异视为导致政治、社会等差异的根本原因;文化多元主义否定文化的优劣高低之分,甚至将不符合人类文明共识的陈规陋习作为本民族文化的象征;文化多元主义固守本民族文化传统,拒绝改变文化传统中的本真性元素。倘若如此,那么文化多元论是否承认文化之间的共同标准?各民族文化之间是否存在交互融合的可能?

萨义德在《东方主义》中提出一种基于"后殖民主义"(post-colonialism)的"东方主义"观点。[63] 萨义德的巴勒斯坦移民身份使他在书中限定的"东方"范围主要是指中东、阿拉伯及伊斯兰教世界,并不包括中国在内,但是"东方主义"同样遵从文化多元论立场反对西方文化霸权对东方文化的宰制,因此一度得到诸多非西方文化学者的青睐,甚至波及西语世界的法律文化学者。[64] 但在晚年《文化与帝国主义》中,萨义德提醒反西方文化霸权者"不能从现实中抛弃'花园中的其他回响'",[65]就此否定西方文化中已经成为"人类共同文化遗产"的部分,应在文化认同的基础上进行折中取舍。萨义德晚年的理论转向颇具超越左与右的意识,得到了一些新文化保守主义者的认同。如余英时就认为,应充分肯定中国文化传统存在的价值(中国文化在17~18世纪欧洲启蒙运动中

[62] 参见[美]威廉·A.哈维兰:《文化人类学》,瞿铁鹏、张钰译,上海社会科学院出版社2006年版,第506页。

[63] 参见[美]爱德华·萨依德:《东方主义》,王志弘等译,台北,立绪文化事业有限公司1999年版,第41~161页。

[64] 参见[美]络德睦:《法律东方主义:中国、美国与现代法》,魏磊杰译,中国政法大学出版社2016年版。

[65] [美]爱德华·W.萨义德:《文化与帝国主义》(第2版),李琨译,生活·读书·新知三联书店2016年版,第478页。

得到了启蒙思想家的高度赞扬),中国传统文化也并不是不如西方文化,当务之急是挖掘中国传统文化的价值,在扬弃中特别是在借鉴"人类文化共同遗产"中继承发展中国文化。[66]

京剧是中国传统文化滋养下的戏剧艺术形式,带有鲜明的中国文化特色。京剧如何发展传统进而构建自己的主体性?首先,京剧剧本内容应该符合世界文化共识,即在价值判断上应该甄别发展出符合现代文明价值的剧目,并赋予其时代审美特色。在艺术表现形式上,现代京剧应充分吸收"人类文化共同遗产",如交响乐、西方舞蹈可以融入京剧表演中,近几年京剧裘派传承人裘盛戎的《悟空》就是将现代艺术与传统京剧相融合的作品。在声腔和板式上也可以进行大胆的创新和突破,念白上可以尝试设计韵白。西方艺术元素进入中国京剧需要进行转化,这是一个"化"用的过程。佛教传入中国后,有一个佛教融入汉语的过程,发展出佛教格义学,[67]目的在于让"佛经说汉语",只有做到了"佛经说汉语"才能真正实现外来佛教扎根于中国。京剧与西方艺术的融合亦应如此。斯坦尼斯拉夫斯基体系和布莱希特体系有自己的问题背景和产生条件。因此,不能简单地套用于京剧表演体系中,首先应让这两种理论体系进行话语转化,让"这两种体系说汉语",丰富补充京剧固有的理论体系。此外,西方艺术技法也不能生硬地套用于京剧表演中,应该通过技法创新使其有机地融入其中,一如样板戏中西音乐混编时"转调"手法的运用。京剧主体性的构建需要破旧立新革命的勇气,按照郭宝昌先生的说法,"创新的前提就是京剧不一定姓'京',必须有这个勇气和担当才能使京戏脱胎换骨以后还姓'京'"。[68]

京剧在现代化转型中出现的所有问题,传统法同样都面临。例如,京剧存在"粹""渣"之争,传统法也存在"精华""糟粕"之辩;西方表演体系遭遇播化之困,清末以降"西法东渐"同样面临法律的本土化困难;以中西混编为特征的样板戏代表了京剧现代化的方向。无论是京剧、传统法抑或是其他传统文化元素,在现代化改造时都有可能陷入"林毓生悖论",传统再造需要走出"林毓生悖论"。事实上,自晚清开启"西法东渐"进程后,西方法律文化和制度传入中国

[66] 参见余英时:《历史人物与文化危机》,台北,三民书局 2004 年版,"自序"第 12 页。

[67] 参见唐嘉:《佛教"格义"研究》,宗教文化出版社 2021 年版,第 403 ~ 422 页。

[68] 郭宝昌、陶庆梅:《了不起的游戏:京剧究竟好在哪儿》,生活·读书·新知三联书店 2021 年版,第 221 页。

（苏俄法也属于广义上的“西法”），中国法治建设一直面临法制现代化的困难，始终并行不悖地运行着西方与本国传统两套话语体系。这两套话语体系之间的紧张对立既体现在清末法制变革时期礼教派与法理派之间的争论之中，又体现在国民党六法全书的制定之中，同时也体现在新中国成立初期关于新旧法断裂延续的选择之中。由此形成了“本土资源论”〔69〕和“文化解释论”，〔70〕试图从中西二元视角观察西方法与传统法的冲突问题，防止出现文化认同危机。然而，这两种理论忽略了中国历史传统的多样性（虽然它常被“一统”的外观所荫蔽），〔71〕殊不知“山杠爷”式的“本土文化资源”在与西方法治冲突时，首先与中国“实际”传统（不是纸面上的“传统”）中更具实质性的法家传统冲突〔72〕。因此只有先甄别清理自身传统的基本构成和结构要素后，才能谈及中国传统与西方文化之间的融合问题，否则很容易陷入盲目的文化保守主义和文化相对主义。当前中国法的主体性应如现代京剧革命一样，首先应从自身法文化传统出发（借用胡适的说法为“整理国故”），但更重要的是，要寻求固有法与西法之间的共识，借鉴“人类法律文明的共同遗产”。

数字时代技术与资本正以前所未有的力量改变着我们的一切，“一切坚固的东西都烟消云散了”。〔73〕面对前所未有之大变局，无论是京剧艺术还是法律文化抑或其他传统要素（如语言、国学、中医、传武、古建以及家庭等），实际上都需要在立足传统的基础上开放性地借鉴世界文明的共同遗产，中国文化的未来取决于我们如何改进传统进而构建中国文化主体性。寻求与奠定“中国文化现代形态”目标的实现既要有对全球化的汲取和适应，又要有对历史传统的激活和承继。在此过程中，京剧需要走向全球文化市场竞争，而法律需要参与全球

〔69〕参见苏力：《法治及其本土资源》（第3版），北京大学出版社2015年版，第3～24页。

〔70〕参见梁治平编：《法律的文化解释》，三联书店1994年版，第1～64页。

〔71〕参见朱维铮：《音调未定的传统》（增订本），中信出版集团股份有限公司2018年版，第12页。

〔72〕参见秦晖：《农民中国：历史反思与现实选择》，河南人民出版社2003年版，第35页。

〔73〕参见［美］马歇尔·伯曼：《一切坚固的东西都烟消云散了：现代性体验》，徐大健、张辑译，商务印书馆2013年版，第114～115页。

化视野下的制度竞争。

Reconstructing Tradition：Reflecting on the Subjectivity of Drama and Law

Chen Hanfei

Abstract：Starting from the works of Guo Baochang and Tao Qingmei，it discusses the modernization of Peking Opera and the difficulties it faces，and then considers the issues of traditional reconstruction and cultural subjectivity. Discuss the debate between the good and the bad of Peking Opera from the perspective of the conflict between the symbolic representation of drama aesthetics，and points out that the "signified" representing the convergent value of civilizations can be expressed through the "signifier" of purely aesthetic symbols. From the perspective of the performance system，the western performance system has recently encountered the dilemma of broadcasting，and neither the Stanislavsky system nor the Brecht system can accurately summarize the performance system of Peking Opera. Model opera means that the formation of Peking Opera tradition is a process that is constantly shaped by layers. The Lin Yusheng Paradox ignores the subjectivity of Chinese culture，and the reconstruction of the subjectivity of Peking Opera should be based on the reconstruction of tradition. From "drama" to "law"，the modernization of the legal system is the same as the modernization of Peking Opera. Reconstructing the subjectivity of Chinese law should be like the modern Peking Opera revolution. At present，based on the inherent legal tradition，we should openly absorb the common heritage of the world's rule of law civilization，transform it creatively and implant it into the domestic legal tradition.

Key words：Guo Baochang；Tradition；Cultural Subjectivity；Drama；Peking Opera；Law

举报治网的理论反思与制度改进*

邱遥堃**

内容摘要：

网络举报能在一定程度上化解政府与平台治理互联网的信息与资源困难，并保护用户的个人信息与言论自由权利。但由于用户的信息、知识与意志局限性，其辅助治理作用发挥不足，而用户赋权过重又导致这一制度可能被滥用为个别用户打压异见、网络群体相互攻击的工具。前述功能与实效的差距，体现出法律对社会规范的替代使二者的合理分工格局被打破，并且因为治理手段的融合而难以通过替代性纠纷解决方式来克服。然而，用户参与互联网治理的原则应坚持，一方面利用技术辅助用户从而增强制度功效，另一方面通过法律惩治滥用从而减轻制度问题。

关键词：

举报　互联网治理　平台治理　用户权力　社会规范

一、引　　言

网络举报已成为政府与平台治理互联网以及用户使用互联网之不可缺少的组成部分，功效显著的同时，也引起了广泛争议：网络举报究竟是守法公民积极行使权利与义务，帮助维护清朗网络空间的正当甚至可嘉的行为，[1]还是告

---

* 本文为2023年国家社会科学基金青年项目“功能主义视角下网络平台算法的法律规制研究”（项目编号：23CFX031）的阶段性成果。

** 上海交通大学凯原法学院、中国法与社会研究院副教授。

[1] See David Freeman Engstrom, *Whither Whistleblowing? Bounty Regimes, Regulatory Context, and the Challenge of Optimal Design*, 15(2) Theoretical Inquiries in Law 605 (2014); William M. Landes, Richard A. Posner, *The Private Enforcement of Law*, 4 Journal of Legal Studies 42 – 44 (1975).

密者与造谣者滥用权利,公器私用,破坏人际关系与社会稳定的错误甚至有害的行为?[2]

回答该问题,或许有必要回到制度建设的原点,考察为什么互联网治理需要举报制度,其正面功效与负面问题孰重孰轻,背后的原因何在?以此为据才能得出该制度应当被废弃还是有可能通过制度修补而扬长避短的结论。因此,举报治网的理论反思与制度改进,便构成本文意欲研究的主要问题。

当前,对举报制度的研究有所不足,对网络举报、举报在互联网治理中制度功能的研究更少。现有研究廓清了一般性举报所具有的提供信息与威慑违法的作用,[3]研究了在各个线下领域实施的具体举报制度,[4]并提出了完善该制度的诸多建议。[5] 但前述研究的论点与逻辑需要在互联网领域进一步展开,并结合互联网运行实际做出有针对性的补充。现有的网络举报研究常常与网络反腐相关,是通过互联网来举报线下腐败,而非在互联网上举报互联网治理问题,更未进一步分析其成本收益背后的深层原因。[6] 因此,笔者希望在分析网络举报制度功能与问题的基础上,深入讨论其背后蕴含的法律与社会规范之关系的变化,进而提出有效的制度改进建议。为此,首先对网络举报制度进行简要介绍。

---

[2] 参见吴一兴:《肖战事件:没有胜利者的战争》,载《检察日报》2020年3月11日,第6版;李愚:《追星是为追求美好,而非囿于"饭圈"越活越逼仄》,载《解放日报》2020年3月12日,第10版。

[3] 参见吴元元:《公共执法中的私人力量——悬赏举报制度的法律经济学重述》,载《法学》2013年第9期。

[4] 例如,马一:《金融举报者激励和反报复保护法律制度研究——以美国萨班斯法和多德-弗兰克法为核心》,载《比较法研究》2017年第2期;赵延东、张琦:《谁会成为学术不端的"吹哨人"?——举报影响因素分析》,载《科学学研究》2021年第9期。

[5] 例如,王贵松:《论公益性内部举报的制度设计》,载《法商研究》2014年第4期;赖彩明、赖德亮:《加强公民举报权的制度保障》,载《法学》2006年第7期。

[6] 例如,张锐昕、王玉荣:《网络举报:反腐效用、影响因素及突破路径》,载《理论探讨》2017年第6期;国家检察官学院科研基金资助项目课题组:《全媒体时代反腐举报机制建设研究》,载《法学杂志》2014年第12期。

二、举报治网的制度简介

(一)作为制度渊源的线下举报

举报制度由来已久，在互联网诞生之前早已存在，在互联网治理以外的领域被广泛使用。其法律依据的最高位者在《宪法》第41条第1款后段：“中华人民共和国公民……对于任何国家机关和国家工作人员的违法失职行为，有向有关国家机关提出申诉、控告或者检举的权利，但是不得捏造或者歪曲事实进行诬告陷害。”这一条文使用“检举”的表述，将其作为公民行使监督权的一种方式，针对国家机关和国家工作人员这类特定主体的违法失职行为，体现出《宪法》作为限制国家权力、保护个人权利的根本大法的性质。

“举报”这一特定表述在我国法律中首次出现于1996年的《刑事诉讼法》，它将1979年《刑事诉讼法》的“检举”一词全部替换为“举报”，并沿用至今。当前《刑事诉讼法》第110条第1款规定：“任何单位和个人发现有犯罪事实或者犯罪嫌疑人，有权利也有义务向公安机关、人民检察院或者人民法院报案或者举报。”相应地，对于已经违法但尚未构成犯罪的行为与行为人，《治安管理处罚法》也将举报作为调查发现相关事实的一种方式(虽然没有以举报人权利义务的形式进行规定)。[7] 由此可见，所有的违法犯罪行为人民群众都有权利(甚至有义务)进行举报，在大部分法律法规中都有与举报相关的规定。[8]

(二)网络举报制度的建立与体系化

互联网不是法外之地，人民群众自然亦有权举报网络违法犯罪，然而与互联网相关的法律法规却并非起初即规定了举报制度。诚然，上述许多并非直接针对网络问题的法律法规亦可适用于互联网治理，因而网民事实上可以向公安机关举报网络违法犯罪。但当初并不存在专门机构受理网络违法犯罪相关举报，亦无互联网平台的举报入口与制度。以现状反观之，并特别考虑治理能力

---

[7] 《治安管理处罚法》第77条规定：“公安机关对报案、控告、举报或者违反治安管理行为人主动投案，以及其他行政主管部门、司法机关移送的违反治安管理案件，应当及时受理，并进行登记。”

[8] 例如，《反不正当竞争法》第16条、《行政许可法》第65条、《城乡规划法》第9条第2款等。

方面的不足,不免让人怀疑公安机关能否受理海量的互联网相关举报,更让人怀疑网民能否在原来并不那么便捷的制度环境下、对海量的互联网内容进行举报。

这一状况直到 2004 年才得以改变:中国互联网违法和不良信息举报中心在 2004 年由中国互联网协会互联网新闻信息服务工作委员会成立,得到国务院新闻办公室支持[后于 2014 年 5 月转由中央网络安全和信息化委员会办公室/国家互联网信息办公室(以下简称中央网信办)管理,成为其直属事业单位]。同年,《搜索引擎服务商抵制违法和不良信息自律规范》第 9 条第一次规定:"搜索引擎服务商应当建立和完善及时处理公众举报的机制。"此后在 2007 年,中国互联网协会受原信息产业部(现工信部)委托设立了"12321"网络不良与垃圾信息举报受理中心,负责协助后者承担关于互联网、移动电话网、固定电话网等各种形式的信息通信网络及电信业务中不良与垃圾信息内容的举报受理、调查分析以及查处工作。而其他的行业自律规范、政府规范性文件亦针对各种互联网平台与内容,要求企业建立举报制度,并凝结于 2017 年的《网络安全法》第 49 条第 1 款,即"网络运营者应当建立网络信息安全投诉、举报制度,公布投诉、举报方式等信息,及时受理并处理有关网络信息安全的投诉和举报"。[9] 因此,互联网用户现在不仅可以向公安机关等线下执法机关举报网络违法犯罪行为,还可以向网上专门举报机构、互联网平台进行举报,渠道更加多元且便捷。

上述不同举报受理机构及其所对应的不同举报方式构成了一个如表 1 所示的等级体系。互联网平台的举报入口离用户最近,用户向平台举报最方便,许多轻微问题可由平台自行处理,但平台在整个举报体系中处于最底层。专门举报机构在平台之上,既接收、汇总、整理平台上报的举报信息,也直接接受互联网用户的举报。然而它既没有处理举报问题的权力(只能向有权机关转发并由后者处理),与用户的距离也不如平台近,处于体系中层,充当一个过渡角色,属于政府传统线下举报制度的线上延伸。顶层则是各执法机关,亦即传统的举报制度,可以处理较严重的违法犯罪问题,并接受平台与专门机构的信息报告

[9] 此后制定的各种大小互联网法律法规皆将举报作为基本治理制度,例如,《电子商务法》(2019 年)第 59 条、《数据安全法》(2021 年)第 12 条、《个人信息保护法》(2021 年)第 65 条等。

与公民的直接举报。尽管各执法机关不断加强其网络平台建设,增设线上举报入口,但它们离个人的距离仍最遥远,除非发生重大问题或下层举报机构失效,否则几乎没有人有动力直接向执法机关进行举报。

表1 举报治网体系

举报类型	受理机构	处理权力	空间位置	用户距离
政府举报	执法机关	有,重大问题	线下/上	远
	专门机构	无,从属政府	线上	中
平台举报	网络平台	有,轻微问题	线上	近

由此观之,网络举报与传统线下举报的主要区别有二。一方面,是与网络用户的距离相对较近:更醒目易得的入口与更清晰简易的流程,更便于用户进行举报,从而使网络举报相比传统线下举报而言获得更大的受案数量与更高的处理效率,有利于更快解决更多问题。根据中央网信办举报中心的统计数据,2022 年中央网信办举报中心指导全国各级网信举报工作部门、主要网站平台受理网民举报色情、赌博、侵权、谣言等违法和不良信息 1.72 亿件,绝对数量十分庞大。[10] 另一方面,是程序分流的效果更显著:轻微问题可以由平台处理,重大问题则需层层上报,更有利于繁简分流,有效分配治理资源,使严重程度有所不同的各类问题都得到应有的治理,不至于像传统线下举报一样,所有问题皆集中于政府,导致治理结果缺乏区分度,而且政府还要额外承担问题筛选与分流责任,使政府治理资源越发紧张。前述 2022 年的 1.72 亿件举报数据中,全国主要网站平台受理举报 1.57 亿件,可见互联网平台在受理与分流举报方面的主力地位。[11]

(三)网络举报制度的类型化与影响

网络举报制度可以按照所涉问题的性质与严重程度进行分类。某些问题违反法律,如欺诈、低俗色情、传播不实信息、抄袭、人身侵权等,被举报用户可能需要承担民事或刑事责任,同时亦有社会规范或平台规则上的不利后果。某

[10] 参见《2022 年全国网络举报受理情况》,载中央网信办(国家互联网信息办公室)违法和不良信息举报中心网,https://www.12377.cn/tzgg/2023/1b9a25ce_web.html。

[11] 参见《2022 年全国网络举报受理情况》,载中央网信办(国家互联网信息办公室)违法和不良信息举报中心网,https://www.12377.cn/tzgg/2023/1b9a25ce_web.html。

些问题仅仅违反社会规范或平台规则,如诱导行为、强制关注行为、骚扰、违规营销等,被举报用户只需要承受平台所施加的禁言、封号,或其他用户采取的孤立、谴责等不利后果。但这一分类或许无法充分说明网络举报制度在不同问题上的实效差别:例如,同为违法问题,举报对欺诈、人身侵权的处理实效高于对低俗色情、传播不实信息的处理实效。[12]

网络举报制度还可以按照所涉问题与举报用户利益的相关程度进行分类,并就此说明在不同问题上的实效差别。某些问题与举报用户的利益高度相关,如欺诈、骚扰、人身侵权等;作为当事人的用户比他人、平台或政府都更清楚个中的具体细节,并由于利益的切身相关性而更有动力进行举报。某些问题与举报用户的利益相关性较低,甚至为某些用户所乐见,如低俗色情、传播不实信息、抄袭等;用户往往缺乏辨别问题的信息、知识或激励,而平台作为数据收集与分析能力强大的中立第三方,更能处理相关问题。因此,网络举报制度对与用户利益高度相关的问题,实效较强,反之则较弱。

三、举报治网的功能与问题

(一)举报治网的功能

1. 提供信息与资源,辅助网络治理

任何举报制度都具有通过提供信息来提高违法犯罪行为的被发现概率,从而增强法律威慑效果的功能,网络举报亦然。[13] 该功能是为应对治理的信息与资源困难,而该困难在互联网治理的语境中尤为突出:互联网的内容数量之大、更新速度之快使自上而下的治理机制捉襟见肘,即使发动网络平台成为政府治理互联网的承包者,其信息与资源相比治理对象而言仍是杯水车薪,于是进一步外包治理责任,发动用户参与治理,将用户生产的逻辑从经济领域延伸

---

〔12〕 See *Facebook Transparency*: *Community Standards Enforcement Report*, Facebook, https://transparency.fb.com/data/community-standards-enforcement/.

〔13〕 See Gary S. Becker, *Crime and Punishment*: *An Economic Approach*, 76(2) The Journal of Political Economy 169 (1968).

至治理领域,即成为顺理成章的必然选择。[14]

然而,治理海量网络内容,不能依靠或不能仅仅依靠前互联网时代形成的线下举报制度,因为与用户及互联网的距离过远,不能及时有效地处理问题,甚至会阻碍用户举报的积极性。即使网络举报制度得以设立,但如果入口难以找到、流程费时费力、可能被人发现甚至受到报复,用户举报积极性同样会倍受打击。所以网络举报制度、特别是互联网平台越发便捷的举报制度,还具有一种心理学上的助推作用,能在边际上让用户更方便、更高效、更无后顾之忧地提供信息,从而对网络违法犯罪产生更大的威慑作用。[15]

2. 平衡权力与权利,稳定网络秩序

在提供信息与资源以辅助网络治理以外,举报制度还具有平衡权力与权利,稳定网络秩序的功能。一方面,举报制度有利于平衡互联网治理与用户隐私、个人信息保护。因为互联网内容治理同样需要用户的个人信息,并且属于公权力之运用,涉及平台与政府两大主体,所以个人信息的安全风险比商业利用场景更高,治理信息的获取与使用将面临更大的制度与舆论约束。[16] 于是举报的制度优势即可显现。举报是互联网用户主动提供信息,免去了治理者获取信息所需要的用户同意或公共利益理由,而用户占有这些信息则是基于其在网络空间中的观察与活动,即使存在违背他人隐私期待的风险,该风险亦非由

---

〔14〕 See Yochai Benkler, *The Wealth of Networks: How Social Production Transforms Markets and Freedom*, New Haven & London: Yale University Press, 2006, p. 59 – 90. 值得一提的是,《中国互联网协会反垃圾邮件规范》和《中国互联网协会互联网公共电子邮件服务规范》(试行)这两份行业自律规范分别于 2003 年与 2004 年制定,其中规定了中国互联网协会与电子邮件服务商设立举报投诉机制的义务,是最早的此类规定,且略早于 web 2.0 时代,但这是因为在用户内容生产广泛开展以前,电子邮件业务就已经积累了大量邮箱用户生产的网络内容,最早提出了监管的信息挑战,需要用户协助监管,与后来的发展逻辑一致。

〔15〕 See Richard H. Thaler & Cass R. Sunstein, *Nudge: Improving Decisions About Health, Wealth, and Happiness*, New Haven & London: Yale University Press, 2008, p. 8 – 13.

〔16〕 2021 年出台的《个人信息保护法》即对政府提出了更高的信息保护要求,详见第 2 章第 3 节"国家机关处理个人信息的特别规定"。

治理者产生。[17] 另一方面,举报还具有扩大用户言论自由、有利于用户发泄情绪、增加上网获得感之用。这同样能够缓和互联网治理给用户带来的权利限制,也避免用户之间的相互冲突向更极端、更不可控、更不利于平台与政府治理甚至导致后者承担责任的方向发展。虽然这种言论自由的扩大本身也带来了用户之间的争斗、网络空间秩序的动荡,但争斗与动荡同样发生于用户之间,而非用户与平台、政府之间,因此不会直接危及后者利益。[18]

(二)举报治网的问题

1. 用户能力有限,治理辅助不足

由于用户在信息、知识与意志方面的局限性,网络举报的上述治理辅助功能存在效用上限,制度供给可能有所不足。

就信息而言,大多数人的网络活动范围有限,并且由于信息茧房、信息极化的存在而使视野更加局限。[19] 因此,相对海量的网络内容,"目光短浅"的用户仅仅了解了其中微不足道的一份。尽管举报制度的初衷是积少成多、聚沙成塔,但举报的信息价值与举报人数呈显著正向相关。如果举报太少,说明问题的重要性乃至真实性不足,处理的优先级必然要靠后,因为处理举报信息的资源同样是有限的。

就知识而言,用户不一定具有足以分辨有害内容的充分知识,这一点对不实内容特别适用。不实内容的题中之义即在于超出了大多数人的知识把握范围,而互联网又为此类内容提供了广泛的受众与超高的传播速度。单个用户的有限知识相比汹涌而来的不实内容实在太过单薄,举报制度在此冲击之下难得实效也就不足为怪了。[20] 微博辟谣数据所显示的平均举报人数少与处理时间长正是有限理性的最佳体现,如果再考虑到无意的不实举报,即错误判断的成

---

〔17〕 See Helen Nissenbaum, *Privacy as Contextual Integrity*, 79 Washington Law Review 119 (2004).

〔18〕 参见蔡润芳:《技术之上的"价值之手":对算法"物质性"的媒介政治经济学追问——以美团外卖平台"超脑"系统为例》,载《新闻界》2021 年第 11 期。

〔19〕 See Cass R. Sunstein, *Republic. com* 2.0, Princeton University Press, 2007, p. 46 - 96.

〔20〕 See Cass R. Sunstein, *On Rumors: How Falsehoods Spread, Why We Believe Them, What Can Be Done*, Princeton University Press, 2009, p. 14 - 22.

本，用户知识的局限性则更显著。[21]

就意志而言，某些违法犯罪内容与行为实际上能够满足许多用户的利益，因此他们不愿举报。此方面之著例，是以盗版与黄色为代表的不良内容：大多数人的漠然甚至纵容态度是此类内容泛滥的根本原因；某些平台甚至鼓励这种不作为，只要内容生产的收益与内容监管的成本能够取得平衡。[22] 还应考虑集体行动的困难：举报所付出的劳动是个人的，带来的收益却被所有人共享，于是经典的搭便车问题随之产生。而这同样不能寄望于大数定律解决，因为上文已述，举报的信息量与举报人数呈显著正向相关，少数用户与自上而下的治理一样并不可靠。

2. 治理权利滥用，网络秩序动荡

在某些情况下，举报制度又完全可能赋权过度、威慑力过强，可能在某些用户私利主导下成为打压异见、相互斗争的工具，破坏权力与权利的平衡，导致网络秩序陷入动荡：这便是不实举报、过度举报与恶意举报。商业上有竞争关系的双方互相举报对方的侵权或其他不法行为，并不少见，有些并非不理性，甚至可能确有依据。但如果并非真实的利益受损，主要是为打击对方而诉诸公共制度，那就与恶意诉讼一样。[23]

更何况，再合法正当的举报也可能与强调团结与忠诚的社会规范相违背，可能为了单个案件的侦破而牺牲了社会整体的稳定与安宁，可能培养出更功利主义、更精于计算的用户，而这从长远角度、从总体来看可能是不利于法治的。中国古代强调亲亲相隐，现代也有保护亲属关系、同侪关系的类似法律规定，都为民众对国家与法律的遵从留下了人性的例外与出口，说明法治只是手段，而

---

〔21〕 参见《2018 年度微博辟谣数据报告》，载“微博辟谣”官方微博 2019 年 1 月 25 日，https://weibo.com/1866405545/HdzYe55VS?filter=hot&root_comment_id=0&type=comment#_rnd1572343788118。

〔22〕 参见胡凌：《重新审视“互联网的非法兴起”》，载胡凌：《探寻网络法的政治经济起源》，上海财经大学出版社 2016 年版。

〔23〕 参见肖建华：《论恶意诉讼及其法律规制》，载《中国人民大学学报》2012 年第 4 期。

非目的。[24] 推而广之,任何人的自由结合都有意义,过分强调举报的义务,可能破坏人与人之间的社会纽带与信任,为一条信息的得利而损失民众自我组织与管理对治理的支持,这即使在成本收益分析的框架下也得不偿失。

诚然,笔者并非意在反对法治而与权利斗争,过分强调社会规范与小群体团结同样有其代价,因为他们可能囿于私利而相互包庇违法犯罪行为,甚至形成某种违法犯罪的共同体。[25] 事实上,只有国家与政府才能在正式制度的约束下致力实现公共利益,非政府主体的治理很有效率但可能只对自身有益,平台治理、用户举报皆是如此。举报所希望唤起的正是个人对更大范围的群体与更具正当性的规则(法律)的忠诚,使公共利益不至被群体私利所蒙蔽。所以,在长期的社会团结与短期的信息获取之间,同样需要取得平衡。

四、举报治网的理论反思

(一)法律与社会规范的分工与合作

反思举报治网的制度功能与实际效果之间的差距,可以从法律与社会规范的关系入手。理论上,法律与社会规范既可能是独自发挥作用的替代、并列或互补关系,也可能是相互影响、相互改变的关系。例如,在埃里克森研究的牧民群体中,法律被弃之不用,社会规范大行其道,体现了社会规范对法律的替代。[26] 而"守法作为借口"的社会实践则体现出法律对不合理、低效率社会规范的替代。[27] 又如,劳伦斯·莱斯格的代码理论将社会规范作为与法律、市

---

〔24〕 参见范忠信:《中西法律传统中的"亲亲相隐"》,载《中国社会科学》1997年第3期。

〔25〕 参见贺雪峰:《论乡村治理内卷化——以河南省K镇调查为例》,载《开放时代》2011年第2期。

〔26〕 参见[美]罗伯特·C.埃里克森:《无需法律的秩序:邻人如何解决纠纷》,苏力译,中国政法大学出版社2003年版,第17~148页。

〔27〕 参见戴昕:《"守法作为借口":通过社会规范的法律干预》,载《法制与社会发展》2017年第6期。

场、架构并列的社会控制体系,主张四者的共存与互补。[28] 再如,旧芝加哥学派认为,法律实施必须考虑已有的社会规范,需要顺应并利用社会规范,否则就会被架空;而新芝加哥学派则认为,法律应当干预社会规范,改变不合理的社会规范,从而调整人们的行为。[29]

二者之所以具有上述复杂的关系,并在现实中呈现各种关系的加总与交织,是因为具有不同的治理优势,负责不同的治理领域;当领域重叠时表现为替代关系,不重叠时则表现为并列或互补关系,而不同类型规范之间的相互影响始终存在。具言之,法律由国家集中执行,惩罚人身、财产,后果较严重,效率相对低下,主要负责重大公共问题,事实清楚、规则明确。社会规范由社会成员分散实施,惩罚声誉为主,后果相对轻微,效率相对较高,负责法律管辖以外的问题,事实与规则都相对不那么清晰。[30] 概言之,有大问题找政府,小问题由社会自行解决。如果大问题没有被政府解决,反而要社会解决,那么能力有限的社会规范会使社会秩序陷入动荡。如果小问题不是由社会解决,反而要政府解决,那么政府即使处理得当也可能浪费治理资源。

举报制度对二者关系的影响,即在于理想状况下的该制度不仅能够提供信息,还能分流问题,促进二者的分工与合作,避免管辖争夺,最大化各自制度优势,网络举报尤其如此。而分流的关键即在于举报的数量。如果一个问题不仅被举报而且被多人举报,就证明它是一个值得治理者处理的重大问题,应当占用公共资源。如果一个问题虽被举报但人数寥寥,就说明其严重性与紧迫性可能有限,甚至可能存在虚构,那么节约治理资源,转交社会自行消化,就是更值得考虑的解决方案。更重要的是,由于许多问题的定性并不清晰,而法律处理要求事实与规则必须相对清晰,因此如果问题的严重性与紧迫性不强,那么避免过早介入自己并不擅长的领域,通过社会规范探索可能的解决之道,明显更妥当。

---

〔28〕 参见[美]劳伦斯·莱斯格:《代码2.0:网络空间中的法律》,李旭、沈伟伟译,清华大学出版社2009年版,第135~152页。

〔29〕 See Lawrence Lessig, *The New Chicago School*, 27(2) The Journal of Legal Studies 661 (1998).

〔30〕 参见[美]埃里克·A.波斯纳:《法律与社会规范》,沈明译,中国政法大学出版社2004年版,第40~43页。

但现实状况是:由于当前的举报成本较低,举报制度并不具备对不实举报、过度举报、恶意举报的有效抑制,举报数量可能虚增,不再能够反映真实情况,因此无问题也可能被举报为有问题,小问题则可能被举报为大问题,无组织的沉默的多数人被有组织的偏执的少数人代表,公共资源被浪费在小问题乃至无问题的治理以及举报制度的滥用中。而根据本文论证的制度逻辑,在政府、平台与用户合力下导致的举报之风盛行,又会进一步鼓励所有问题都通过举报而走向政府法治的解决方案。

因此,单纯从法治的角度审视举报,只能得出举报的治理功效有待加强、对举报的过度利用也是为权利而斗争之代价的结论。反对过度举报、恶意举报的依据在法律以外,在社会规范之中,举报往往把本可以通过社会规范解决的问题强行提交给执法部门,架空乃至破坏了社会规范,既损失了社会规范对社会秩序的支持作用,又迫使法律进入了自身劣势的治理领域,可能反而不利于法治。

(二)不同规范与治理手段的融合

更悖论的是,虽然笔者赞成更多发掘法律以外替代性纠纷解决方式的作用,但上述悖论无法单纯通过加强平台制度建设、鼓励用户自我管理来缓解。因为包括举报在内的网络制度建设将各种社会规范都更全面、深入地与法律相融合,强调非政府主体的自律事实上与强调法治并无本质区别,只是法律在不同层面、以不同形态、不同机制实施,法律与社会规范的分工彻底被取消。

当前的平台规则往往是对法律规定的落实与细化,甚至为避免承担平台责任而要求比法律更严格,不顾对用户隐私、个人信息与言论自由的侵犯,因此与法律法规属于同一治理光谱上的不同阶段,违规者可能需要承担正式法律制度的相应后果。而且平台借助自身数据与算法能力,使平台规则的实施更高效,自动执行、即刻实现、不以被治理者意志为转移,甚至在制定阶段即形成针对具体个人与场景、一事一议、精确治理的“微指令”,免除规范适用成本,可能导致完美执法的充分实现。[31]

---

〔31〕 See Anthony J. Casey & Anthony Niblett, *The Death of Rules and Standards*, 92(4) Indiana Law Journal 1401 (2017); Lisa A. Shay et al., *Confronting Automated Law Enforcement*, in Ryan Calo, A. Michael Froomkin, Ian Kerr eds., Robot Law, Cheltenham, UK・Northampton, MA, USA: Edward Elgar Publishing Ltd., 2016, p. 235 - 273.

用户自下而上形成、用以自我约束的网络规范，由于平台通过数据与算法对用户劳动的调动与利用而变得更有效率，更符合治理者利益，也就更异于并对立于用户自身利益。用户的举报与评分往往成为用户内部相互斗争的工具，最终使治理者渔翁得利；用户自我组织则在用户内部划分阶层，并由于上层被施压或被笼络而进一步与广大中下层用户形成对立与冲突。[32] 因此，由于用户在治理体系中处于弱势地位，网络规范往往演变为执法公私合作的进一步延伸，在治理系统的最末端继续压缩个人权利与自由的空间。

然而在法治发展为更精细的治理、政府能够在有限资源下更高效地治理之前，这一融合只会让法律与公民皆承受其不能承受之重。法律对社会规范的干预与改变，本应以社会规范的不合理、低效率为前提，但当前的规范融合仅仅是政府权力的过度扩张，更何况还应当存在社会规范对法律的反向改变，以及改变后二者的重新分工与合作。但在一切规范转向法律的当下，前述过程及其所代表的对法治的有益支持皆被取消，甚至法律对平台高效的数据与算法之治的学习亦有限。

（三）加强法治建设的不得不为

诚然，上述秩序与自由如何取得平衡的问题，是任何法治建设都必然具有的悖论，不唯独是网络空间。如果因为过度使用举报制度，就要放弃举报，因为互联网法治建设可能减损个人自由，就要放弃法治建设，也是不可取的偏激行为。举报制度对互联网治理具有正面效益，在许多方面还有待加强，这是前文经论证得出的结论。互联网法治建设也具有正面效益，能够有效遏制网络空间中的违法犯罪行为，至少比单纯的放任自流更有利于维护网络空间秩序。学术分析的彻底性是为了能够更加全面而深刻地认识问题，而非助长思想上的虚无主义与行动上的懒政怠政。

更重要的是，即使国家与政府不去占领网络空间，总有人要占领这一空间，那就是互联网平台。因为就算没有法律法规的要求，平台也具有加强内部治理、完善制度建设的动力，否则混乱的平台秩序只会导致用户的流失与平台经

---

〔32〕 参见张亮：《论私人基于公法的干预义务——兼议网络群组管理责任之正当性》，载《网络信息法学研究》2018 年第 1 期；张海燕：《论微信群主的民事责任承担》，载《法学论坛》2020 年第 3 期。

济利益的受损。[33] 在平台治理不断增强的过程中,平台事实上取得了准治理主体的公共地位,平台规则也越来越朝着私法规则公法化的方向发展;通过举报强化平台的信息能力,使用户成为平台治理的劳动者,也是必然产生的发展趋势,无须法律的特别规定。法律的缺席不会导致互联网陷入混乱,也不能避免前述制度异化与自由减损,只会导致网络空间管辖权的转移,而这从政府的角度观之,当然是更不可接受的后果。就公共利益的维护而言,也没有理由相信作为私人主体的平台能够比作为公共主体的政府更愿意维护个人的权利与自由,更不倾向滥用手中的权力,毕竟用户没有民主程序可以反制平台,甚至连“用脚投票”都会受到平台垄断性的束缚。[34]

再退一步讲,如果平台举报制度与政府举报制度一并被废弃、被禁用,会产生什么后果?互联网是否就会因此陷入混乱?考虑到举报制度的制度功能,废除该制度必然会在短期内增加网络空间的治理困难,造成一定程度上的互联网秩序动荡,毕竟重要的信息来源丧失了。但无论政府还是平台都不会放弃互联网治理,不会容忍秩序的不稳定,都会想方设法地补充本应由举报提供的信息,而办法就是扩充管理人员或加强技术监控,回到加强版的自上而下治理信息获取模式。事实上,由于举报制度存在收益上限,政府与平台都已在尝试替代、超越举报。[35] 所以从长期来看,互联网法治建设依旧会得到加强,而且是更大的加强,群体斗争的制度代价不复存在,但用户实践及其支持的社会规范实施则变得更加不重要了——法律还是替代了社会规范。

---

〔33〕 See Alex Moazed & Nicholas L. Johnson, *Modern Monopolies: What It Takes to Dominate the 21st-Century Economy*, New York: St. Martin's Press, 2016.

〔34〕 所谓用户在多个平台上“狡兔三窟”式的归属与存在可以缓和平台垄断性所带来的负面后果的主张并不牢靠,许多平台已经成为所在领域内无法避开的存在,成为事实上的网络基础设施,如微信,用户若想离开微信,就要面临丧失通过微信维系的人际关系的不利后果。而用户数据可携权对此问题也帮助不大,因为用户可以带走的仅仅是自己的数据,而无法带走平台上的其他用户。参见罗晰文、纵凯:《双边市场中用户多归属的内生性研究》,载《产业组织评论》2014 年第 1 期。

〔35〕 例如,脸书正在不断追求自身治理能力的提高,无论是通过更强的技术审核措施,还是通过更多的人工审核团队,希望越来越不依靠并不可靠的用户治理服务生产与用户治理劳动,从而与国内越发强调、发动用户举报的治理实践形成了鲜明对比。

五、举报治网的制度改进

(一)基本原则与框架

首先应当明确的是,举报制度以及更宽泛的用户治理制度必须坚持,既在政策上因为《网络安全法》《网络信息内容空间生态治理规定》等法律法规不能更改与曲解,也在学理上因为笔者所论证的互联网治理的信息与资源补充需求以及平衡互联网治理与用户权利保护的制度功能。因此应当以举报制度、用户治理责任的长期存在为前提,进而讨论制度上的修补方案,在尽可能发挥其正面功效的同时,削减其负面影响。

但在坚持用户治理的基本前提下,如何才能扬长避短,尤其是避免不实举报、恶意举报与过度举报等滥用举报制度的行为虚增举报数量,降低公权力机关收集信息的效率,甚至导致举报制度被污名化?或许从法院对恶意诉讼的治理之中,可以觅得制度改进的大致框架。

恶意诉讼,是指一方或双方当事人恶意欺骗法院,通过诉讼程序打击对手或通过法院裁判中关于事实或权利方面的认定,从而获得对方或第三人财物或其他不正当利益的行为,包括一方提起诉讼诈害对方当事人和双方恶意串通损害第三人利益两种情形。法院对恶意诉讼的治理,分为事前与事后两个维度。在事前维度,法院通过对诉讼成立要件、程序要件进行审查,要求原告履行真实陈述义务,赋予被告妨诉抗辩权等权利,防止恶意诉讼进入法院。在事后维度,法院通过损害赔偿之诉、第三人撤销之诉、诈害防止的独立参加与诈害再审制度等方式,使受恶意诉讼损害的对方当事人或案外第三人能够获得救济。[36]

由此可见,无论事前防范还是事后救济,治理恶意诉讼、提高公共权力机关收集信息的效率,都需要对相关信息的传播成本进行控制。这一成本不能过低,否则对信息不具有区分度,无法达到分离均衡,可能产生恶意的信息供给,虚增举报数量;需要通过形式与实质要件的要求及其法律责任后果的设置,来提高信息传播成本,减少制度滥用。但这一成本亦不能过高,否则难有甚至没有信息可以成功传播,没有人选择举报,整个信息收集机制将丧失意义;因此需

〔36〕 参见肖建华:《论恶意诉讼及其法律规制》,载《中国人民大学学报》2012 年第 4 期。

要适当降低信息传播成本,辅助信息供给。

事实上,这正是信号传递理论的基本原理:为解决信息不对称及其带来的逆向选择问题,具有私人信息的一方通过发送只有其才能承担该成本的信号来表明其区别于没有相关信息者的身份。[37] 恶意诉讼的治理即要求起诉者通过付出一定代价来发送善意信号,而在更广泛的社会规范语境中,信号传递更普遍:人们通过从事相关行为来发送信号,表明自己的低贴现率身份,从而与他人达成合作,而在此过程中从事的惯常性行为最终在规范层面凝结为社会规范。[38] 在该理论框架的指导下,制度扬长避短的具体建议详述如下。

(二)正面增效:利用技术辅助用户

为增强举报制度的正面功效,应当利用技术辅助用户更方便、更高效、更无后顾之忧地进行举报,在一定程度上降低信号成本,削减信息、知识与意志的局限性对举报功效的负面影响。

首先,应当进一步提高举报入口的醒目性。线上举报入口、互联网平台举报入口已经是助推举报的重要举措,下一步应当在每一个可能出现治理问题的场景下,都以普通用户容易发现的方式提供举报入口,让用户举报更随手可得的同时,也对潜在的被举报人形成更大的威慑,提醒其行为无时无刻不处于互联网上的无数双眼睛的注视之下。[39] 同时,平台也应加强对举报制度的宣传,不仅是宣传自身治理绩效,更要令用户了解其存在、如何使用它,甚至增强举报积极性,从而使更多用户参与到互联网治理的过程中来。

其次,应当提供清晰的、结构化的问卷以增强举报流程的简易性,让用户的举报过程也动动手指即可完成,不应让用户承担过多描述问题的负担,否则举报行为本身可能在最初的成本收益决策中就被优化去除。清晰的、结构化的问卷则以治理者对治理经验,特别是治理数据的积累为前提,只有掌握了足够多的过往经验与数据,问卷才能事无巨细又无所不包,对用户的辅助与引导功能

---

[37] 参见张维迎:《博弈与社会》,北京大学出版社2013年版,第204~212页。

[38] See Eric A. Posner, *Law and Social Norms*, Harvard University Press, 2009, p.7-8.

[39] 曾有学者在互联网创生之初设想互联网对个人隐私的侵犯,即基于每个人都可以称为侵权者的考虑,与当前主要由政府与平台进行的监控事实不相一致,See Jonathan L. Zittrain, *The Future of the Internet—And How to Stop It*, New Haven and London: Yale University Press, 2008, p.200-234。

才能越强,需要用户继续描述的补充与其他部分才越少,而且举报过程也成为用户的一种治理学习过程,平台基于经验与数据形成的知识能够向用户渗透。

最后,应当通过“后台实名,前台匿名”的制度用以保证举报的匿名性。除非举报人与被举报人存在某种前置关系从而使匿名不可能,或举报问题与举报人利益直接相关从而使匿名不太必要,否则匿名性是确保被举报人不报复举报人、举报人具有举报动力的必要条件。但滥用匿名以不实、恶意或过度举报亦不可取,因此后台实名仍有必要,或通过平台账户的实名制,或通过身份证件、手机号码的注册,必须使举报人付出一定代价。因此,使平台或政府作为身份信息保密的中间人是值得继续坚持的实践。[40]

诚然,从表面上看,举报制度越易得,滥用可能性越大。但应当注意的是,这里谈论的制度改进仍是边际性的:如果不考虑下文所提及的抑制措施,对当前的滥用举报者来说,即使举报制度难用也会找到使用办法,改进举报制度不会对其产生多大影响。当然同样存在无论如何都不会举报的举报者,制度改进也对其意义不大。然而,对可能举报却因为种种制度不便、人性弱点而没有举报的人来说,上述改进可能促使其更多地举报从而增强举报制度的正面功效,能够实现这部分人的转变,制度改进就没有白费。[41]

(三)反面抑制:通过法律惩治滥用

为避免举报制度的负面后果,应当采取类似恶意诉讼治理的事前与事后手段,通过法律阻却并惩治不实举报、恶意举报与过度举报等滥用举报制度的行为,在一定程度上提高信号成本,避免加强网络法治建设成为少数人斗争乃至谋利的工具。

首先,在实名制的基础上,一定程度的证据要求可以奠定真实、善意、适度举报的基本框架。这是继续要求举报人付出代价,发送自身可靠的信息,筛选掉又一批潜在的滥用者。这一证据需以难以伪造的形式真实呈现问题情况,必要时结合身份、位置、时间信息进行认证,可通过手机 App 的内置摄像进行拍摄,或通过区块链等高级技术进行固定,从而方便平台快速进行判断。但考虑

---

〔40〕 这一中间人、担保人身份是平台重要的基础设施功能之一,参见胡凌:《健康码、数字身份与认证基础设施的兴起》,载《中国法律评论》2021 年第 2 期。

〔41〕 See Lawrence M. Friedman, *Impact: How Law Affects Behavior*, Harvard University Press, 2016, p. 105 – 112.

普通人的能力有限,证据要求与采集难度不必过高,能够区分部分真实举报与虚假举报即可,甚至不必要求全部区分,因为仍有以下措施继续抑制滥用。

其次,如果还有人利用举报恶意诽谤或造谣,就应当受到相应的禁言、封号乃至财产性处罚,甚至提交政府处理。比如,腾讯平台举报者若提供虚假信息或进行恶意举报,将被不经通知而先行暂停、中断或终止相关服务,其中情节严重构成违法犯罪者,将被依法追究责任。这是平台规则与法律的威慑效力之体现,不仅可以特别威慑个案当事人,还可以通过典型案例的发布与宣传,对一般人群中的潜在滥用者进行威慑。当然,无论是一般威慑还是特别威慑都应当克制,避免过分打击边际群体的举报意愿,甚至污名化举报者。

最后,如果像某些粉丝群体一样,虽然举报合理合法,但产生了不良的社会后果,执法部门在对被举报者的处罚上(在法律允许的范围内)或许也可以相对从轻,并对举报人进行批评教育,要求其不得滥用举报权利,更多寻求法律以外的替代性解决方案。这样一种理想化的解决方案实践难度较高,但并非不可能:例如,在粉丝举报问题上通过适当说理,并引起对立方在法律允许的范围内的争辩与讨论,或许会比直接"一刀切"地满足举报者要求,甚至将举报双方全部禁言乃至封号的做法,能够产生更良好的社会效果。

当然,无论是对不良社会后果,还是对滥用举报权利的界定,都不可能是黑白分明的,其中必然会产生权力滥用的空间与可能。但这是互联网治理乃至国家治理本身内在的困难,要求治理者具有更高的治理智慧来平衡不同利益与价值。再考虑前述互联网法治建设的悖论,要在这种背景下维护好网络空间秩序,实为艰难。因此,无论是对举报制度的扬长避短,还是对互联网法治建设的去芜存菁,预期皆不必太高,合理审慎即可。

六、结　　语

公共权力向私人领域的不断深入是现代性的显著特点,举报只是这一发展浪潮当中的一朵浪花。[42] 在举报以外,法治建设、法律与社会规范的融合,仍在持续发生,比如,当前备受瞩目的社会信用体系建设,本质上也是利用法律以

〔42〕 参见[法]米歇尔 · 福柯:《安全、领土与人口》,钱翰等译,上海人民出版社 2010 年版,第 143 页。

外的手段来增强法律实施的效果，并导致法律的效力进入许多此前其约束不到的领域。[43] 这一制度当然有其收益，最显而易见的就是提高了司法判决的执行水平，但之所以仍有批评，则正因为"一处失信、处处受限"的联合惩戒机制威力过大而更多人开始提防法律对私人权利与自由的过分限制。[44] 然而悖论的是，这一法律的"保护"正是我们欢迎而来的，而习惯于凡事诉诸法律武器的公民最终将得到的，只能是凡事都爱通过法律来插手的公权力。

The Theoretical Reflection and Institutional Improvement of Reporting System in Cyberspace

Qiu Yaokun

Abstract: Online report system not only relieves the shortage of information and resources in the Internet governance of governments and platforms, but also protects the personal information and freedom of speech of Internet users. But due to user's lack of information, knowledge and will, the system functions inefficiently. And over technological empowerment of users leads the system to be the tool for dissent oppression and group confrontation for particular users. The aforementioned gap between function and effectiveness reflects the disorder of the two as a result of the substitution of law for social norms, which is difficult to overcome by using alternative dispute resolution schemes due to the convergence of governance. However, we should insist on the principle of user participation in Internet governance by technologically assisting them and legally punishing abuses.

Key words: Report; Internet Governance; Platform Governance; User Power; Social Norms

〔43〕 参见戴昕：《理解社会信用体系建设的整体视角 法治分散、德治集中与规制强化》，载《中外法学》2019 年第 6 期。

〔44〕 参见樊成：《穿睡衣出行被曝光，创建文明别走向文明反面》，载《新京报》2020 年 1 月 22 日，A03 版。

专题二：平台反垄断研究

强化竞争政策视域下我国反垄断公共执行体制改革与功能重塑*

孙 晋**

内容摘要：

在强化竞争政策基础地位已经成为我国发展策略的背景下，反垄断执法和公平竞争审查作为强化竞争政策的主要路径依赖，事关通过公平竞争实现高质量发展和共同富裕。现行反垄断公共执行对行政性垄断规制作为有限，公平竞争审查制度规范和优化产业政策的刚性约束不足，二者都倚重修订《反垄断法》进而完成反垄断执法体制改革和公平竞争审查制度"入法"，确立国务院反垄断反不正当竞争委员会的执法职能，渐进和妥当修法可以同时实现反垄断执法赋能和公平竞争审查法治化，二者共同促进有效市场和有为政府有机结合，助力高质量发展。

关键词：

强化竞争政策　反垄断公共执行　公平竞争审查　产业政策　国务院反垄断反不正当竞争委员会

一、反垄断执法体制改革事关强化竞争政策基础地位

反垄断维护公平竞争，是完善社会主义市场经济体制、推动高质量发展的内在要求。2021年年初，中共中央办公厅、国务院办公厅印发了《建设高标准市场体系行动方案》，提出通过5年左右的努力，基本建成统一开放、竞争有序、制

---

* 本文系国家社会科学基金重点项目"现代市场体系建设的竞争法问题研究"（项目编号：19AFX019）阶段性研究成果。

** 武汉大学法学院教授。

度完备、治理完善的高标准市场体系。该方案要求从增强公平竞争审查制度刚性约束、加强和改进反垄断与反不正当竞争执法、破除区域分割和地方保护三个方面全面完善公平竞争制度。2021 年 8 月,中共中央、国务院印发的《法治政府建设实施纲要(2021—2025 年)》提出,依法平等保护各种所有制企业产权和自主经营权,切实防止滥用行政权力排除、限制竞争行为;加强和改进反垄断与反不正当竞争执法;强化公平竞争审查制度刚性约束,及时清理废除妨碍统一市场和公平竞争的各种规定和做法。

"反垄断"在 2021 年成为国家经济工作的重要任务,中央全面深化改革委员会会议、中央财经委员会会议和中央经济工作会议均强调要强化反垄断和防止资本无序扩张,中央重视程度前所未有,尤其是 2021 年 8 月底,中央全面深化改革委员会会议审议通过的《关于强化反垄断深入推进公平竞争政策实施的意见》,正式把强化竞争政策基础地位促进形成公平竞争的市场环境上升为国家战略。2022 年 2 月,习近平总书记在《求是》撰文强调,"要加快推进反垄断法、反不正当竞争法等修订工作,加快完善相关法律制度"。[1] 伴随我国 2022 年《反垄断法》完成首次修订,竞争政策基础地位和公平竞争审查制度"入法"已成定局,反垄断公共执行体制改革势在必行。

(一)强化竞争政策是高质量发展的核心内涵和路径依赖

1. 强化竞争政策实现公平竞争发展模式转型是高质量发展的核心内涵

高质量发展离不开高水平创新,高水平创新离不开公平竞争。市场垄断和行政性垄断,都会扭曲竞争机制、破坏竞争秩序,损害创新。只有公平的竞争环境,才能繁荣创新;只有不断繁荣创新,才能提高竞争的层次和水平;只有提高竞争的层次和水平,才能进一步推动创新繁荣,从而持续推动经济高质量发展。[2] 强化竞争政策基础地位,既是高质量发展的制度保障,又成为高质量发展的核心内涵。

中央全面深化改革委员会第二十一次会议强调,要从构建新发展格局、推动高质量发展、促进共同富裕的战略高度出发,促进形成公平竞争的市场环境,

〔1〕 习近平:《坚持走中国特色社会主义法治道路 更好推进中国特色社会主义法治体系建设》,载《求是》2022 年第 4 期。

〔2〕 参见时建中:《强化反垄断 深入推进公平竞争政策实施》,载《人民日报》2021 年 10 月 13 日,第 14 版。

为各类市场主体特别是中小企业创造广阔的发展空间。党的十九届六中全会再次强调,必须坚持和完善社会主义基本经济制度,使市场在资源配置中起决定性作用,更好发挥政府作用。作为国家战略,强化竞争政策是完善社会主义基本经济制度的重要内容。

2. 以强化竞争政策来优化产业政策是高质量发展的路径依赖

现阶段,对我国产业政策与竞争政策的关系进行深入研究、正确认识和精准把握,有利于更好地发挥市场在资源配置中的决定性作用,更好地发挥政府作用,更好地推进高质量发展。强化竞争政策对高质量发展来说已成为重要的路径依赖。

经济体制改革作为全面深化改革的重点,核心问题是处理好政府与市场的关系,其实质在于处理好政府端的产业政策与市场端的竞争政策之间的关系。[3] 市场机制的高效运行依赖公平竞争的市场秩序,要求强化竞争政策基础地位,构建有效市场,同时也要求积极实施公平竞争友好型产业政策和功能性产业政策,打造有为政府。竞争政策是公平竞争市场环境的制度外化,也是约束优化产业政策的制度保障,促使区别性产业政策升华为公平竞争友好型产业政策、功能性产业政策,侧重弥补市场失灵,为市场主体提供普惠化公共产品和服务。[4] 通过强化竞争政策促进有效市场,通过优化产业政策促进有为政府,二者相互配合相向而行,共同促进市场公平竞争,为高质量发展提供新动能和健全内驱力。

近代以来,世界各国产业政策与竞争政策的关系大致分为两种类型:一是产业政策主导型。大部分发展中国家大量运用政府补贴奖励政策工具,呈现差异性、非普惠性、强政府干预特征。即使是发达国家,在经济加速追赶时期也曾如此。比如,19 世纪美国工业化时期的"美国体系"、德国崛起时期的"幼稚产业保护论"、20 世纪中后期以日本为代表的"东亚模式"。二是竞争政策约束

---

[3] 国家政策实施与地区经济发展阶段具有紧密关系,产业政策的作用呈现作用由大趋小、层次从中观转向宏观、对象从定向性转向功能性的特征。竞争政策的作用与产业政策相反,呈现作用由无到有、由小趋大,层次从宏观转向微观,对象从行政机关扩展到所有公益单位的特征。

[4] 参见孙晋:《新时代确立竞争政策基础性地位的现实意义及其法律实现——兼议〈反垄断法〉的修改》,载《政法论坛》2019 年第 2 期。

型。市场经济成熟国家在完成追赶、进入前列后,产业政策实践会大量减少,竞争政策重要性显著提高,政府越来越警惕产业政策导致的负面作用,力避市场竞争弱化、企业大而不强的危害。通过合宪性审查、合法性审查、公平竞争评估等多种途径优化产业政策,使之更多转向宏观性、普惠性、功能性方向,实现竞争政策与产业政策的协同与互补。

在我国 40 余年改革开放过程中,财政补贴、税收优惠等差异化区别性产业政策长期扮演重要角色,总体上,产业政策可分为区别性产业政策和功能性产业政策。区别性产业政策也称为选择性产业政策,因对特定行业给予政策扶持或给予特定市场主体以政策优惠,使之具有与技术水平或管理水平无关的政策性竞争优势,扭曲了企业间的公平竞争,破坏了市场竞争秩序,进而导致资源错配和效率低下。但功能性产业政策却聚焦弥补市场缺陷,通过夯实和优化关键行业的基础设施,研发和改良新技术,培育和发展新产业,提供公共产品和服务,或者为公共产品和服务的生产提供条件,对国家可持续发展具有积极意义。当前,我国产业和区域协调发展任务艰巨、产业结构转型升级压力巨大,产业政策在可预见的未来依然需要,但产业政策应该符合高质量发展的内在要求,对所有市场主体一视同仁,符合高标准市场体系对公平竞争的更高要求。因此,产业政策真正面临的问题不是存与废,而是通过公平竞争审查在产业政策中植入公平竞争基因,推动区别性、歧视性产业政策向公平化、功能型、竞争性产业政策转型。[5]

---

〔5〕 我国自 2016 年建立实施公平竞争审查制度以来,截至 2020 年年底,全国共审查新出台文件 85.7 万份,对 4100 余份涉嫌违反公平竞争的文件进行修改调整,对 189 万份存量文件进行了清理,废止或修订涉及指定交易、地方保护、市场壁垒等内容的文件 2 万余份。2021 年,国家市场监督管理总局发展研究中心受地方政府委托,抽调 1200 份文件,共查出 52 份问题文件,违反的条款次数为 63 次。其中,没有上位法依据,直接强制外地经营者在本地投资或者设立分支机构的问题最多,其次是没有上位法依据,将在本地投资或者设立分支机构作为参与本地招标投标、享受补贴和优惠政策等的必要条件,变相强制外地经营者在本地投资或者设立分支机构的问题,以及不得限定经营、购买、使用特定经营者提供的商品和服务的问题。以上 3 类占总次数的 60% 以上,在政策冲突上体现出区域经济保护与全国统一市场、短期利益与长远利益、特定补贴与普惠政策的矛盾问题。

(二)强化竞争政策是共同富裕的时代要求和制度保障

从现代经济学理论及帕累托改进的交换效率来看,市场交易活动也可以增加社会福利,在法治基础上的自愿交换能够增加交易双方的效用,公平交易可以使交易双方同时公平地获得交易所产生的"剩余"。所以,通过消除垄断、营造公平的市场竞争环境,能够发挥有效市场的作用,兼顾效率与公平,在把"蛋糕"进一步做大的同时公平地分配"蛋糕",更好地促进共同富裕。[6] 在共同富裕的三次分配中,通过确立竞争政策基础地位实现的第一次分配最重要,通过强化竞争政策约束宏观调控优化产业政策实现的第二次分配最坚实,通过社会互助慈善捐助及其法治实现的第三次分配是有力补充。[7] 综观整个法律体系,经济法范畴内的竞争法律与政策始终关注国家和社会整体利益以及长远利益,注重市场公平竞争和可持续发展,关涉第一次分配和第二次分配。正因如此,强化竞争政策与共同富裕的关系最密切。

为实现第一次分配的公平公正,《反垄断法》和公平竞争审查制度旨在规范市场竞争行为、清除公平竞争障碍,通过政府的事前审查、事中监管和事后救济,直接调整市场主体滥用垄断权力或不正当竞争的行为,规范政府排除、限制竞争等滥用行政权力行为,从微观到宏观两个维度切入、从市场主体到政策制定机关两端发力,切实保障市场公平竞争秩序,反对垄断暴利和不当获利,保障中小企业公平竞争机会,保护广大消费者利益。[8] 为实现第二次分配的公平公正,国家宏观调控法也以保障公平为重要前提。金融法除主张金融安全和金融效率外,还同样强调金融交易中的公平、金融福利分享的公平和金融资源配置的公平,普惠金融的基本价值得到彰显。金融公平实际上是通过金融资源的公平配置推动整体社会资源的公平配置,实现社会财富分配的公平公正,从而维护社会公平、促进社会发展。财政平等是财政法治的价值追求,与财政民主主义、财政法定主义、财政健全主义一并构成财政法的 4 项基本原则。财政税

[6] 参见史晋川:《经济学理论视野中的共同富裕》,载《浙江大学学报(人文社会科学版网络版)》2021 年 12 月。

[7] 参见孙晋、徐则林:《以法制建设促进共同富裕》,载《中国社会科学报》2022 年 2 月 23 日,第 4 版。

[8] 参见徐士英:《竞争政策与反垄断法实施》,载《华东政法大学学报》2011 年第 2 期。

收公平本质上就是社会收入分配公平的重要决定因素,也是决定市场主体能够进行公平竞争的实质保障。为了实现市场主体规则平等,让任何一类市场主体的法律地位平等、权利义务对等、竞争机会均等,也就是实现市场主体的公平竞争,现行法律包含了落实国有企业运行平等、融资规则平等、税收规则平等、外商投资规则平等和监管规则平等五大法律规范。此外,作为社会主义国家,我们拥有强大的公有制经济基础,国家投资法和国有企业法以及财政转移支付制度在促进国有经济空间合理布局、产业协调发展、区域协调发展以及弥合东西和南北发展差距方面发挥了重大作用,而且必将发挥更大的作用。

(三)强化竞争政策对反垄断公共执行体制提出更高标准

反垄断执法体制改革是强化竞争政策基础地位的主要抓手,强化竞争政策对反垄断执法体制提出了更高要求,反垄断执法体制亟待改革。

维护市场公平竞争的要旨,在于强化市场竞争和优化政府规制,政府规制主要表现为宏观调控和产业政策,而规制权力的合法行使须有法律依据和授权,规制变革与优化有赖反垄断法的规范与公平竞争审查制度等竞争政策的约束。然而,当下无论是反垄断执法还是公平竞争审查,与强化竞争政策基础地位的高标准要求都尚有不小的差距。首先,虽然自 2008 年以来我国反垄断执法总体上运行比较平稳,但存在的问题也较明显,主要体现在对行政性垄断执法的权能不足和资源有限,与强化竞争政策的要求差距明显。其次,我国公平竞争审查制度仍然存在如下问题:“自我审查”审查模式实效性欠佳;审查主体法律责任界定及责任不明;审查范围较窄尚没有实现对产业政策的全覆盖;审查工作缺乏规范性、程序法保障不足,致使该制度在实践中难以真正作用于优化政府规制。[9] 亟须将属于“软法”的规范性文件升华为法律甚至宪法层面,变软性约束为“刚性约束”势在必行亦迫在眉睫。

同时,在当下全球经济的聚焦领域——数字经济领域,数字平台的动态竞争、跨界经营、网络效应、寡头竞争等特征,使垄断问题严重且复杂,产生破坏竞争、损害消费者利益、抑制创新活力、阻碍高质量发展等不良影响,需要加强和改进反垄断执法与监管。数字经济发展对反垄断执法体制改革提出了更高期待。

〔9〕 参见孙晋:《公平竞争原则与政府规制变革》,载《中国法学》2021 年第 3 期。

二、我国反垄断公共执行机构设置存在的问题

“天下之事,不难于立法,而难于法之必行。”法律的生命力在于实施,《反垄断法》的文本本身不具备直接形塑自由公平竞争秩序的功能,极其依赖相应的执法机构保证法律规定的有效执行。反垄断执法机构的科学设置、法律职责的合理确定以及监管权力的有效配置,事关强化竞争政策基础地位能否实现和反垄断监管长效机制能否确立,是反垄断法治建设的重要内容,也是建立统一开放竞争有序的现代市场体系的关键环节。当前,我国反垄断执法机构在组织体制、职责权限以及资源赋能等方面都存在问题,难以满足强化竞争政策基础地位的国家战略和完成“加强反垄断和防止资本无序扩张”重要经济工作任务。

(一)反垄断行政执法“二元模式”的问题

我国反垄断行政执法机制采取了“二元模式”,由国务院设立反垄断委员会,并由国务院规定的承担反垄断执法职能的机构,负责反垄断执法工作。修法前,根据《反垄断法》第9条的规定,国务院设立反垄断委员会,负责组织、协调、指导反垄断工作,并履行以下职责:研究拟定有关竞争政策;组织调查、评估市场总体竞争状况,发布评估报告;制定、发布反垄断指南;协调反垄断行政执法工作。根据第10条的规定,国务院规定的承担反垄断执法职责的机构依照该法规定,负责反垄断执法工作,并根据工作需要可以授权省、自治区、直辖市人民政府相应的机构,依照该法规定负责有关反垄断执法工作。

为了改革市场监管体系,实行统一的市场监管,2018年《国务院机构改革方案》将原属国家发展和改革委员会、国家工商行政管理总局和商务部“三元鼎立”的反垄断执法职能整合,新组建了国家市场监督管理总局,下设反垄断局负责具体的反垄断行政执法工作,国务院反垄断反不正当竞争委员会的具体工作由国家市场监督管理总局承担。虽然整合反垄断执法机构有利于提高执法效率,解决执法力量分散、多元执法造成的矛盾冲突等问题,但受反垄断执法机构职能的限制,行政性垄断规制难、反垄断执法与行业监管不协调的问题仍然存在,执法的独立性与权威性有待提高。例如,地方的反垄断执法机构行政层级较低,对地方纳税大户企业执法时常会受到地方领导的较多干预,尤其是垄断

收益在本地,社会福利损失在外地,地方更缺少执法动机。[10] 2021年11月18日,在国家市场监督管理总局之下,加挂"国家反垄断局"牌子,由总局副局长兼任该局局长。国家反垄断局设置反垄断执法一司、反垄断执法二司和竞争政策协调司3个司局,前二者分别负责案件执法、并购审查,竞争政策协调司则在研提反垄断政策、开展国际交流的同时,对案件办理情况进行复核把关,三者职责明确、相互制约,实现了案件查办与复核审理"查办分离"。我国反垄断执法体制改革虽有最新进展,但执法力量薄弱、行政性垄断规制难、反垄断执法与行业监管脱节等问题短期还不能得到根本解决。

我国《宪法》第15条第1款规定"国家实行社会主义市场经济",自由公平的市场竞争秩序是市场经济最基本的经济秩序,反垄断执法机构作为公平竞争的市场经济秩序之维护者,理应具有高度独立性和崇高地位。反垄断监管是我国强化竞争政策的核心内容和重要路径,是市场在资源配置中起决定性作用的重要保障,维护市场公平竞争秩序需要以反垄断执法机构的独立性、权威性和有效性作为依托。反垄断执法机构的地位与作用反映在其与企业及其他政府部门的关系上。反垄断法的执法对象往往是实力雄厚、规模庞大的企业,甚至是市场实力超强的"头部"企业与中央企业;此外,我国反垄断法还担负着规制行政性垄断的重任,政府及其职能部门也会成为执法对象。因此,反垄断执法机构需要被赋予相当的地位与权威,才能保障反垄断法在现实中得到有效实施。

另外,行业监管与反垄断执法是实现垄断行业监管的重要方式,两者的监管模式各有优势,但所依据的法律不同,制度功能、监管标准以及规制方式等存在明显差异。因此,行业监管部门与反垄断执法机构在管辖权上存在交叉,两种法律制度共同适用可能引发规制标准的双重化与复杂化,从而导致企业判断上的困惑以及引发监管俘获和监管套利,还有可能造成执法冲突,进而损害规制的有效性和可预测性。尽管国家竞争政策与其他经济政策尤其是产业政策之间容易出现冲突,但竞争政策与产业政策相比应当更具有优先适用的基础地位,因此应当赋予反垄断执法机构更大的权限,有权对其他部门拟定的涉及反垄断法事项的政策和规章提出修改建议或者进行政策协调的权力。通过建立

---

[10] 参见林平:《论反垄断科学监管:决策理论分析及政策启示》,载《中国工业经济》2022年第4期。

垄断行业监管与反垄断执法协调机制,从而确立反垄断法的“经济宪法”地位。

解决这些问题的基础,在于赋予反垄断执法机构相当的地位和权限,充分发挥组织、协调、指导反垄断工作以及强化反垄断执法的职能。目前,我国具体的反垄断执法机关是国家市场监管总局下设的国家反垄断局,副部级的行政级别依然不高、权威性不足。因此,反垄断执法权力的行使容易受到其他部委和地方政府的不当干预,或者被利益集团不当影响,从而影响反垄断法实施的效果。而且,虽然我国《反垄断法》明确规定了国务院反垄断反不正当竞争委员会具有组织、协调、指导反垄断工作的职能,但其并不属于真正意义上的执法实体机构,并且委员会成员由相关的十几个部委副职领导担任,这一设置虽然有利于协调行业监管与市场监管,形成监管合力,但也容易导致反垄断执法受到不当干预,影响反垄断法的实施。而且国务院反垄断反不正当竞争委员会的工作具体由国家市场监督管理总局承担,从行政级别上看,该机构难以切实担负起协调反垄断执法机构与行业监管机构之间以及反垄断法与行业监管法之间关系的重任。

(二)反垄断执法力量不足亟待赋能

2021 年中央对反垄断执法工作提出了比历年更高的要求,“强化反垄断和防止资本无序扩张”,在中央政治局会议、中央经济工作会议、中央财经委员会第 9 次会议、中央全面深化改革委员会第 21 次会议等多个事关顶层设计和战略规划的重要会议中,作为重要议题被多次重申和强调,并被列为我国 2021 年经济工作 8 项重点任务之一。因而,2021 年以来,我国反垄断执法工作力度空前,取得突破性进展。据国家市场监督管理总局发布的《中国反垄断执法年度报告(2021)》统计,全国办结垄断案件 175 件,罚没金额 235.92 亿元,而上年度仅 27.6 亿元;经营者集中案件立案 727 件,同比增长 53%,处罚了 107 件,其中,禁止 1 件、附加限制性条件批准 4 件。2021 年 6 月国家市场监督管理总局等 5 部门联合印发《公平竞争审查制度实施细则》,进一步完善了公平竞争审查制度;2022 年 6 月 24 日全国人大常委会通过《反垄断法》的首次修正。国家在促进高质量发展和共同富裕中持续强化竞争政策基础地位和高度重视与依赖反垄断执法,这与执法力量的不足、执法资源的匮乏形成强烈反差。

除传统领域外,反垄断执法力量不足还突出表现在数字经济领域。目前我国成为仅次于美国的第二大数字信息强国,《中华人民共和国国民经济和社会发展第十四个五年规划和 2035 年远景目标纲要》要求,依法依规加强互联网平台经济监管,明确平台企业定位和监管规则,完善垄断认定法律规范,打击垄断和不正当竞争行为。《法治政府建设实施纲要(2021—2025 年)》,要求未来 5 年"加强反垄断等重要领域立法"。这意味着未来 5 年乃至 15 年,平台经济领域反垄断将成为执法长期关切点,迎来常态化的依法监管。随着数字市场反垄断监管工作的有序推进,反垄断执法案例大幅增长。一方面反垄断执法本身技术性强,专业要求高,案件信息量大,执法周期长,相较传统行业,互联网行业的商业模式多变、垄断行为隐蔽、交易结构和竞争生态复杂,反垄断监管涉及企业多元、行业广泛、时间跨度长。另一方面我国的反垄断执法同时面临国内和国外大型企业反垄断势力的双向挑战,反垄断执法面临的形势严峻。这一局面将对我国反垄断执法人员的工作强度和执法能力构成严峻的挑战。

今日我国和美国、欧盟同为全球三大反垄断执法辖区,但在反垄断机构人员编制以及人员组织结构层面却处于失衡状态。如图 1 所示,描述了中国、美国、英国等 8 个国家在 2019 ~ 2020 年人口总数及国家(联邦)层面的反垄断执法机构的人员配额。

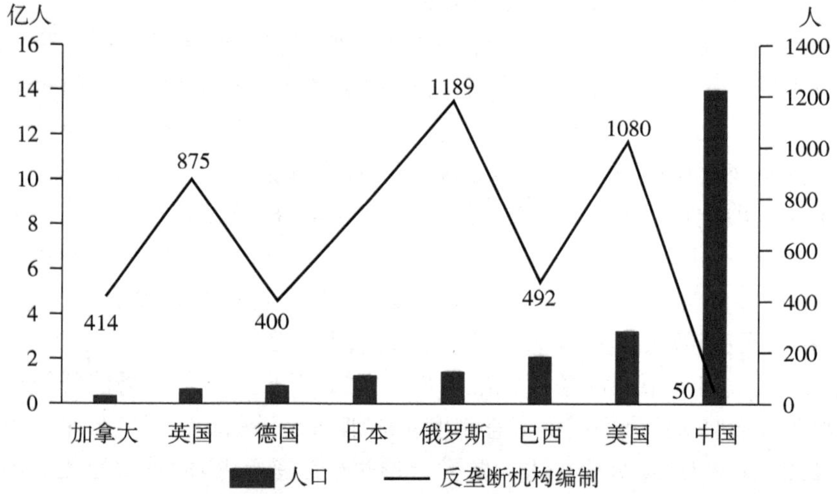

图 1　2019 ~ 2020 年不同国家人口总数及国家(联邦)层面反垄断执法人员编制数量

我国 2018 年反垄断执法机构整合前,国家发展和改革委员会、国家工商行政管理总局、商务部三部委原有反垄断执法人员约 80 人,整合后国务院层面反垄断执法人员减少了近一半。2021 年 11 月国家市场监督管理总局加挂国家反垄断局之前，原总局反垄断局下设 10 个处，全面负责经营者集中、滥用行为调查、垄断协议调查、行政垄断调查、反垄断委员会协调、国际交流等反垄断工作，但仅有 41 个执法人员编制，机构重整几乎削弱了一半反垄断执法力量，远远无法满足日益繁重复杂且标准越来越高的反垄断执法工作要求；虽然国家反垄断局挂牌后一定程度上增加了编制，但据笔者了解，尚未达到三部委原有人数，与反垄断执法实际需要还相去甚远。而且反垄断案源线索主要在基层县市层面，需要基层监管系统能够及时发现，并做好前期执法调查工作。但据统计，省级反垄断执法队伍平均只有 10 人左右，根本无法兼顾全省（市、区）的反垄断案件。超常规大幅增加反垄断执法人员编制、大力提升执法队伍素质、切实化解执法力量捉襟见肘、严重不足的问题，实为必要，亟待加强。

（三）行政性垄断规制的高度重要性与制裁力疲弱的现实冲突

我国《反垄断法》对行政性垄断予以专章规定。在我国当前及可预见的将来，反行政性垄断依然是反垄断的主轴和主旋律之一，历来也是反垄断执法中的重点难点问题。行政性垄断破坏市场公平竞争规则，导致资源配置效率低下、市场缺乏创新动力。相较而言，行政性垄断比经济性垄断的潜在危害更大，对市场经济的破坏也更大，更需要防范和规制。

然而，行政性垄断行为的执法管辖权属于垄断行为实施者的上级机关，法律并未赋予反垄断执法机构对行政性垄断实施者强制性制裁权，只赋予对其对上级机关的建议权。从实际出发，我国作为单一制国家，上下级机关之间的隶属关系决定了仅通过上级机关直接纠正行政性垄断行为难以产生实际效果。由此可见，我国行政性垄断治理中存在一对矛盾：一方面，国家高度重视对行政性垄断痼疾的治理；另一方面，竞争执法机构的执法管辖权长期被剥离，执法威慑力孱弱，这种情况必须改进。围绕反行政性垄断这个主轴存有治理两翼，左翼是反行政性垄断执法和司法，右翼是公平竞争审查。科学、有效的反垄断案件调查处理程序是反垄断执法的关键所在，反垄断调查是执法的必经阶段和前置程序。行政性垄断执法面临反垄断规则的不确定性、竞争分析的复杂性等难题，调查程序在行政性垄断执法中显得尤为重要。当前我国已迈入数字时代，数字经济的迅猛发展给反垄断执法工具、执法规则带来诸多挑战。[11] 一方面，数据竞争行为技术性、隐蔽性强，导致行政性垄断行为的违法性认定困难，需要

〔11〕 参见孙晋：《数字平台的反垄断监管》，载《中国社会科学》2021 年第 5 期。

调查方式的创新与完善;另一方面,数字经济时代,仅倚重责令改正、建议权等事后威慑的方式难以实现反垄断法规制目的,前展规制逻辑、引入保护性预防规制、激发和引导行政性垄断实施者自律监管自我整改理应成为新的监管趋势。

(四)反垄断行政执法与反垄断司法之间衔接不畅

执法与司法是法律实施的一体两翼,相互影响。反垄断行政执法存在的问题,在一定程度上依赖反垄断司法予以补足和纠偏;如果反垄断行政执法质量堪忧,也会带来司法不彰。当前,我国反垄断执法与司法机制的衔接存在较大改进空间。

行政机关具有主动、灵活、高效、低成本等特点,适合处理工业社会中复杂的、具有共性且重复出现的经济和社会问题。[12] 由于竞争法所调整的社会关系复杂而多变,往往需要针对不同的情况灵活执法,而这正是行政执法的特点所在。为了使行政机关快捷而富有效率地规制不正当竞争行为或限制竞争行为,立法赋予其相对全面的执法权力,然而,这又产生对程序公正上的欠缺会严重损害个体的权利的担忧。[13] 严格的程序性规定可以很好地解决程序公正的问题,从而最大限度地维护当事人的合法权益。当事人如果对行政执法机关所作出的行政处罚决定不服,可以通过向法院提起行政诉讼的方式进行最后的权利救济。当然,受害人也可以越过行政诉讼救济方式而直接提起民事侵权诉讼以寻求权利救济。一般而言,司法机构的法官因为专业知识的限制,对经济理论未必足够掌握,其判决常常依据法律程序的正当性,对争论的实质性问题在很大程度上要依靠行政执法机构对案件的调查和认定,而且由于司法资源的有限性以及司法所固有的被动性,使竞争法的司法实施成本较高,往往难以做到对整个经济秩序深入而全面的维护。在法律实践中,我国司法机构对反垄断执法机构信任不够,表现为在处理垄断案件的思路和方法上都存在分歧,尤其在转售价格维持等纵向价格垄断协议案件处理上,典型案例如"海南裕泰公司垄断案"的司法结论之反复,这无疑影响了法律的统一性和确定性。[14] 由此可

---

〔12〕 参见王明远:《论我国环境公益诉讼的发展方向:基于行政权与司法权关系理论的分析》,载《中国法学》2016年第1期。

〔13〕 参见江必新:《程序法治的制度逻辑与理性构建》,中国法制出版社2014年版,第180页。

〔14〕 参见张骏:《法经济学视阈下转售价格维持反垄断法实施的理想路径选择——兼论我国〈反垄断法〉的相关修订》,载《法学评论》2020年第4期。

知，行政机制具有效率优势能够节约时间成本，司法机制具有衡平价值和兜底功能，要真正将竞争法落到实处，有效规制反竞争行为，必须实现两套机制的有机结合，尽量提高执法质量，增强二者的信任，让法院更多承认并利用执法结论，减少制度抵牾和内耗，最终既充分发挥行政执法手段灵活高效专业的优势，又充分发挥司法维护公平正义底线的作用。[15]

三、改革完善我国反垄断执法机构设置的建议与构想

2022 年修正的《反垄断法》中增加一条作为第 11 条，规定“国家健全完善反垄断规则制度，强化反垄断监管力量，提高监管能力和监管体系现代化水平，加强反垄断执法司法，依法公正高效审理垄断案件，健全行政执法和司法衔接机制，维护公平竞争秩序”。进一步优化国家反垄断执法体制和充实反垄断执法力量并举，显然是加强反垄断的最基本面向。基于上文分析，结合立法变革，笔者提出进一步改革反垄断行政执法机构、加强和优化执法资源的构想。将下设于国家市场监督管理总局的反垄断局纳入国务院反垄断委员会，确立和夯实国务院反垄断委员包含公平竞争审查在内的反垄断行政执法职能，从而在根本上完善反垄断监管体制机制的顶层设计，并进一步扩大反垄断执法队伍规模，充实和提升反垄断执法力量，为中央部署的全国强化反垄断工作提供坚实的人才队伍保障。

（一）确立和夯实国务院反垄断委员会的行政执法职能

2007 年颁布的《反垄断法》第 9 条规定国务院设置反垄断委员会，负责组织、协调、指导反垄断工作。具体而言，该委员会履行的职责主要包括：（1）研究拟订有关竞争政策；（2）组织调查、评估市场总体竞争状况，发布评估报告；（3）制定、发布反垄断指南；（4）协调反垄断行政执法工作；（5）国务院规定的其他职责。自 2008 年《反垄断法》实施以来，鉴于前期反垄断行政执法由国家发展和改革委员会、商务部和国家工商行政管理总局分享，案件管辖与执法冲突在所难免，故而客观上需要在国务院层面设置反垄断委员会予以协调，事实上反垄断委员会确实发挥了一定的协调功能。在拟定有关竞争政策方面，该委员

[15] 参见孙晋：《〈反垄断法〉修订背景下设立竞争法庭的理据和进路》，载《法律科学（西北政法大学学报）》2022 年第 3 期。

会先后制定出台了关于相关市场界定的指南、关于知识产权领域的反垄断指南、经营者反垄断合规指南、关于平台经济领域的反垄断指南、关于原料药领域的反垄断指南,成绩明显,但在亟须出台的强化竞争政策指引、竞争政策与产业政策协调指引等方面,却乏善可陈。在法律规定的第 2 项职能"组织调查、评估市场总体竞争状况"中,该委员会几乎无所作为。综上,国务院反垄断委员会一定程度上确实存在"长期空转状态"。[16] 即使 2023 年 10 月国家将公平竞争审查部级联席会议和反不正当竞争部级联席会议职能融入国务院反垄断委员会,新组建国务院反垄断反不正当竞争委员会,这种状态也难以根本改变。另外,随着 2018 年国家机构改革后新组建的国家市场监督管理总局统一行使了反垄断行政执法权,该委员会的协调反垄断执法职能,就需要从部委横向协调转变为央地纵向指导与协调。考虑"国家强化竞争政策基础地位"已经上升为国家重要发展战略,以及推动竞争政策的重要性和竞争执法的复杂性,为了确立反垄断法的"经济宪法"的地位,切实保障反垄断法的有效实施,维护反垄断执法的权威性与独立性,国家的确有必要组建一个有足够能力承担拟定竞争政策、评估市场竞争状况、制定反垄断指南、协调央地反垄断执法并肩负反垄断执法职能的权威机构。

笔者建议,加强国务院反垄断委员会的权力职能——在保留国家市场监督管理总局食品药品监管、知识产权保护、产品质量、广告管理、标准化建设等其他市场监管职能即"大市场监管"不变的前提下,将其新设的国家反垄断局之职能扩充并直接划转至国务院反垄断反不正当竞争委员会,将该委员会转变为专业的反垄断执法机构,在"大而杂且弱的市场监管"之外建构权威、独立、专业的专司以维护全国统一大市场公平竞争的"小而专且强的市场监管"。"大"与"小"各得其所、杂与专并行不悖,二者相得益彰。除一般的行政监管职权外,还可以积极探索赋予该委员会准司法权和准立法权,使 3 项权力相互统一,真正提高反垄断执法的权威性和工作效率。

在加快建设全国统一大市场背景下,提升国务院反垄断反不正当竞争委员会的行政级别,使其成为一个独立实施市场经济反垄断监管工作的权威部门,并由国务院第一副总理出任国务院反垄断委员会主任,主持反垄断工作;甚至

---

〔16〕 参见王晓晔:《〈反垄断法(修正草案)〉的评析》,载《当代法学》2022 年第 3 期。

不排除未来由总理亲自兼任该委员会主任的可能。〔17〕 唯有如此，方能在体制机制上切实保证反垄断执法具有高度的独立性和权威性，从而实现反垄断法对全行业多领域实施统一的监管，增强反垄断执法的可预见性和统一性，促进建立统一开放竞争有序的现代化市场体系，为我国高质量发展和共同富裕提供强大的制度保障。但也应当进一步明确其职能、权限，受到法律的有效约束，使其既具有强大的监管能力，又能依法充分、严格地行使权力。

从机构组织层面，在国务院反垄断反不正当竞争委员会下设 7 个部门（见图 2）：垄断协议调查局、滥用市场支配地位监管局、经营者集中审查局以及公平竞争审查局，全面承担反垄断案件执法工作；同时为了实现市场监管与行业监管相协调，设立组织协调办公室，负责与其他行业监管部门开展协调监管工作，并对其拟定的涉及反垄断法事项的政策和规章提出修改建议或者进行政策协调，保证反垄断法的“经济宪法”地位；另外设立国际交流处，强化反垄断执法的国际交流和竞争倡导；设立反不正当竞争局（根据市场需要可考虑设置 2～3 个局），对不正当竞争行为实施监管。

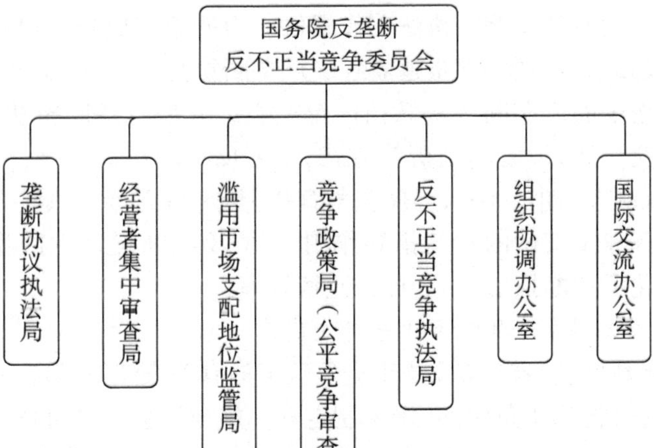

图 2　国务院反垄断反不正当竞争委员会机构设置构想

〔17〕 在这种情况下，功能重塑的国务院反垄断反不正当竞争委员会也就演进为一个名副其实的维护国家统一大市场公平竞争秩序的权威执法机构，既反垄断又反不正当竞争，完全可以考虑更名为“国家公平竞争委员会”。

(二)持续充实反垄断执法力量

为了加强和优化政府反垄断职能,有效维护市场公平竞争,促进全国统一开放、竞争有序市场体系建设,应该在遵循精干效能原则的基础上,按照比例原则扩充反垄断执法力量。在参考域外反垄断执法人员比例的基础上,根据我国反垄断执法工作的实际情况,综合考虑案件数量、审理周期以及审理难度等因素,在国务院和省级两个层次增加反垄断执法人员编制,优化反垄断执法队伍,建立中央与地方反垄断执法联动机制,择机把省级反垄断执法机构收归中央直属,渐进完成反垄断执法资源配置从"横向管理"转变为"纵向配置",真正实现反垄断执法在地方的独立性、统一性和权威性,匹配全国统一大市场的目标建设,并有效提高执法效能。加强反垄断执法队伍能力建设,逐步增加法学专业(尤其是竞争法专业)和产业经济学(反垄断经济学)专业人才在反垄断执法编制中的比重,优化反垄断执法队伍的人才结构,培养一支专业化、职业化的高水平反垄断执法队伍,切实增强反垄断执法工作的专业性、权威性和独立性。

省级反垄断监管部门要科学配置执法资源,明确专门负责反垄断执法的机构和人员,为有效开展反垄断执法工作提供有力的组织保障。建立健全反垄断执法人才选拔和培养机制,逐步建立省级反垄断执法人才库,形成一支高素质、专业化、相对稳定的反垄断执法队伍。定期组织开展反垄断执法人员培训,通过专家授课、交流研讨、案例剖析等方式,学习反垄断法律法规,开展反垄断执法和公平竞争审查培训。深入开展竞争宣传倡导,建立行政执法人员以案释法制度,充分发挥典型案例的示范指导作用,建立反垄断激励性监管机制和长效机制,从而优化反垄断执法资源、提升监管效率。

(三)《反垄断法》的因应修订与渐进完善

1.2022 年新修《反垄断法》关于竞争政策的有关表述及其定位

《反垄断法》将第 4 条中的"国家制定和实施与社会主义市场经济相适应的竞争规则"修改为"国家坚持市场化、法治化原则,强化竞争政策基础地位,制定和实施与社会主义市场经济相适应的竞争规则"。并增加一条,作为第 5 条:"国家建立健全公平竞争审查制度。行政机关和法律、法规授权的具有管理社会公共职能的组织在制定涉及市场主体经济活动的规定时,应当进行公平竞争审查。"另外,《反垄断法》第 12 条关于国务院反垄断委员会职能的规定,保留了 2008 年《反垄断法》第 9 条的表述,"国务院设立反垄断委员会,负责组织、协调、指导反垄断工作,履行下列职责:(一)研究拟订有关竞争政策",此处"有关”一词，准确表达了反垄断是竞争政策的一部分，潜在意涵乃是竞争政策的内容更广泛，至少还涵盖公平竞争审查制度。[18] 综上而言，竞争政策涵盖了反垄断法、公平竞争审查制度以及其他内容，在强化竞争政策基础地位作用上，反垄断法与公平竞争审查制度具有互补关系和叠加效应。

2. 竞争政策不仅需要载入《反垄断法》，也需要在《宪法》中予以明确

2015年起，国家作为顶层设计多次强调要确立、强化竞争政策基础地位，这标志我国社会主义市场经济逐渐进入成熟阶段。确立竞争政策基础地位，本质上是对党的十八届三中全会提出的市场在资源配置中起决定作用和更好发挥政府作用这一新战略新论断的体现和呼应，是中央关于我国现阶段及未来政府与市场关系的最基本判断和战略性制度安排，需要全方位贯彻和落实。因此，基于竞争政策对我国社会主义市场经济的重要性，当然有必要将其规定在素有“经济宪法”美誉的《反垄断法》的总则之中。因为反垄断法本身的定位以及在市场经济体制的定海神针般的作用，有助于竞争政策基础地位的强化并发挥作用。

此外，竞争政策基于公平竞争原则限定政府干预市场的边界，促进政府干预方式的优化，[19]强化竞争政策基础地位，还需要把竞争政策放在实现国家治理现代化和从构建新发展格局、推动高质量发展、促进共同富裕的战略高度出发，在更高位阶的《宪法》之中明确规定竞争政策基础地位，以促进我国社会主义市场经济制度的持久稳定和不断完善。具体建议是将“确立竞争政策基础地位”放到《宪法》第15条第2款“国家加强经济立法，完善宏观调控”的规定中，

[18] 竞争政策的概念有广义、狭义之分。狭义的竞争政策，仅是指对损害竞争行为（包括来自政府或者企业的限制竞争行为）进行约束的竞争法律制度，它作为对竞争结果的事后调节措施，通常以法律形式出现，在我国包括《反垄断法》《反不正当竞争法》以及其他法律中的相应条款（如《价格法》中的价格串通、价格歧视、低价倾销等）。广义的竞争政策，是指一切有利于激发、促进、保护竞争的政策，除狭义的竞争政策外，还包括公平竞争审查制度、放松管制行业准入、垄断行业改革、平等对待各类所有制企业、降低市场准入门槛、优化产业政策以提高效率等。

[19] 参见孙晋：《公平竞争原则与政府规制变革》，载《中国法学》2021年第3期。

变为“国家确立和强化竞争政策基础地位,加强经济立法,完善宏观调控”。[20]如此一来,该条文包含了“国家以公平竞争原则指导并加强经济立法”和“国家以竞争政策优化政府干预完善宏观调控”两层意思,条文表意逻辑性更强,也更符合完善社会主义市场经济体制的实际。

3. 公平竞争审查制度不仅需要写入《反垄断法》,还要制定专门的行政法规

公平竞争审查制度是国务院发布的规范性文件,属于“软法”,在面对各种产业政策时,往往“心有余而力不足”。该制度的有效落实,需要实现该制度从规范性文件向法律升华,从“软法”转变为“硬法”,从“软约束”上升为“刚性约束”,以严厉的法律责任作为制度有效实施的坚强保障,把该制度融入《反垄断法》之中,夯实行政性垄断规制制度,强化竞争政策基础地位。是故,利用《反垄断法》修法之机,将“竞争政策基础性地位”和“公平竞争审查制度”融入反垄断法,实现公平竞争审查制度法治化和反垄断法的优化,从根本上化解公平竞争审查制度和反垄断法各自“单兵作战”,难以有效规制行政性垄断的状况;二者“珠联璧合”之后,既可以实现公平竞争审查制度对政府干预市场的刚性约束,又有利于进一步树立反垄断法的“经济宪法”地位,还有利于节约立法资源、减少执法成本和守法成本从而减少制度成本。[21]

而《反垄断法》毕竟是市场经济基本法,抽象、笼统是它的立法特征,公平竞争审查制度不可能在该部法律中纲举目张,还需要《公平竞争审查条例》甚至系列规章配套,最终形成完备的公平竞争审查法律体系。

4. “软硬兼施”丰富反行政性垄断执法工具箱

新修《反垄断法》将“约谈”制度纳入反垄断执法体系。其中,《反垄断法》增设第 55 条,规定:“经营者、行政机关和法律、法规授权的具有管理公共事务职能的组织,涉嫌违反本法规定的,反垄断执法机构可以对其法定代表人或者

---

〔20〕 我国现行《宪法》第 15 条规定:“国家实行社会主义市场经济。国家加强经济立法,完善宏观调控。国家依法禁止任何组织或者个人扰乱社会经济秩序。”按照笔者主张,未来应然的《宪法》第 15 条如此规定:“国家实行社会主义市场经济。国家确立和强化竞争政策基础地位,加强经济立法,完善宏观调控。国家依法禁止任何组织或者个人扰乱社会经济秩序。”

〔21〕 参见孙晋:《新时代确立竞争政策基础性地位的现实意义及其法律实现——兼议〈反垄断法〉的修改》,载《政法论坛》2019 年第 2 期。

负责人进行约谈，要求其提出改进措施。”有效的反垄断执法，真谛就是各利益相关方强有力的合作共治，无论是经营者还是行政机关，都在执法监管与治理中发挥举足轻重的作用。在监管方法论上，约谈鼓励执法部门充分利用被监管对象的组织能力和技术优势，通过激励性监管方法调动被执法者自我规制的内在动力。[22] 二者相向而行，形成监管合力，可以降低执法成本。政府执法资源被节约下来，可以重新优化配置，提高执法精准度和监管效能。

5. 执法机制上构建超级协同执法体制

现代谦抑包容监管的一个重要特征，便是注重执法协同合作和提高监管效益。市场垄断问题使越来越多企业因多元经营跨界竞争成为常态，而行政性垄断问题往往也涉及多个部门具有多面向，二者常常都需要不同监管部门多元共治。新布兰代斯理论认为，反垄断是一个多元综合规制体系，反垄断法只是反垄断众多工具中的一个，[23] 各监管部门之间既独立执法，又相互配合。《反垄断法》第 13 条规定，“国务院反垄断执法机构负责反垄断统一执法工作。国务院反垄断执法机构根据工作需要，可以授权省、自治区、直辖市人民政府相应的机构，依照本法规定负责有关反垄断执法工作”。该规定对执法协同并未提及。

笔者建议，增加规定行业主管部门反垄断监管与负责反垄断统一执法工作的市场监管部门之间的关系。该条的进步之处在于首次明确了“国务院反垄断执法机构负责反垄断统一执法工作”，并规定其可以“授权省级人民政府相应机构负责有关反垄断执法工作”，解决了反垄断执法权的纵向配置问题；但反垄断执法权的横向配置问题依然悬而未决，即负责反垄断统一执法的国务院反垄断执法机构市场监管部门与各个行业主管部门在反垄断监管方面发生监管重合和执法冲突时，权力如何配置的问题。在现实中，行业主管部门（如工业和信息化部、中国人民银行、国家金融监督管理总局、国家互联网信息办公室、商务部）的反垄断监管与市场监管部门的专业的反垄断执法是实现垄断行业/垄断行为监管的重要方式，两者的监管模式各有优势，但所依据的法律不同，制度功能、

[22] 参见［英］安东尼·奥格斯：《规制：法律形势与经济学理论》，骆梅英译，中国人民大学出版社 2008 年版，第 110～113 页。

[23] See Lina Khan, *The New Brandeis Movement: America's Antimonopoly Debate*, 9 Journal of European Competition Law & Practice 131 (2018).

监管标准以及规制方式等存在明显差异。因此,行业主管部门与反垄断执法机构在管辖权上存在交叉,不同部门依据不同法律制度共同适用同一企业同一行为,可能引发规制标准的双重化与复杂化,从而导致企业判断上的矛盾以及引发监管俘获和监管套利,还有可能造成执法冲突,进而损害反垄断规制的有效性和可预测性。尽管国家竞争政策与其他经济政策尤其是产业政策之间时有冲突,但竞争政策与产业政策相比应当更具有优先适用的基础地位。因此,笔者建议,赋予负责反垄断统一执法工作的国家市场监管部门更大的权限,有权对其他部门拟定的涉及反垄断事项的政策和规章提出修改建议或者进行政策协调的权力。在国务院层面建立垄断行业监管与反垄断执法协调机制,最节约成本的立法方式就是通过明确"国务院反垄断委员会"的充实的协调职能,从而确立反垄断法的"经济宪法"地位,同时也有利于减少反垄断执法内耗和监管成本,形成反垄断合力;更有利于市场主体提高竞争合规预期,减少监管套利和寻租,提升反垄断监管效能。鉴于此,笔者主张在该条增加一款作为第3款:"国务院反垄断委员会具有组织、协调、指导反垄断工作的职能,负责协调国务院反垄断执法机构与各部委在反垄断监管方面的职责重合与监管冲突,并协调与督促公平竞争审查工作。"

当然,以修法为载体的反垄断公共执行体制改革不可能"毕其功于一役",不宜追求一蹴而就。本次修法遵循"稳步推进"的基调值得肯定,后续反垄断公共执行体制改革与完善需要"小步快走"和"循序渐进",如此方可有效减少制度适应成本和尽量避免试错成本。

四、结　　语

强化竞争政策基础地位与优化产业政策是一个硬币的两面,包括公平竞争审查在内的广义的反垄断公共执行,理应注重二者的联动和协调,反垄断公共执行体制改革也应该围绕这一点具体展开,通过完善公共执行体制改革为强化竞争政策提供动力和保障。利用法治化赋能公平竞争审查制度,有力推进公平竞争审查,推动政府干预方式从"挑选胜者""扶持强者"转变为"建立竞争规则"、"维护公平竞争"和"扶持弱小"的发展轨道上来。这就要求持续有效推进行政性垄断规制和公平竞争审查,及时制止行政性垄断和加强对产业政策的优化,提高政府制定实施产业政策的公平竞争标准,为有效市场的发展提供良好的制度性基础设施。通过《反垄断法》渐进修订不断强化我国竞争政策法律地位,推进市场治理现代化。[24] 有为政府应坚持制度集成创新,加强反垄断执法体制改革和公平竞争审查制度创新,赋能反垄断执法力量,加大反垄断执法力度,切实推动公平竞争政策落实,推动有效市场和有为政府更好结合,助力高质量发展。

Reform and Functional Reshaping of China's Antimonopoly Enforcement System under the Perspective of Strengthening Competition Policy

Sun Jin

Abstract: In the context of strengthening the fundamental status of competition policy, which has become China's development strategy, antimonopoly enforcement and fair competition review, as the main paths to strengthen competition policy, are related to the realisation of high-quality development and common prosperity through fair competition. As the existing antimonopoly law enforcement is limited in regulating administrative monopolies, and the rigid constraints of the fair competition review system in regulating and optimising industrial policies are insufficient, both of them rely on the amendment of the Antimonopoly Law to complete the reform of the antimonopoly law enforcement system and the entry of the fair competition review system into the law, and to establish the law enforcement functions of the Antimonopoly Committee of the State Council, so that progressive and appropriate amendments can be achieved at the same time. Proper amendment of the law can simultaneously realise the empowerment of anti-monopoly law enforcement and the rule of law for fair competition review, both of which will promote the organic combination of an effective market and a competent government, and contribute to high-quality development.

---

〔24〕 参见张守文:《反垄断法的完善:定位、定向与定则》,载《华东政法大学学报》2020年第2期。

Key words: Strengthening Competition Policy; Antimonopoly enforcement; Fair Competition Review; Industrial Policy; Anti - Monopoly Committee of the State Council

拒绝交易行为的反垄断法调整方法

——兼评关键设施理论的缺陷

许光耀*

内容摘要：

支配企业从事拒绝交易行为，在一定条件下构成支配地位滥用行为。在具体条件的确定上，美国判例法上没有能够形成明确规则，其必需设施理论既不完整也不透彻。相比之下，欧盟的相关判例法更加成熟，并且与反垄断法的原理高度契合，因此应成为研究的主要对象。根据欧盟微软案判决所形成的判例法，支配企业的拒绝交易行为在同时满足以下要件时，应认定其非法，强制其进行交易：(1)所拒绝的产品是进入相邻市场从事有效竞争所必需；(2)拒绝行为会消除后一市场上的有效竞争；(3)拒绝行为没有合理理由；(4)如果拒绝的标的是一项知识产权，则须另外满足新产品要件，即拒绝行为会阻碍“具有潜在消费者需求的新产品”的出现。

关键词：

反垄断法　拒绝交易　必需设施　支配地位滥用

在民商法上，企业拥有契约自由，有权决定是否进行交易，以及交易的对象与条件。但如果行为人拥有市场支配地位，则其自由会受到反垄断法的限制。《反垄断法》第22条第1款第3项规定，“禁止具有市场支配地位的经营者从事下列滥用市场支配地位的行为……(三)没有正当理由，拒绝与交易相对人进行交易”。这一条文过于简略，不能只从字面含义来理解，否则支配企业将不能拒绝任何一笔交易，这将对其经营自由构成过度损害。与其他支配地位滥用行为类型一样，支配企业的拒绝交易也仅在对竞争产生损害的情况下才会构成垄断

---

* 广西大学法学院教授。

行为,至于其具体认定标准与分析方法,欧盟与美国在反垄断法上都进行了长期摸索,可以作为研究的对象。总体来说,美国的必需设施理论尚未发育完整,而欧盟的相关判例法则已进入成熟状态。

一、美国判例法上的模糊与冲突

支配企业拒绝交易在一定条件下构成支配地位滥用行为,因此应当遵循支配地位滥用行为的一般调整方法。美国反垄断法虽然历史悠久,但在拒绝交易行为的调整方法上却出现了严重的不和谐:一方面,其判例法上经过长期发展,澄清了对支配地位滥用行为进行反垄断分析的一般方法;另一方面,针对拒绝交易行为的调整却脱离了上述一般方法,在联邦巡回法院的司法实践中形成了所谓必需设施理论,这一理论与一般方法并不能严密契合,同时又与美国联邦最高法院的相关判例存在冲突,而在美国学术研究中,似乎没有意识到这些矛盾的存在。

(一)美国法上关于支配地位滥用行为的一般分析方法

美国法上,关于支配地位滥用行为的规定始于《谢尔曼法》第 2 条:"任何人从事垄断力滥用行为,或企图垄断,或与他人联合、共谋垄断州际的或与外国间的商业和贸易,将构成重罪……"该条禁止 3 种行为类型,即垄断力滥用行为(monopolize),企图垄断行为(attempt to monopolize),以及联合或共谋垄断行为(combine or conspire to monopolize)。其中,"垄断力滥用行为",是指对既有垄断力的利用,相当于我国法与欧盟法上的"支配地位滥用行为";而"企图垄断"行为则是指尚不拥有支配地位的企业,完全通过排斥竞争者的手段获得支配地位(垄断力),我国法与欧盟法上没有对应的行为类型。[1]《谢尔曼法》颁布时人们对反垄断法理的理解有限,只规定了行为的类型,其实体内容主要是通过判例法发展起来的。

1966 年"United States v. Grinnel Corp. 案"判决中,美国联邦最高法院对《谢尔曼法》第 2 条进行了解释,但并不透彻。它认为垄断力滥用行为的认定需要满足以下两个条件:"行为人(1)在相关市场上拥有垄断力;(2)故意地获得

〔1〕 对于"联合与共谋垄断",美国判例法上与学术研究中都没有给予过多关注,从法理上说,应相当于"共同支配地位滥用行为"。

或维持这种力量，而不是由于其产品优越、经营灵活或偶然的历史机遇所导致的增长给它带来这力量。"[2]依据第一个条件，行为人应具有垄断力，而所谓"垄断力"是指"控制价格或排除竞争的力量"，[3]在我国法与欧盟法上，拥有这种力量的地位称为市场支配地位。非支配企业提高价格会导致消费者大量流失，自身利润减少，不能称为"控制价格"。第二个条件则是阐明"滥用行为"的认定标准，即它将导致"获得或维持力量"，也就是说，该行为将人为地为当事人带来支配地位，或使其原有的支配地位得以免受竞争的压力，从而人为地延续下去。

上述第一个条件相对容易理解，对于第二个条件，以后的判例不断进行补充，但直到2001年的"美国微软案"[4]判决仍然不能达成透彻的解释：(1)原告应证明支配企业的行为有反竞争效果，即它"必须对竞争过程产生损害，并从而损害消费者"，而"如果该行为只是对一个或多个竞争者产生损害，则不能得出上述判定"；(2)如果"被告可以证明其行为具有促进竞争的理由……能够带来更大的效率，或增进对消费者的吸引力"，则认定其合法；(3)如果被告抗辩成功，则原告还可以证明，该行为的反竞争损害超过了其促进竞争的好处，因而应认定其非法；然后再由被告对此进行抗辩。[5]

与"United States v. Grinnel Corp. 案"的判决相比，"美国微软案"的分析过程明确划分为3个步骤，其中第一个步骤是证明当事人拥有支配地位。第二个步骤可以称为"滥用行为的认定步骤"，支配企业的行为如果"对竞争过程产生损害"，则认定为滥用行为。后面两个条件则构成第三个步骤，即当事人如果能够证明其滥用行为"具有促进竞争的理由"，并且没有超出"促进竞争所必需的限度"，则认定其合法。

但这一表述尚不能够透彻体现反垄断法的基本思维方式。反垄断法的目的在于增进效率，而非维护竞争。在通常情况下，竞争有助于增进效率，因为在竞争压力下，经营者只能通过扩大产量、降低价格的方式增加利润，最终将增进产出效率与创新效率。但在有些情况下如果对竞争施加限制反而能够增进效

---

〔2〕 See United States v. Grinnel Corp. ,384 U. S, 563 ,570 – 571(1966).

〔3〕 See United States v. Grinnel Corp. ,384 U. S, 563 ,570 – 571(1966).

〔4〕 See United States v. Microsoft Corp. , 253 F. 3d at 58(D. C. Cir. 2001).

〔5〕 See United States v. Microsoft Corp. , 253 F. 3d at 58(D. C. Cir. 2001).

率,则应认定其合法。因此,反垄断法上衡量行为合法性的标准是其对效率的影响,而不是对竞争的影响。依据这一思维方式,上面第三个步骤应当考察的是效率:如果当事人的垄断行为是增进效率所必需,则应认定其合法。而在"美国微软案"判决中,后两个步骤所关注的都是"竞争",而不是"效率",这导致一个无法回避的逻辑困难:同一个行为如何会在"对竞争过程产生损害"后,又会"具有促进竞争的理由"?

但如果进一步解剖则可以发现,该判决所关注的实质内容其实并不仅限于"竞争":(1)第二个步骤关注的是对"竞争过程"的损害,即对"市场的竞争性"的损害,而不是对个别竞争者的损害。损害"竞争过程"意味着给当事人带来提高价格的能力,而提高价格将损害效率,"从而损害消费者",因此这一步骤虽然关注的是竞争,但本质上是在采用"效率标准"。(2)第三个步骤实际关注的并不是竞争,而是该行为能否"带来更大的效率,或增进对消费者的吸引力",因此这同样是在采用"效率标准"。"竞争"与"效率"原本是两回事,但判决书的表达没有摆脱哈佛学派的话语体系的影响,硬性将"效率"理解成"竞争"的表现形式,把"带来更大的效率"作为"促进竞争"的体现;明明是在考察对"效率"的影响,但偏偏冠以"竞争"的名义,这严重阻碍了其理解的透彻性。如果将"竞争"与"效率"明确区分开来,分别纳入不同考察环节,则一切都清晰了:(1)支配企业的行为如果破坏竞争性的市场结构,因而有可能损害效率,应推定其非法。(2)但当事人如果能够证明其行为实际上是用于增进效率,而没有损害效率,则认定其合法。行为的合法性并不取决于其对竞争的影响,而取决于效率是由此得到增进,还是减少。"破坏竞争性的市场结构"与"促进竞争"自相矛盾,但与"增进效率"却是相容的。通过判例法来发展法律具有灵活性,但其语言及条理缺乏成文法那样的严谨推敲,经常出现逻辑及表达上的瑕疵。

(二)必需设施理论

按照支配地位滥用行为的一般分析方法,支配企业从事拒绝交易行为时,也应按照以上步骤进行分析:(1)如果这一拒绝行为破坏相关市场的竞争性结构,则认定为垄断行为,推定其非法。拒绝交易行为涉及两个市场,在上游拥有支配地位的企业通过拒绝交易,可以消除下游市场上的竞争,从而在下游市场获得第二个支配地位。因此,所谓损害"竞争性市场结构",是指损害下游市场的结构。(2)但当事人如果能够证明该行为能够增进效率,则认定其合法。拒绝交易行为是诸多滥用行为的一种,应当采用同样的分析框架。

但在美国司法实践中,针对拒绝交易行为却出现了另一套调整方法,被称作"必需设施理论",这一理论产生广泛影响,并引起中国学界关注,但它并不能与上述一般方法有机融合;不仅如此,这一理论主要形成于美国联邦巡回法院的实践中,并未得到联邦最高法院的明确采用,而且与联邦最高法院的相关判例存在抵触。这种混乱是有必要消除的,但美国学术研究中似乎并未给予高度的重视。

1. 必需设施理论的起源:1912 年"圣路易斯铁路终端案"[6]

该案被告为美国圣路易斯市由多家铁路运输公司成立的协会。经密西西比河进入圣路易斯地区有一处轮渡渡口以及两座铁路桥,要从事跨河铁路运输,必须采用这 3 种方式中的一种。该协会的成员对上述渡口和其中一座铁路桥拥有控制权,并试图对另外一座铁路进行收购,根据协会成员间的约定,收购成功后,所有会员有权以比较低廉的价格使用这些通行设施,这将使成员外的竞争者处于不利的竞争地位,最终将被排除出下游的跨河铁路运输市场。联邦最高法院认为,这项合并发生后,所有的跨河通行方式均处于协会成员控制之下,将成为"必需设施"。

该案是一个企业集中案件,并未实际发生拒绝交易行为,因此法院的判决并不涉及对拒绝行为的认定,而只限于明确"必需设施"拥有人有不得拒绝交易的义务,并对"必需设施"的认定提供了明确的要件。依据该判决,经营者的产品或设施如果满足以下要件,则构成必需设施:(1)该设施是请求人进入下游市场所必不可少的,不存在其他替代性方法。该案中,跨河运输的方式只有 3 种,全部在协会成员控制之下,并无替代性方法。(2)该设施是无法复制的。这可以看作对第一个要件的补充,即不仅目前并不存在替代性方法,其他人也无法另行新建替代性方法。该案中,由于位处山区,地形崎岖,导致既无法修建新的铁路桥梁,也无法建设新的渡口。因此在该案中,两个要件均得到满足。

2. "MCI 诉 AT&T 案"[7]与必需设施理论的内容

联邦第七巡回法院审理的"MCI 诉 AT&T 案"形成了必需设施理论的具体内容。该案中,原告 MCI 是一家通信服务运营商,但这种服务须接入各地的电信传输设施,才能为当地的消费者提供服务。在美国,经营电信传输设施须得

---

[6] See United States v. Terminal Railroad Associations, 224 U. S. 383.

[7] See MCI Communications v. AT&T Co. , 708 F. 2d 1081(1983).

到政府授权,并且每个地区只授权一家企业。美国大部分地区的地方电信传输设施均由 AT&T 控制,AT&T 是这些地区的唯一经营者。但 AT&T 在经营电信传输设施的同时,也在下游从事通信服务,与 MCI 存在竞争关系。MCI 请求按市场价格接入 AT&T 的下游设施,但被拒绝,导致 MCI 无法向消费者提供通信服务。MCI 遂提起诉讼。

联邦第七巡回法院判决中,对必需设施理论的内容进行了全面梳理。根据法院判决,如果满足以下 4 个条件,则设施拥有人不得拒绝交易,否则违反《谢尔曼法》第 2 条:(1)必需设施被某个垄断者所控制。在该案所涉地域内,电信传输设施提供商只有 AT&T 一家,因此后者是垄断者。(2)竞争者没有能力对该项设施进行复制,或无法合理地将其复制。该案中,建设替代性设施需要国家授权,得不到授权则无法复制,并且其建设成本高昂,需要铺设几百万英里的线路,MCI 即便能够复制,其服务价格也将高到消费者无法承受,因此这种复制不具有合理性。(3)拒绝让竞争者利用这一设施。该案中显然发生了这种拒绝行为。(4)提供该设施具有可行性。[8] 该案中,AT&T 未能提出合理理由,说明其拒绝行为具有正当性。

3. 对必需设施理论的评析

可以看出,必需设施理论的形成有其独立的过程,它只针对拒绝交易行为,而忽略了后者是支配地位滥用行为的一种,没有将其融入后者一般调整方法的大框架中去;与一般分析方法相比,它采用列举要件的方式来形成规则,但未能对各要件的含义与意图进行细致阐释,未能呈现反垄断法的法理与逻辑,因此有可能出现偏差。需要将其与经由"United States v. Grinnel Corp. 案""美国微软案"所阐明的支配地位滥用行为的一般方法进行比较,来阐明其法理依据,同时发现其中存在的严重缺陷。

(1)第一个要件是"必需设施为垄断者所控制",而对于"必需设施"的含义,则应依据圣路易斯铁路终端案判决来理解,即"该设施是请求人进入下游市场的所必不可少的"。其实"必需设施"与"为垄断者所控制"属于同义反复:其

---

〔8〕 英文原文为:(1) control of the essential facility by a monopolist; (2) a competitor's inability practically or reasonably to duplicate the essential facility; (3) the denial of the use of the facility to a competitor; and (4) the feasibility of providing the facility。See MCI Communications v. AT&T Co., 708 F. 2d 1081(1983)。

控制者之所以成为垄断者，是由于该设施为他人所必需，而既然是他人所必需，不存在替代性方式，设施所有人便拥有支配地位，即成为垄断者。因此必需设施理论的第一个要件与一般分析方法的第一个步骤是一致的，实质上是要认定拒绝行为人在设施所在市场上拥有支配地位。

（2）“不可复制”要件则是“必不可少”要件的组成部分，不足以成为独立的要件。所谓不可复制有两种情形：一是像圣路易斯铁路终端案中那样，由于地理原因，不具备复制桥梁或渡口的客观条件；二是像“MCI 诉 AT&T 案”中那样，复制需要付出大量成本，最终将导致其服务价格不具竞争性。如果对该设施可以按竞争性的成本进行复制，则意味着该设施并非“必不可少”，因此并不构成必需设施。

（3）“实施了拒绝交易行为”要件聚焦拒绝行为的存在，而忽略了对其竞争效果的考察。相比之下，一般分析方法的第二个步骤则要求证明当事人的行为对“竞争过程”产生损害。支配企业从事具有排斥性的行为，仅当其对“竞争过程”产生损害时才会构成垄断行为，而“实施了拒绝交易行为”要件则只关注行为的发生，缺失对损害竞争的分析，因而是不完整的。

实际上“MCI 诉 AT&T 案”判决本身并未忽略竞争效果的考察，它认识到通过拒绝行为，AT&T“可以将支配力量从一个市场传导到另一个市场”，[9]意思是，该案通过拒绝交易阻止他人进入下游通信服务市场，从而在这一市场获得支配地位，这表明它实际关注的同样是结构性损害，而不是对某一个竞争者的损害。但其对要件的表达方式则没有体现这一点，并指向了相反的方向。

（4）“提供该设施具有可行性”要件的含义过于狭窄。根据“MCI 诉 AT&T 案”判决，所谓“可行性”是指是否存在“贸易或技术上的限制性因素”，如在产能仅够自身使用的情况下，即有权拒绝交易。[10] 相比之下，根据一般分析方法的第三个步骤，更普遍的抗辩理由是效率理由，即如果垄断行为“能够带来更大的效率”，则应认定其合法。因此，对所谓“具有可行性”的含义应作扩充解释，将其理解为“当事人无法为其拒绝交易行为提供合理理由”，包括“贸易与技术上的限制”的理由，也包括“增进效率所必需”的理由。在该案判决时，芝加哥学派已经占据主导地位，但该案判决中没有体现出受该派的影响。

---

〔9〕 See MCI Communications v. AT&T Co. , 708 F. 2d 1081(1983).

〔10〕 See MCI Communications v. AT&T Co. , 708 F. 2d 1081(1983).

通过上述比较可以发现,必需设施理论与滥用行为一般分析方法在理念和方向上是一致的,但缺失了部分内容,因而无法完整反映反垄断法的逻辑,尤其是在垄断行为的认定环节,没有采用“破坏竞争过程”(破坏竞争性市场结构)标准,而是采用“拒绝某个竞争者”标准:依据该理论,只要拒绝“某个”竞争者利用其必需设施(the denial of the use of the facility to a competitor)即属于滥用之列;而且在对必需设施的认定上,也是以该竞争者(a competitor)能否复制为标准,无论这个竞争者多么无足轻重。这不符合对支配地位滥用行为进行调整的法理基础。拒绝交易行为涉及上下游两个市场,其主要竞争损害在于,当事人利用在上游市场的支配地位,阻止他人进入下游市场与其竞争,从而破坏下游市场的竞争性结构。但如果当事人只从事少量的拒绝交易行为,不足以破坏下游市场的结构,则不足以构成垄断行为。因此一般分析方法体现着反垄断法的法理,所保护的是竞争性市场结构,而必需设施理论则似乎旨在保护竞争者个体,与法理是相违背的。

(三)“Aspen Skiing 案”[11]判决的误差

美国联邦最高法院虽在“圣路易斯铁路终端案”中提出“必需设施”概念,但至今尚未在拒绝交易案件中采用必需设施说,其关于拒绝交易行为的主要判例是“Aspen Skiing 案”,而这一判例的误差比必需设施理论更大,并且与“美国微软案”等形成的一般分析方法不相关,并得出了错误的结论。

1.“Aspen Skiing 案”判决的分析过程

Aspen 是美国科罗拉多州的一处滑雪圣地,共有 4 个山头滑雪场,有 2 家企业在此经营滑雪服务,其中 Ski Co. 拥有 4 个山头中的 3 个,Highland 则拥有另外一个。2 家公司以前进行联合经营,共同采用一张联票,滑雪者购买联票后,可以随意在这 4 个场地中滑雪,然后 2 家公司根据各场地的实际使用量对收入进行分成。20 世纪 70 年代后期,Ski Co. 对分成方法不再满意,因而终止了这一合作。此后 Ski Co. 推出只包含自己 3 个场地的联票,拒绝让对方的游客进入自己的场地。在不同山头间有缆车连接,但 Ski Co. 拒绝开通自己场地与 Highland 的场地间的缆车,对方提出以游客的价格购买缆车车票也不行。Highland 遂依据《谢尔曼法》第 2 条提起诉讼,认定其“终止合作的行为”构成拒

[11] See Aspen Skiing Co. v. Aspen Highlands Skiing Corp. , 472 U. S. 585 (1985).

绝交易，是对其垄断力的滥用。[12]

美国联邦最高法院认为，企业一般并无帮助竞争者的义务，但“Aspen Skiing 案”的被告“单方面终止自愿（因此可能是有利可图的）交易过程表明，它是在放弃短期利润以实现反竞争目的”。[13] 根据“Aspen Skiing 案”判决，支配企业的拒绝交易行为在满足以下条件时，应认定其非法：(1)单方面终止了自愿且有利可图的交易过程；(2)被告即使在获得零售价格补偿的情况下也拒绝发展商业关系，这表明其行为具有反竞争性；(3)拒绝向对手提供已在零售市场上向其他客户销售的产品（这里是指缆车互通服务）。[14]

2. 对“Aspen Skiing 案”判决的评析

很容易发现，“Aspen Skiing 案”判决所确立的要件并不符合反垄断法理，其认定当事人行为非法的主要理由，是对其行为动机的猜测，而不是对其竞争效果的考察。

(1)该判决未能清晰描述被告的行为过程及其损害竞争的方式。实际上，该案中 Ski Co. 有 2 项拒绝交易行为：一是拒绝继续以往的联合经营；二是拒绝提供缆车互通。判决没有将这两种行为区分开来，这表明它并不明了拒绝交易行为的一般运行方式及其竞争影响。拒绝交易是一种纵向关系，拒绝人与请求人互为交易相对人，这种行为的运行涉及上下游两个市场，拒绝行为人的产品处于上游市场，被拒绝人购买该产品的目的，是在下游市场从事竞争，因而拒绝交易行为可能影响的是下游市场上的竞争。但该案中，Ski Co. 拒绝继续合作的行为只涉及一个市场：两家公司是滑雪服务市场的竞争者，合作经营所从事的服务仍然是滑雪服务，并不存在上下游两个市场；不仅如此，双方以前的联合经营合作消除了彼此间在滑雪服务上的竞争，因而拒绝继续合作并未对竞争产生限制，因为这种竞争原本并不存在，恰恰相反，拒绝行为反而恢复了合作之前原

〔12〕 See Aspen Skiing Co. v. Aspen Highlands Skiing Corp., 472 U. S. 585 (1985), p. 585 – 590.

〔13〕 See Verizon Common's Inc. v. Law Offices of Curtis V. Trinko, LLP, 540 U. S. 409, 124 S. Ct. 872, 157 L. Ed. 2d 823 (2004).

〔14〕 在 2004 年第九巡回法院“MetroNet Service Corp. 案”判决中，对“Trinko 案”和“Aspen Skiing 案”进行比较，认为后一案件中确立的 3 个要件如上。See MetroNet Service Corp. v. Qwest Corp., 383 F. 3d 1124, 1131 (9th Cir. 2004).

有的竞争:Highland 的场地更少,服务品质低于对方,应当降低价格以吸引消费者,并由此反过来对 Ski Co. 的定价也造成竞争压力,这种局面对消费者是有益的。实际上这时首先应当审查的,反倒是该项联合经营是否具有垄断协议的效果。

(2)“Aspen Skiing 案”判决最终所要保护的是劣势竞争者,而不是效率,甚至也不是竞争性的市场结构,因而倒退到哈佛学派之前的认识水平。判决似乎认为,终止合作对小企业 Highland 产生了排斥,因而构成垄断行为。这与“美国微软案”的判决有很大不同,因为后者特别强调,要认定为垄断行为,当事人的行为必须对“竞争过程”产生损害,而不只是“对某一个或多个竞争者产生损害”。市场结构仍然是竞争性的,所有经营者均无提高价格的能力,则反垄断法没有必要干预,何况在“Aspen Skiing 案”中,终止合作行为对劣势竞争者 Highland 并无排斥效果,因为在合作期间,双方当事人并无竞争。这项合作并不是 Highland 与 Ski Co. 进行竞争的手段,相反却是消除彼此间竞争的手段。

(3)该案中真正构成拒绝交易的,是 Ski Co. 拒绝共享缆车的行为。这一行为涉及两个市场:上游为缆车互通服务市场,下游则是滑雪服务市场。这与拒绝继续合作的行为是互不相同的两个行为,“Aspen Skiing 案”判决将二者混同为一体,没有作出准确的定性。

如果援引“美国微软案”判决所体现的法理,很容易将 Ski Co. 拒绝缆车共享的行为认定为非法:(1)乘坐缆车是在山头间转换的唯一有效方式,而在这一市场上,被告无疑拥有支配地位。(2)拒绝共享缆车的行为将在下游滑雪市场上清除唯一的竞争者 Highland,毁灭市场结构的竞争性。来到 Aspen 的游客不会满足于只享用一个山头,因此这一拒绝行为将把 Highland 的场地排除在消费者选择之外,因为既无法从这里转向其他山头,也无法从其他山头转向这里。这将给 Ski Co. 造成支配地位,从而产生损害效率的可能性。(3)被告无法提供合理理由进行抗辩。拒绝共享缆车不能产生效率,相反,它减少了消费者的选择范围,并使原告的产能得不到利用的机会,因而是损害效率的。因此,在该案中,应强制被告开放缆车服务,以便在滑雪市场上恢复竞争性的结构,而不是要求其恢复以前的合作。

(四)对美国相关实践的小结

美国反托拉斯法是世界最早的反垄断法,但从以上回顾可以发现,其关于拒绝交易行为的反垄断分析方法十分混乱,未能形成统一的规则。首先,有关这一行为类型的司法实践严重脱离支配地位滥用行为的一般分析方法,这导致必需设施理论出现误导性缺陷,并且无法呈现其法理内涵,也不能反映拒绝交易行为的运行方式;其次,联邦最高法院的判决甚至游离到反垄断法思维方式以外,虽然就权威性而言,“Aspen Skiing 案”判决似乎应当具有先例的效力,但其合理性甚至远逊于必需设施说。这是很令人感到奇怪的,因为“Aspen Skiing 案”判决发生在“MCI 诉 AT&T 案”判决之后,似乎本应受到后者的一些启发。相比之下,美国判例法上对支配地位滥用行为一般分析方法的提炼更具有借鉴价值,这种一般方法虽然并非专门针对拒绝交易行为,但拒绝交易行为的分析过程同样应遵循这一方法。

二、欧盟判例法上的成熟规则

《欧盟运行条约》第 102 条规定:“一个或多个企业滥用其在共同市场上(或在其重大部分中)的支配地位,如果有可能影响成员国间的贸易,则被视为与共同市场不相容而被禁止。”接下来对典型的滥用行为类型进行重点列举,包括过高定价、限制产量与技术开发、歧视待遇、搭售等,其中并不包括拒绝交易行为。但这一列举并非穷尽性的,因此并不妨碍将拒绝交易认定为滥用行为,但必须符合一定的条件。这些条件同样是通过判例发展起来的。总体来说,有关拒绝交易行为的规则经由“Magill 案”〔15〕“Bronner 案”〔16〕“IMS 案”〔17〕的判决一步步发展,到 2007 年“欧盟微软案”〔18〕判决已经相当成熟并基本定型,而美国法上似乎没有给予足够的关注。这种疏忽是应当引以为鉴的。

〔15〕 See Case No. T. 69/89 [1991] 4 CMLR 586.

〔16〕 See Oscar Bronner GmbH & Co. KG v. Mediaprint Zeitungs-und Zeitschriftenverlag GmbH & Co. KG, Mediaprint Zeitungsvertriebsgesellschaft mbH & Mediaprint Anzeigengesellschaft mbH & Co. KG. Case C - 7/97 [1998] ECR 7791 (ECJ).

〔17〕 See IMS Health GmbH & Co OHG v. NDC Health GmbH & Co KG, C 418/01 [2004] ECR Ⅰ - 5039 (ECJ).

〔18〕 See EC Microsoft [2007] E. C. R. Ⅱ - 3601.

(一)"欧盟微软案"[19]评析

Novell、Sun、Linux 等 10 余家企业是工作组服务器操作系统(以下简称工作组系统)供应商,其产品必须能够与微软的 Windows 系统很好地兼容,才能满足消费者的需求。微软起初并不经营这种产品,因而积极向这些企业提供与 Windows 系统兼容所需的信息,这些信息构成数据库,受著作权保护。但在其自身的工作组系统成长起来之后,微软便拒绝授予这种许可。1998 年,Sun 公司的请求遭到拒绝后,向欧盟委员会投诉,后者认定微软的拒绝许可行为违法。微软不服,向欧盟初审法院提起诉讼。

2007 年 9 月 18 日欧盟初审法院作出判决,认为微软的拒绝许可如果满足以下 4 个条件,则构成支配地位滥用行为,应强制其进行许可:(1)所拒绝的产品是进入相邻市场从事"有活力的竞争"所必不可少的;(2)这一拒绝行为会消除后一市场上所有的"有活力的竞争";(3)这一拒绝行为会阻碍"具有潜在消费者需求的新产品"的出现;(4)这一拒绝行为没有合理理由。[20]

欧盟对支配地位滥用行为的调整方法与美国是一致的,也须经过 3 个步骤:(1)认定当事人是否拥有支配地位;(2)考察涉嫌当事人的行为是否构成垄断行为,这取决于行为对竞争过程的影响,而不是对个别竞争者的影响;(3)积极效果的考察步骤,该垄断行为如果是增进效率所必需,则认定其合法,否则应予以禁止。这与"美国微软案"所确立的一般分析方法没有本质区别。但在拒绝交易行为的分析方法上,"欧盟微软案"的判决却没有采用这样的套路,而像美国必需设施理论一样,采用了要件式的表达。总体来说,其 4 个要件可以分为 3 组:第一个要件相当于支配地位认定步骤,第二个要件是对垄断行为的认定步骤,第三、第四要件则属于效率考察步骤。

1."必不可少"意味着当事人在上游市场拥有支配地位。"欧盟微软案"中,将上游市场界定为电脑操作系统市场,并认定 Windows 系统在此拥有支配地位,微软对此没有异议。但准确地说,相对人的直接需求是"将工作组系统与 Windows 系统相兼容所需要的信息"(以下简称兼容性信息),将这些信息界定为上游相关市场更适当一些。微软在这一市场上同样拥有支配地位:(1)消费者在决定购买哪一种工作组系统时,决定性的因素是其与 Windows 系统的兼容

---

〔19〕 See EC Microsoft [2007] E. C. R. Ⅱ -3601.

〔20〕 "IMS 案"判决第 332 段、第 333 段。See EC Mocrosoft [2007] E. C. R. Ⅱ -3601.

度；(2)案情表明，只有微软自身的兼容性信息可以提供足够的兼容度。因此，这些兼容性信息的许可是其他工作组系统有效运行所必需的，没有其他方法可以替代，这使微软在兼容性信息著作权许可市场上拥有支配地位。

2."消除有活力的竞争"要件则对行为的竞争效果进行考察。拒绝交易行为的竞争影响发生在下游，在该案中，即为工作组系统市场。所谓"有活力的竞争"即有效的竞争，拒绝交易行为如果消除下游市场的有效竞争，将为行为人带来支配地位。所以这里认定垄断行为的依据是其对市场结构的影响。如果只针对少量交易实施拒绝行为，则不足以破坏下游市场的结构，不构成垄断行为。

3.但垄断行为只意味着带来损害效率的可能性，而不是必然性。第四个条件即"合理理由"要件提供了抗辩机会。当事人如能证明其垄断行为是增进效率所必需，则应使其合法。这相当于第三个步骤。

根据欧盟法，支配地位滥用行为的抗辩理由主要有两类：(1)客观合理性抗辩，如产能用尽等。微软的兼容性信息不存在产能的局限，因此无法采用这一抗辩理由。(2)效率抗辩。这又有两种类型。①对多数产业来说，市场过程的最终目的是"产出最大化"。垄断行为之所以需要审查，是因为它增强了当事人的力量，给其带来提高价格、减少产出的可能性，但如果这一力量实际上被用于增进产出，而不是用来提高价格，则应使其合法。②创新效率。如加速新产品、新技术的研发等。这是不同于"产出最大化"的另外一种效率，不以产出是否增加为衡量标准。垄断行为所增强的力量如果是加速创新所必需的，则应使其合法。"欧盟微软案"中，被告未能提出上述任何一种抗辩。

4.新产品要件本质上是对"创新效率"的考察方式，仅当拒绝交易的客体是知识产权时，这一要件才适用。知识产权是激励创新的机制，其采用的激励方式便是授予一定期限的排他权，由权利人利用这一排他权，到市场上充分回收其创新投入。反垄断法并不试图减损知识产权的价值，哪怕这项权利的存在会破坏市场结构的竞争性，给其带来提高价格的能力。因此当拒绝交易的客体是知识产权时，不能单纯基于"消除有效竞争"的原因而认定其非法，也就是说，拒绝知识产权许可的行为如果只满足前3个要件，并不构成滥用行为。

但维护创新最终仍然是为了消费者利益。如果请求人打算推出的产品与知识产权人的产品不同，能够满足消费者的额外需求，而这些需求知识产权人的产品满足不了，则应强制知识产权人开放其权利，让该产品有机会呈现到消费者面前，从而使消费者的这些额外需求得到满足；不仅如此，这些新的价值是请求人创造的,后者也有权获得这部分回报,以激励其从事自己的创新。不能因为对前一创新的保护,而妨碍了进一步的创新。因此,应强制权利人进行许可,而在许可过程中,权利人的创新投入可以通过向请求人收取许可费的方式回收,其正当利益并未受到损害。

"新产品"的衡量标准不是看技术的新颖性,而是看其与微软的产品相比,是否存在足以影响消费者选择的差异。"欧盟微软案"中被告提出,Sun 公司等打算推出的也是工作组系统,是对微软工作组系统的复制,但欧盟初审法院指出,竞争者的工作组系统有的比微软的更快捷,或功能更强,许多消费者更愿意选择这些产品,因此这些产品构成"新产品"。但由于微软的拒绝交易行为损害了其他工作组系统的兼容度与安全性,消费者只好放弃这些愿望,这使消费者对于快捷、功能的需求得不到满足,并使竞争者的生存受到威胁,更剥夺了其创新的机会,最终使消费者的利益受到损害。

"欧盟微软案"的判决便是依据这 4 个要件作出的:(1)微软的兼容性信息是进入下游工作组系统市场造成有效竞争所必不可少的;(2)拒绝许可行为将消除后一市场的有效竞争;(3)微软没有提出合理的抗辩理由;(4)竞争者的产品不是对微软的工作组系统进行复制,而是拥有许多特点,这些特点能够影响消费者的购买选择,因此构成"新产品"。最终认定微软的拒绝许可行为非法。

但如前所述,如果换成支配地位滥用行为一般分析方法的表达方式,可能更透彻一些:(1)微软公司在上游兼容性信息市场上拥有支配地位;(2)其拒绝许可行为将消除下游工作组系统市场的竞争性结构,使其在这一市场上拥有支配地位,带来损害效率的可能性,因而应认定为垄断行为,推定其非法;(3)微软公司无法证明其行为是增进效率所必需,也没有产能用尽等其他合理理由,其抗辩不能成立。因此,应强制其开放许可,以使下游市场上恢复竞争性的市场结构,促进产出增加、价格降低,与此同时也增进创新效率,因为其他人的工作组系统各有自己的创新因素,能够满足消费者的不同需求,最终对消费者是有利的。

(二)欧盟法与美国法的比较

可以看出,在拒绝交易行为的调整方法上,欧盟竞争法所形成的规则内容全面、逻辑清晰、法理透彻、可操作性强,这与美国法上的混乱状态形成鲜明对比。究其原因,在于欧盟法所形成的要件体系能够紧密依托滥用行为的一般调整方法,始终与其保持一致,而美国法未能做到这一点。比如,"Aspen Skiing

案”的判决既没有进行支配地位的认定，也没有进行竞争效果的考察，甚至偏离了反垄断法的基本理念，最终形成了错误的判决结论：它只应要求被告开放其缆车互通，而不应要求其恢复此前的联合经营。

与“Aspen Skiing 案”判决相比，必需设施理论并未发生方向性的偏离，但与欧盟的要件体系相比，缺失了对行为竞争效果的考察，也没有能够突出拒绝交易行为的基本特点，即它涉及上下游两个市场，而根据欧盟的第 3 个要件很容易了解，拒绝交易行为的竞争影响发生在下游市场，而且仅当其消除该市场的有效竞争，即损害该市场的竞争性结构时，才构成滥用行为。而必需设施说的要件表达则体现不出这样的含义，其所关注的主要是拒绝行为的发生，而不是对市场结构的破坏。此外，欧盟竞争法上根据拒绝交易的客体之差异，形成不同的规则：当拒绝的客体为知识产权时，需要满足“欧盟微软案”所明确的 4 个要件，才能强制其进行交易；而如果拒绝的客体为一般财产权，则只需要满足前 3 个要件，并不需要满足“新产品”要件。必需设施理论则没有考虑到这种区分，对知识产权拒绝许可行为没有针对性。因此与欧盟的规则相比，必需设施理论处于一种发育不完全的状态，而欧盟的规则则是必需设施理论的理想状态。

三、我国相关立法的完善方法

再次回到我国《反垄断法》第 22 条的规定：“禁止具有市场支配地位的经营者从事下列滥用市场支配地位的行为……（三）没有正当理由，拒绝与交易相对人进行交易……”从其字面含义来看，认定该种行为非法须满足 3 个要件：（1）当事人拥有支配地位；（2）当事人实施了拒绝交易行为；（3）当事人无力提出合理的抗辩。这与必需设施理论存在同样的缺陷，即它只关注拒绝行为的发生，似乎只要发生该种行为即构成垄断行为，而没有对其竞争损害进行考察；同时，它没有对拒绝行为的标的进行限定，也就是说，拒绝的标的未必是必需设施，因此其发育程度尚不及必需设施理论。这意味着在其适用过程中，需要对其内涵进行必要的补充。

《反垄断法》第 7 条可以为这种补充提供法理依据。该条规定：“具有市场支配地位的经营者，不得滥用市场支配地位，排除、限制竞争。”这一条文位于总则部分，对该法中所有关系支配地位滥用行为的条文均有统率作用，因此在滥用行为的认定上,应以该条所规定的“排除、限制竞争”为标准,也就是说,在认定拒绝交易行为构成垄断行为时,也须证明其“排除、限制竞争”;也就是说,证明其损害了市场结构的竞争性。

当然,这些内容并非必须在反垄断基本法中进行规定。基本法更多关注宏观,而且各部分内容之间需要保持匀称,因此缺少展开这些细节内容的空间。这些内容最好通过对配套立法的修正加以明确,可采用要件的方式,但同时结合反垄断法的法理与一般分析方法进行必要的阐释:(1)支配企业从事拒绝交易行为时,如果满足以下条件,则应认定其构成垄断行为,推定其非法,并强制拒绝行为人与请求人进行交易。第一,其所拒绝的标的是他人进入下游市场从事有效竞争所必需,不存在替代性的方法(包括现实方法与潜在的方法),也就是说,行为人在该标的所在市场上拥有支配地位;第二,该拒绝行为阻止大量竞争者进入下游市场,从而消除下游市场的有效竞争,损害下游市场的竞争性结构,为其自身带来支配地位。(2)但当事人如能证明其拒绝行为是增进效率所必需,或存在产能用尽等客观原因,则可以构成有效的抗辩。在拒绝标的为一般财产权时,效率主要体现为产出增加,拒绝交易行为则阻止他人进入下游市场,会导致产出减少,因此应强制其进行交易,从而增加下游市场的产出。在拒绝标的为知识产权时,则其排他性应当受到保护,哪怕这将导致下游市场的竞争被消除,因为这是知识产权制度激励创新的唯一方式,不以产出的增减作为衡量标准;但如果由此妨碍了他人创新成果的利用,则应强制其进行许可。对知识产权的保护是为了激励创新,但不能用来阻碍进一步的创新。

以配套立法增加上述内容后,可以将《反垄断法》第 7 条与第 22 条的内涵融合为一体,为拒绝交易行为的反垄断法分析过程提供完整的框架,并增加其可操作性,从而弥补《反垄断法》第 22 条的不足,避免其所引起的各种误解。不仅如此,这些内容可以更清晰地体现反垄断法的基本逻辑与基本思维方式,增强反垄断法理的透彻性,并具有方法论上的参考意义:在对具体问题或具体垄断行为的调整上,不宜局限于技术性的细节与外观,而应紧密依托法理,才能保障探索方向的正确性。

The Adjustment Method of Antitrust Law to Refusal to Deal Act
—Also on the Defects of Key Facility Rules

Xu Guangyao

Abstract: The dominant enterprise's refusal to trade constitutes the abuse of dominant position under certain conditions. In terms of the determination of specific conditions, there are no clear rules in the case law of the United States, and the theory of essential facilities is neither complete nor thorough. In contrast, the relevant case law of the European Union is highly mature and highly consistent with the principles of anti-monopoly law, so it should become the main object of reference. According to the case law formed by the judgment of the European Union Microsoft case, when the refusal to trade of the dominant enterprise meets the following requirements at the same time, it shall be deemed illegal and forced to trade: (1) the rejected products are necessary to enter the adjacent market for effective competition. (2) Refusal will eliminate effective competition in the latter market. (3) There is no reasonable grounds for the refusal. (4) If the object of rejection is an intellectual property right, the following new product requirements must be met, that is, the rejection will hinder the emergence of "new products with potential consumer demand".

Key words: Anti-monopoly Law; Refusal to Trade; Essential Facilities; Abuse of Dominant Position

数字经济领域合并救济的挑战与回应*

韩　伟**

内容摘要：

数字经济发展给反垄断法中的合并救济规则带来系列挑战。结构救济与行为救济的取舍仍是关键，数据、算法、创新相关救济措施以及针对已完成交易的恢复性拆分则是难点。应对数字经济挑战的重要思路包括行为性救济、消费侧救济、可逆性救济、附条件救济、自动化复审、高科技监督以及部门间衔接。结合中国合并救济实践，在细化救济规则、灵活行为救济、变通救济机制、科技助力监管、增进部门协调以及重视案件跟访等方面，值得我们努力。

关键词：

数字经济　合并救济　结构救济　行为救济

针对特定并购〔1〕交易在附加限制性条件的基础上予以批准，是反垄断法中的一项重要制度，国际理论与实务界称为“合并救济”（Merger Remedies）。通过合并救济，执法部门可在促进企业自由发展与维护市场有效竞争之间获得平衡。〔2〕近年随着全球数字经济的迅猛发展，反垄断法在新环境下的有效适用面临系列挑战，其中便包括合并救济规则的适用，相关问题也引发国际学界的关注。从域外执法实践来看，针对数字经济领域的一些重大并购交易（如Bazaarvoice收购Power-Reviews、谷歌收购ITA、谷歌收购Fitbit、微软收购领英、

---

* 本文系国家社会科学基金重大项目“互联网经济的法治保障研究”（项目编号：18ZDA150）的阶段性成果。

** 中国社会科学院大学法学院副教授、竞争法研究中心执行主任。

〔1〕 并购、合并、经营者集中等词在本文不同语境下交替使用，不作严格区分。

〔2〕 参见韩伟：《经营者集中附条件法律问题研究》，法律出版社2013年版，第1页。

Grab 与 Uber 合并、高通收购恩智浦、Sabre 收购 Farelogix、Facebook 收购 Giphy 等),部分辖区对这些交易附加了限制性条件甚至予以禁止。

就国内而言,合并救济相关研究整体上仍聚焦传统领域,深入数字经济领域进行合并救济问题的研究非常有限。2013 年笔者对该问题曾有简单论述,认为以云计算、大数据等为代表的技术革新对垄断行为反竞争效果的认定、抗辩与救济几大环节都会产生重大影响。结构性因素与方法在反竞争效果认定过程中的重要性可能会不断降低,动态效率可能成为重要的抗辩理由,而行为救济则可能会在更多的环境下发挥作用。[3] 后续国内有少量研究涉及互联网以及数字经济领域的合并救济问题,但就整体而言,这方面的研究仍有很大的拓展空间。[4] 随着这两年国内加大数字经济领域反垄断执法力度,执法部门查处了大量涉互联网平台的应报未报案,包括针对腾讯控股收购中国音乐集团股权的行政处罚案件(涉及恢复相关市场竞争状态的系列措施),以及禁止虎牙公司与斗鱼国际控股有限公司合并案件,这些案件都与数字经济领域的合并救济问题直接相关。

数字经济领域的合并救济,是当前我国反垄断领域亟待展开深入探讨的重要命题,这方面理论研究的深入推进有助于我国反垄断实践的发展,这也是反垄断制度在保障我国数字经济高质量发展中不可忽视的重要一环。

一、数字经济领域合并救济的主要挑战

(一)整体情况

数字经济领域的反垄断救济问题,日渐引发各国的重视。新加坡 2017 年发布的《东盟电子商务与竞争手册》指出,在评估多边在线市场的并购交易时,应考虑网络效应的存在及程度。竞争执法部门应评估并购后是否更有可能出

[3] 参见韩伟:《技术革新与可持续竞争》,载《中国物价》2013 年第 8 期。

[4] 相关研究,参见袁日新:《互联网产业经营者集中救济的适用》,载《河北法学》2014 年第 1 期;孙晋:《谦抑理念下互联网服务行业经营者集中救济调适》,载《中国法学》2018 年第 6 期;仲春:《我国数字经济领域经营者集中审查制度的检视与完善》,载《法学评论》2021 年第 4 期;王磊:《数据驱动型并购中竞争损害的新面向及救济理念革新》,载《上海财经大学学报》2021 年第 6 期。

现市场倾覆点(tipping point)。此类评估应考虑消费者的多归属程度及转换成本、竞争性平台之间的互操作性以及小企业面临的市场进入和扩张障碍。如果需要采取救济措施,应重点关注如何维持或改善这些市场特征。[5] 依据经济合作与发展组织(Organization for Economic Co-operation and Development, OECD)2018 年召开的"并购非价格效应"圆桌论坛的讨论情况,在确定能够充分解决潜在非价格损害的救济措施方面,反垄断执法面临重大挑战。这是因为,关注某个竞争维度的救济措施,可能给其他竞争维度带来超出预期的影响。此外,行为救济能否解决非价格竞争不同方面的问题(如创新动机),也是不确定的。[6] 德国 2019 年发布的《数字经济新竞争框架》调研报告则指出,在快速发展的市场环境中,无法恢复违法行为不发生情形下的市场状况(严格意义上的恢复原状),更可能的是恢复竞争机会。然而,根据不同市场主体各自的市场条件,这也可能是非常复杂和困难的。竞争执法部门在数字市场中应该更多地使用灵活、有针对性的救济措施。[7] 实际上,2017 年相关学术文献已指出,在"为市场竞争"(competition for the market)的情形下,竞争执法部门可能需要弱化救济措施方面的既有标准,探索并接受不断演变以及更为灵活的救济措施。[8] 美国乔治梅森大学 2020 年发布的一份报告则强调,针对数字经济领域产生的各种新问题(如设备成瘾),相关案件可能需要设计一些新的救济措施类型。[9]

就数字经济发展对合并救济带来的挑战而言,从当前国际竞争法理论与实务界的讨论情况来看,主要聚焦新环境下结构救济与行为救济的取舍问题。此外,数据、算法、创新相关救济措施,以及已完成交易的恢复性拆分等问题也是

---

[5] See CCS, *Handbook on E-Commerce and Competition in ASEAN*, 2017.

[6] See OECD, *Non-Price Effects of Mergers*, 2018, DAF/COMP/M(2018)1/ANN1/FINAL.

[7] See Germany Federal Ministry for Economic Affairs and Energy (BMWi), *A New Competition Framework for the Digital Economy*, 2019.

[8] See Laurence Bary & Frédéric de Bure, *Disruptive Innovation and Merger Remedies: How to Predict the Unpredictable*?, Concurrences Review N° 3 - 2017.

[9] See The Global Antitrust Institute of George Mason University, *The GAI Report on the Digital Economy*, 2020, p. 732.

讨论热点。

（二）结构救济挑战

尽管在传统领域,美、欧等反垄断辖区整体更青睐结构救济,但数字经济领域的结构救济也面临一系列问题。考虑到数字经济的动态特性、竞争执法部门评估创新的局限性,结构救济可能产生更多损害而非益处。[10] 在市场演变难以预测的情况下,实施结构救济可能会打破创新周期,导致不必要的破坏性救济,阻碍合并方与颠覆性创新者进行有效竞争。在无法准确评估特定的被剥离资产对未来的重要性的情况下,剥离资产可能扰乱市场秩序。[11] 尤为重要的是,结构救济可能影响数字经济领域固有的规模经济和范围经济效应的实现。拆分之类的结构救济似乎是一种不可持续的解决方案,因为"赢家通吃"的特征可能会重建一个集中的市场结构。此外,结构救济也不一定能解决与网络外部性相关的平台间竞争的固有问题,以及由此产生的转换成本和进入壁垒的性质。[12] OECD 相关讨论也指出,结构救济在解决零价市场中的竞争问题可能并不是特别有效,特别是结构救济存在破坏直接网络外部性的风险,这可能会损害产品的质量。[13]

（三）行为救济挑战

行为救济试图迫使合并后的企业以非利润最大化的方式去运营,有时可能还需要向竞争对手开放特定的资产。因此,行为救济通常需要对合并后企业的行为进行持续监督。此外,合并后企业可能正是因为认识到执法部门在监督能力方面的局限性,才提出或同意特定救济措施。[14] 有研究基于英国的情况将行为救济涉及的风险分为 4 类:(1)精确度风险。行为救济可能无法清晰确定,

---

[10] 参见韩伟主编:《数字市场竞争政策研究》,法律出版社 2017 年版,第 51 页。

[11] See Laurence Bary & Frédéric de Bure, *Disruptive Innovation and Merger Remedies: How to Predict the Unpredictable?*, Concurrences Review N° 3 – 2017.

[12] See Francesco Ducci & Michael Trebilcock, *Structural vs. Behavioral Remedies in Big Tech Sectors*, CPI Antitrust Chronicle, April 2020.

[13] See OECD, *Quality Considerations in the Zero Price Economy*, 2018, DAF/COMP/M(2018)2/ANN9/FINAL.

[14] See Russell Pittman, *An Economist's Thoughts on Behavioral Remedies in Merger Enforcement*, CPI Antitrust Chronicle, April 2020.

如"公平合理"条件的含义。(2)规避风险。合并后实体特定行为受到限制后可能实施其他不当行为,如价格受限就降低质量。(3)市场扭曲风险。行为救济可能造成市场扭曲,比如,禁止签订长期合同可能阻碍新业务的推出。(4)监督和执行风险。监督方与被监督方之间信息严重不对称导致很难有效监督。[15] 法国竞争管理局 2020 年发布的《行性救济研究报告》则依据救济措施实施的速度、救济措施产生的影响不可逆还是仅具有暂时性,以及监督执行的难度这三方面的标准,对行为救济与结构救济进行比较。该报告的结论是:行为救济的弊端主要体现在监督执行环节过于复杂且耗时,有必要限制行为救济的应用,并购案件尽量适用结构救济。[16]

一些聚焦数字经济的研究也指出,行为救济相对结构救济更灵活,避免剥离导致的成本,并可以维系规模经济和范围经济,但它们需要持续监督,并且面临监督机构和被监督对象之间的严重信息不对称问题。[17] 在不确定的市场环境中,行为救济可能引发重大问题,尤其是竞争执法部门可能通过行为救济阻止高效的商业模式发展。在不确定的商业环境中,长期的行为承诺还可能带来显著的竞争偏差(competitive bias)。[18]

(四)数据相关救济

针对数据引发的竞争问题,数据共享这一救济措施类型在很多情形下可以有效解决并购导致的数据封锁问题。从 OECD 于 2016 年召开的"大数据"竞争政策圆桌论坛的讨论情况看,通过将数据与其他类型的原料同等对待,竞争执法可以处理数据相关反竞争行为。在并购案件中,竞争执法部门可以关注数据原料封锁的风险,并设计相应的救济措施。但值得注意的是,要求企业将其数据对外分享这类极端救济措施的适用需要仔细权衡,只有在不存在更少干预程

---

〔15〕 See Daniel Vowden & Patrick Meaney, *Merger remedies: Key Recent Developments in the CMA's Practice*, 19 Competition Law Journal 190 (2020).

〔16〕 See Autorité de la concurrence, *Behavioural Remedies*, 2020.

〔17〕 See Francesco Ducci & Michael Trebilcock, *Structural vs. Behavioral Remedies in Big Tech Sectors*, CPI Antitrust Chronicle, April 2020.

〔18〕 See Laurence Bary & Frédéric de Bure, *Disruptive Innovation and Merger Remedies: How to Predict the Unpredictable?*, Concurrences Review N° 3 – 2017.

度的替代救济措施的情况下,才能使用这类措施。[19] 美国律师协会提交给欧盟委员会的一份建议中也主张要谨慎对待数据共享,认为除考虑数据“瓶颈”可能引发的反竞争问题外,还应关注用于解决问题的反垄断救济措施对动态竞争带来的风险。强制性的数据访问、数据共享或数据汇集,涉及很高的管理成本,应该慎用,避免抑制创新。[20]

在相对数据封锁的情形下(有别于绝对数据封锁),有观点认为,需要对数据共享进行适当限制,以避免特定数据提供给竞争对手后进而让对手获得不当的显著竞争优势。因此,这种观点认为,那些主张数据共享的企业还必须满足两项要求:(1)合并后实体与寻求数据共享的企业之间存在数据不对称;(2)存在市场进入壁垒阻碍该企业获得市场竞争所需的相关信息。[21] 北欧竞争执法部门 2020 年联合发布的一份报告也强调了数据共享救济,建议出台更具体的有关如何在并购中设计数据共享救济措施的指南。[22]

一些国家的并购案件中已经涉及数据类资产导致的竞争问题,比如,澳大利亚竞争执法部门在“Transurban 收购 WestConnex 的收费公路业务案”中,执法部门接受了行为救济,即交易后的企业需要公布特定的交通数据,以保持未来收费公路特许权投标方面的竞争水平。[23] 此外,欧盟附条件批准的“微软收

---

〔19〕 See OECD, *Big Data: Bringing Competition Policy to the Digital Era*, 2016, DAF/COMP/M(2016)2/ANN4/FINAL.

〔20〕 See ABA, *Comments of the American Bar Association's Section of Antitrust Law on the European Commission's Request for Input on the Evolution of Competition Policy in Light of the Digitization of the Economy*, 2018.

〔21〕 See Jörg Hoffmann & Germán Johannsen, *EU-Merger Control & Big Data On Data-specific Theories of Harm and Remedies*, Max Planck Institute for Innovation and Competition Research Paper, No. 19 – 05, 2019.

〔22〕 See Nordic Competition Authorities, *Digital Platforms and the Potential Changes to Competition Law at the European Level*, 2020, p. 13.

〔23〕 See Mark Grime & Dave Poddar, *The Jury is Out: An Assessment of Proposed Reforms to Australia's Merger Control Regime for Addressing Competitive Harm in the (Digital) Economy*, CPI Antitrust Chronicle, May 2020.

购领英案”,也是涉及数据问题的典型合并救济案例。[24]

(五)算法相关救济

特定并购交易的反竞争效果如果直接涉及算法,相应救济措施就可能涉及算法的信息披露、干扰算法运行,甚至剥离特定算法。

就算法信息的披露而言,要求企业披露其算法所采用的规则、参数或因素的干预措施,旨在对反竞争行为起到威慑作用,确保违法行为发生时能够被及时发现。但算法信息披露也面临操作性难题,比如,很难用非技术化语言精确表达需要披露的信息,算法相关的特定因素对竞争的影响也不一定能充分确定。缺乏企业内部的其他文件信息,可能也无法充分理解算法的运作机制。此外,向竞争对手披露算法相关信息,也可能削弱平台继续投资提升算法水平的动机。这些风险在多大程度上可能超过披露带来的好处尚不清楚。[25]

就算法运行的干扰而言,有研究便指出,在处理为有意识的平行行为创造市场条件的行为时,无论事前还是事后措施,人们仍不得不面对挑战,即如何确定干预的合理限度。让特定算法去忽视市场价格或者不对市场变化作出反应,这类救济措施很可能会破坏市场竞争。[26]

算法的剥离也面临系列挑战,有学者分析了剥离定价算法面临的挑战,该研究指出,在并购案件中如果考虑剥离合并方的定价算法,应注意数据兼容性以及合谋风险。假定消除特定交易反竞争效果的适当救济措施是从合并一方剥离一套特定产品以及相应的定价算法,如果买家不借助剥离过来的相关产品数据,而是利用自身持有的数据去重新训练这套算法,在这种情况下,重新训练过的算法对被剥离产品的价格产生何种影响就不清楚了。此外,如果剥离还涉及熟悉算法的专业人员,假设这些人员还掌握交易方的其他算法相关信息,这又会进一步提升救济措施实际效果的复杂性。[27] 值得注意的是,美国联邦贸

〔24〕 参见韩伟:《数据驱动型并购的反垄断审查——以欧盟微软收购领英案为例》,载王先林主编:《竞争法律与政策评论》第 3 卷,法律出版社 2017 年版。

〔25〕 See Richard Feasey & Jan Krämer, Cerre Report, *Implementing Effective Remedies for Anti-Competitive Intermediation Bias on Vertically Integrated Platforms*, October 2019.

〔26〕 参见韩伟主编:《数字市场竞争政策研究》,法律出版社 2017 年版,第 363 页。

〔27〕 See Ai Deng & Cristián Hernández, *Algorithmic Pricing in Horizontal Merger Review: An Initial Assessment*, https://ssrn.com/abstract=3971920.

易委员会（Federal Trade Commission，FTC）在 2021 年处理的一起案件中（非反垄断案件）已经涉及算法的剥离，FTC 指控 Everalbum 在其 Ever 云照片存储应用程序使用面部识别技术以及保留已注销账户用户的照片和视频等方面欺骗消费者。该案最后达成的和解条件中，便包括 Everalbum 删除通过使用其用户上传的照片及视频开发的模型及算法。[28]

（六）创新相关救济

创新日渐成为数字经济领域反垄断执法的一个重要问题，[29]它也加大了合并救济的难度。涉及动态创新行业时，在救济措施的设计方面，由于竞争执法的发展通常落后于创新的步伐、技术的发展以及动态市场中的结构变化，当竞争执法部门确定的救济措施实施时，市场可能已发生重大变化，导致救济措施无效。[30] 欧盟 2017 年的"陶氏与杜邦合并案"[31]以及英国 2020 年处理的"Sabre 收购 Farelogix 案"，[32]是涉及创新问题的重要案例。

一份 2014 年的研究对美国涉及创新的合并案例进行了梳理，发现最重要的救济措施是资产剥离，此外许可类救济措施也发挥了一定的作用。该研究指出，虽然无法确定所研究案例中的救济措施多大程度上与创新有关，但相当多案件（尤其是制药行业案件）的剥离和许可要求都明确侧重保护创新

---

〔28〕 See *California Company Settles FTC Allegations It Deceived Consumers about use of Facial Recognition in Photo Storage App*, Federal Trade Commission (January 11, 2021), https://www.ftc.gov/news-events/news/press-releases/2021/01/california-company-settles-ftc-allegations-it-deceived-consumers-about-use-facial-recognition-photo.

〔29〕 创新与反垄断法的关系，参见［比利时］保罗・尼豪尔、［比利时］彼得・范・克莱恩布吕格尔：《创新在竞争法分析中的角色》，韩伟等译，法律出版社 2020 年版。

〔30〕 See Ioannis Kokkoris, *Innovation Considerations in Merger Control and Unilateral Conduct Enforcement*, 8 Journal of Antitrust Enforcement 56 (2020).

〔31〕 See Case M. 7932, Dow/Dupont, 27 March 2017. 该案的具体介绍，参见韩伟：《迈向智能时代的反垄断法演化》，法律出版社 2019 年版，第 220～223 页。

〔32〕 See *Sabre/Farelogix Merger Inquiry*, GOV. UK (12 June 2019), https://www.gov.uk/cma-cases/sabre-farelogix-merger-inquiry.

竞争。[33]

欧盟这方面相对活跃,依据欧盟2016年发布的《合并控制与创新竞争政策简报》,欧盟过去处理的合并案件中,救济措施已经基于保持创新的具体目标进行设计。虽然针对每种情况会量身定制救济措施,但剥离在研产品通常是横向案件中救济措施的组成部分。在特定情形下,针对那些可能妨碍其他市场参与者创新的非横向合并,也可以通过开放救济或者其他非剥离类救济措施来解决竞争关注。[34] 从实际案例看,针对那些活跃于类似在研产品的创新者之间的合并,考虑这类交易可能消除一股重要的竞争力,欧盟委员会确定的救济措施通常旨在将新的创新性竞争对手引入市场,以施加竞争约束,防止价格上涨并保持创新。即使创新可能不是唯一的考虑因素,但它仍然是对竞争的一个有影响力的额外关注,会对救济措施的设计产生影响。[35]

依据2019年发布的《金砖国家数字经济竞争政策报告》提供的信息,俄罗斯联邦反垄断局(FAS)已在并购案件中,针对创新问题确定了行为救济措施。FAS认为,发展中市场的开放式创新,是减少市场进入壁垒的一项因素。由于数字市场的发展非常迅速,FAS认为,采取旨在保护未来竞争的行动以确保创新的进一步发展,非常重要。[36]

(七)恢复性拆分救济

近年来,多国执法部门针对数字经济领域的并购审查强调"假阴性错误",即干预不足的问题,对无条件通过的部分交易进行回溯性评估,甚至回溯性执法,比如,美国执法部门就Facebook对Instagram和WhatsApp的收购展开的行动。相应地,对这类已经完成的交易(往往涉及"扼杀性收购"),是否有必要通过拆分(Breakups)来恢复交易前的状态,也成为各界讨论的热点。恢复性拆分救济,已成为数字经济领域合并救济的一个重要问题,对该问题的争论也非常

---

[33] See Wolfgang Kerber & Benjamin R. Kern, *Assessing Innovation Effects in US Merger Policy: Theory, Practice, Recent Discussions, and Perspectives*, 2014, https://ssrn.com/abstract=2983098.

[34] See EC, *EU merger control and innovation*, *Competition policy brief*, 2016.

[35] See Ioannis Kokkoris, *Innovation Considerations in Merger Control and Unilateral Conduct Enforcement*, 8 Journal of Antitrust Enforcement 56 (2020).

[36] See *BRICS in the digital economy: Competition Policy in Practice*, 2019, p. 16.

激烈。

质疑派将恢复性拆分比喻成“炒鸡蛋还原生鸡蛋”(unscramble eggs),认为是不可能完成的任务。依据 OECD 在 2014 年召开的“对已完成且未申报并购交易的调查”圆桌论坛的相关讨论,在已经完成并购的情况下,交易方已部分整合其业务这一事实,使结构救济难以适用。因为通过恢复被收购公司的独立竞争者的市场地位去修复市场竞争,这几乎不可能。因此,在这些情况下,可能需要附加额外的行为救济措施。[37] 有学者也认为,一旦两个实体已经实现完全整合,合并后的分拆是否会产生有效恢复竞争(尤其是潜在竞争)的预期结果,这一点并不明确。[38] 如果合并在多年前完成,且双方的资产和业务已完全融合,随着各方继续整合其资产和运营,结构救济措施的可行性通常会下降。在这种情况下,分拆导致的成本较之产生的利益可能更高,通过行为救济则可能更可取。此外,根据合并产生的具体竞争损害,拆分等结构救济可能无法减轻交易导致的竞争损害。如果完全分拆产生的成本超过了利益,则应拒绝完全分拆,但可以考虑部分剥离。[39]

赞成派则强调,私营企业从事分拆活动的频率几乎与它们进行并购的频率相同。过去的经验强调了恢复原状的可行性与价值。当结构是问题的关键时,改变结构应被视为解决方案的一部分。如果恢复原状的拆分界限,随时间推移因整合变得模糊,应通过要求剥离足以重建一家具有相当竞争力的企业的资产(包括知识产权许可)来恢复竞争。这可能需要剥离合并后企业的额外业务,但这是确保创建新的竞争力量所必需。虽然这可能影响合并方,但其目的是将政策风险部分转移给合并后企业。此外,如果参与合并的企业能提供合理期限内合并后企业的结构及运营的相关数据,将有助于恢复原状的推进。[40] 还有学者指出,作为正常公司治理的一部分,很多世界领先企业的高管和股东都定期

---

〔37〕 See OECD, *Investigations of Consummated and Non-notifiable Mergers*, 2014, DAF/COMP/WP3/M(2014)1/ANN3/FINAL.

〔38〕 See Francesco Ducci & Michael Trebilcock, *Structural vs. Behavioral Remedies in Big Tech Sectors*, CPI Antitrust Chronicle, April 2020.

〔39〕 See Menesh S. Patel, *Merger Breakups*, 2020 Wis. L. Rev. 975 (2020).

〔40〕 See John Kwoka & Tommaso Valletti, *Unscrambling the Eggs: Breaking up Consummated Mergers and Dominant Frms*, 30 Industrial and Corporate Change 1286 (2021).

主动进行分拆。反垄断分拆可能产生非反垄断方面的效率和创新收益,执法部门不能过度担忧分拆在技术上的难度,而限制这类工具的充分使用。较之“炒鸡蛋还原生鸡蛋”的比喻,对恢复性分拆更适当的类比是“为恢复生机对森林的可控性焚烧”,即通过一定程度的破坏使生态系统得以再生,变得比以前更富活力。[41]

二、数字经济领域合并救济的应对思路

针对数字经济领域合并救济面临的系列挑战,从近年国际竞争理论与实务界的讨论情况看,下述七个方面的内容值得关注。

(一)行为性救济

尽管结构救济与行为救济在数字经济领域的适用中均面临前述的各类问题,但行为救济在数字经济领域的适用,近年来研究较多,这在一定程度上体现了行为救济在数字经济领域可能有更大的空间发挥其功能。

在数字经济领域中,如果出现竞争问题,比较合适的救济措施可能是对一段代码进行修改或者开放特定资产。考虑数字经济快速更迭的特性,结构救济可能过于绝对,行为救济可能更有效。[42] 有研究者认为,纵向或者无形资产问题、受益于显著规模经济及网络效应的行业以及那些非常活跃的市场中,行为救济可能更合适。[43] 还有研究指出,在进入壁垒、转换成本以及网络外部性直接相关的行业中,平台间竞争的一个重要方面是用户跨平台转换以及实现多归属的能力。因此,平台间竞争可能通过行为救济得到更好的增强,比如,设计便于转化以及多归属的可迁移性行为救济措施。[44]

依据2018年OECD召开的“零价经济中的质量考量”圆桌论坛,行为救济

---

〔41〕 See Rory Van Loo, *In Defense of Breakups: Administering a "Radical" Remedy*, 105 Cornell L. Rev. 1955 (2020).

〔42〕 参见韩伟主编:《数字市场竞争政策研究》,法律出版社2017年版,第5页。

〔43〕 See Luis Campos, *Behavioural Remedies: An Overview of EU and National Competition Case Law*, 16 May 2019, e-Competitions Behavioural remedies, Art. N° 90054.

〔44〕 See Francesco Ducci & Michael Trebilcock, *Structural vs. Behavioral Remedies in Big Tech Sectors*, CPI Antitrust Chronicle, April 2020.

解决零价市场中的竞争问题可能更合适。比如,增加透明度、提升消费者意识、确定最低服务标准,或者促进数据可迁移性,这些救济措施在某些案件中便可能是适当的。[45] 世界经济论坛2019年的一份报告也建议,数字经济中竞争执法部门在执法工具以及救济措施方面应该更具创造性。由于竞争执法通常会耗费很长时间,最终执法决定作出时市场可能不再“相关”,或者因竞争的动态性质反竞争损害无法弥补。应该改进临时性措施的程序机制,确定救济措施时也需要适当考虑行为救济。[46]

实际上,从各国近年的实践看,行为救济在数字经济领域已经被积极地适用。2021年的一份研究便指出,数字经济中合并救济出现的重大变化是行为救济日渐普遍。基于一项针对全球合并控制趋势的回顾研究,自2017年以来行为救济越来越多地得到适用,该研究认为这种趋势在一定程度上可能是纵向并购交易数量增加的结果。[47] 依据金砖国家“竞争法与政策研究中心”2019年发布的《数字时代的竞争》调研报告,较之其他行业,对数字市场中合并救济措施的总体评估表明,行为救济措施更常见。[48]

(二)消费侧救济

数字经济领域出现的很多竞争问题,往往对最终消费者的利益会产生重大影响。欧洲消费者联盟便强调,如果恢复竞争取决于消费者行为的变化,则有必要关注面向消费者的救济措施。[49] 一些反竞争行为导致的损害修复取决于消费者行为的改变,执法部门在设计针对消费者的救济措施时,可以引入行为

---

〔45〕 See OECD, *Quality Considerations in the Zero Price Economy*, 2018, DAF/COMP/M(2018)2/ANN9/FINAL.

〔46〕 See World Economic Forum, *Competition Policy in a Globalized*, Digitalized Economy, 2019, p.16.

〔47〕 See Thomas Hoehn, *Merger remedies and competition law: An Overview of Recent EU and US Case Law and Policy Developments*, Concurrences Antitrust Case Laws e-Bulletin, 19 May 2021.

〔48〕 See Brics Competition Law And Policy Centre, *Digital Era Competition: A Brics View*, 2019, p.734.

〔49〕 See BEUC, *The Role of Competition Policy in Protecting Consumers' Well-being in the Digital Era*, 2019.

科学方面的专家以提升其有效性。[50]

虽然竞争执法部门经常集中精力确保市场供给侧运行具备竞争性,但需求侧也可能出现重大问题。需求侧的问题主要体现在消费者获取、评估产品信息或者基于这些信息采取行动的能力受到限制。消费侧救济措施包括披露类救济措施和转换类救济措施等类型,前者旨在解决信息不对称问题、提升消费者意识并协助其比较产品,后者则可以通过消除合同限制或者便利转换的过程来降低转换成本。[51] OECD相关论坛便指出,零价市场中,消费者能否充分观察质量对市场健康发展非常重要。因此,探索使消费者能够更好地评估质量的救济措施可能非常有益,特别是那些使隐私和数据安全性等质量方面的信息对消费者更透明的救济措施,可能非常有效。[52]

(三)可逆性救济

针对数字经济发展带来的不确定性,有研究提出了一种较激进的应对方法,即确保并购审查决定以及救济措施的可逆性。比如,如果市场后面的发展表明特定并购交易严重阻碍了竞争,则要求合并方落实在并购申报时向反垄断执法部门提交的保密版剥离计划。这种方案的优点是,依靠合并后的真实市场信息对最初的审查决定进行修正,缺点是监管不确定性大大提升。提出这种方案的理由是,技术和市场发展中的高度不确定性应该影响反垄断相关的审查标准以及举证责任分配。市场不确定性可以通过在并购反垄断审查决定中引入更多的可逆性来解决。[53]

(四)附条件救济

有学者提出,特定案件中可以设计以特定条件为前提的救济措施,即救济措施仅在特定情况下适用(如某个事件发生)。依据这种主张,在创新型市场

---

〔50〕 See BEUC, *Shaping Competition Policy in the Era of Digitalisation*: *Response to public consultation*, 2018.

〔51〕 See OECD, *Consumer-facing Remedies*, 2018, DAF/COMP/WP3/M(2018)1/ANN4.

〔52〕 See OECD, *Quality Considerations in the Zero Price Economy*, 2018, DAF/COMP/M(2018)2/ANN9/FINAL.

〔53〕 See Marc Bourreau & Alexandre de Streel, CERRE, *Big Tech Acquisitions*: *Competition & Innovation Effects and EU Merger Control*, 2020.

中,竞争执法部门在交易时可能无法准确预测市场的演变(比如,某项技术是否占主导地位或者新的竞争对手是否会成功),因此执法部门可以考虑接受以在特定时间内实现特定事件为条件的合并救济措施。根据市场演变,交易方将必须履行(或者不履行)商定的承诺。这种机制与资产剥离中交易方最初提供的待剥离资产包如果找不到合适买家时将出售事前确定"皇冠宝石"资产,机理上并没有太大区别。[54] 这一思路获得了德国马普创新与竞争研究所2019年发布的一份研究报告的认可,该报告指出,解决高市场动态以及数据引发的竞争问题的一项选择是,实施以特定条件为前提的救济措施,这类救济措施可以比作含"日出条款"的救济措施。[55]

(五)自动化复审

合并救济中,特别是持续时间较长的行为救济,由于市场发展可能实质影响救济措施发挥作用的环境,往往会设置复审机制,修改救济措施或者提前终止救济措施(也可能延长)。复审条款的实施往往涉及执法部门的评估,这个过程可能比较耗时。有学者建议,针对数字经济领域的合并救济,可以确定自动化复审机制,从而提升合并救济的质量。这种观点认为,可以考虑针对救济措施设置自动审查条款,即如果发生特定事件(事先由竞争执法部门和交易各方明确敲定),则自动解除救济措施的实施义务,而无须竞争主管部门审查。这种机制仅适用于行为救济措施,且前提是交易方和执法部门就触发事件对市场的影响有较深入的认识。在破坏性商业模式发展的情况下,这一机制可能非常有用,可以确保合并后企业不会被阻止对新形式的竞争行为作出有效反应。值得注意的是,这一机制面临的挑战在于,对触发事件进行足够精确的定义,避免解释空间过大。[56]

---

[54] See Laurence Bary & Frédéric de Bure, *Disruptive Innovation and Merger Remedies: How to Predict the Unpredictable?*, Concurrences Review N° 3 – 2017.

[55] See Jörg Hoffmann & Germán Johannsen, *EU-Merger Control & Big Data On Data-specific Theories of Harm and Remedies*, Max Planck Institute for Innovation and Competition Research Paper, No. 19 – 05, 2019.

[56] See Laurence Bary & Frédéric de Bure, *Disruptive Innovation and Merger Remedies: How to Predict the Unpredictable?*, Concurrences Review N° 3 – 2017.

(六)高科技监督

监督方面的难题是行为救济的固有缺陷,这一问题在数字经济领域可能被进一步放大。2019 年芝加哥大学发布的数字平台调研报告强调了数字市场中需要持续监督的几种典型的行为救济措施类型,包括数据分享、互操作、非歧视以及取消捆绑。[57] 由于信息不对称,要对合并后企业实施这些救济措施进行持续监督,对执法部门以及监督受托人都是艰巨的任务。在这种环境下,执法部门可以关注如何引入监管科技,更好地运用数字技术提升对行为救济的监督力度。以区块链技术为例,依据 2018 年 OECD 召开的"区块链与竞争政策"圆桌论坛,区块链为竞争执法部门提供了创新工作方式的机会,执法部门可以通过区块链对承诺遵守情况进行监督,收集案件数据以及筛查可疑行为。[58] 实际上,OECD 针对该论坛提前发布的问题报告中,便强调了区块链技术在反垄断救济中的适用潜力,提及使用区块链上的智能合约要求企业承诺行为救济措施,这可以为竞争执法机构降低显著的持续监督成本。[59]

(七)部门间衔接

数字经济发展使竞争法、数据法与消费者权益保护法日益竞合,这也给合并救济带来一定的影响,特别是涉及数据的行为救济,需要竞争执法部门与其他部门更好地进行合作。这是因为竞争维持与隐私保护之间可能存在一定的冲突,比如,数据共享这类反垄断救济措施便可能造成严重的隐私问题。就隐私保护而言,消费者应该能够选择与哪些公司共享哪些数据,以及这些公司随后可以对这些数据做什么,而数据可迁移性救济措施将迫使共享数据以保护和促进竞争。在这类案件中,要求反垄断执法部门权衡隐私问题和竞争问题。[60] 从 OECD 相关论坛的讨论情况看,通过竞争法采取行为救济的案件中,为了澄清隐私和数据保护法以及消费者保护法中的不明确之处,竞争执法部门应与隐

---

[57] See University of Chicago Booth School of Business, *Stigler Committee on Digital Platforms: Final Report*, 2019, p. 117.

[58] See OECD, *Blockchain and Competition Policy*, 2018, DAF/COMP/M(2018)1/ANN8/FINAL.

[59] See OECD, *Blockchain Technology and Competition Policy-Issues paper by the Secretariat*, 2018.

[60] See AAI, *Privacy and Antitrust at the Crossroads of Big Tech*, 2021, p. 19.

私和数据保护部门以及消费者保护部门展开合作,并协商确定相关救济措施。从整体来看,一项关键挑战是如何去改善竞争、隐私和数据保护以及消费者保护监管机构之间的合作和信息共享。此外,这些监管部门之间还可以开展一些联合倡导活动,比如,提升消费者的信息获取或者促进私人行动,从而确保消费者拥有更大的选择空间。[61]

三、中国合并救济的完善建议

我国应对数字经济发展的反垄断规则,主要体现在国务院反垄断委员会2021年2月发布的《关于平台经济领域的反垄断指南》。该指南的合并救济相关内容,便直接涉及数据和算法等问题。就数据而言,该指南所列举的结构救济与行为救济均涉及数据,包括剥离数据等无形资产,以及开放数据等基础设施。就算法而言,该指南列举的行为救济措施类型中包括修改算法。从近年我国执法部门处理的"腾讯控股收购中国音乐集团股权案",以及"虎牙公司与斗鱼国际控股有限公司合并案"等执法趋势来看,国际理论与实务界关注的结构救济与行为救济的取舍,涉及数据、算法、创新相关救济措施的设计,以及已完成交易的恢复性拆分问题,这些问题也是我国未来执法中很可能面临的突出问题。基于对前面两部分的梳理,下文就我国合并救济的完善提出若干建议。

(一)细化救济规则

我国数字经济领域并购交易非常活跃,可以预见日后会有越来越多的案件涉及合并救济问题。目前的《关于平台经济领域的反垄断指南》内容仍待细化,执法部门可以考虑进一步完善指南,或者出台仅涉及数字经济领域经营者集中问题的更翔实的指南,梳理出一套数字经济领域并购反垄断审查的规则体系(包括合并救济相关内容)。就整体而言,数字经济领域经营者集中反垄断审查仍适用传统领域经营者集中反垄断审查的分析框架与考虑因素,细化规则可以在现行《关于平台经济领域的反垄断指南》的基础上,对影响数字经济发展的平台、数据、算法、隐私、创新、数字生态系统等问题予以重点分析。

---

〔61〕 See OECD, *Quality Considerations in the Zero Price Economy*, 2018, DAF/COMP/M(2018)2/ANN9/FINAL.

(二)灵活行为救济

频繁适用行为救济是我国合并救济实践最突出的特色。如前所述。数字经济环境下行为救济可以发挥更大的作用,执法部门对相关救济措施类型应予以重视。具体而言,在处理数字经济领域经营者集中案件时,可以重点考虑下列救济措施类型:(1)针对平台问题,可以考虑附加开放网络或平台等基础设施(包括确保平台互操作性)等措施;(2)针对数据问题,可以考虑附加开放数据集(接口)、确保特定数据集相互独立、确保数据可迁移性等行为救济措施;(3)针对算法问题,可以考虑附加以特定方式向执法部门披露算法相关信息或算法依赖的相关数据库等措施;(4)针对隐私问题,可以考虑附加隐私保护水平承诺、提升商品价格与质量等信息的透明度、确保更改现有隐私政策之前获取消费者肯定性同意、确保通过敏感信息进行广告投放之前获取消费者的肯定性同意等措施;(5)针对创新问题,可以考虑附加继续提供技术或人员支持、特定期限内继续投资研发、维持特定生产线、反报复、限制再雇用核心员工等措施。

(三)变通救济机制

数字经济发展具有高度不确定性,这使传统合并救济机制显得有些僵硬,前面介绍的可逆性救济、附条件救济以及自动化复审等思路(这些不同思路间有一定交叉性),在很大程度上体现为传统合并救济机制通过变通提升其灵活性以及适用的有效性。从我国《反垄断法》针对合并救济的原则性规定来看,这些变通机制在我国存在一定的适用空间。由于这些变通机制在一定程度上会影响执法的稳定性,因此具体适用上应该非常的慎重。这些变通机制只在那些可能产生重大影响的交易中,可以探索性适用。变通救济机制,实际上承认了竞争执法部门在试图预测未来时有可能犯,通过这种方式一定程度上可以降低不当监管的风险,确保合并救济不会给企业带来不合比例的负担。[62]

(四)科技助力监管

鉴于数字经济领域部分案件的救济措施会涉及平台互操作性、数据可迁移、算法、创新等问题,为确保救济措施的有效实施(特别是行为救济),有必要借助数字技术加大监督力度。比如,可以要求委托方在监督受托人团队中引入数字经济、计算机等方面的行业与技术专家提供支持。此外,类似OECD所关

---

〔62〕 See Laurence Bary & Frédéric de Bure, *Disruptive Innovation and Merger Remedies: How to Predict the Unpredictable?*, Concurrences Review N° 3 - 2017.

注的区块链等数字技术在行为救济监督环节的潜在作用,我国执法部门也应该持有更开放的态度,鼓励当事方探索。

(五)增进部门协调

近年来,我国高度重视数字经济领域相关立法,已颁布《网络安全法》《数据安全法》《个人信息保护法》等,国家互联网信息办公室、工业和信息化部等部门也在陆续出台系列配套规则。在这种环境下,我国数字经济领域的合并救济更需要重视部门之间的协调。比如,当具体案件的行为救济涉及消费者个人数据时(隐私问题),反垄断执法部门在救济措施设计以及实施阶段都需要考虑其他法律带来的影响,与消费者保护、数据保护、网络安全等部门进行更好的衔接。

(六)重视案件跟访

数字经济领域的反垄断执法各国仍处于探索状态,为提升执法水平,有必要建立一套成熟的案件跟踪机制。针对已审结的合并救济案件,执法部门可以建立对这些案件的市场反应进行后续跟踪回访与分析总结的制度。案件跟访有利于及时总结执法经验,加快我国执法经验的成熟,为制度完善与执法优化积累实证信息。[63] 具体而言,执法部门可以定期选择特定案件的救济措施评估其有效性,通过与交易方、被剥离资产的买方、剥离阶段的其他潜在买家、竞争对手、上下游客户、监督受托人以及最终消费者等主体进行沟通,去评估救济措施的竞争影响、可操作性以及执行过程中的其他潜在风险。

四、结　　语

数字经济发展对反垄断法项下的反竞争效果认定、抗辩与救济规则均带来挑战。合并救济面临的问题既包括一些传统行业的老问题,也涉及一些关联于数字经济特性的新问题。结构救济与行为救济的取舍仍是关键,但较之传统行业出现了一些影响权衡的新因素。数据、算法、创新相关救济措施以及针对已完成交易的恢复性拆分,也是当前各界关注的重点。

针对数字经济发展带来的挑战,一些应对方案也被提出,比较有代表性的思路,包括行为性救济、消费侧救济、可逆性救济、附条件救济、自动化复审、高

---

〔63〕 参见韩伟:《美国〈横向合并指南〉的最新修订及启示》,载《现代法学》2011 年第 3 期。

科技监督以及部门间衔接。中国近年加大数字经济领域反垄断执法力度,结合我国合并救济的实际情况,下一步执法部门可以再细化救济规则、灵活行为救济、变通救济机制、科技助力监管、增进部门协调以及重视案件跟访等方面持续努力,相关理论探讨也待继续深化。

Response to Challenges Raised by Remedies in Digital Merger Control

Han Wei

Abstract: Development of the digital economy has brought series of challenges to remedies in merger control. How to choose between structural remedy and behavioral remedy remains to be the key. Difficulties still exist in data, algorithm, and innovation related remedies, as well as restorative divestment regarding completed mergers. Important ideas for addressing the challenges of the digital economy include behavioral remedy, consumer-side remedy, reversible remedy, conditional remedy, automatic review, high-tech supervision, and coordination among authorities. In the light of relevant merger remedy practices, China still has progress to make in providing more detailed guidelines, making behavioral remedy more flexible, adapting remedy mechanism, having science and technology support review, enhancing coordination among authorities, and paying due attention to case follow-up, and others.

Key words: Digital Economy; Merger Control; Structural Remedy; Behavioral Remedy

走向多元共治：平台反垄断的预防式与回应式治理*

徐则林**

内容摘要：

在数字经济时代，平台反垄断需要走向多元共治，同时秉持“预防式”和“回应式”的治理理念。预防式治理是为了预防平台新型垄断的风险，回应式治理则旨在回应市场需求的政府监管思路。在两者并重的基础上，从平台自治、社会监督和政府监管三个层面构建平台反垄断多元共治的新局面。对于平台企业来说，平台公共性与平台自治权相生相伴，“超级平台”应承担“超级合规义务”，以企业自治的方式从源头预防垄断行为发生。为回应市场需求，社会监督也需要在鼓励与开放中得以补足，鼓励第三方评估和行业研究，推进涉及市场竞争领域的公益诉讼。最后，有为政府应以市场为起点和尺度，合理设置前置式的政府柔性干预，并不断提升数字化行政能力，转向智慧化的反垄断监管模式。

关键词：

数字经济　平台反垄断　多元共治　预防式治理　回应式治理

自2019年起，欧美地区反垄断案件，尤其是针对四大互联网巨头谷歌、苹果、脸书和亚马逊的反垄断调查和诉讼如井喷式爆发。同样，国内互联网巨头企业的垄断行为也屡见不鲜。中共中央政治局会议强调强化反垄断和防止资本无序扩张，互联网企业一时间站在反垄断的风口浪尖。在中央全面深化改革

---

* 本文系安徽省社会科学创新发展研究课题“新形势下支持民营经济发展的法治对策研究”的阶段性成果。

** 华东政法大学中国法治战略研究院特聘副研究员。

委员会第二十一次会议中,习近平总书记强调,"强化反垄断、深入推进公平竞争政策实施,是完善社会主义市场经济体制的内在要求"。[1] 然而,随着我国经济改革进入"深水区"。在这一背景之下,平台反垄断需要引入以法治为基础的社会共治,构建"小政府、强政府和大社会"的多元共同治理模式。[2]

"治理"这个词语包含了"公共服务、民主授权、竞争机制、互动参与、自我管理"等关键内涵,[3]是由政府但又不限于政府的多个行为主体,以自主、自治管理的方式为社会和经济问题寻求答案的过程,公共权威的多元化和政策执行的分散化成为其中的应有之义。[4] 而"多元共治"并非一个新鲜事物,最初源于对官僚主义的反对,慢慢延伸到社会治理的层面。诺贝尔经济学奖得主奥斯特洛姆(Ostrom)夫妇进一步将"多中心"这一概念从经济领域引入公共领域,形成了关于公共事务治理中多元主体集体行动构建的经典理论。[5] 近年来,"多元共治"也越来越多地被引入市域治理、环境治理、乡村振兴、养老供给、边疆治理等多元话题之中,成为解决传统顽疾的新路径。例如,将社会规范作为社会治理重要面向的"枫桥经验",意在解决基层社会治理制度性不足的障碍。

全球经济繁荣与科技进步为平台企业孕育了蓬勃发展的机遇,"超级平台"不断涌现,平台自治已然成为平台影响社会的重要方式,不仅影响平台内经营者,更牵一发而动全身地影响全局。因此,如何以多元共治理念为平台反垄断提供新的思路,如何正确发挥平台的积极功能,如何同步配置政府和社会的治理功能,形成三者之间的合力,也就成为尤为关键的命题。

---

〔1〕《习近平主持召开中央全面深化改革委员会第二十一次会议强调 加强反垄断反不正当竞争监管力度 完善物资储备体制机制 深入打好污染防治攻坚战》,载《人民日报》2021 年 8 月 31 日,第 1 版。

〔2〕 参见王名、蔡志鸿、王春婷:《社会共治:多元主体共同治理的实践探索与制度创新》,载《中国行政管理》2014 年第 12 期。

〔3〕 参见俞可平:《治理与善治》,社会科学文献出版社 2000 年版,第 34 页。

〔4〕 参见[英]格里 · 斯托克、华夏风:《作为理论的治理:五个论点》,载《国际社会科学杂志(中文版)》2019 年第 3 期。

〔5〕 参见李明强、王一方:《多中心治理:内涵、逻辑和结构》,载《中共四川省委省级机关党校学报》2013 年第 6 期。

一、多元共治理念:“预防式”与“回应式”治理并重

(一)从“政府主导型”转向“市场回应型”监管

从全球范围来看,如何划清政府职能的边界,如何理解政府与市场的关系,是各国经济发展的关键命题。在理论界存在关于政府职能的两种观点,以亚当·斯密为代表的“自由放任”思想认为,政府应该在一种自由、放任的态度下,更少地干预国家经济的运行。[6] 与此相对应,干预主义的代表性分支:以凯恩斯为代表的积极干预主义,主张市场失灵时政府必须干预,市场没有失灵时,为了避免失灵政府依然需要干预。[7] 历史表明,完全偏向某一种模式的做法必然偏离包容性经济制度,给经济协调发展稳健运行造成不利影响。[8] 其中,过于强调自由放任导致的市场失灵可能造成市场的动荡和失序,而过于依靠政府干预诱发的政府失灵,则可能带来更严重的市场危机,让市场活力荡然无存。因此,诸多与此相关的经典学说都围绕着政府职能限制展开,例如,狄骥认为,国家权力的来源不是因为其固有的权利,而是基于其必须履行的义务,因此权力的限度在于其履行义务所必需的权力最小值。[9] 同样,密尔的《论自由》谈捍卫自由,实质上是在论证限制政府以及与政府相关联的权力,[10] 从而与洛克的《政府论》遥相呼应,深化了洛克的“政府—权力”学说,形成了新的“自由—

[6] 参见[美]维托·坦茨:《政府与市场:变革中的政府职能》,王宇等译,商务印书馆2014年版,第47~48页。

[7] 参见[美]理查德·沃尔夫、[美]斯蒂芬·雷斯尼克:《相互竞争的经济理论:新古典主义、凯恩斯主义和马克思主义》,孙来斌、王今朝、杨军译,社会科学文献出版社2015年版,第328页。

[8] 参见[美]德隆·阿西莫格鲁、[美]詹姆斯·A.罗宾逊:《国家为什么会失败》,李增刚译,湖南科学技术出版社2015年版,第296~299页。该书提出的包容性政治制度强调,充分发挥社会力量多方民主参与,以市场主体需求为制度完善导向,该观点符合现代法治的主要特征;包容性经济制度则强调自由进入和竞争,任何人都没有通过垄断获得超额利润的机会,公平竞争带来公平和效率。

[9] 参见[法]莱昂·狄骥:《公法的变迁》,郑戈译,商务印书馆2013年版,第7页。

[10] 参见[英]约翰·密尔:《论自由》,孟凡礼译,上海三联书店2019年版,第4页。

社会"学说,"大大丰富了自由主义思想的深度和力度,更重要的是因应了时代问题——限制政府权力,哪怕是具备基于权力论的正当性基础的政府也不例外"。[11]

不难发现,我国历次行政体制改革的核心均与政府职能转变相关,理解"政府职能转变"是理解"中国之治"的关键密码。[12] 从计划经济、限制市场到鼓励市场有序竞争、宽准入严监管的变迁过程,反映了我国市场监管理念的不断创新,政府、市场和社会之间角色和定位的转变。[13] 其中,体现在"市场在资源配置中起决定性作用"论断之下的,是在市场经济中逐渐确立的公平竞争原则,以及我国政府监管从"政府主导型"转向"市场回应型"这一重要变革主线。[14]

随着现代化建设的全面推进,我国国家治理逻辑逐步转向权利本位。[15] 政府主导模式容易通过国家规划和人为设计"建构"一种与市场不相适应、市场主体并不需要的"外在秩序",而权利逻辑下的市场回应模式需要建立政府与市场良性互动、监管者与市场主体合作参与的公共决策机制。对于从计划经济向市场经济转型而来的我国来说,改革开放可以被看作政府不断限缩和放权、市场不断成长和发展的动态过程。行政性垄断始终是市场经济体制和市场竞争机制"最大的敌人",地方保护和地方封锁给全国统一大市场带来了危害。因此,从"政府主导型"转向"市场回应型"监管,意味着政府监管更多以市场需求为导向,显然是最契合我国政府职能现实需求的逻辑。

(二)风险社会中"预防式反垄断"理念的兴起

如果说"市场回应式"监管是从政府与市场的角度出发,强调的是政府职能转变,主张以市场的需求为导向调整政府的经济职能,那么"预防式反垄断"则体现了反垄断理念的特殊性,即以哈佛学派为代表的经济学学派长久以来对垄

[11] 参见高全喜:《为什么我们今天依然还要读穆勒?》,载《论自由》,约翰 · 密尔,孟凡礼译,上海三联书店 2019 年版。

[12] 参见颜德如、李过:《"转变政府职能":基于党和政府重要文献的概念史考察》,载《社会科学》2021 年第 6 期。

[13] 参见刘亚平、苏娇妮:《中国市场监管改革 70 年的变迁经验与演进逻辑》,载《中国行政管理》2019 年第 5 期。

[14] 参见孙晋:《公平竞争原则与政府规制变革》,载《中国法学》2021 年第 3 期。

[15] 参见夏志强:《国家治理现代化的逻辑转换》,载《中国社会科学》2020 年第 5 期。

断结构的关注，极大地促成了预防式反垄断的基本态度，例如，经营者集中制度中的结构性救济措施，旨在实现对垄断结构的反对，阻止未来可能出现的垄断行为。

与此同时，随着数字经济的蓬勃发展，“风险社会”的概念被提出，德国社会学家乌尔里希·贝克认为，“在发达现代性中，财富的社会化生产与风险的社会化生产系统相伴”，“生产力在现代化进程中的指数式增长，使风险和潜在自我威胁的释放达到了前所未有的程度”。〔16〕 越来越多新型的垄断行为出现，风险社会和数字社会的交替交织催生了当代反垄断法积极预防风险的急迫任务，预防垄断行为在反垄断规制体系中的地位日益凸显，反垄断合规指引和公平竞争审查制度的兴起正是最好的例证。〔17〕 这意味着，在风险社会中，大型平台垄断结构的形成可能会招致更严格的预防式反垄断关注，这种趋势正发生在全球范围内。在执法态度本身就较为严厉的欧盟，大型平台“守门人”（gatekeeper）的义务被予以强调，欧盟《数字市场法》专章规定了市场监管部门对大型平台的事前调查义务。而在美国，随着新布兰代斯学派（New Brandeis School）的兴起，美国政府对大型企业的宽容态度也开始发生转变，专项报告披露了大型企业带来的不利影响，多项针对“大型平台”（covered platform）的反垄断法案陆续通过。

近年来，在新布兰代斯学派对公平竞争的极力提倡下，“促进生产活动的公平参与、促进收入和再分配的公平”作为反垄断的主要目标之一开始广泛得到认可。〔18〕 这一学派主张更严格的监管措施，认为注重竞争过程、审视竞争结构和监管科技大企业是实现竞争公平的重要方式。这一转变与数字经济的繁荣密切相关，有学者认为，“基于工业经济时代的事后被动式监管手段无法有力遏制平台企业‘天然’的垄断倾向，反垄断执法机关可通过前置式反垄断监管的方

---

〔16〕 参见［德］乌尔里希·贝克：《风险社会：新的现代性之路》，张文杰、何博闻译，译林出版社2018年版，第1页。

〔17〕 参见刘乃梁：《“预防垄断行为”的理论逻辑及其制度展开》，载《社会科学》2020年第12期。

〔18〕 See Lina Khan, *The New Brandeis Movement: America's Antimonopoly Debate*, 9 Journal of European Competition Law & Practice 131 (2018).

式,提前主动开启对平台企业垄断行为的规范活动”。[19]

然而,这种预防式反垄断的思路与前文所述“市场回应型”监管理念却似乎有所背离。如果从“市场决定论”的角度出发,充分激发市场活力必然指向回应市场需求的政府监管模式,尽量减少政府在事前的不合理干预。而如果考虑数字经济带来的巨大风险,以垄断行为为例,算法的不透明性和隐蔽性,再辅以互联网平台的多边效应和锁定效应,让数字经济时代的垄断行为得以在隐秘状态悄无声息地滋养壮大,进而形成对市场竞争的巨大负面影响,减损消费者的福利,这就意味着前置式的反垄断干预也确有必要。但是,由于数字经济的复杂性和政府行政能力的差异性,这种前置式的反垄断干预的合理性却很难得到保障。因此,如何从理论上协调两种治理理念之间的冲突就显得至关重要。

事实上,为了在严厉规制与激励创新之间寻求平衡,适应数字平台特性的反垄断监管应秉持谦抑理念、确立积极的包容审慎监管原则,[20]在次优效果的追求中总体上采取必要的“宁纵不枉”的谦抑执法观,以尽量减少错误成本。[21]因此,不宜直接赋予政府更大的事前监管权限,而应让容易产生垄断风险的主体来承担预防式治理的职能,例如,强化平台企业的竞争合规,从而以反垄断多元共治理念为解决冲突提供了一个可行的视角。

(三)多元共治:“预防式”与“回应式”治理并重的逻辑指向

在公共管理理论中,政府改革的浪潮催生了“多中心治理理论”的诞生,奥斯特洛姆夫妇将这一理论上升到系统的高度,认为强化层级节制、权责界限清晰、同一件事情必须交由一个部门完成的、集权的政府中心统治未必能够保证或提高效率。[22] 事实上,单一的单极化权力中心是不存在的,权力分散、多极管理的多元治理中心是社会秩序维护的基本模式,且各权力中心之间是平等的、互动的。多中心系统比单一中心系统更有可能提供导致自我组织、自我纠

---

〔19〕 时建中、郭江兰:《论平台经济领域前置式反垄断监管》,载《探索与争鸣》2021年第9期。

〔20〕 参见孙晋:《数字平台的反垄断监管》,载《中国社会科学》2021年第5期。

〔21〕 参见孔祥俊:《论反垄断法的谦抑性适用——基于总体执法观和具体方法论的分析》,载《法学评论》2022年第1期。

〔22〕 See Pual D. Aligica & Vlad Tarko, *Polycentricity: from Polanyi to Ostrom, and beyond*, 25 Governance 237 (2012).

正的制度变革的激励措施。[23] 将这一理论适用于平台治理,不难发现,平台多元治理体系应该涵盖政府、平台企业、消费者、公共媒体和第三方机构等多个方面。[24] 本文将多元治理的主体分为平台企业、社会公众和政府三个层面。

多元共治是从"政府主导型"转向"市场回应型"监管的必然结果。在"市场回应型"市场监管模式下,为了及时发现市场需求,需要通过确立干预标准、法定程序约束和普遍开展市场调研、组织听证和专家评估论证、决策咨询、重大问题沟通协调等民主途径,允许和组织利益相关方、行业协会、企业等市场主体积极参与规制立法和政策制定,推进国家规划与市场自治的双向构建和互动塑造,以市场回应模式消解单向政府主导模式下经济法治的不足。这就需要建立及时开放、民主参与、多元互动、动态调整的回应反思机制,并借此来建立灵活有序的协商秩序,开放社会参与的方式和渠道,充分发挥社会监督的作用。[25] 在干预市场的公共决策和制度实施上,应普遍导入市场竞争影响评估机制、民主协商机制、公益诉讼制度,建设过程监管纠错和反馈回应能力,从而为建立互动平衡、共享治理的法治秩序奠定坚实基础。与此同时,政府为更好应对市场监管的需求,需要不断提高行政效率、迅捷处理信息、优化治理能力和保障社会福利等能力,采用行政约谈、竞争倡导、劝解、窗口指导等更加灵活多元的柔性手段,提升数字化行政能力及权力正当性,转向智慧化和科学性监管。

同样,在多元共治的理念下,将前置性的反垄断职能更多交与多元社会主体,尤其是在市场中占有巨大优势的平台巨头,能够在通过政府事中事后监管给予市场自由、守住市场底线的同时,也给数字经济时代的潜在风险建筑了有效的"防火墙"。市场回应式监管并不意味着所有政府监管事项都转向事中和事后,转变必须满足一个基本前提,即转变之后的外部性救济成本和监管机制

---

〔23〕 See Elinor Ostrom, *The Comparative Study of Public Economies*, 42 The American Economist 3 (1998).

〔24〕 参见陈俊龙、王英楠:《平台型企业社会责任多元治理研究》,载《现代管理科学》2021 年第 7 期。

〔25〕 参见马长山:《国家"构建主义"法治的误区与出路》,载《法学评论》2016 年第 4 期。

成本必须有所降低。[26] 在风险社会,数字经济的隐蔽属性和聚集效应让这一成本不再具有确切的可预测性,交由多元共治以对冲垄断风险,才能更好地贯彻事中、事后监管,更好地实现政府的职能。当然,这种“谁易垄断、谁先自治”的预防式反垄断思路意味着对于由于行政权力滥用而形成的垄断,理应由政府承担预防治理的职责,充分运用公平竞争审查、合法性审查、合宪性审查等手段,约束干预权力、优化市场规制。

在平台反垄断治理中,一方面,依靠企业竞争合规自治和行政柔性干预,确立“预防式”治理理念,可以更好应对风险社会反垄断的动态性需求、事前规制需求和主动性需求;另一方面,依靠社会监督和政府监管,并重“回应式”治理理念,也意味着数字平台的创新性需求、自主性需求在一定程度上得到尊重,不影响数字经济市场的创新和发展。因此,必须确立“预防式”与“回应式”治理并重的多元监管理念,调动多方力量协助实现数字平台市场的竞争秩序维护,从而提高反垄断监管效率、节约社会监管成本。

二、预防式治理:公共属性下平台竞争合规自治

(一)相生相伴的平台公共性与平台自治权

平台经济发展至今,受到平台行为影响的群体规模与日俱增,巨头平台毋庸置疑地拥有了“平台权力”,而这一权力的本质就是平台事实上的支配力和影响力。[27] 平台成为政治权力和市场权利之间的第三种力量,从法理、规则和技术 3 个层面挑战全球的反垄断监管,日益深刻地渗透着社会经济,平台的公共属性越发凸显。[28] 平台自治是网络平台的重要治理模式,平台公共性与平台自治权力相伴相生、相辅相成:平台公共性越强,平台自治权力也越强大。数字平台形成了内部的“虚拟生态系统”,以平台自治规则为外在表现形式。平台在

〔26〕 参见董淳锷:《市场事前监管向事中事后监管转变的经济法阐释》,载《当代法学》2021 年第 2 期。

〔27〕 参见刘权:《网络平台的公共性及其实现——以电商平台的法律规制为视角》,载《法学研究》2020 年第 2 期。

〔28〕 参见张晨颖:《公共性视角下的互联网平台反垄断规制》,载《法学研究》2021 年第 4 期。

平台内拥有制定和解释平台规则、裁判和解决争端等自治权力，其获得的平台管理权源于多方主体之间的意思自治，通过内部自治的管理模式在平台经济发展中承担重要的秩序管理和保障运行的功能；正当的平台自治行为应当受到法律的保护。数字平台在其“虚拟生态系统”中行使平台内“立法权”制定“平台自治规则”，并以“平台自治规则”为“执法标准”在平台内进行自治管理。

但是，平台基于其特有的公共属性，也更容易在私益性和谋利性的驱使下，转向滥用自治权而非干预市场公平和自由竞争。垄断是平台的天然倾向，诸如亚马逊、eBay 这类国际电商平台，又如国内的电商平台淘宝、京东，都是体量庞大且兼并不断。融资、补贴、兼并，似乎成为所有互联网平台的基本发展模式。“超级平台”不断聚集而成，占领与民生经济相联系的各行各业。正因为平台的公共性强弱与平台自治权力的大小之间密切相关，所以平台规模越大，平台的公共属性越明显，平台的自治权力就越显著，平台自治权力“越界”的可能性就越大。近年来，在全球范围内，大型互联网平台因平台自治行为受到反垄断调查和处罚的情形并不罕见。[29] 资本具有逐利性，平台企业有天然的垄断倾向。如何合理利用平台依靠公共性而具有的自治权力抑制平台的垄断行为，实现数字平台的反垄断自治，需要在深度联系平台公共属性和平台竞争合规的基础上展开探讨。

（二）“超级平台”的“超级合规义务”

在著名的法哲学家杰里米·边沁提出的“全景监狱”（panopticon）设想中，描述了一个最低成本的监狱模式，即每个囚犯都在不知不觉中处于中央塔楼上的监视中。[30] 法国哲学家米歇尔·福柯（Michel Foucault）进一步提炼了边沁

〔29〕 例如，2018 年 7 月，欧盟委员会判定谷歌在安卓操作系统和移动应用及服务方面采取“非法限制措施”，对谷歌处以 43.4 亿欧元罚款；2019 年 3 月，谷歌因违反在线搜索广告规定，屏蔽了竞争对手的广告再次被罚款 14.9 亿欧元。2020 年 6 月，苹果公司也因苹果购物（Apple Store）和苹果支付（Apple Pay）要额外征收 30% 的“苹果税”，先后在欧美地区被发起反垄断调查。2021 年，在“防止资本无序扩张和反垄断”的政策主张下，我国对阿里巴巴做出了国内互联网发展历史上的最高额反垄断罚单。

〔30〕 See Jeremy Bentham, *The Panopticon Letters*, in M. Božovič ed, The Panopticon Writings, Verso Books, 1995, p. 29 – 95.

对现代社会的总体描述,即“监视的效果是永久的,即使它的行动是不连续的”。[31] 由于监视者和囚犯处于信息不对等的情形中,囚犯会不自觉接受外界控制而约束自己的行为。“全景监狱”理念的提出,一开始是为了应对 18 世纪欧洲监狱制度面临的困难。但是,随着这一理论的不断发展,“全景监狱”的这一设想逐渐被其他领域所沿用,如在有的社会学家眼中,社交媒体就是经典的圆形监狱,大量用户和社交平台之间的关系相当于囚犯和全景监狱的关系,因此,由于平台往往需要识别、分类和评估用户数据,“隐私”就应该被重新定义,更强有力的消费者保护机制应该被予以引入,以确保平台用户免受社交平台的监视。这意味着,数字经济时代数字化生存的新模式似乎让全景监狱成为现实,而具有超级规模的大型平台企业,亦即“超级平台”,其公共属性和自治权力相辅相成,无疑成为数字经济时代的全景监狱管理者,在拥有“超级”权力的同时也应承担“超级”义务,即不能随意越界、滥用自治权力。

近年来,各国对互联网企业的反垄断关注纷纷转向了巨头平台。2021 年 6 月,美国众议院表决的 6 项反垄断法案中,有 4 项法案直指大型平台企业。欧盟《数字市场法》的“守门人”规则是指,满足一定规模的互联网平台企业才能被称为“守门人”,而一旦被认定为“守门人”,则将意味着必须承担大量的竞争合规义务:不得利用数据投放定向广告;限制“猎杀式并购”(killer acquisitions);为侧载应用(sideloading)打开大门;实现互操作性,让用户能够实现消息同步互联互通。如果违背了这些法定的义务,则可能会面临高额的反垄断罚款。这无疑表明,各国的立法都不同程度地体现了对超级平台的严厉态度。

当然,“超级平台”的“超级义务”不能超出必要限度,反垄断工作既要持续激励超级平台的动能和效能,又要促进实现互联网空间开放型的竞争生态系统,否则就会限制创新、阻碍行业发展。[32] 依靠平台自治推动平台反垄断工作,需要更多结合竞争合规的方式,强调“超级合规义务”。竞争合规事先预防和抑制违法的双重功能,成为与传统反垄断制裁同样重要的反垄断实施机制,

---

〔31〕 [法]米歇尔 · 福柯:《规训与惩罚:监狱的诞生》,刘北成、杨远婴译,生活 · 读书 · 新知三联书店 2007 年版,第 219 页。

〔32〕 参见陈兵:《因应超级平台对反垄断法规制的挑战》,载《法学》2020 年第 2 期。

以外部推进方式实现竞争合规的价值。[33] 以合规指引和合规监管相配合,实现对企业竞争合规的指引和激励,增强经营者合规的积极性和规范性,成为越来越多国家的新选择。有效的反垄断合规可以帮助经营者避免不利风险,也给经营者带来潜在收益,主线在于"识别风险——评估风险——控制风险",以实现反垄断预防和规范的两个基本目标。[34] 此外,除传统企业法律合规的基本方式外,还可以依靠技术探索新的竞争合规方式,如将竞争法律规则融合到平台企业运行所依靠的代码之中,在一项产品或服务的理念设计、公司决策程序等所有设计环节都考虑竞争保护,以竞争设计(competition by design)的方式实现算法"规制"算法。[35] 这需要依靠技术部门和管理部门的合作与交流,法律规则的代码化在与管理者的不断交流之中产生。同样,计算机程序员也需要有能力开发和实施有效、具体、详细的代码作为反垄断的关键性工具。以欧盟竞争法为例,法律中并没有包含足够具体或者详尽的法律规定,让技术人员可以轻松地在所设计的代码中注入算法。计算机代码表示精确命令的逻辑顺序,但欧盟竞争法表述通常不够精确,许多表示并不够统一。[36] 因此,还需要在代码设计的过程中平衡精准与抽象的需求。

三、回应式治理:鼓励与开放中的社会监督补足

(一)鼓励第三方评估和行业研究

在推广公平竞争审查制度的过程中,自我审查模式从一开始就受到学界的质疑,其可能蕴含因能力缺失不能审查、因激励扭曲不愿审查、因利益相关而缺

---

〔33〕 参见方翔:《竞争合规的理论阐释与中国方案》,载《安徽师范大学学报(人文社会科学版)》2020 年第 4 期。

〔34〕 参见喻玲:《企业反垄断合规制度的建立路径》,载《社会科学》2015 年第 5 期。

〔35〕 参见徐则林:《通过竞争设计实现数字市场竞争保护——以 GDPR 隐私设计条款为镜鉴》,载《华中科技大学学报(社会科学版)》2022 年第 1 期。

〔36〕 See Bernard Hoekman, *Competition Policy and the Global Trading System: A Developing-Country Perspective*, The World Bank, 1999, p. 383 – 406.

乏社会信任的悖论。[37] 因此,为营造健全的市场竞争评估环境,需要将第三方评估和自我审查相结合,构建公平的审查机制。[38] 公平竞争审查必须成为政策措施出台的前置程序,[39]但由于全面第三方评估前置的难度较大,也可能造成立法低效的问题,年度公平竞争审查实施情况的第三方评估机制也被认为是可行的方案之一。通过年度第三方评估,评估各单位实际的公平竞争审查情况,考察是否存在"没有审查、审查未留痕、审查错误、审查疏漏、审查不当适用例外条款",以及各单位的公平竞争审查机制是否存在瑕疵、审查主体是否合适、审查频次是否正常等内容。结合"必要第三方评估"条款和"年度第三方评估"机制,形成责任明确、多方配合的审查体系。[40]

公平竞争审查意在预防和纠正行政机关滥用行政权力排除、限制竞争行为,与此相似,倡导平台企业竞争合规也具有相似的制度意蕴,主张发挥平台企业的主观能动性,事先进行自我行为矫正。因此,平台合规能力缺失、合规激励不够、合规信任薄弱等问题可能也同样鲜明地呈现于平台竞争合规的过程中。在社会共治的思路下,借鉴公平竞争审查的第三方评估机制,可以以鼓励第三方评估和行业研究的方式应对平台合规中可能存在的问题。但是,与公平竞争审查制度不同,平台企业的市场竞争行为不是政策文件,而是包含各种复杂行为的综合市场表现,是否能够依靠第三方评估察觉平台的垄断意图和垄断行为呢?显然,这个问题并不会构成实质障碍。官方数据如国家宏观经济数据和国家统计局数据,商业数据如中华全国商业信息中心、东方财富网研报中心、IBM商业价值研究院、艾瑞研究(互联网行业报告)、阿里研究院(阿里行业研究报告)等行业研究机构形成的种类繁多的行业数据报告,都证明了市场不缺乏评估平台市场竞争行为的力量。但随之而来的第二个问题是:平台企业和第三方

[37] 参见李俊峰:《公平竞争自我审查的困局及其破解》,载《华东政法大学学报》2017年第 1 期。

[38] 参见孙晋、阿力木江 · 阿布都克尤木:《公平竞争审查引入第三方评估的重要性及其实现》,载《江海学刊》2020 年第 2 期。

[39] 参见时建中:《强化公平竞争审查制度的若干问题》,载《行政管理改革》2017 年第1 期。

[40] 参见殷继国:《我国公平竞争审查模式的反思及其重构》,载《政治与法律》2020 年第 7 期。

机构是否具有开展第三方评估或行业研究的主动性？从目前的实践情况来看，公平竞争审查的第三方评估常以政府绩效考核为约束，由市场监管部门推动开展，从外部和内部都保障了第三方评估的实际可行。[41] 然而，从同一外部和内部因素观察，既很难发现平台主动寻求第三方评估的主动性，也很难由市场监管部门介入推动第三方评估开展——平台企业的经营自由权应该得到尊重。回答这个问题，需要先转换视角：市场之所以自发形成数量繁多的行业研究机构，并向社会发放免费的行业研究报告，正是因为市场有这样的需求。市场所关心的，就是行业研究报告所呈现的，而影响行业发展的因素和举措，正是市场所关心的内容。随着政府行之有效的竞争倡导，竞争理念不断得以普及，政府反垄断监管能力和技术的进阶，平台企业的市场竞争行为必然也会成为影响行业发展的关键因素。在互联网巨头阿里巴巴被罚之后，各互联网企业纷纷提高对反垄断合规的重视即为例证。由此，在尊重市场能动性的基础上，行业研究报告的积极性和主动性也不再构成障碍。

（二）推进涉及市场竞争领域的公益诉讼

在自由主义和干预主义的协同作用下，竞争法受到自由主义和国家干预主义此消彼长的影响，在自由中建立秩序，在规制市场主体行为的过程中凝聚自由和公平的价值共识。[42] 关于竞争法所保护的法益，长久以来是存在一定争议的，有"中小企业保护说"[43]"效率保护说"[44]"消费者保护说"，[45]还有在确立经济法特殊价值之上——整体经济的正确性，即"经济生活"尽可能公平的

〔41〕 例如，江苏一些地区率先将公平竞争审查制度落实情况纳入当地法治政府建设考核目录，产生了非常好的审查效果和社会实施效果。参见《江苏省公平竞争审查白皮书》，载江苏省市场监督管理局官网 2021 年 12 月 24 日，http://scjgj.jiangsu.gov.cn/attach/0/9e308fd077c44155827564723702c405.pdf。

〔42〕 参见江帆：《竞争法的思想基础与价值共识》，载《现代法学》2019 年第 2 期。

〔43〕 参见［美］赫伯特·霍温坎普：《联邦反托拉斯政策：竞争法律及其实践》，许光耀、江山、王晨译，法律出版社 2009 年版，第 102 页。

〔44〕 See William E. Kovacic, *The Antitrust Paradox Revisited: Robert Bork and the Transformation of Modern Antitrust Policy*, 36 Wayne Law Review 1413 (1989).

〔45〕 参见［美］J. E. 克伍卡、［美］L. J. 怀特：《反托拉斯革命：经济学、竞争与政策》，林平、臧旭恒等译，经济科学出版社 2017 年版，第 43 页。

制度,[46] 以及在法的功能上注重经济部门、经济利益之间的综合平衡和协调,[47] 进一步将竞争法的目的确立为对整体竞争秩序的维护。当然,无论哪种学说,消费者权利受到竞争法的关注和保护是毋庸置疑的,尤其是在芝加哥学派的主张之中。

反垄断公益诉讼,直接回应了消费者以私人执行的方式维护自身权益的需求。在国内,《海南自由贸易港公平竞争条例》第 32 条首次正式在涉及竞争的案件中引入公益诉讼制度,为反垄断公益诉讼在自由贸易港的开展打开通道。公益诉讼的引入,将为自由贸易港实现公平竞争、吸引国际消费者提供有力支撑。而在《反垄断法(修正草案)》第 60 条第 2 款也有关于公益诉讼的表述,有望在正式的修订版本中得以确立。公益诉讼基于对消费者福利的保护有其正当性,以检察机关和消费者协会享有诉讼人资格,一直以来受到学界呼吁。[48] 基于垄断行为的特殊性,造成损害的对象往往是分散的不特定对象,集体公益诉讼可以有效弥补分散的受害者的利益损失,维护公共利益,与反垄断法的宗旨相契合。[49] 从反垄断司法体系完善的角度出发,考虑检察机关显著的中立性、权威性和程序性特点,应当重视检察机关在反垄断实施中的地位和作用,使其成为反垄断执法与司法相衔接的“路由器”,即由各级人民检察院负责对垄断案件进行立案、侦查、起诉,由各级人民法院负责对垄断案件进行审判。以检察机关作为反垄断国家诉讼机制的启动者,基于两个原因:一是提起国家民事诉讼的需要。经营者的垄断行为,会造成对国家、社会公共利益的损害,检察机关应代表国家提起诉讼。二是人民检察院作为一个司法机关,具有监督法律实施的职能,有责任和能力对损害社会利益的违法行为提起民事诉讼,特别是在社会公众对反垄断法民事责任追究并不熟悉的情况下,建立以人民检察院代表国

---

[46] 参见[德]弗里茨·里特纳、[德]迈因哈德·德雷埃尔:《欧洲与德国经济法》,张学哲译,法律出版社 2016 年版,第 23 ~28 页。

[47] 参见朱景文:《中国特色社会主义法律体系:结构、特色和趋势》,载《中国社会科学》2011 年第 3 期。

[48] 参见陈云良:《反垄断民事公益诉讼:消费者遭受垄断损害的救济之路》,载《现代法学》2018 年第 5 期。

[49] 参见冯博、杨童:《我国反垄断集体诉讼制度的构建与实施》,载《中州学刊》2018 年第 6 期。

家的反垄断民事诉讼制度,以对反垄断民事诉讼起到良好的指引作用。

四、兼具预防式与回应式治理:转向智慧化的政府反垄断监管

(一)合理设置前置式的政府柔性干预

"没有国家的法律秩序,经济制度、尤其是现代经济制度是不可能存在的。"[50]"有为政府是市场创造者",这一论断可以解释中国历经百年沉沦后奇迹般崛起之谜,虽然这一方式也为中国市场留下一些问题。[51] 如果在国家中,个人自由是目标,那么自由放任就不是解决之道,政府规制能够根据自治而获得正当性论证。一是很多规制法都是为了回应古典经济学所理解的市场失灵;二是规制能够实现公益性再分配的目的,消除或减少各种社会群体之间的社会隶属,并解决社会中存在的具有不可逆性的问题。[52] 可以说,国家担负起调节社会经济的职能,是国家职能的重大转变,也是国家性质的一种变化,是建立现代化经济体系必不可少的。但与此同时,当政府的职能向经济领域延伸时,"只要政府的活动属于能与运行中的市场相容的活动,那么市场还可以容许政府进行更多的活动"。[53] 换言之,有为政府应以市场为起点,也应当以市场为尺度,兼具"预防式"和"回应式"监管职能,预防行政权力不当扩张的风险,回应市场失灵需要矫正的需求,转向智慧化的反垄断监管模式。

因此,应探索政府的柔性干预方式,以竞争倡导、调查、约谈等方式阻止对市场竞争秩序造成损害的行为。其中,竞争倡导的意义在于可以同时影响当下和未来,降低提供信息的成本,有效消除某些寻求国家优待以促进自身利益的行为,阻止私人利益集团的游说,以减少"游说"中所浪费的社会资源,从事前保

---

〔50〕 [德]马克斯·韦伯:《论经济与社会中的法律》,张乃根译,中国大百科全书出版社1998年版,第35页。

〔51〕 参见文一:《伟大的中国工业革命:"发展政治经济学"一般原理批判纲要》,清华大学出版社2016年版,第48页。

〔52〕 参见[美]凯斯·R.桑斯坦:《权利革命之后:重塑规制国》,中国人民大学出版社2008年版,第46、52页。

〔53〕 参见[英]弗雷德里希·奥古斯特·冯·哈耶克:《自由宪章》,杨玉生等译,中国社会科学出版社2012年版,第352页。

证市场主体将其立法和利益与监管机构的主张保持一致。[54] 竞争倡导和竞争执法之间相互依存,竞争倡导可以通过创造竞争性市场对执法产生有利影响。经营者可能更愿意遵守竞争法、市场产生垄断行为的可能性显著降低、配合执法的可能性增加、决策者支持竞争管理机构的积极性也会显著增加;反之,竞争执法也可以提高竞争倡导的可信度:竞争管理机构的声誉将很大程度上建立在其执行竞争法的记录之上,这种声誉将极大影响其作为倡导者的影响力。[55]

(二)不断提升政府的数字化行政能力

"算法治理"(algorithmic governance)源于著名论断"代码就是法律"(code is law),软件代码或者技术架构被看作规范社会行为的4个因素之一,仅次于法律、市场和社会规范。[56] 算法不仅改变数字经济时代经济生活的基本模式,也对现代行政规制产生了重要影响,算法引起了行政权力运行方式和规制模式的变革。[57] 合理利用算法治理工具,能促进公共行政现代化,让政府行为更有效率、更准确、更公平,更高水平的信息处理和反馈能力、风险预警和回应能力、信用评级和调试能力在算法辅助之下得以成为现实。在美国142个最重要联邦部门、机构和分支机构中的调研结果显示,政府并没有单纯依靠固有的系统和程序,而有近一半的政府(64个机构)已经尝试实施人工智能等新的工具。例如,针对以交易为基础的市场不当行为,美国证券交易委员会采用了关联交易执行指标调查系统(ARTEMIS)和异常交易分析系统(ATLAS),用以查明和调查内幕交易;美国医疗保险和医疗补助服务中心也正在开发基于人工智能的工具来预测医疗欺诈。[58]

---

[54] See James C. Cooper, Paul A. Pautler & Todd J. Zywicki, *Theory and Practice of Competition Advocacy at the FTC*, 72 Antitrust Law Journal 1091 (2004).

[55] See Clark John, *Competition Advocacy: Challenges for Developing Countries*, 6 OECD Journal: Competition Law and Policy 69 (2005).

[56] See Lawrence Lessig, *Code and Other Laws of Cyberspace*, Basic Books, 1999, p.6.

[57] See Christian Katzenbach & Lena Ulbricht, *Algorithmic Governance*, 8 Internet Policy Review 1 (2019).

[58] See Engstrom, David Freeman, Daniel E. Ho, Catherine M. Sharkey and Mariano-Florentino Cuéllar, *Government by Algorithm: Artificial Intelligence in Federal Administrative Agencies*, Public Law Research Paper, 2020, p.20-54.

面对数字经济时代的平台垄断行为,政府具备以算法治理工具为基础的科学性和智慧化监管能力也同样重要。但如果管理不善,将算法嵌入政府治理,也可能扩大公私技术的差距,增加公共决策中的不透明度,从而可能会产生自主决策减损政府公信力、算法偏见有损社会公平、代码至上危及社会民主等社会风险。[59] 面对人工智能所带来的社会风险,应在坚持政府干预的合法性的基础上,确立风险控制的基本原则——成本效益分析和预防原则,厘定对风险的容忍度,设置风险控制的决策程序。[60] 由此,政府应从如下几个方面着力提升治理能力:

第一,提升算法行政的透明度,提高算法的可信赖度。算法的不透明度是致使算法欠缺可信任性的根本原因。在任何决策环境中,透明度的最佳标准都是对决策"起源"的完整描述,包括决策的输入、输出以及推动决策的主要因素。透明度在很多规则中都非常重要,例如,在国际通行的市场准入负面清单中,"不符措施"会包含一些基本要素,涵盖了影响目标行为判定的确定因素,以提升规则的透明度和确定性。[61] 当然,追求透明度是为了提升可信赖度,并不代表无条件地公开所有算法内容。有必要建立算法分类定级规则、健全事前算法安全评估机制,并在此基础上"公开有意义和有特定指向的决策体系,而非一般性的算法架构或源代码",[62] 从而保障算法行政的可行性。

第二,及时调整算法内容,减少算法行政的偏差。虽然强调以算法实现智慧治理和科学治理,但毕竟算法治理本质上仍是人的治理,人为设置的偏差可能造成更大程度的不公平。而反垄断法律规则并非一成不变,反垄断的基本价值也时常处于争论之中。例如,在我国《反垄断法》修订过程中,"创新"是否应

---

〔59〕 参见任蓉:《算法嵌入政府治理的风险及其防控》,载《电子政务》2021 年第 7 期。

〔60〕 参见马长山:《人工智能的社会风险及其法律规制》,载《法律科学(西北政法大学学报)》2018 年第 6 期。

〔61〕 参见张光南主编:《粤港澳服务贸易自由化"负面清单"升级版:清单方案、政策创新、示范基地》,中国社会科学出版社 2018 年版,第 14 ~ 16 页。

〔62〕 丁晓东:《论算法的法律规制》,载《中国社会科学》2020 年第 12 期。

作为《反垄断法》的基本价值被写入第 1 条之中,就引发了争议。[63] 又如,在对垄断协议予以违法性认定时,合理原则或本身违法原则的适用选择,在国内反垄断实践中也存在差异。因此,对算法内容的调整应紧紧跟随反垄断价值和规则的迭变与更新,以免出现滞后和错误。

第三,警觉探寻算法漏洞的对抗性学习行为。任何规则一旦制定,规则边界便得以相对确定,资本逐利的本能促使其在规则漏洞中不断寻求暴利的空间。例如,相对直接受到法律禁止的"二选一"行为,欧美国家的企业早因其国家法律规制的严厉性,采用了轴辐协议、最惠国待遇条款等更新颖且隐蔽的垄断方式,且这类垄断形式在国内近年来也因"二选一"行为受到反垄断关注和处罚而逐渐出现。同样,算法治理工具能够帮助政府以技术手段突破的方式识别垄断行为,但如若经营者一旦觉察算法识别的基本方式,与之相应的规避手段也必然会不断涌现。在这个过程中,时刻保持对市场行为的观察,及时调整算法逻辑和算法方式,是算法工具在行政过程中得以发挥其功能的又一关键所在。

当下,我国数字化行政方式的权力正当性仍然需要依靠法治化路径。[64] 由此,以算法行政来构建针对平台垄断的个性化监管,需要以具体化、范围化的方式来加以限制。

五、结　　语

以"预防式"与"回应式"治理并重思路,确立数字平台反垄断多元监管理念,应同时考虑平台自治、社会监督和政府监管。除不同层面的路径挖掘外,对实现多元监管同样重要的还有不同监管路径之间的协调机制构建。各自为政的多元监管偏离了多元的实质,反而会造成更大的混乱和无序。平台经济的逐利本质决定了平台权力具有天然的扩张性,其发展离不开政府监管,政府应当在必要的时候及时主动地行使监管权,实现平台规则(软法)与政府监管规则

---

〔63〕 参见王磊:《创新目标在〈反垄断法〉上的定位与实现——兼评〈反垄断法(修正草案)〉第 1 条》,载《中国政法大学学报》2022 年第 1 期;方翔:《论数字经济时代反垄断法的创新价值目标》,载《法学》2021 年第 12 期。

〔64〕 参见展鹏贺:《数字化行政方式的权力正当性检视》,载《中国法学》2021 年第 3 期。

(硬法)的有效对接。另外,由于平台企业在资金和技术的共同加持下,可以精准识别用户,进而能以灵活的手段和更强的主观能动性实现更直接的管理,相比政府监管具有明显的优势,此时政府监管应尽可能自我克制,只在必要时对平台予以纠正性干预,而不去触碰它们已经形成的自律性规范和秩序,监管的重点可以转向平台企业是否有效完成竞争合规。与此同时,社会监督作为有力的回应和补充,应与平台自治和政府监管并行不悖,协力促进平台市场的竞争有序。

Towards Pluralistic Co-governance: Preventive and Responsive Governance of Platform Anti-Monopoly

Xu Zelin

Abstract: In the era of digital economy, in order to cope with the possible regulatory failure caused by the traditional "government-centered regulation" model, the platform anti-monopoly needs to move towards pluralistic co-governance, meanwhile adhering to the concepts of "preventive" and "responsive" governance. Preventive governance is to prevent the risk of new types of platform monopolies, while responsive governance is a regulatory thinking of responding to market demands. On the basis of both above, a pluralistic co-governance situation of platform anti-monopoly is built on three pillars: platform autonomy, social supervision and government regulation. For platform enterprises, the public nature of platforms is closely related to platforms' autonomy. The "super platform" should assume "super compliance obligations" and prevent monopolies at source through corporate autonomy. In order to meet market demands, social supervision needs to be reinforced in the process of encouragement and openness, with advancing third-party evaluation and industry study, and promoting public interest litigation in the field of market competition. Finally, the government should take the market demand as the starting point and scale, reasonably set up flexible government interventions, continuously improve their digital administrative capabilities, and transform to a regulatory model of smart government on platform anti-monopoly.

Key words: Digital Economy; Platform Anti-monopoly; Pluralistic Co - Governance; Preventive Governance; Responsive Governance

论　　文

比例原则可否升格为一项宪法原则*

梅　扬**

内容摘要：

伴随比例原则的研究热潮以及跨部门法的发展态势，越来越多的国内、外学者主张，将比例原则从公认的行政法原则升格为一项宪法原则，并从规范主义和功能主义两种进路展开论证。作为国家根本法的宪法，其原则不仅需要符合法律原则之法律性、抽象性以及融贯性等形式要件，更应当满足现代法治之最高性、普遍性以及稳定性等实体要求。以此为标准，既有的规范主义论证进路和功能主义论证进路皆存在一定瑕疵，或存在牵强附会之嫌，或难以实现逻辑自洽。比例原则只是法治、人权保障等价值理念的下位概念，是实现这些价值理念的一个重要"工具"，其作为一项宪法原则并不适格。强行将比例原则升格为一项宪法原则，不仅是对比例原则内涵的误解以及价值功能的过度"拉升"，而且还会带来一些潜在危害，导致比例原则日益泛化，渐失其具体形貌和特色。

关键词：

比例原则　人权保障　法益均衡　宪法原则　合宪性审查

比例原则作为一项行政法原则，已是理论和实务两界共识，争议不大。[1]近些年，伴随比例原则的研究热潮以及跨部门法的发展态势，越来越多的国内、

* 本文系国家哲学社会科学基金青年项目"紧急状态下公民权利克减的法治难题及其对策研究"(项目编号:21CFX016)的阶段性成果。

** 武汉大学法学院副教授。

〔1〕 国内很多行政法教科书在罗列行政法原则时基本都涵盖了比例原则。参见罗豪才、湛中乐主编:《行政法学》,北京大学出版社 2012 年版,第 33～34 页;姜明安、余凌云主编:《行政法学》,科学出版社 2010 年版,第 89～90 页。

外学者开始主张将比例原则升格为一项宪法原则。在西方,部分国家的宪法直接或者间接规定了比例原则,比例原则在宪法实践中亦有较广泛的应用,比例原则逐渐发展出宪法原则之位阶,并得到诸多论者的支持。[2] 加拿大学者大卫·M.比蒂甚至认为,比例原则构成宪法不可或缺的内容,如果没有某种形式的比例原则,宪法还可存在的观点在逻辑上几乎是不可能的。[3] 在我国,现行宪法并没有明文规定"比例原则"一词,也未间接体现比例原则的核心内容和精神。但是,这些年也有诸多学者对比例原则在我国宪法中的原则地位展开论证和分析。[4]

将比例原则从公认的行政法原则升格为一项宪法原则,关系甚大,意味着其价值功能的抬升。这对比例原则的发展和传播具有极大益处,亦是诸多学者主张比例原则的适用范围应当拓展至刑法、民法乃至覆盖整个法律秩序的重要根由。但本着一种严谨和科学的研究态度,有如下问题需要认真对待和思考:第一,关于比例原则的宪法原则地位,学界当前主要采取哪些论证进路?这些论证进路在逻辑上能否实现自洽?宪法文本中规定比例原则或者宪法实践中运用比例原则是否就当然意味着比例原则具有宪法原则之位阶?第二,何为宪法原则?宪法原则的实质内涵、判断标准是什么?按照这套逻辑和标准,比例

---

[2] 参见[日]青柳幸一:《基本人权的侵犯与比例原则》,华夏译,载《比较法研究》1988年第1期;Cohen-Eliya Moshe, Iddo Porat, *Proportionality and the Culture of Justification*, The American Journal of Comparative Law 59, 2011, p.464,474。

[3] See David M. Beatty, *The Ultimate Rule of Law*, Oxford University Press, 2004, p.163.

[4] 需要指出的是,有部分学者可能是挂着论证宪法原则的名义,实际论证的是宪法规则,即只是论证比例原则具有宪法位阶;有些学者则明确论证比例原则是一项宪法原则甚或是宪法基本原则,即比例原则构成一国法治体系的根本价值准则。参见刘权:《比例原则的中国宪法依据新释》,载《政治与法律》2021年第4期;范进学:《论宪法比例原则》,载《比较法研究》2018年第5期;门中敬:《比例原则的宪法地位与规范依据——以宪法意义上的宽容理念为分析视角》,载《法学论坛》2014年第5期;饶龙飞、陈建晖:《比例原则的中国宪法规范依据》,载《山东科技大学学报(社会科学版)》2016年第4期;翟翌:《比例原则的中国宪法规范基础新论——以宪法第33条为中心》,载《新疆社会科学》2012年第5期。

原则作为一项宪法原则是否真的适格？强行将比例原则升格为一项宪法原则究竟能否实现其设计初衷？又可能会带来哪些潜在危害？这些都是本文所要讨论和解决的问题。

一、比例原则作为宪法原则的论证进路

梳理和分析国内、国外相关文献发现，关于比例原则的宪法原则地位，当前学界主要存在规范主义和功能主义两种论证进路。[5] 其中，规范主义论证进路恪守纯粹的教义学立场，试图从宪法文本以及相关宪法性法律中直接寻找或者通过解释间接析出比例原则的宪法规范依据；功能主义论证进路则主要是从合宪性审查、跨部门法适用等各类宪法实践出发，发掘比例原则的现实运作及其功效，借此表征比例原则的宪法原则价值，并进一步将比例原则的这种功能正当化和扩大化。

（一）规范主义论证进路

规范主义论证进路解决的是以何为根据承认比例原则的宪法原则地位的问题，有学者将其称为“形式意义上的正当性”。[6] 这是学界当前主流的论证进路。通过梳理和考察发现，持规范主义论证进路的学者大多遵循这样的内在逻辑：只要在宪法文本以及相关宪法性法律中探寻到比例原则的规范依据，比例原则即可依此被定性为一项宪法原则。规范主义论证进路具体又可以细分为3种情形：

其一，宪法文本以及相关宪法性法律中直接载入“比例原则”一词。比例原则滥觞于大陆法系的德国，而后才在世界范围内逐步传播开来。受制于地域差异、法系界别以及文化观念的不同，多数国家都只是将比例原则作为一个舶来品来对待，很少在其宪法文本以及相关宪法性法律中直接载入“比例原则”一词。即便是作为发源地的德国，其基本法也没有明文规定“比例原则”，这亦是

〔5〕 有些学者在论证比例原则的宪法原则地位时也会同时采用规范主义和功能主义两种进路，以增强论证的厚度与说服力。参见刘权：《比例原则的中国宪法依据新释》，载《政治与法律》2021年第4期。

〔6〕 参见门中敬：《比例原则的宪法地位与规范依据——以宪法意义上的宽容理念为分析视角》，载《法学论坛》2014年第5期。

比例原则的宪法原则地位缘何引发理论争议的根本所在。根据有关学者考察统计,当前只有希腊等极少数国家和地区在其宪法文本以及相关宪法性法律中直接载入了“比例原则”一词。《希腊共和国宪法》(2008 年)第 25 条第 1 款规定:“对宪法权利的任何限制,要么是直接由宪法规定,要么是通过法律保留由议会的法律规定,并且应当符合比例原则。”2007 年颁布的《欧盟基本权利宪章》第 52 条第 1 款规定:“只有符合比例原则,在必要并且能真正满足欧盟所承认的公共利益的目的时,或出于保护其他人的权利与自由时,才能对权利与自由予以限制。”

其二,宪法文本以及相关宪法性法律中并未直接载入“比例原则”一词,却间接规定了比例原则的核心内容,蕴含比例原则的精神。这类国家和地区相对较多,其根源在于比例原则背后所隐藏的“合乎比例”“禁止过度”等这些普适性的正义理念。[7] 宪法文本以及相关宪法性法律在载入这些正义理念时,不可避免地会涉及比例原则的相关内容。比如,《阿尔巴尼亚宪法》(1998 年)第 17 条规定:“对本宪法所规定的权利和自由的限制,只能因公共利益或为保护他人的权利而由法律予以规定,限制应当与规定的情形成比例。”《以色列基本法:人的尊严与自由》(1992 年)第 8 条规定:“不允许限制基本法保护的权利,除非为了达到适当的目的,并不超过必要的限度,由适合以色列价值的法律规定。”这里的“成比例”“不超过必要的限度”等,实际上都是正义理念的一种体现,与比例原则的核心意旨相一致。《南非共和国宪法》(1996 年)虽然没有直接出现“比例原则”一词,却被学者认为是世界各国的宪法文本中对比例原则的描述最全面和详细的,堪称集各国宪法比例原则规定之大成,其第 36 条第 1 款规定:“权利法案中的权利在法律的一般适用中可以被限制,但这种限制必须是在一个基于人类尊严、平等、自由的开放与民主的社会中被认为是合理的与可证立的。限制权利时应当考虑所有相关因素:(a)权利的本质;(b)限制目的的重要性;(c)限制的本质与程度;(d)限制与其目的间的关系;(e)最小损害手段达到目的。”可以看出,在《南非共和国宪法》中,比例原则的适用逻辑和步骤以及其各项子原则的具体意涵均得到了非常清晰、完整地展现。

其三,通过宪法文本以及相关宪法性法律中的“人格尊严条款”“法治国条

---

〔7〕 参见蒋红珍:《比例原则适用的范式转型》,载《中国社会科学》2021 年第 4 期;李军:《法哲学视域下行政法上比例原则的解读》,载《求索》2008 年第 11 期。

款”“基本权利条款”“权利限度条款”“尊重和保障人权条款”等析出“比例原则”的宪法规范依据。此种情形主要是因为大多数国家的宪法文本以及相关宪法性法律中不仅没有直接载入“比例原则”一词,而且也没有间接规定比例原则的核心内容,只能借助其他宪法条款进行关联解释和体系推导。以我国为例,范进学主要是通过宪法文本中的“人格尊严条款”析出比例原则:《宪法》第38条关于“公民的人格尊严不受侵犯”之规定确立了基本权利限制的比例原则;公民的人格尊严的保护构成了检验与考量国家权力行使目的是否正当、目的与手段之间是否妥当以及限制手段是否必要的标准,而这正是比例原则之核心要素。[8] 姜昕主要是通过宪法文本中的“依法治国条款”析出比例原则:《宪法》第5条确立了我国的依法治国原则;比例原则是依法治国原则所内含的一个具体要求,是评价国家公权力行为是否符合实质正义、公平理念的一个有效标准,是法治国家的题中应有之义。[9] 此外,也有部分学者会综合多个宪法条款进行体系推导,继而得出比例原则的宪法原则地位。比如,陈征主要是通过宪法文本中的一系列“基本权利条款”析出比例原则:比例原则的正当性源于与基本权利密切相关的一些宪法条款,具体包括《宪法》第27条第1款、第33条第3款、第51条等,由此判断比例原则可以在基本权利领域上升为一项宪法原则。[10] 刘权认为,比例原则的本质在于调整权力与权利之间以及权利与权利之间的关系,其功能在于合理确定国家权力与公民权利的界限;比例原则内置于权力和权利之中。通过解释我国《宪法》第51条的“权利的限度”条款和第33条第3款的“国家尊重和保障人权”条款,可以得出比例原则在中国具有宪法规范依据,属于一项宪法原则。[11]

(二)功能主义论证进路

鉴于世界范围内只有少数国家在其宪法文本以及相关宪法性法律中直接或者间接规定了比例原则,规范主义论证进路尽管是一条最直接且相对具有说

---

〔8〕 参见范进学:《论宪法比例原则》,载《比较法研究》2018年第5期。

〔9〕 参见姜昕:《比例原则的理论基础探析——以宪政哲学与公法精神为视角》,载《河北法学》2008年第7期。

〔10〕 参见陈征:《论比例原则对立法权的约束及其界限》,载《中国法学》2020年第3期。

〔11〕 参见刘权:《比例原则的中国宪法依据新释》,载《政治与法律》2021年第4期。

服力的进路,但存在诸多现实障碍。在此背景下,功能主义论证进路“异军突起”。持这种论证进路的学者所遵循的逻辑大致是:虽然比例原则在宪法规范层面没有明确的依据,但因比例原则在宪法审查、跨部门法适用等各类宪法实践中扮演重要角色,比例原则也可依此被定性为一项宪法原则,同时亦可借此将比例原则的这种功能进一步正当化和扩大化。功能主义论证进路又可以细分为两种情形:

其一,作为宪法审查基准的比例原则。第二次世界大战结束以后,伴随比例原则在人权保障、权力限制等事项上展现出的极大功效,比例原则成为世界很多国家开展宪法审查的一个重要基准。[12] 在德国,其基本法并未直接载入“比例原则”一词,也未间接规定比例原则的核心内容,联邦宪法法院主要是通过一系列持续而有影响的判决,赋予比例原则的宪法审查基准地位,“实质上将比例原则提升到宪法位阶”。[13] 比如,1971 年的“石油储存案”,德国联邦宪法法院运用比例原则审查《油品储存法》中的“各石油输入业必须将其输入或制造的油品作一定数量之储存”之规定,认为其他手段皆难以达成立法目的,排除其他更好手段之可能性,因此该法仍属合宪;1980 年的“巧克力糖果案”,德国联邦宪法法院运用比例原则审查《消费者保护法》中的“限制圣诞节和复活节的糖果制造商,并禁止销售可能与巧克力产品相混淆的食品”之规定,认为法律调控必须具备对公共利益的合理考虑,且必须选择对实现这一目的来说必要与合适的手段。如果存在限制效果更小的手段以实现立法目标,那么议会就超越了其裁量权的合适范围。[14] 与德国等大陆法系国家不同,英美法系国家在实践中长期主要是采用合理性原则对国家机关的行为开展宪法审查,并根据涉及基本权利的不同发展出一套多元化的审查标准,即“严格审查”(strict scrutiny)、“中

〔12〕 See David M. Beatty, *The Ultimate Rule of Law*, Oxford University Press, 2004, p. 162.

〔13〕 许玉镇:《试论比例原则在我国法律体系中的定位》,载《法制与社会发展》2003 年第 1 期。

〔14〕 参见蔡宗珍:《公法上之比例原则初论——以德国法的发展为中心》,载《政大法学评论》1999 年第 2 期。

度审查”(intermediate scrutiny)以及“合理审查”(rational scrutiny)。[15] 但“不论是严格、中度或合理审查标准,本身都是规范意义的原则,与比例原则无异……两者只是语意差别,其功能则类似”。[16] 事实上,随着人权保障任务的逐渐加剧,英美法系国家也开始径直采用比例原则开展宪法审查。在英国,2001年的“Daly案”[17]是这一转变的典型标志,英国法官斯泰恩勋爵明确采用三级比例原则作为论证依据。此后,比例原则的适用频率不断提升,有很多法律条款和决定都因不符合比例原则而被法院撤销。英国初步形成了土生土长的合理性原则与大陆法系舶来的比例原则“携手共治”的一个格局,但凡涉及基本权利的案件,比例原则均成为宪法审查中一个不可不用的分析工具。[18] 在美国,情况大体类似,尽管没有形成以“比例原则”为名的宪法教义学,但比例原则在违宪审查实践中得到了较广泛的应用。[19] 以至于美国学者亚历克·斯通·斯威特认为,作为一项宪法原则,比例原则已经成为宪法裁判的首要基准,在公民基本权利的保障方面发挥十分重要的作用。[20]

对于我国来说,备案审查与合宪性审查构成当前两个主要的宪法审查机制。在这两项机制的运行中,还暂未发现运用比例原则的实例,但诸多学者已经关注到此问题,论证比例原则作为备案审查标准或者合宪性审查基准的正当性与可行性,并将比例原则的宪法原则地位与该种论证紧密结合起来,展现出

[15] 参见杨登杰:《执中行权的宪法比例原则　兼与美国多元审查基准比较》,载《中外法学》2015年第2期。

[16] 黄昭元:《大法官解释审查标准之发展(1996—2011)——比例原则的继受与在地化》,载《台大法学论丛》第42卷第2期(2013年)。

[17] 英国法院在该案中撤销了一所监狱的规定,该规定授权狱警可以在罪犯不在场的情况下检查罪犯的信件。法院认为,这是对罪犯普通法权利的不成比例或不正当的侵犯,违反了比例原则。

[18] 参见杨登峰:《从合理原则走向统一的比例原则》,载《中国法学》2016年第3期。

[19] 参见吴昱江:《试论比例原则在国家安全与言论自由平衡下的使用——以美国司法判例为鉴》,载《政法论丛》2016年第3期;王蕾:《比例原则在美国合宪性审查中的类型化运用及其成因》,载《比较法研究》2020年第1期。

[20] See Alec Stone Sweet & Jud Mathews, *Proportionality Balancing and Global Constitutionalism*, Colum. J. Transnat'l L 47, 2008, p. 72.

极强的功能主义立场。比如,刘权认为,在中国推进合宪性审查,是保障人权的根本需要,比例原则是被全球法治实践所反复证明的保障人权的“利剑”;为更好地实现合宪性审查制度的人权保障功能,必须确立比例原则在我国的宪法原则地位。[21]

其二,比例原则在刑法、民法等其他部门法中的拓展适用。这些年,“关于比例原则,一个亟待说明的现象,是它日益明显的普遍化趋势”,[22]比例原则的适用范围逐渐从行政法领域拓展至刑法、民法等其他部门法领域乃至覆盖整个法律秩序。这一现象不仅反映在丰富的理论研究上,还在司法实践中有所展开。[23] 基于此,有学者指出,比例原则在公法和私法两大领域中均实现适用,具有了一种“跨部门法”的属性。这本身就已经反映出比例原则的宪法位阶,构成比例原则宪法原则地位的重要表征。因为宪法作为一国最高法、根本法,除为行政法提供规范依据外,还为刑法、民法等其他部门法提供规范依据,所有部门法均需要服膺于宪法规范的审视。[24] 与此同时,比例原则适用范围的拓展在理论上也引发一定争议,比例原则究竟能否拓展适用?拓展适用的边界和限度何在?学界尚缺乏一致意见。对此,支持者的解决路径基本上都是去探寻比例原则的宪法位阶,寻求宪法资源支撑,试图借助比例原则的宪法原则地位,为其在刑法、民法等其他部门法领域中的拓展适用提供正当性支持,展现出非常明显的功能主义立场。有学者甚至认为,理论界之所以对比例原则的适用范围产生如此激烈的争论甚至可以说是严重的误解,一个很重要的原因就在于,比例原则的宪法依据不明确。能否科学认知比例原则的适用范围以及判断刑法、民法等其他部门法领域究竟能否适用比例原则,必须首先确定比例原则是否具

[21] 参见刘权:《比例原则的中国宪法依据新释》,载《政治与法律》2021 年第 4 期。

[22] 陈景辉:《比例原则的普遍化与基本权利的性质》,载《中国法学》2017 年第 5 期。

[23] 笔者于 2022 年 3 月 15 日,以“比例原则”作为关键词在“中国裁判文书网”中进行检索,时间区隔设置为 2012~2022 年,共检索到 50 余份刑事判决书、1000 余份民事判决书。在这些案件中,比例原则要么被当事人主张用以支持自己的诉求,要么被法院援引用以判决说理。

[24] 参见门中敬:《比例原则的宪法地位与规范依据——以宪法意义上的宽容理念为分析视角》,载《法学论坛》2014 年第 5 期。

有宪法原则地位。[25] 蒋红珍在阐释比例原则适用范围扩张的成因时即大致秉持这样的逻辑：由于宪法涉及对所有公权力行为是否正当合宪的检验，寻求宪法资源是比例原则范式转型得以实现的重要支撑。

近些年，比例原则之所以形成跨地域和跨部门的广泛影响力，完成在功能定位和适用形态上的拓展，其原因主要在于比例原则的全球宪法化，发展出了宪法原则之位阶。[26] 在部门法领域，于改之、吕小红论证比例原则在刑法中适用的正当性时指出：宪法作为国家最高法，宪法原则所蕴含的价值在整个法律体系中居于最高，统摄和支配包括刑法在内所有其他法律的地位。比例原则作为一项宪法原则，是宪法精神的载体，在刑法领域中的适用具有必要性与可行性。[27] 郑晓剑在论证比例原则在民法中适用的正当性时指出：宪法原则应当贯穿包括民法在内的全部法律秩序，以实现法律体系的统一性。也正因如此，作为一项宪法原则，比例原则才能够对包括民法在内的整个法律秩序发生作用。[28]

二、宪法原则的基本内涵及其判断标准

前面对学界关于比例原则宪法原则地位的两种论证进路进行了简要梳理和介绍。无论这两种论证进路能否实现逻辑上的基本自洽以及相关论据是否科学严谨，探讨比例原则的宪法原则地位，其前提必须是厘清“何为宪法原则”这一基础性问题。如果此问题都没有阐释清楚，即便探寻到比例原则在宪法文本以及相关宪法性法律中具有明确的规范依据，或者比例原则在宪法审查等宪法实践中发挥着非常重要的作用，更或者比例原则具备了横跨公法、私法两大领域的强大适用效力，那么也不一定就必然意味着比例原则属于宪法原则之范畴。事实上，这也是当前学界在论证比例原则的宪法原则地位时都容易忽视的一个问题。

---

〔25〕 参见刘权：《比例原则的中国宪法依据新释》，载《政治与法律》2021年第4期。

〔26〕 参见蒋红珍：《比例原则适用的范式转型》，载《中国社会科学》2021年第4期。

〔27〕 参见于改之、吕小红：《比例原则的刑法适用及其展开》，载《现代法学》2018年第4期。

〔28〕 参见郑晓剑：《比例原则在民法上的适用及展开》，载《中国法学》2016年第2期。

(一)宪法原则的基本内涵

在逻辑上,宪法原则属于法律原则的下位概念,厘清宪法原则的内涵需要首先明晰法律原则的内涵,宪法原则应当符合法律原则的一些基本特征。关于法律原则,西方的一些经典理论学家已经从多个角度、多个方面做了比较丰富的探讨。美国法学家罗纳德·德沃金阐释了法律原则的渊源和意涵,认为法律原则是法律的构成要素之一,其源于公平、正义或者其他道德维度的基本要求,是法律价值的集中体现,具有较广泛的指引作用。[29] 英国法学家戴维·M.沃克着重探讨了法律原则的地位和功能,指出法律原则是大量法律推理所凭借的前提,在具体的法律规则不能解决或者不能完全彻底解决案件时,可以正当地适用于案件的一般准则。[30] 德国法学家罗伯特·阿列克西关于法律原则的界定在学界有较大影响:与法律规则的"确定性命令"相比,法律原则本质上是一个"最优化命令"(optimization commands),亦即"要求某事在事实上和法律上的可能性范围内最大可能被实现的规范"。[31] 可以看出,在世界范围内尽管对法律原则尚缺乏共识性、一致性的概念界定,但基本上可以从中提炼出法律原则的如下 3 个典型特征:一是价值性,即法律原则构成法律的基础性原理,体现了法律的根本价值和精神,是法律的灵魂所在。二是抽象性,即法律原则是抽象的、概括的。这种特征是与法律规则相对而言的,法律规则通常具有比较明确的逻辑结构,包括假定条件、行为模式与法律后果,而法律原则并不具备。三是融贯性,即法律原则贯穿法律的具体规定之中,对法律规则具有一种统摄性、引领性的作用。[32]

至于法律原则是否应当具有"法律性"这一特征,即法律原则是否必须在法律文本中以"成文化"的形式明确出来,学界目前还存在一定争议。反对者认为,法律原则具有一种社会历史和伦理道德的背景,其存在不以法律的明示为限,法律原则的数目是不确定的。借由法律原则的存在形态可以将其划分为

---

〔29〕 参见[美]罗纳德·德沃金:《认真对待权利》,信春鹰、吴玉章译,上海三联书店 2008 年版,第 41 页。

〔30〕 参见[英]戴维·M.沃克:《牛津法律大辞典》,李双元等译,法律出版社 2003 年版,第 898 页。

〔31〕 See Robert Alexy, *Theorie der Grundrechte*, 1986, SS. 100 ff.

〔32〕 参见《法理学》编写组编:《法理学》,人民出版社 2020 年版,第 48 ~ 53 页。

“实定的法律原则”和“非实定的法律原则”,后者如那些没有被法律明确规定的“自然法原则”。[33] 赞成者则认为,因为人的理性不足,法与社会现实之间存在永恒的矛盾。为了适应与改变社会现实,法律中除法律规则外,也需要法律原则,以发挥其灵活机动的作用。法律原则构成一个法律体系不可或缺的部分。[34]

关于此问题,笔者个人是持肯定观点的,这是法律原则之所以为“法律”原则的特质所在,具体根由有二:一是就理论而言,根据法律原则的意涵,法律原则纵然具有很强的道德或者政策背景与属性,但还需要发挥立法上的整合统领、执法上的行为准则以及司法上的可适用性等价值功能。这些价值功能的实现均对其“法律性”有较高的要求,这一点在法治成熟的国家会更加迫切。在这个意义上说,法律原则应当是“成文化”的,而非仅仅停留在道德说教或者政策宣示层面。法律原则“应具有规范性,而非纯粹的理论或原理,可以据之作出合法性判断”。[35] 二是就实践而言,法律原则的“法律性”特征在我国当前各个法律部门的立法中皆有所体现,“我国几乎所有法律在立法时通常都会对该法的相关基本原则做出规定”。[36] 以刑事立法为例,在历次《刑法》的修订中,设专门章节规定刑法原则成为一个惯常做法,由此形成了罪刑法定、适用刑法人人平等以及罪责刑相适应这三大刑法原则。民事立法亦是如此,向前进行追溯,国内公开出版物中最早可查的民法总则草案——1955 年 10 月 5 日的《中华人民共和国民法总则草稿》,其第一章规定的便是“民法原则”。[37] 在《民法典》起草的过程中,各专家组所提出的建议稿也普遍采取了开篇设专门章节集中规定“民法原则”的结构体例。2020 年 5 月 28 日,第十三届全国人民代表大会第三

[33] 参见舒国滢:《法律原则适用的困境——方法论视角的四个追问》,载《苏州大学学报》2005 年第 1 期。

[34] 参见张文显主编:《法理学》,高等教育出版社、北京大学出版社 2011 年版,第 73 ~ 74 页。

[35] 彭錞:《再论行政应急性原则:内涵、证立与展开》,载《中国法学》2021 年第 6 期。

[36] 葛洪义:《法律原则在法律推理中的地位和作用——一个比较的研究》,载《法学研究》2002 年第 6 期。

[37] 参见何勤华等编:《新中国民法典草案总览》(上卷),法律出版社 2003 年版,第 3 页。

次会议正式审议通过《民法典》,其第一章即专设几条明确规定了各项民法原则——合法权益受保护原则(第3条)、平等原则(第4条)、自愿原则(第5条)、公平原则(第6条)、诚实守信原则(第7条)、公序良俗原则(第8条)。在行政法领域,目前我国尚未出台统一的行政法典,但周佑勇在论述行政法总则的制定时也曾谈及此问题,认为作为行政法规范的基础性原理、准则和精神,行政法原则构成行政法总则不可或缺的灵魂条款。行政法总则中应直接规定行政法原则条款,这几乎是一个无须讨论的话题。[38]

依此逻辑,作为法律原则的下位概念,宪法原则应当是指一国宪法在调整社会关系时所采取的基本立场和准则,是贯穿该国立宪、行宪等全过程的根本价值和精神,在整个宪法体系结构中居于核心地位,构成该国宪法的灵魂条款。

(二)宪法原则的判断标准

根据宪法原则的基本内涵,作为一项宪法原则,必须同时满足形式和实体两个标准,即作为宪法原则不仅需要符合法律原则之法律性、抽象性以及融贯性等形式要件,更应当满足现代法治之最高性、普遍性以及稳定性等实体要求。

首先,形式标准,即宪法原则必须是一国宪法文本所明文规定的,并呈现抽象性、融贯性等形式特征。如果说一般法律原则的"成文化"存在一定质疑尚可理解,那么对于宪法原则来说,其"成文化"的正当性与必要性十分突出。除上述两个基本缘由外,这主要是由宪法所特有的地位和功能决定的。具体而言,宪法是一国最高法、根本法,它规定的都是该国最重要、最基础的事项,包括根本制度、基本制度、国家机构以及公民基本权利与义务等,借此建构国家基本政治秩序和法治框架。为凝聚社会共识,消弭争议,一国宪法理所当然也需要对宪法原则这一重要事项加以明确规定。更重要的是,宪法是在一个国家和民族的历史演进与发展过程中逐步产生的,它具有浓厚的本土色彩和国情因素。"宪法是具有一国自身特色、符合一国实际国情的,世界上没有宪法模板。"[39]当今世界虽共处法治建设进程之中,但各国的历史传统、文化背景以及法律体系等皆存在一定差异。这导致它们之间既会存在一些相对共通性的宪法原则,

[38] 参见周佑勇:《行政法总则中基本原则体系的立法构建》,载《行政法学研究》2021年第1期。

[39] 江国华:《中国宪法与中国共产党的领导》,载《武汉大学学报(哲学社会科学版)》2022年第2期。

也会存在一些内生于本国实际、契合本国国情、服务本国法治建设的特殊宪法原则。与那些相对共通性的宪法原则相比,这些特殊的宪法原则在一国法治建设中往往具有更突出的象征意义,发挥至关重要的作用。在此背景下,如果在宪法文本中不将宪法原则以"成文化"的形式确立下来,那么各国法治建设中的这种差异性及其特色可能就很难得到清晰、明确地展现。宪法原则的这种形式标准得到了诸多论者的支持,并将其应用到一些宪法原则的证立之中。比如,陈征在论证禁止保护不足原则作为我国宪法原则的正当性时,认为其应满足的首要前提便是可以从我国现行宪法文本中探寻出相应的规范依据。〔40〕

其次,实体标准,即宪法原则体现了一国宪法的根本价值和精神,构成该国宪法的灵魂所在,在该国宪法文本中处于提纲挈领的地位。并且,基于宪法的最高法、根本法之地位,宪法原则不仅是一种价值理念,而且一般表征为一国法治社会的基本价值理念。这一"基本"价值理念具体可以从最高性、普遍性以及稳定性三个方面予以阐释:一是最高性,主要是从价值位阶角度来观察的,是指作为宪法原则的价值理念,应当在一国法治价值体系中居于最高位阶,是该国法治精神的最高体现,是判断该国一切行为是否正当的最高和最终依据。〔41〕二是普遍性,主要是从效力范围角度来观察的,是指作为宪法原则的价值理念,应当具有较宽泛的作用场域,几乎可以涵盖所有的部门法领域,民法、刑法、行政法等均需要服膺于这一价值理念的指导和审视。"宪法原则不仅体现在宪法规则之中并对整个宪法规则起指导作用,而且由于宪法是国家的立法基础,它亦对其他部门法起指导作用。"〔42〕三是稳定性,主要是从内容体系角度来观察的,是指作为宪法原则的价值理念,应当是一个已经非常成熟的价值理念,其意涵、范畴等内容体系比较稳定,得到了社会的普遍认可和接受,不存在任何可指摘之处。

以我国为例,新中国成立以来,一直比较重视法治建设,宪法几经修改,宪

〔40〕 参见陈征:《宪法中的禁止保护不足原则——兼与比例原则对比论证》,载《法学研究》2021年第4期。

〔41〕 需要指出的是,这里的"最高"并不是指那种绝对意义上的最高,而是相对其他价值理念来说,其位阶相对较高。比如,法治理念与依法行政理念,前者的价值位阶显然更高,因此作为宪法原则可能更加适格。

〔42〕 李龙:《宪法基础理论》,武汉大学出版社1999年版,第125页。

法原则亦随之不断丰富和发展。时至今日,我国学界在宪法原则体系的认知上形成了"三原则说""四原则说""五原则说""六原则说",乃至"九原则说"等多种观点。[43] 依据通说也即"五原则说",现行《宪法》在科学吸收现代法治社会基本价值理念,深刻总结中国社会发展和改革经验的基础上,不仅明确规定了人民主权原则(第 12 条)、国家尊重和保障人权原则(第 33 条)、权力监督与制约原则(第 3 条)以及社会主义法治原则(第 5 条)等这些相对共通性的宪法原则,其第 1 条还明确规定了"坚持中国共产党的领导"这一具有中国特色的宪法原则。按照宪法原则的两个判断标准,它们作为宪法原则皆是适格的。具体而言,前 4 项宪法原则是对现代法治社会基本价值理念的确认——结合当今世界各国的法治理论与实践,可以达成共识的是,人民主权、人权保障、权力制约、法治等构成现代法治社会的基本价值理念,具有最高性、普遍性以及稳定性等特征,它们共同组成了现代宪法原则体系的基本框架。也就是说,在现代社会,"任何立宪国家,只要是真正以民主法治为目的的,就必须遵循这些原则。凡在立宪、行宪中不遵循和贯彻这些原则的就是搞假民主、假法治"。[44]

"坚持中国共产党的领导"这一宪法原则是中国社会主义宪法在产生的过程中根据中国国情所总结的最大特色,在中国法治建设和发展上发挥举足轻重的作用。其构成中国特色社会主义最本质的特征,是中国特色社会主义制度的最大优势,在我国的宪法原则属性非常明显。[45] 此外,还有学者主张,基于文义、体系和历史解释,应当将在现行《宪法》中共计出现 50 次表述,对整个法律体系都具有一种价值贯彻和规范诫命之意义的"社会主义"纳入我国宪法原则体系,借此进一步彰显中国宪法原则之特色。[46]

---

[43] 参见蒋碧昆主编:《宪法学》,中国政法大学出版社 2007 年版,第 35 ~ 40 页;焦洪昌主编:《宪法学》,中国人民大学出版社 2014 年版,第 14 ~ 20 页;《宪法学》编写组编:《宪法学》(第 2 版),高等教育出版社 2020 年版,第 94 ~ 95 页;胡锦光、韩大元:《中国宪法》,法律出版社 2016 年版,第 55 ~ 77 页;莫纪宏:《论宪法原则》,载《中国法学》2001 年第 4 期。

[44] 周叶中主编:《宪法》(第 5 版),高等教育出版社 2020 年版,第 84 ~ 85 页。

[45] 参见《宪法学》编写组编:《宪法学》(第 2 版),高等教育出版社 2020 年版,第 94 页。

[46] 参见张翔:《"共同富裕"作为宪法社会主义原则的规范内涵》,载《法律科学(西北政法大学学报)》2021 年第 6 期。

三、比例原则不宜升格为一项宪法原则

不可否认，在比例原则正在世界法治体系范围内快速传播的背景下，将其升格为一项宪法原则确实具有一定的现实基础和意义，可以为人权保障、权力制约等现代法治事业带来积极价值。但基于上述有关法律原则以及宪法原则内涵与标准的理论阐释和分析，既有的规范主义论证进路和功能主义论证进路皆存在一定瑕疵。前者存在牵强附会之嫌，后者则难以实现逻辑自洽。比例原则有自身特定的价值功能和作用场域，其作为一项宪法原则并不适格。强行将比例原则升格为一项宪法原则，不仅是对比例原则的误解，而且还会带来一些潜在不利影响。

（一）规范主义论证进路存在牵强附会之嫌

首先，如前所述，“法律性”是法律原则的必备形式要件，法律原则均应当具有法律文本上的规范依据。作为一国最高法、根本法的宪法，其原则更须如此。因此，既有的规范主义论证进路在整体的逻辑思路上并没有任何问题，而且为探寻比例原则与宪法之间的内在关联作出一定贡献。但是，从具体论证内容来看，部分规范主义论证进路存在诸多诟病，有“牵强附会”之嫌，说服力不强。具体而言，有些规范主义论证进路过于“生拉硬扯”，从其所挑选的宪法条款中其实是很难直接解释出比例原则的。相反，他们往往是预先设定一个肯定结论，然后在此肯定结论的指引下千方百计地寻找宪法规范依据予以支撑，为了论证而论证，典型的如我国宪法上的“人格尊严条款”。从体例布置来看，该条款并不是规定在宪法序言或者总纲中，而是规定在宪法第二章“公民的基本权利和义务”部分。它只是规定了公民所享有的一项基本权利，更偏向具体的“人格权”，与“选举权与被选举权”“言论、出版、集会、结社、游行、示威的自由权”“宗教信仰自由权”等归属同一范畴。从这些具体的公民基本权利条款中，实在难以想象能够推导出具有原则属性的比例原则；有些规范主义论证进路所挑选的宪法条款，虽然可以勉强从中间接解释出比例原则，但这些宪法条款实际上只是构成比例原则的一个目的，比例原则是实现这些目的的重要手段，手段和目的并不能简单等同，典型的如我国宪法上的“依法治国条款”“尊重和保障人权

条款"等。[47] 一方面,作为目的的法治、人权保障等,是现代法治社会的基本价值理念,它们内涵抽象,外延宽泛,包容性较大,可以延伸出很多"手段",既包括比例原则,也包括依法行政原则、罪责刑相适应原则等。"法治国原则毋宁是主导性的思想,是所有下位原则的基础,为后者指明方向。"[48] 另一方面,除法治、人权保障等这些目的外,比例原则还有很多其他特有的内涵和价值功能,"如果比例原则只是对上述价值理念的简单吸收和拼接,而无更多道理和作用,那么比例原则本身也就没什么意义了"。[49] 譬如,比例原则的适用主要是为了防止处于优势地位的国家机关在"公共利益需要"这一合法性外衣的掩护下对处于弱势地位的私主体施以过度侵害,通过对国家权力的限制达致公民权利保障之目的。但比例原则所坚持和推行的"最小侵害"这一特有标准,实质上对国家机关设置了一个非常严格的要求。这一点是法治、人权保障等这些现代法治社会的基本价值理念所难以涵盖和表达的。不太恰当地形容就是,如果法治、人权保障等价值理念可以等同比例原则,那么比例原则应该早就存在于世界各地社会当中,恐怕中国古代的"仁政""民本"等之类的思想也都可以被视作比例原则。

其次,即便希腊、南非等少数国家的宪法文本以及相关宪法性法律中直接载入了"比例原则"一词,或者虽未直接载入"比例原则"一词却间接规定了比例原则的核心内容,比例原则具有了相对明确的宪法上的规范依据,难道这就当然意味着比例原则属于一项宪法原则吗?很明显,两者是不可等同的,宪法条款并不都是宪法原则,这是一个基本常识。作为一项宪法原则,不仅应当具备形式上的要件,更应当满足实体上的要求。这就需要进一步判断比例原则是

---

[47] 在法治实践中,比例原则的起源和形成同"十字架山案""药房案"等一系列案件有密不可分的关系。从这些案件的背景和内容来看,比例原则主要是产生于人权保障、法治建设之需要。其中,"十字架山案"涉及的是普鲁士高等法院运用比例原则中的"必要性原则"对限制公民居住权的国家权力进行限制;"药房案"涉及的是德国联邦宪法法院运用比例原则的"三阶理论"对限制公民职业自由权的国家权力进行限制。参见姜昕:《比例原则研究》,法律出版社 2008 年版,第 78 ~ 85 页;张翔主编:《德国宪法案例选释(第 1 辑):基本权利总论》,法律出版社 2012 年版,第 48 ~ 71 页。

[48] [德]卡尔 · 拉伦茨:《法学方法论》,黄家镇译,商务印书馆 2020 年版,第 372 页。

[49] 梅扬:《比例原则的适用范围与限度》,载《法学研究》2020 年第 2 期。

否构成宪法的灵魂,在宪法文本中是否处于一种提纲挈领的地位?即比例原则是否构成现代法治社会的基本价值理念,具有最高性、普遍性以及稳定性等特征?从比例原则起源和发展的过程以及其几项子原则的具体要义来看,答案显然是否定的,比例原则根本无法胜任这一"资格",具体可以从如下三个方面予以阐释:一是比例原则不具备最高性特征。如前所述,比例原则产生于人权保障、法治建设之需要,法治、人权保障等构成比例原则的一个目的,比例原则是作为它们的下位概念而存在。法治、人权保障等本身已经是公认的现代法治社会的基本价值理念,在此前提下,再将比例原则这样的下位概念升格为与其同一位阶,在逻辑上是说不通的。因为这样如果可行,那么诸如依法行政原则、罪责刑相适应原则等下位概念也同样"称职"。对此,有学者指出,比例原则只是一个手段,并不是一种价值,更别说是一种终极价值了。[50] 二是比例原则不具备普遍性特征。比例原则的几项子原则皆是围绕国家机关基于公共利益需要而限制公民权利的"手段选择"展开,[51]比例原则主要作用的是"国家机关与私主体"这种不对等主体之间的法律关系,主要针对的是国家权力行使中的手段裁量权(合理性),借此实现公共利益与个人利益之间的基本平衡。比例原则的这种原旨正好与行政法的调整对象和理论基础牢牢契合,行政法构成其适用的主要"阵地"。[52] 比例原则的价值功能和适用范围均是有限度的,其并不拥有法治、人权保障等价值理念"可以任意拓展"的能力。三是比例原则不具备稳定性特征。作为当下讨论最热烈的一项法学教义,比例原则尽管受到很多学者的"追捧",但同时也在逻辑结构等核心内容上引发理论争议,存在"二阶说""三阶说""四阶说"等多种典型观点。[53] 甚至还有学者对比例原则展开猛烈批判,

---

〔50〕 参见陈景辉:《比例原则的普遍化与基本权利的性质》,载《中国法学》2017 年第 5 期。

〔51〕 适当性原则主要审查的是国家机关所选择的手段是否有助于目的之实现,解决的是"手段之多少"的问题;必要性原则主要审查的是国家机关所选择的手段是否对公民权利的侵害最小,解决的是"手段之彼此"的问题;均衡性原则主要审查的是国家机关所选择的手段是否在目的与后果之间达到基本平衡,解决的是"手段之有无"的问题。参见梅扬:《比例原则在行政协议中的适用》,载《哈尔滨工业大学学报(社会科学版)》2021 年第 4 期。

〔52〕 参见梅扬:《比例原则的适用范围与限度》,载《法学研究》2020 年第 2 期。

〔53〕 参见刘权:《比例原则适用的争议与反思》,载《比较法研究》2021 年第 5 期。

从根本上否定其存在价值。比如,戴昕认为,因比例原则内涵上的学理谬误,导致比例原则无法全面关照决策者应考虑的各种成本、收益等因素,其机械的分析法反而会在许多时候容易误导法律人的理性思维。[54] 这一“矮化”比例原则的观点虽然不一定准确,尚存在诸多可推敲之处,但至少从侧面上反映出,比例原则并不像法治、人权保障等价值理念那样“无懈可击”,因而难以成为现代法治社会的一项基础性价值理念。

(二)功能主义论证进路难以实现逻辑自洽

与规范主义论证进路不同的是,功能主义论证进路主要着眼“实践”,通过考察比例原则的现实运作,向我们充分展示比例原则在宪法审查等各类宪法实践中以及刑法、民法等各部门法中的功效,对于我们更加深入地了解比例原则与宪法之间的关联大有裨益。但功能主义论证进路如果仅凭此就论断可以将比例原则升格为一项宪法原则,较之规范主义论证进路,实际上更加欠缺说服力,甚至在逻辑上都难以实现自洽。暂且不论比例原则是否满足在宪法文本中具有明确的规范依据这一形式标准,有以下两个逻辑上的基本问题需要加以解释和说明:

第一,宪法审查基准能否直接等同宪法原则?在宪法审查中发挥“基准”作用是否就当然意味着属于宪法原则?这是部分功能主义论证进路的学者必须要回答和解决的核心逻辑问题。因为他们正是基于发掘到比例原则在宪法审查中事实上发挥着或者可以发挥着一种“基准”作用,才将比例原则定性为一项宪法原则,并借此将比例原则的这种“基准”作用正当化和扩大化。从理论上讲,宪法审查基准与宪法原则分属两个不同的范畴,前者相对偏向技术性,以便于实践应用和操作,后者则是作为一种价值理念而存在,并具有最高性、普遍性以及稳定性等特征。两者的确具有一定的内在关联,但绝不能直接简单等同。实际上,比例原则之所以能够被很多国家选作开展宪法审查的一项基准,其原因主要在于自身所具有的“适用规则相对精确化、实践可操作性较强”这一显著的技术优势——比例原则产生于大陆法系,遵循的是从“一般到个案”的思维逻辑。比例原则之下又设立多项子原则,它们通过采用“目的—后果”的分析模式,在手段之“目的”和手段之“后果”之间进行反复衡量,层层递进、环环相扣,

---

[54] 参见戴昕:《“开弓没有回头箭”:再议比例原则的方法缺陷》,载《地方立法研究》2021 年第 6 期。

继而使比例原则在实践中具体适用时的可操作性非常强。“比例原则由多个子原则构成的规范结构使其从一个抽象的理念落实为具体、可操作的概念。”[55]将比例原则选作开展宪法审查的一项基准，可以借助它的这种技术优势更好地贯彻和落实法治、人权保障等这些基本价值理念，但并不可因此就将比例原则视为一项宪法原则。按此逻辑，宪法审查的基准还有很多，难道它们都可以作为宪法原则吗？这显然是不可行的。比如，“相抵触”是一项公认的合宪性审查基准，是判断法律、法规以及规章等下位法是否合乎宪法的一个重要基准。[56]但“相抵触”通常只是作为“法治原则”的一个下位概念而存在，几乎没有学者会主张将其升格为一项宪法原则。这就好比行政诉讼审查标准与行政法原则之间的关系一样。我国《行政诉讼法》第 70 条至第 78 条规定了行政诉讼的多项审查标准，如适用法律法规错误、超越职权、滥用职权、明显不当、不具有行政主体资格、不履行法定职责等，但行政法学界似乎并没有学者会主张它们可以直接构成行政法原则。

第二，某项原则具备了横跨公私法的效力，在行政法、刑法、民法等诸多部门法中均可适用，难道就意味着其属于宪法原则吗？此种论证逻辑显然也是不周延的。因为这仅能够表明此项原则满足了宪法原则实体标准中的“普遍性”之要求，“最高性”“稳定性”等其他实体标准以及诸多形式标准则处于存疑状态。试想，如果这样可行，在政策科学和法经济学中常用的成本收益分析，现如今几乎可以适用于所有的部门法领域，“很难想象一个理性的思想者和行动者会在绝对意义上排斥成本收益分析的基本理念”。[57]难道成本收益分析也可依此被定性为一项宪法原则吗？更何况，当前的比例原则普遍化议题本身还主要停留在理论假设和推演层面，学界争议很大。即便在实践中有一定适用，其适用过程也大都比较简单，合比例分析技术较粗糙。以比例原则在民法中的适

---

〔55〕 Aharon Barak, *Propotionality: Constitutional Rights and Their Limitations*, Cambridge University Press, 2012, p. 131.

〔56〕 “相抵触”作为合宪性审查基准的规范依据主要是《宪法》第 5 条第 3 款和《立法法》第 10 条第 3 款。参见王旭：《合宪性审查中“相抵触”标准之建构》，载《中国法学》2021 年第 6 期。

〔57〕 戴昕、张永健：《比例原则还是成本收益分析法学方法的批判性重构》，载《中外法学》2018 年第 6 期。

用为例,我国法院大多只是在判决的说理部分简单提及了"比例原则"一词,缺乏详细、有质量的论证过程。比如,在"温某生与黄某生等义务帮工人受害赔偿纠纷案"中,法院在判决书中写道,温某生作为成年人,对其自身安全未尽必要的注意义务,不顾温某林和温某生的阻拦,在自身无安全设备又不识水性的情况下,跳水捡拾竹篙溺亡,按照比例原则,原判判决其承担 35% 的责任,并无不当。[58] 这里将"比例原则"简单等同数字大小之比对,明显与法学意义上的比例原则相去甚远。此外,部分学者所列举的比例原则在民法中适用的场景,其实很多涉及的并非民事法律关系。比如,郑晓剑所列举的"车某康等与屠某美房屋买卖合同纠纷上诉案"。二审法院在判决书中写到,否定合同效力本质上是国家公权力出于维护公共利益之需要对私人自由施加的干预与限制,寻求公共利益与个体利益的平衡点是认定合同其他部分是否无效的关键。因此,是否认定合同无效必须通过比例原则对公共利益与个体利益进行衡量和比较,并考量认定合同其他部分无效的适合性、必要性和均衡性。[59] 可以看出,此案件虽然是一个典型的民事案件,但比例原则的适用场景仍然是一种"国家机关与私主体"这种不对等主体之间的法律关系,其适用的目的也依旧是促进公共利益与个体利益之间的基本平衡。

(三)比例原则升格为宪法原则的潜在危害

通过上述分析可以发现,比例原则不满足宪法原则形式和实体上的两个判断标准,其实是显而易见的。但诸多学者之所以仍然牵强附会、想方设法地从规范主义、功能主义等进路论证比例原则是一项宪法原则,也许并不是不知道现实,而恰恰是单纯地给宪法赋予这一原则,借此扩大比例原则的作用场域,将比例原则在法治建设中的价值功能最大化。形象地说,就是学者看中的是"比例原则",而非"宪法原则"。现行宪法没有直接载入"比例原则"一词,也未间接体现比例原则的核心精神;比例原则在合宪性审查等宪法实践中尚未有明确的适用实例,在刑法、民法等部门法中的适用还主要停留在理论假设和推演层面。这些都是国内学者所共知的。在此前提下,他们还千方百计地赋予比例原则在我国宪法上的原则地位,主要目的其实是在我国日益重视宪法实施和宪法审查的背景下,增强比例原则在合宪性审查以及跨部门法中适用的正当性,推

[58] 江西省赣州市中级人民法院民事判决书,(2015)赣中民三终字第 683 号。

[59] 江苏省扬州市中级人民法院民事判决书,(2012)扬民终字第 0058 号。

动这种适用尽快落地，在此基础上提升比例原则在我国的影响力。从这个角度而言，前面对规范主义论证进路和功能主义论证进路的思考与批评还欠缺一步，即强行将比例原则升格为一项宪法原则，除不符合标准要求外，究竟能否实现上述预设目标？又可能会带来哪些潜在危害？

可以预料的是，这种做法将会显著带动学界对比例原则在各类宪法实践以及各部门法中的角色及其适用的关注，大幅提升比例原则的影响力，但这种适用能否真正落地并发挥预期效果，则存在疑问。因为在此过程中会面临如下两个现实问题：一是如何协调处理比例原则与人权保障原则、社会主义法治原则等其他宪法原则之间的关系？比例原则在实体上与它们并非居于同一位阶，却在形式上与它们处于同一地位。二是如何协调处理比例原则与罪责刑相适应原则、禁止权利滥用原则这些刑法、民法等部门法既有原则之间的关系？比例原则的内容及规则主要是针对"国家机关与私主体"这种不对等主体之间的法律关系设计的，旨在这一法律关系中确保法益均衡和正义。至于刑法、民法等部门法，它们所调整的法律关系与"国家机关与私主体"这一法律关系存在本质区别，应由公平正义理念在该领域的具体化原则如罪责刑相适应原则、禁止权利滥用原则等加以调整。强行适用比例原则不仅会面临"水土不服"的问题，而且会对刑法、民法等学科既有的理论知识体系造成一定冲击。[60] 对此，可供选择的办法只能是模糊比例原则的实质意涵，从各角度提取比例原则的思想精髓，借此"拉升"比例原则的价值功能，将其在实体上置于和法治、人权保障等价值理念同一位阶，同时也与罪责刑相适应原则、禁止权利滥用原则等取得"公因子"。事实上也确实如此。这些年，我国学者在表达和传播比例原则时，很多实际上都已经演变为宣扬一种"适度""均衡""正义""目的理性"等各式各样的价值理念。比如，门中敬在论证比例原则的宪法原则地位后指出，宪法意义上的比例原则泛指国家权力的行使要妥当、必要、均衡、不过度、符合比例，不得对公

[60] 比如，同样是为了确保公平正义，在对弱势一方私主体的利益进行侵害时，作为公权力主体的国家机关所接受的限制多数情况下要严于一般私主体。参见梅扬：《比例原则的适用范围与限度》，载《法学研究》2020 年第 2 期；李海平：《比例原则在民法中适用的条件和路径——以民事审判实践为中心》，载《法制与社会发展》2018 年第 5 期；许玉镇：《试论比例原则在我国法律体系中的定位》，载《法制与社会发展》2003 年第 1 期。

民个人权利造成非法侵犯。[61] 于改之、吕小红在探讨比例原则的刑法适用时指出,作为一项宪法原则,比例原则实质上是一种适度、均衡的理念,是自然正义的体现,当然可以在刑法中予以适用;[62] 纪海龙在谈及比例原则的民法适用时指出,作为宪法中评价公权力运用正当性的重要原则,比例原则作为目的理性的集中体现,作为成本收益分析的另一种表达,在民法等私法中也应当具有普适性。[63] 刑事和民事等司法审判实践亦同样如此,比例原则的适用大都比较简单和粗糙。

这不禁让我们思考:在如此宽泛的意义上表达和传播比例原则,固然会收获一些意料之中的好处,但也会掏空比例原则的内涵,带来一些潜在危害,导致比例原则日益泛化,逐步丧失自身特色和独立性,沦为一个无所不能的"万金油"。请问此种情形下的"比例原则"还是最初和真正意义上的比例原则吗？这对比例原则的发展还有何实际意义？

Can the Principle of Proportionality Be Upgraded to a Constitutional Principle

Mei Yang

Abstract: With the upsurge of research on the principle of proportionality and the development trend of inter-departmental law, more and more scholars at home and abroad begin to advocate upgrading the principle of proportionality from a recognized principle of administrative law to a constitutional principle, and it is demonstrated from the two approaches of regularism and functionalism. As the fundamental law of the country, the principles of the Constitution should not only conform to the formal elements of legal principles, such as legality, abstraction and

〔61〕 参见门中敬:《比例原则的宪法地位与规范依据——以宪法意义上的宽容理念为分析视角》,载《法学论坛》2014 年第 5 期。

〔62〕 参见于改之、吕小红:《比例原则的刑法适用及其展开》,载《现代法学》2018 年第 4 期。

〔63〕 参见纪海龙:《比例原则在私法中的普适性及其例证》,载《政法论坛》2016 年第 3 期。

coherence, but also meet the substantive requirements of the supremacy, universality and stability of the modern rule of law. Taking this as the standard, both the existing normative argumentation approach and the functionalist argumentation approach have some defects, or are suspected of being far-fetched, or it is difficult to achieve logical self-consistency. The principle of proportionality is only a subordinate concept of values such as the rule of law and the protection of human rights, and it is an important "tool" to realize these values. The principle of proportionality is not suitable as a constitutional principle. Forcibly upgrading the principle of proportionality to a constitutional principle is not only a misunderstanding of the connotation of the principle of proportionality and an excessive "pull up" of the value function, but also brings some potential harm, which leads to the increasing generalization of the principle of proportionality and the gradual loss of its specific appearance and characteristics.

Key words: The Principle of Proportionality; The Protection of Human Rights; Balance of Legal Interests; Constitutional Principle; Constitutionality Review

论裁判说理的"理由论证"型式*

陈肇新**

内容摘要:

"理由论证"能够描述裁判者依据法律规范和裁判理由与诉讼各方主体以及不特定社会公众展开话语博弈的过程,是有关裁判者围绕裁判理由展开充分说理的型式。裁判说理的"理由论证"型式与实践哲学中的"理由"概念密切相关,脱胎于图尔敏、佩雷尔曼、阿列克西等经典的法律论证理论。它以生成裁判合意为目的,基于法律的合目的性、安定性、正义等价值,揭示审判的话语实践本质,描述审判通过话语辩驳界定和寻找充足理由的过程,是法律论证与社会的普遍实践论证相互转化的中介。

关键词:

裁判说理　法律论证　"理由论证"　充足理由　行为理由

本文的写作目的是提出并论述裁判说理的"理由论证"概念。在法的运行论层面,增强裁判说理的充分性、科学性和有效性,既能体现法律的引导、预测和教育功能,[1]又能彰显法院"纠纷解决"和"政策实施"并举的"积极司法"功

---

* 本文系中国博士后科学基金第71批面上资助项目"基于理由概念的裁判论证模式重构研究"(项目编号:2022M711156)成果。

** 华东师范大学法学院晨晖学者,社会学博士后流动站研究人员,长三角一体化法治研究院兼职研究员。

[1] 参见雷磊:《从"看得见的正义"到"说得出的正义"——基于最高人民法院〈关于加强和规范裁判文书释法说理的指导意见〉的解读与反思》,载《法学》2019年第1期。

能定位,〔2〕更能体现法院妥适地调动包括法律、道德、政策、情感等在内的社会资源来回应现实需求、解决纠纷、发展法律和执行公共政策、参与社会治理的实践定位。〔3〕 在法的方法论层面,根据最高人民法院《关于加强和规范裁判文书释法说理的指导意见》(法发〔2018〕10 号),裁判说理旨在通过阐明事理、法理、情理、文理,〔4〕展示裁判结论的形成过程及其正当理由,增强审判透明度,提高审判可接受性,提升司法公信力,强化司法权威,进而发挥审判的定分止争和价值引领作用。〔5〕 据此,裁判说理需要裁判者加强与双方当事人乃至不特定社会主体的对话性论证,给出一项兼顾条文解释之正当性和个案实践论证之合理性的说理方案。“说理”就是“说明理由”。是故,裁判说理的核心是在事实认定和法律适用上更加充分、明确、完整地给出获取裁判结论所需的“理由”(reasons)。

在实践哲学研究中,“理由”特别是“行为理由”(reasons for actions)与支撑人们行动(act)的事实相关。〔6〕 尼尔·麦考密克(Neil MacCormick)认为行为主体有能力在实践中运用规范,他在推演其“后实证主义法律理论”(post-

---

〔2〕 参见张志铭:《中国法治实践的法理展开》,人民出版社 2018 年版,第 83、110 页。有关法院“纠纷解决”和“政策实施”的功能分野,参见[美]米尔伊安·R. 达玛什卡:《司法和国家权力的多种面孔:比较视野中的法律程序》,郑戈译,中国政法大学出版社 2015 年版,第 114 页。

〔3〕 参见侯猛:《最高法院公共政策的运作:权力策略与信息选择》,载《北大法律评论》2005 年第 2 期。

〔4〕 最高人民法院《关于加强和规范裁判文书释法说理的指导意见》第 2 条规定:“裁判文书释法说理,要阐明事理,说明裁判所认定的案件事实及其根据和理由,展示案件事实认定的客观性、公正性和准确性;要释明法理,说明裁判所依据的法律规范以及适用法律规范的理由;要讲明情理,体现法理情相协调,符合社会主流价值观;要讲究文理,语言规范,表达准确,逻辑清晰,合理运用说理技巧,增强说理效果。”

〔5〕 一个例子是 2015 年 12 月 24 日最高人民法院民事审判第一庭庭长程新文在最高人民法院《关于当前民事审判工作中的若干具体问题》中提出:“(在判决时)不能和稀泥,在查清案件事实的基础上,要理直气壮地弘扬积极的道德观。要通过判决说理,清晰地传达我们这个社会支持什么,反对什么,赞扬什么,唾弃什么,不仅要让民众明是非,而且要知善恶、辨美丑。”

〔6〕 参见徐向东:《道德哲学与实践理性》,商务印书馆 2006 年版,第 161 页。

positivist legal theory)时提出“人是规范的运用者”(human as norm-users)的命题,主张通过定义道德的实践规定性来为行为理由以至法律的规范性提供动力因。[7] 约瑟夫·拉兹(Joseph Raz)认为,“行为理由”的概念是理解行为准则具备规范性的关键,它的意义在于促成行动的理性化,实现事物的规范意义并具备有效回应的能力,它能够激发、说明、指导和评价人们的行为,因而具备认知和回应能力、推理能力、认识事物规范意义的能力以及统合形式与实质的能力。[8] 这些能力将体现在基于行为理由所展开的实践推理当中,使可普遍化(universalizability)的行为理由成为可普遍的实践推理的必要条件。同时,行动理由具有差异性特征,决定了不同的理由之间存在强度上的差别和内容上的冲突,因此行动主体在按照这些理由行事时,需要结合情境进行衡量。是故,人们可以借助行为理由来证立自身的行动。反之,这种行动就是行为主体因具备充分理由而应当去实施的,如果不按照相关的理由行事,就需要承受相应的责任。[9] 但是,当身处不同的规范系统的个人按要求承担相应的义务时,他们总会或多或少地带有“应否遵循这样的规范”的疑虑,表明他们正在实践中批判和反思具体的规范。这种反思蕴含着行为主体正在试图寻找那些超出各规范系统范畴的、具备可普遍性的正当化行为判准。在德里克·帕菲特(Derek Parfit)那里,这种行为判准被认为是“蕴含理由意义上的规范性”(normativity in the reason-implying sense),即“断言或暗示我们或他人确切、或者可能拥有某些理由或明确的理由”[10]。

根据上述认识,拉兹将行为理由区分为“操作性理由”(operative reasons)和

---

[7] See Neil MacCormick, *Practical Reason in Law and Morality*, Oxford University Press, 2008, p. 29.

[8] See Joseph Raz, *Engaging Reason*: *On the Theory of Value and Action*, Oxford University Press, 1999, p. 68 – 69.

[9] 参见陈景辉:《实践理由与法律推理》,北京大学出版社 2012 年版,第 43 ~ 45 页。

[10] Derek Parfit, *On What Matters* (*Vol.* 2), Samuel Scheffler ed., Oxford University Press, 2011, p. 268. 拉兹的类似观点,参见[英]约瑟夫·拉兹:《实践理性与规范》,朱学平译,中国法制出版社 2011 年版,第 23 页。

“辅助性理由”(auxiliary reasons)。[11] “操作性理由”是指以“应当”或“不应当”等规范性陈述指明行为类型的抽象行为理由，行为主体在承认操作性理由的客观存在时，也相应地包含实践的批判性态度。“辅助性理由”是将特定的操作性理由具体化，旨在说明抽象的操作性理由将如何适用于具体行动当中，指出促成行动发生的具体原因，因而不包含规范性陈述。[12] 同时，辅助性理由深度涉及行动的因果条件(causal conditions)，也被称为“动机性理由”(motivating reasons)，在不同的情境和群体下，同一项操作性理由的运用需要不同辅助性理由的支持。由此来看，辅助性理由在证成行为正当性当中的真正功能，是从操作性理由到支撑具体行动的理由的中介。具言之，辅助性理由作为确定性理由(identifying reasons)，它促使操作性理由的规范性效力传递到那些有理由实施的行为之上。与此同时，它能够与影响理由强弱的理由(strength-affecting reasons)作对比，从而在理由冲突的情况下尽快判定更强或更具决定性的理由。[13] 可见，辅助性理由一方面为操作性理由的差异化运作创造条件，另一方面也在维系行为主体对操作性理由的道德直觉机制，使具体的行动能同时满足道德直觉和理性的双重要求。[14]

对司法审判来说，“操作性理由”和“辅助性理由”的区分具有以下效益：第一，法律规范毫无疑问属于“操作性理由”，而在个案裁判中说明法律适用的各类事实性理由则可以被归入“辅助性理由”的范畴。第二，展示“理由”概念的丰度，指出裁判者运用多元的理由来给予(give)、证立(justify)裁判结果并回应社会需要。这些多元理由不仅在整体上支撑整个裁判结论的逻辑结构(对应“文理”)，而且需要证成个案结论的正当性与合理性(对应“事理”和“法理”)，还要在一定程度上彰显裁判背后的价值判断和普通民众的感情(对应“情理”)。第三，这一区分说明司法导出判决以至塑造法律规范的过程可以概括为

---

〔11〕 参见[英]约瑟夫·拉兹:《实践理性与规范》，朱学平译，中国法制出版社2011年版，第25页。

〔12〕 参见[英]约瑟夫·拉兹:《实践理性与规范》，朱学平译，中国法制出版社2011年版，第24～25页。

〔13〕 参见[英]约瑟夫·拉兹:《实践理性与规范》，朱学平译，中国法制出版社2011年版，第25～27页。

〔14〕 参见陈景辉:《实践理由与法律推理》，北京大学出版社2012年版，第75～78页。

裁判者综合运用“操作性理由”和“辅助性理由”来进行“说理”,通过平衡法律与法律外的要素来“给予理由”(reason-giving)并生成裁判合意,也预示审判端依赖的“论证”(arguments)活动并不局限于法律这一种要素,而是可以引入多种行为理由。因此,裁决的生成是法律与其他社会资源共同作为裁决理由的结果,其核心是围绕着争议焦点寻找共同认可的理由。

据此,“理由”概念是描述和分析审判活动的基础概念。模仿“法律论证”(legal argumentation)语词的用法,本文把裁判者依据理由进行论证活动的实践作业定义为“理由论证”(argumentation with reasons)。这一定义把司法实践中有关“事理”“法理”“情理”“文理”的界分同一化了,并且重新整理出审判的 4 个面向,即以“理由”概念为基础的“说理”、“论证”和“议论”,它们有机整合在获取裁判结论的过程之中,并能更融贯地揭示判决的话语实践本质。〔15〕 简言之,“理由论证”描述的是裁判者在审判中运用理由进行说理、论证裁判结论以及通过法律议论回应社会议论的过程。〔16〕 本文的写作目的也正是阐述审判的“理由论证”的理论根据并展示其论辩型式。

一、寻找“充足理由”的对话式论证理论谱系

一般认为,法律论证把评价和论证作为关涉法律之理解问题的研究进路,其经典结构是“提出命题 + 证立命题”。在这里,命题通常以“论题”(topic)的形式出现,它是言说者试图获取听众支持其某一观点时所诉诸的一般性质的前提。〔17〕 按照特奥多尔 · 菲韦格(Theodor Viehweg)“论题学法学”的说法,论题是论证过程中给定的、涉及价值判断的论争焦点或论证原则,它发现了论证的

---

〔15〕 参见季卫东:《法律议论的社会科学研究新范式》,载《中国法学》2015 年第 6 期。

〔16〕 有关“法律议论”的含义及其和“社会议论”的关系,参见陈肇新:《通过法律议论回应司法中的政策——以“二阶证立理论”的困境与超越为线索》,载《法制与社会发展》2019 年第 2 期。

〔17〕 参见舒国滢:《法学的论题学立场》,载[德]特奥多尔 · 菲韦格:《论题学与法学:论法学的基础研究》,舒国滢译,法律出版社 2012 年版。

实践面向。[18] 论证也就相应地呈现为围绕“论题”所展开的证明过程，其核心在于提出能够与论题相关的、可以被人们普遍接受的“充足理由”（sufficient reasons）。

（一）图尔敏的论证模型

在以“充足理由”为基点建构对话式法律论证模型方面，斯蒂芬·图尔敏（Stephen E. Toulmin）的理论作业可谓首开先河。[19] 图尔敏根据抛出论点、佐以论据和相互辩驳的法庭论辩特征，建构出以论题和论据依据为核心的论证模型。[20] 具体来说，图尔敏主张论辩存在两个最基本的要素：一是某一特定“主张”或“结论”（claim or conclusion，缩写为 C）；二是证明该主张或结论的“数据”（data，缩写为 D）或者“根据”（ground，缩写为 G）。进一步，需要给出能够证明主张或结论与这些事实之间是否存在关联，以及这些关联是否合法的各类主张，它们被称为“理据”（warrant，缩写为 W）。此时，数据（D）、主张或结论（C）、理据（W）三者的关系就可以写成“如果 D，那么 C，因为 W”这样的一个条件句。此外，理据并不能绝对确保事实与主张之间存在关联，需要给予该主张能够被证实的一定范围或条件，即“限定语”（qualifier，缩写为 Q）。同时，还存在可废止理据之一般性依据的“反驳条件”（rebuttal，缩写为 R）。此外，理据通常还可以被一个更一般的理由所支撑，它凸显理据的权威与效力，即“支撑”

[18] 例如，乌尔弗里德·诺伊曼认为，“如果将‘论题学’理解为，在讨论一个问题时，能被提出以支持或反对一定解决建议之视角的学说，那么法律论题学实质上就是一种法律论证理论”。参见［德］乌尔弗里德·诺伊曼：《法律论证学》，张青波译，法律出版社 2014 年版，第 63 页。针对菲韦格论题学研究的综述，参见张青波：《理性实践法律：当代德国的法之适用理论》，法律出版社 2012 年版，第 96 ~ 112 页。

[19] 需要说明的是，图尔敏在提出论证模型时并未直接给出“论题”这一概念。参见［英］斯蒂芬·图尔敏：《论证的使用》，谢小庆、王丽译，北京语言大学出版社 2016 年版，“导言”第 2 页。

[20] 参见季卫东：《法治秩序的建构》（增补版），商务印书馆 2014 年版，第 101 页。

(backing,缩写为B)。[21] 此时,整个论证模型如图1所示。[22]

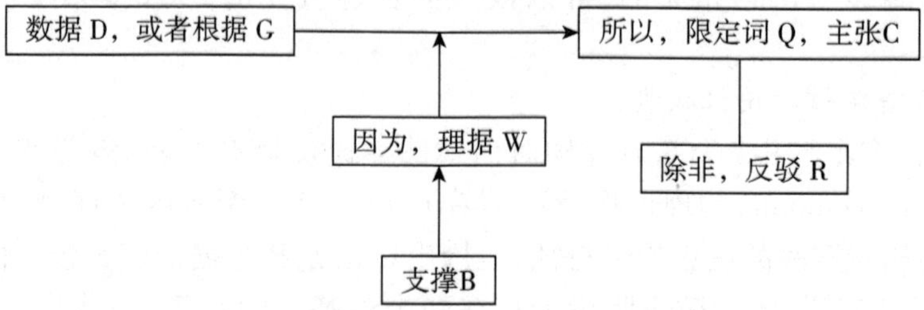

图1　图尔敏的论证模型

该图1说明,待证事实的主张或结论(C)也就是论题被安置在论证的核心地位,它的证立依赖数据(D)和支撑数据的理据(W),它们共同构成整个论证模型的主要构件。同时,除主张(C)外的其他因素都可以成为导出主张的直接或间接理由,且直接依据即数据(D)和根据(G)都需要依赖理据(W)和支撑(B),并需要避免遭受反驳(R)。就此而言,理据(W)、支撑(B)都可以认为是支持数据(D)导出最终主张或结论(C)的充足理由。[23]

在此意义上,图尔敏的论证模型充分揭示了逻辑三段论在论证中的缺陷。论证是以"论题取向"(topoi-oriented)而非"公理取向"(axiom-oriented)的学问。逻辑三段论之所以成为形式逻辑的典范,是因为它的效力来源是三段论的形式结构即形式有效性,而非大前提或小前提的具体内容。但是,图尔敏的论证模型是以小前提即具体的事实为论证起点的,它不能完全依赖逻辑三段论的形式有效性来导出结论,至多,逻辑三段论只能作为"说明"论证有效的工具。一旦循此种思路理解逻辑三段论,也就完成了对它的祛魅。这是因为,参与论

〔21〕 参见[英]斯蒂芬·图尔敏:《论证的使用》,谢小庆、王丽译,北京语言大学出版社2016年版,第86~89页。

〔22〕 本图引用自宋旭光:《理由、推理与合理性:图尔敏的论证理论》,中国政法大学出版社2015年版,第109页,引用时按照本文术语和用法作了修改。另需说明的是,这里的"根据G"(ground)是图尔敏在其后来的研究中取代"数据"(D)的新表述。参见宋旭光:《理由、推理与合理性:图尔敏的论证理论》,中国政法大学出版社2015年版,第109页。

〔23〕 参见[德]罗伯特·阿列克西:《法律论证理论:作为法律证立理论的理性论辩理论》,舒国滢译,中国法制出版社2002年版,第101页。

证的事实只需要有充足的理据支持它们证明相应的主张，而不要求这些事实能够具有普遍的意义，因为有关的主张并不必然包含在参与论证的事实之中。在本质上，这种实质性论证代表在日常生活实践中被广泛使用的实践论证，是一种工作逻辑或操作性逻辑。[24] 究其根本，图尔敏的论证模式“争议的不是三段论逻辑上的正确性，而是其揭示论证结构的适合性”，[25]关注的是如何借助理由来证明某个论点和改善某个论证的过程。不妨在此作进一步理解：在实践推理中，如果说数据（D）是得出主张或结论（C）的充足理由，那么理据（W）就是二阶的理由，它使数据（D）得以成为“充足理由”。在这里，所谓的“充足理由”不仅受到实践论证所在的具体情境影响，而且高度依赖各方合意，因此论证的过程及其要素都是主观化的。

归纳起来，图尔敏的论证模型展示出依靠论证寻找“充足理由”的3个面向：注重实践推理、主张情境化论证、论证各方对论证的同意或接受。这3个面向正好构成了修辞学的基本立场。[26]

（二）佩雷尔曼的“新修辞学”

如果说在事关论题的获取与充足理由的关系问题上，图尔敏的论证模型是从对话本身的角度来加以回应，那么沙伊姆·佩雷尔曼（Chaïm Perelman）的“新修辞学”则是转而从对话者的言语行为、话语实践、价值判断和行为选择的视角来解释论证与充足理由的关系，并证明了论证的议论本质。[27] 具体来说，“新修辞学”将推理前提的充分性建立在前提自身的真实性和“听众”（audience）被普遍“说服”（persuade）或“信服”（convince）的综合之上，而“说服”或“信服”的基础就是论证所强调的充足理由。与图尔敏的论证模型不同的

[24] 参见宋旭光：《理由、推理与合理性：图尔敏的论证理论》，中国政法大学出版社2015年版，第121页。

[25] [德]乌尔弗里德·诺伊曼：《法律论证学》，张青波译，法律出版社2014年版，第27页。

[26] See Albert L. Lewis, *Stephen Toulmin: A Reappraisal*, 23 Central States Speech Journal, 1972, p. 48 – 55. 转引自宋旭光：《理由、推理与合理性：图尔敏的论证理论》，中国政法大学出版社2015年版，第137页。

[27] 有关佩雷尔曼“新修辞学”理论的综述，参见舒国滢：《法学的知识谱系》，商务印书馆2020年版，第1194页。

是,佩雷尔曼更注重能够为普遍"听众"所共同分享的一般性前提,这些前提大多与纯形式的范畴或基础性的价值判断有关。可见,"新修辞学"视野中的充足理由与价值判断和价值排序有关,它将论证行为和与之相关的评价问题都纳入实践理性的范畴。[28]

应当指出的是,佩雷尔曼所主张的"新修辞学",实际上暗含修辞学和法律修辞学理论之间的内在张力。具体到司法审判场合,修辞学涉及以下两个内容:第一,如何更好地提供一个说服他人的功能性言谈;第二,与纯粹的形式逻辑(数理逻辑)相比,如何更好地为裁判中的价值判断提供一个更融贯的理论框架。显然,这两个问题指向的是两个完全不同的领域:前者是主观进路,指向的是言谈的对象,以说服言谈对象接受自己的主张作为主要的研究旨趣,这是传统意义上的修辞学所希望解决的言谈主体性问题;而后者则是客观进路,主要指向言谈之内容,希望以此调和修辞学与形式逻辑的智识张力,解决言谈之真实性问题。法律修辞学正是此种调和的典范。

但是,就言谈之主体性和言谈之真实性问题,修辞学与法律修辞学存在理论和逻辑上的背反现象,这恰恰表明修辞学对法律和法学的工具性意义。这种工具性意义是:在人们意识到不能把法律彻底地科学化或数学化的情况下,它提供了一个能够正视法律和法学现状的视角,并为更清楚地描述现实中的法律发现和获取裁判结论的活动提供了理论指导。但它至多能够为理解法律论证中必然存在的价值判断提供一项合理化说明,但不能由此谋求将修辞学改造为一项法律理论的元理论,毕竟法学研究者可以修辞地适用法律,却不能法律地使用修辞。由此,我们可以得知:法律修辞学得以展开的前提,以及法律修辞学得以长驱直入的关键,依赖既有的非常清晰的观点或理论,或依赖一个模糊或纲要化但值得人们进行讨论并促进其发展的"论题"。[29]

---

〔28〕 参见[德]乌尔弗里德·诺伊曼:《法律论证学》,张青波译,法律出版社 2014 年版,第 76 ~ 77 页。

〔29〕 参见何卫平:《论题学与解释学》,载《山东大学学报(哲学社会科学版)》2018 年第 1 期。

二、以议论为内核的分析式法律论证理论

罗伯特·阿列克西(Robert Alexy)的论证理论,批判吸收了论题学法学的研究成果。一方面,阿列克西的问题意识始终聚焦如何建构一个能够跨越法教义学与先例裁判的论证模型,且这个模型不仅结构清晰、逻辑明确、具备指导实践之能力,而且能够奠基在法哲学的基础之上,意味着论证理论本身是实践导向、问题导向的。另一方面,阿列克西认为,为了贯彻理论的可普遍性特征,论题将不能完全成为论证中的“理性规则”即符合实践理性的规则,此时法律应当被视为实践的特殊实例命题,法律论证应当符合道德论证的一般规律,其中最核心的是,处理事实命题到规范性命题的过渡问题。[30] 而应对这一问题的关键是:能否找到一个理由来充当证成规范性命题的前提条件,且该理由必须是一项可普遍化的规则。[31] 在这样的基础上,阿列克西发展出一套涉及程序与商谈的法教义学模型。在该法教义学模型中,普遍实践语句是教义学语句之证立和检验的基础,因为单纯依靠逻辑方法将无法证立教义学语句:演绎逻辑使教义学语句的内容无法获取新的内涵,而归纳逻辑只能依赖无规范性可言的经验语句。此时,教义学语句的证立需要依赖以下两个要件:一是具备体系性或直接关联的教义学语句;二是普遍实践论述。这正是区分内部证成和外部证成的根本原因。就此而言,阿列克西的研究确属“论题导向”。“法律论辩作为实践论辩的特殊实例”就是支撑这一理论的论题。此时我们要做的,就是要深入阿列克西法律论证理论的内部,穿透其内部证成和外部证成的逻辑符号,揭示其论题导向的论证模型所蕴含的议论本质。

(一)内部证成的对话特性

在法律论证理论中,阿列克西的理论模型最经典、形式化最高,它试图发展出一套利用逻辑符号、公式和原则的方式来形式化法律论证的理论,并以此重塑有关法教义学的理论模型。其中,“内部证成”处理的是涵摄(subsumption)

---

〔30〕 参见舒国滢:《走出“明希豪森困境”》,载[德]罗伯特·阿列克西:《法律论证理论:作为法律证立理论的理性论辩理论》,舒国滢译,中国法制出版社 2002 年版。

〔31〕 参见[德]罗伯特·阿列克西:《法律论证理论:作为法律证立理论的理性论辩理论》,舒国滢译,商务印书馆 2019 年版,第 125 页。

问题,[32]关注结论是否逻辑地从给定的前提中推导出来。

一般而言,涵摄模式可以表示为以下步骤:

(1)(x)(Tx→ORx)

(1′)Ta→ORa

(2)Ta

(3)ORa

在这里:x 是有关商谈中作为商谈对象的变量;T 是"把一条规范的构成前提组合为上述类型质疑的个体的特征"的谓词,或者称之为将规范的事实前提概括为人格属性的复合谓词;R 是规范所涉及的主体所做之事的谓词;a 则是对有关事实或主体的特定描述。[33] 因此,(1)是针对规范的形式化表达,其表示对任意事实 x 来说,若 x 满足规范要件 T,都"应当"(用 O 表示)被赋予法律效果 Rx。(1′)是指代"全消规则",也就是用代入特定常量 a 的方式消除不定的全称量词 x。(2)是针对某项事实的形式化表达,表示 a 是 x 的一个特例。(3)是针对法律结果的应然判断,即 T 应当赋予 a 以 Ra 的法律后果。[34]

这一涵摄模型的确更加严谨地表达了假定条件(x)在规范 T 中的制度性意义,也更清晰地说明了规范的应然色彩,但它只能表示一个简单的规范,并不能包容选择性构成要件、引证性规范、多后果规范和多义性规范概念 4 个面向的内容,这 4 个面向的内容可以被归纳为"多义""模糊""评价开放"3 种语义空间。[35]

---

〔32〕 关于"涵摄"的概念,参见[奥]恩斯特 · A. 克莱默:《法律方法论》,周万里译,法律出版社 2019 年版,第 2 页;雷磊:《为涵摄模式辩护》,载《中外法学》2016 年第 5 期。

〔33〕 参见[德]罗伯特 · 阿列克西:《法律论证理论:作为法律证立理论的理性论辩理论》,舒国滢译,中国法制出版社 2002 年版,第 275 页;[德]罗伯特 · 阿列克西:《法　理性　商谈:法哲学研究》,朱光、雷磊译,中国法制出版社 2011 年版,第 10 页。

〔34〕 参见[德]罗伯特 · 阿列克西:《法　理性　商谈:法哲学研究》,朱光、雷磊译,中国法制出版社 2011 年版,第 13 页。

〔35〕 参见[德]罗伯特 · 阿列克西:《法律论证理论:作为法律证立理论的理性论辩理论》,舒国滢译,中国法制出版社 2002 年版,第 14 ~ 15、277 页。

为了弥补这一困难,阿列克西提出了一个新的涵摄模型:〔36〕

(1)(x)(Tx→ORx)

(2)(x)(Mx→Tx)

(3)(x)($Sx\rightarrow M^{n}x$)

(4)Sa

(5)ORa

其中,(3)(4)(5)一般被认为是内部证成的核心步骤。

为了更好地说明阿列克西针对包含复杂构成要件的规范而提出的涵摄模型,在此以我国《刑法》第125条第1款(非法制造、买卖、运输、邮寄、储存枪支、弹药、爆炸物罪)为例。首先,在该条文中,“非法制造、买卖、运输、邮寄、储存枪支、弹药、爆炸物”属于选择性构成要件,只要成立其中一项构成要件,就足以成立该罪,如非法制造和邮寄枪支的,就构成“非法制造、邮寄枪支罪”,并可以此类推。其次,“处三年以上十年以下有期徒刑;情节严重的,处十年以上有期徒刑、无期徒刑或者死刑”属于多后果规范,也就是按照具体的犯罪行为和罪责来判断处以何种刑罚。再次,“情节严重的”属于引证性规范,也就是需要引用其他规范来澄清此处的含义,例如,需要借助最高人民法院《关于审理非法制造、买卖、运输枪支、弹药、爆炸物等刑事案件具体应用法律若干问题的解释》第2条“非法制造、买卖、运输、邮寄、储存枪支、弹药、爆炸物,具有下列情形之一的,属于刑法第一百二十五条第一款规定的‘情节严重’”(以下从略)的规定来说明“情节严重”的内涵。最后,“枪支”“弹药”“爆炸物”这一概念就属于多义概念,需要借助法律解释方法或者借助其他规范性法律文件来明确其意义,例如,通过该司法解释第1条的规定,“枪支”包含“军用枪支”“以火药为动力发射枪弹的非军用枪支”“以压缩气体等为动力的其他非军用枪支”3类;“弹药”包括“军用子弹”“气枪铅弹”“其他非军用子弹”“手榴弹”4类;“爆炸物”包括“爆炸装置”“炸药”“发射药”“黑火药”“烟火药”“雷管”“导火索”“导爆索”8类。

在此,令《刑法》第125条第1款的构成要件表述为规范T,它的构成要件“非法”记作M_{n}^{1},其余的“制造”“买卖”“运输”“邮寄”“储存”“枪支”“弹药”

---

〔36〕 参见[德]罗伯特·阿列克西:《法　理性　商谈:法哲学研究》,朱光、雷磊译,中国法制出版社2011年版,第16~17页。需要注意的是,此处的第二步(x)(Mx→Tx)没有被阿列克西写入,但就整体逻辑来看,将这一步骤重新载入会更加清晰。

"爆炸物"等客观行为的构成要件,按照顺序分别从M_1^1记到M_8^1,则 T 可以表述为以下由M_a^b的表述模式所形成的集合:

(1)$T=\{M_n^1 \wedge (M_1^1 \vee M_2^1 \vee M_3^1 \vee \cdots M_7^1 \vee M_8^1)\}$,且

(2)$(x)(Tx \to ORx)$

所以

(3)$(x)[(M_n^1 \wedge M_1^1 \vee M_2^1 \vee M_3^1 \vee \cdots M_7^1 \vee M_8^1) \to ORx]$

假设某甲制造军用枪支 1 支和气枪 3 支,那么某甲首先符合非法制造枪支的构成要件,记为

(4)$(x)[M_n^1 \wedge M_1^1 \vee M_6^1 \to ORx]$

同时,根据上述司法解释第 1 条的规定,制造军用枪支一支以上、以压缩气体等为动力的其他非军用枪支两支以上的就可以构成该罪,因此,"军用枪支一支以上"和"以压缩气体等为动力的其他非军用枪支两支以上"的情节从属于该罪名中"枪支"的外延,故某甲制造相关枪支的行为可以记作M_6^2,即

(5)$M_6^2 = M_1^1 \vee M_6^1$

同时,某甲持有的是非法制造枪支的故意,且明知非法制造枪支是违法犯罪行为仍然追求这一行为的实现,即持有直接故意,则其有责性可以记作

(6)$M_n^1 = M^1_{(M_1^1 \vee M_6^2 \vee M_6^3)}$

此时,就可以将某甲非法制造军用枪支一支和气枪三支的行为记作M_6^3,即

(7)$M_6^3 = M^1_{(M_1^1 \vee M_6^2 \vee M_6^3)} \vee M_6^2$

此时,某甲构成非法制造枪支罪。假设将这种符合某一构成要件的行为记作 S,则

(8)$S = M_6^3$

故某甲非法制造枪支的行为,就可以记作

(9)$(x)Sx = M_6^3x$

因此,有

(10)$Sa = M_6^3a$

(11)ORa

上述过程中,M_a^b指代的是在复杂规范 T 中选择出与案件事实 x 有关的规范要件,即在 T 中与任意案件事实 x 有关的特征组合,不妨径自记作 M。因此,

针对规范 T 的涵摄 Tx，可以记作 Mx，[37] 因而可以写作

$$(x)(Mx \rightarrow Tx)$$

在此基础上继续进行迭代，也就是令 M1 为 x 按照构成要件的分析方法来不断推导出新的特定特征组合，并以此获取作为 M1 存在的某特定特征组合 M2。以此类推，则有：[38]

$(1)(x)(Tx \rightarrow ORx)$

$(2)(x)(M^1x \rightarrow Tx)$

$(3)(x)(M^2x \rightarrow M^1x)$

$(4)(x)(M^3x \rightarrow M^2x)$

……

$(n+1)(x)(M^nx \rightarrow M^{(n-1)}x)$

至此，就可以获取针对任意事实 x 的任意特征组合 Mn，可以将 Mn 记作 S，用来表示此处的针对 x 的任意含义 Mn 恒成立的映射，即针对 Mn 恒成立的语义规则，记作

$$(x)(Sx \rightarrow M^nx)$$

进言之，如果要达到 $S \rightarrow M^n$ 的地步，就"需要尽可能多展开逻辑推导步骤，以使某些表达达到无人再争论的程度，即：它们完全切合有争议的案件"。[39] 换言之，只有当得出 $S \rightarrow M^n$ 之后，真正的形式推理才能登场。

（二）内部证成的议论本质

根据上述分析，阿列克西有关内部证成的模型的确非常精致，也在相当程度上说明了内部证成是如何借助围绕构成要件而渐次展开的议论来达成法律上的共识。但这一模式仍然存在弊端。首先，这一模式无法涵盖任意的复杂规范的复杂后果和事实构成。例如，我国《刑法》第 264 条（盗窃罪）中有关"处三年以下有期徒刑、拘役或者管制，并处或者单处罚金"的规定，就是一个复杂后

[37] 参见[德]罗伯特·阿列克西：《法　理性　商谈：法哲学研究》，朱光、雷磊译，中国法制出版社 2011 年版，第 15 页。

[38] 参见[德]罗伯特·阿列克西：《法　理性　商谈：法哲学研究》，朱光、雷磊译，中国法制出版社 2011 年版，第 16 页。

[39] [德]罗伯特·阿列克西：《法律论证理论：作为法律证立理论的理性论辩理论》，舒国滢译，中国法制出版社 2002 年版，第 282 页。

果的构成要件,具体判处何种刑罚及其幅度,很难从纯粹的形式推理角度得知。又如,《刑法》第20条第2款有关防卫过当的规定中,针对防卫行为是否属于"明显超过必要限度"和"造成重大损害"的判定,是一个无法完全形式化的要件,这种条文的主要特征,就是在内部证成的涵摄过程中诉诸具体的事实和认知判断。这也是考夫曼对涵摄模式提出根本质疑和批判的重要原因之一。[40]

为此,内部证成的涵摄模型提出了自己的申辩。它认为内部证成及其所主要依赖的涵摄方法,其目的在于彻底地澄清任意事实 x 与规范要件 T 之间的关系,而这一关系是通过指向 x 的要素组合M_a^b来中介的。阿列克西认为,在涵摄过程中,这一中介过程不能直接从制定法中引申出来,而需要通过要素组合M_a^b的充分迭代来实现,这一过程有的可以从其他规范中直接获取,有的则需要通过法律发现的方式来获得。[41] 而且,就涵摄而言,真正发挥作用的是对任意事实 x 都成立的要件组合 S,而不是规范 T;尽管 S 可以被称为"初始规范",但它并不一定是一个实在法规范,而需要通过逻辑推演来获取。换言之,获取 S 的过程是一个充分显现实在法潜藏信息的过程,这是由外部证成来实现的。至于获取 S 的过程本身及其形式化表达,不过是这些信息充分展示的结果。

其次,内部证成的这种形式化推演过程所存在的另一个问题,就是它侧重从规范的层面来展开推理,因此弱于回应事实与规范之间的互动。对此,阿列克西认为,事实与规范之间的互动从属于外部证成的环节,而内部证成不过是在最终确定结果。

总之,内部证成将原本普遍认为由其管辖的两个内容划归到了外部证成的范畴,一个是涵摄中所需要的充足理由及其论证过程,内部证成认为这些理由的发现及其达到充足论证的过程性内容,都属于外部证成的范畴,内部证成只需要根据充足理由论证的结果进行涵摄。另一个则是事实与规范的往返观照的过程,内部证成也同样排除了这一过程,而只承认事实与规范的互动结果可用于内部证成。因此,有学者认为,裁判的思维步骤应该是:处理事实和提出案件问题;寻找规范;分析事实构成;构建大前提;涵摄;作出结论。只有最后两步

---

〔40〕 参见[德]阿图尔·考夫曼:《法律获取的程序:一种理性分析》,雷磊译,中国政法大学出版社2015年版,第1~12页。

〔41〕 参见[德]罗伯特·阿列克西:《法律论证理论:作为法律证立理论的理性论辩理论》,舒国滢译,中国法制出版社2002年版,第283页。

才属于内部证成,而前面的内容都属于外部证成。[42]

这一立场似乎说明,内部证成要求所适用的规范要获得充分的证实,且其构成要件都必须清晰明确,在此情形下才能够进行涵摄。因此,涵摄所需的逻辑大前提与法律适用所需的“裁判依据”之间,是充分不必要的关系。就此而言,区分“概念涵摄”和“规则适用”有其积极意义:前者是指具体的案件事实能否与构成要件及其组合相对应,可否成为构成要件概念的实例或者在其外延范围之内,后者则是指规则能否用在判断具体案件事实上。故“规则适用”是“概念涵摄”的前提条件,而“概念涵摄”则致力根据所确定的规则,阐明真正需要运用于内部证成的概念组合。换言之,先有“规则适用”,后有“概念涵摄”。[43]

内部证成的活动范围比通说要小,因为它把一切模糊的、有争议的内容都划归外部证成的范畴。但即便如此,也不意味着完全属于形式逻辑领地的内部证成将断然与论题和议论无关。从逻辑三段论的角度看,$S\rightarrow M^n$这一步骤的目的,是导出为审判所需的全部构成要件,并为后续的规范与事实的涵摄创造条件。但事实上,审判依赖的构成要件的导出及其所需要的 M 的自我迭代都表明:提取审判所需的全部构成要件的根本动力是各方在审判中的议论和博弈,且这个过程高度倚重案件事实和与之相关的价值判断,说明了当内部证成抵达$S\rightarrow M^n$这一步骤,逻辑三段论所需的大前提与小前提也就实现了等置。因此,$(x)(Sx\rightarrow M^n x)$的公式,应当被修正为包含以下两个内容:

(1)$(a)(Sa\rightarrow M^n a)$

(2)$S=Sa$

且这两个内容是同时发生的,而非先后继起的关系。这表明,所谓的“涵摄模型”,实际上是“大前提与小前提的等置模型”。所以,“内部证成”不应被认为是从法律规范中导出事实的涵摄过程,而是确证法律规范与待决事实等置并继而导出结论的话语实践作业。逻辑三段论在此所发挥的也不是赋予审判结论以规范性效力,而是增强审判结论获取力度的功能。换言之,在获取审判结论的过程中,起决定性作用的并不是逻辑三段论,而仍然是审判各方围绕法律和事实所进行的议论活动。这再一次说明,法律论证的目的是在论辩各方确定

〔42〕 参见郑永流:《法律方法阶梯》,北京大学出版社 2008 年版,第 40 页。

〔43〕 参见陈坤:《概念涵摄与规则适用:一个概念与逻辑的分析》,载《法制与社会发展》2017 年第 5 期。

论题之后,寻找相应的充足理由的过程。在这个意义上,外部证成与内部证成的区分将获得更清楚的理解:它们界分的核心因素是最终导出的内容不同,而非导出内容所采取的形式存在差异。

三、基于充足理由的“理由论证”概念及其型式

以“充足理由”为核心检视法律论证理论,可以明确:法律论证理论较贴合传统的规范分析和法教义学模式的分析思路,重视法律条文对于案件审判的指引作用,以及重视逻辑三段论在获取论证结果当中的作用。法律论证理论需要合理且清晰地证立裁判前提或裁判依据,并为此引入了审判后果和实践经验等现实素材。而且,从提出法律论证理论的动机和它意图所实现的目的来看,它试图弥合实质判断和形式推理之间的裂缝,表明了以下两个内容:第一,外部证成对于审判结论的获取具有决定性意义,它确定了审判所援引的裁判依据,并且负责为该裁判依据提供充足理由;第二,逻辑三段论在内部证成中发挥说明性而非规范性功能,意味着它提供的是一个导出裁判结论的形式框架,它描述大前提与小前提在议论中相互等置的过程。因此,法律论证理论描述的是审判各方围绕着待决事实和相关的价值判断,进行议论、博弈并继而获取共识的过程。它表明了以下两个问题:第一,审判需要依赖包括但不限于法律在内的资源来获取结论,若称为“法律论证”,则其范围未免不够全面,也无法更清晰地彰显审判作为话语议论的本质。由于审判是一个依赖多元的理由来获取结论的过程,且外部证成和内部证成的实现都体现为相关论题获得了充足理由的支持,因此更准确地说,裁判结论获取的是“理由论证”(argumentation with reasons),法律在其中指代的是证成结论的其中一种充足理由。第二,作为研究审判的理论型式,法律论证得以可能的基础也源于相应的理由证成。因此,可以用更准确且更全面的“理由论证”来表述。

(一)跨越事实与规范的“充足理由”

“充足理由”是“理由论证”的核心要素,它具有跨越事实与规范的特征。对此,我们可以重返阿列克西关于“法律论辩作为实践论辩的特殊实例”的论题,该论题也是间接表明阿列克西的研究确属“论题导向”的证据。由于阿列克西法律论证理论的初始关切是事实命题与规范性命题的衔接,因此这里可以从以下两个依次递进的问题入手:第一,事实如何成为证立规范的充足理由;第

二,作为充足理由的事实是否必然以规则形式呈现。

对此,可以引申出以下与“理由”概念相关的命题,即证立论证结论的充足理由是事实而非规范。这一命题可以上溯到图尔敏论证模型,它展示了道德论证所独有的“评价性推论”(evaluative inference)。具言之,“评价性推论”的有效性体现在它能够从事实性理由(factual reason)推出道德结论(ethical conclusion)。换言之,当存在充足理由(good reason)时,规范性命题(norm)为真。如果结合事实命题(ground)到规范性命题的过渡,则可以明确:“充足理由”是连结事实命题与规范性命题的核心。图尔敏正是以此为核心建构起他的论证模型,并使理据(W)以及支撑(B)成为衔接主张(C)与数据(D)的中介。这种从事实到规范性命题的推论,试图借助语用学检验的理论脚手架来超越休谟命题:道德判断的描述性意义仅仅反映言说者的态度,我们并不能以此去判断它的真实性,是故道德判断无关内容之真假,而只关涉言说者的立场。〔44〕进言之,言说者的立场又受到社会因素的影响,因为人们在参加社会实践的过程中必定同时受到社会伦理规范即“道德准则”(moral code)以及法律、惯习、原则等要素的影响,这些要素都将形塑他们的行为。〔45〕

此处蕴含区分道德论证的两条进路:第一条是义务论进路,个人仅仅因社会准则如此要求而行事。换言之,社会规则仅因其自身被定义为“社会规则”而成为“充足理由”(good reason),它使人们的自我道德判断与社会的整体道德判断相协调。第二条是后果论进路,也就是个人的行事依据是自我的道德判断,更具体地说是个人认为的“更好”结果,它有助于发挥道德判断的批判功能,并为社会整体道德判断的变革提供动力,因为自我的道德判断是人们行事的终极理由。

不难发现,图尔敏是从两个层面来讨论道德论证的评价性认定,一个是涉及道德判断与“态度”之关系的认知立场,另一个是表现道德结论之施为性(performativity)特征的行动立场。而且,如果个人的道德结论与社会道德准则以及法律、惯习等要素密切相关,那么评价性推论在本质上将着眼道德主体的

〔44〕 See Stephen E. Toulmin, *An Examination of the Place of Reason in Ethics*, Cambridge University Press, 1953, p. 38.

〔45〕 See Stephen E. Toulmin, *An Examination of the Place of Reason in Ethics*, Cambridge University Press, 1953, p. 137 - 143.

行为,或者说那些能够充当理由的事实提供了使人们“应当如此行动”的道德结论。这恰好是行为理由贯穿事实与规范的体现。

从事实到规范的跨越中,那些科学批判现有规范体系并为其寻求漏洞填补之途径的人们扮演了决定性因素的角色,图尔敏称他们为“道德家”(moralist),并认为道德准则或道德判断就是“道德家”用来填补事实与规范之间裂缝的“经验和智慧”,它们寓于具象化的道德实践之中。[46] 也正是这种道德实践产生了足以证立或批判道德准则或道德判断的力量,因此在价值证成的问题上,重要的不是逻辑,而是道德经验。[47] 这符合图尔敏强调论证之实质性而非分析性的立场。

针对图尔敏的上述立场,阿列克西采取了批判性吸收的态度。他在以规则为底色重构论证理论的同时提出了 3 个追问:第一,追问是否存在实现“评价性推论”的规则,这指向了图尔敏与黑尔(R. M. Hare)的争论;第二,追问能否证成实现“评价性推论”的规则,这指向了图尔敏道德论证模型的属性;第三,追问以功利主义作为实现“评价性推论”规则之哲学基础或“根本规则”的充足依据。[48] 有学者认为,产生上述 3 个追问的根源是阿列克西对图尔敏的误读,这种误读源于他们理论的不同知识来源、方法以及对法律论证的不同理解。[49] 但笔者看来,阿列克西批判图尔敏理论的核心理论关切是道德实践的可普遍化问题。康德认为“可普遍化”(universalizability)或“普遍法则形式”(the formula of universal law)是一项先天综合命题,也是一项定言命令(categorical

---

〔46〕 See Stephen E. Toulmin, *An Examination of the Place of Reason in Ethics*, Cambridge University Press, 1953, p. 223.

〔47〕 See Joseph W. Wenzel, *Toward a Rationale for a Value-Centered Argument*, in William L. Benoit and Dale Hample (eds.), *Readings in Argumentation*, De Gruyter Mouton, 1992, p. 409. 转引自宋旭光:《理由、推理与合理性:图尔敏的论证理论》,中国政法大学出版社 2015 年版,第 209 页。

〔48〕 参见宋旭光:《理由、推理与合理性:图尔敏的论证理论》,中国政法大学出版社 2015 年版,第 202 ~ 215 页;[德]罗伯特·阿列克西:《法律论证理论:作为法律证立理论的理性论辩理论》,舒国滢译,中国法制出版社 2002 年版,第 109 ~ 113 页。

〔49〕 参见宋旭光:《理由、推理与合理性:图尔敏的论证理论》,中国政法大学出版社 2015 年版,第 217 ~ 218 页。

imperative),意指支持某个行动的道德理由必须能够经受可普遍化测试并成为全称命题。[50] 就此而言,阿列克西并不反对图尔敏利用"充足理由"弥合事实与规范的裂缝的做法,但他怀疑这种未经理性检验的"充足理由"能否证实自身的可普遍性,尤其是需要将它用在证成法律这种强规范性命题的场合。换言之,阿列克西的核心追问是:"充足理由"的"充足",究竟根源于言谈各方达成的合意,还是源于理性规则以及形式化的逻辑推导程序?

事实上,图尔敏已经给出了他的回答。在他的论证模型中,由于任意的理据(W)及其支撑(B)的内容均已获得认可,因此无须额外的证成。换言之,图尔敏在此并未明确给出证立"充足理由"的"二阶理由"(second-order reasons),却通过给出言说者所共同分享之实质内涵的方式阐明了"二阶理由"的内容。就此而言,"充足"蕴含于"实践论证"的逻辑形式及其使用的理据之中,且这种论证形式并非形式逻辑的分析性论证。[51]

这一追问暴露出日常语言哲学的语用学进路和逻辑理性主义进路的根本分歧。日常语言哲学的语用学进路必定采用描述性分析方法,但它希望在分析与描述语言用法的过程中"让一切如其所是"。[52] 是故,对外在之物的语用分析过程也是逐渐呈现事物自身的过程,此时描述性研究和规范性研究是一体两面。所以,图尔敏的描述性研究也同时包含了规范性研究的内容。以"充足理由"来回应社会准则之"有效性"问题即为典型。[53] 与之相反,另外一种获取规范性命题的方法则根源于自在之物的本质。此时,论辩目的就是利用各种方法来说明事物之客观存在或论证该事物为真,再加上可普遍化原则作为定言命令的属性,无疑又必须依赖形式逻辑和形式化的推论规则。因此,阿列克西得出结论:法律论证既需要形式逻辑,又需要作为论证前提条件的形式推论规则,且

[50] 参见李秋零主编:《康德著作全集》(第5卷),中国人民大学出版社2013年版,第33~34页。

[51] 参见[英]斯蒂芬·图尔敏:《论证的使用》,谢小庆、王丽译,北京语言大学出版社2016年版,第109页。

[52] 参见[英]路德维希·维特根斯坦:《哲学研究》,陈嘉映译,上海人民出版社2005年版,第58页。

[53] See Stephen E. Toulmin, *An Examination of the Place of Reason in Ethics*, Cambridge University Press, 1953, p. 140-143.

这些推论规则还要与历史形成的规范材料联系在一起。[54] 至此可以明确,以形式逻辑为主轴展开理论构建的阿列克西论证模型与强调反形式逻辑的图尔敏论证模型的根本分歧是:基于经验而非逻辑的论证能否获得普遍证成,而非"经验性"与"定义性"之间能否直接过渡,因为这种过渡同样被哈贝马斯的商谈理论所确认。[55] 但是,这只能部分解决"充足理由"的可普遍化问题;如果想要完全解决这一问题,还需要进一步的说明。

(二)阿列克西"特殊实例命题"之修正

当能够初步确定事实命题可以经由"充足理由"推导出规范性命题后,紧接着需要分析"作为充足理由的事实是否必然以规则形式呈现"的命题。这一命题事关"充足理由"的类型,更确切地说是回答"规则是否为充足理由的排他类型"的追问。该追问是阿列克西"法律论辩作为普遍实践论辩的特殊实例命题"(以下简称"特殊实例命题")的合理推论,它将包括以下两个子问题:第一,"特殊实例命题"本身是否成立;第二,"特殊实例命题"能否导出规则的排他性地位。

有关"特殊实例命题"认知问题的争议焦点是:审判的论证能否基于程序主义的商谈理论而成为实践商谈的特殊内容。阿列克西在此提出了三项可能阻碍"特殊实例命题"成立的异议,并分别给出了辩护意见。具言之,3 项异议分别包括:第一,审判的论证中不涉及"应该做或不做什么"或者"应该允许做或不做什么"的实践问题;第二,审判的论证不提出正确性要求;第三,即使审判的论证具有正确性要求,但程序和实体上的诸多限制将阻碍它成为商谈。相对应的辩护意见是:第一,许多法律问题的确与事实认定相关,但也有一些法律问题涉及规范性命题的证立,"外部证成"就是典型。第二,根据法律命题进行的证立活动如同根据普遍实践命题的证立活动,且司法实务中法官的确负有依实在法证立裁判的法定义务。至于判决本身是否需要具备合法性(legality),即符合自然法上的正确性,以及如何在现实生活中对待此种法律证立的正确性,则与本题无甚关联。第三,较之普遍实践论辩,法律论证的确受到诸多限制,但这些限

[54] 参见[德]罗伯特 · 阿列克西:《法律论证理论:作为法律证立理论的理性论辩理论》,舒国滢译,中国法制出版社 2002 年版,第 113 ~ 114 页。

[55] 参见[德]乌尔弗里德 · 诺依曼:《法律论证学》,张青波译,法律出版社 2014 年版,第 82 页。

制并不能妨碍法律论辩成为普遍实践论辩的子类型。而且,也正是得益于这种发生在有效法秩序内的论证,审判才能够被称为"理性证立"。[56]

针对阿列克西的上述辩护,诺伊曼曾经给出过较中肯的反对意见,可以归纳为以下3点:[57]第一,实践论证指向的是实质正确,而法律论证指向的是基于成文法和法律程序的理论正确。在某种程度上,这也是"客观真实"与"程序真实"的区分。第二,实践论证与法教义学之间存在理论裂缝,导致法律论证无法被证明为普遍实践论证的特殊实例。尽管阿列克西试图用"外部证成"与"内部证成"的模式来为推论的不同方式划定边界,但这种理论建构方法并不能掩盖它们在本质上存在的差异。法教义学的根本意图是令法律成为控制行为选择的机制,而实践论证更关心议论如何确保得到共识的支撑。而且,如果法教义学能够把评价性问题转变为认知和求真问题,那么法教义学将不是实践商谈,而是基于未经反思之先验命题而展开的理论商谈——这倒也契合"教义学"的意蕴。此时至多能够认为,法律论证部分包含实践论证的内容,但不能称它们构成"特殊—普遍"关系。第三,"内部证成"和"外部证成"的区分可能混淆社会规则和语言规则,导致法律论证无法获取融贯的本体论与方法论基础。例如,在"猫躺在垫子上,但我不相信"这个论证结论中,一方面,"我不相信"是基于客观的社会规则的判断,而"猫躺在垫子上"是基于语言规则的判断。如果"猫躺在垫子上"是一个经过内部证成而获取的结论,那么它表明法律判决的正确性源于作为语言规则的法律。另一方面,"我不相信"的价值判断被纳入法律论证当中,又意味着法律判决正确性的标准还可能源于社会规则。当然在很多场合,社会规则和语言规则是可以相互重叠的,例如,法律可以规定"法官必须依法裁判,且不得拒绝裁判",但并不能否定以下悖论的客观存在,即判决的正确性必须排他地来自语言规则,且同时又来自社会规则。这也就不难理解,为什么在证立裁判规范或者确定涵摄的逻辑大前提时,会在文义解释、主观目的解释或客观目的解释何者优先的问题上争执不休,更遑论法学诠释学对法律文本与其解释者的另类理解,因为裁判者的审判和解释法律的活动需要受到上述

〔56〕 参见[德]罗伯特·阿列克西:《法律论证理论:作为法律证立理论的理性论辩理论》,舒国滢译,中国法制出版社2002年版,第264~272页。

〔57〕 参见[德]乌尔弗里德·诺依曼:《法律论证学》,张青波译,法律出版社2014年版,第94~100页。

悖论的影响。

总而言之,如果不是秉持法律原旨主义立场,那么批判视角将必然介入审判过程。此时,并非所有的法律言说行为都以语言规则作为支撑,而必须考虑社会规则在其中的功能。这种结论说明:我们不能,也不可能质疑一项法律在具体的论证中不能成为充足理由,因为且仅仅因为它是法律。但是,这并不表明它在逻辑或道德层面也能够当然地成为"充足理由",否则将违反实践论证的批判功能以及法律拟制所指向的价值判断。此时,"理性"的裁判(符合社会规则的裁判)和"符合有效法"的裁判(符合语言规则的裁判)只具有偶然的一致,更准确地说是内容,而非逻辑的一致性。

上述针对法律论证与普遍实践论证的界定表明,法律论证与普遍实践论证在内容上存在联系,但不足以认定二者构成"特殊—普遍"关系。倘若从内容而非方法或言语行为的角度去理解"特殊实例",则"特殊实例命题"仍然成立,也不妨称为"修正的特殊实例命题"。[58] 这种思路与法律实证主义之"分离命题"的现有解释进路保持一致,即法律规范不排除含有道德内容,但这些道德内容并不因此成为证立法律规范性的理由。

另外,需要注意的是,"特殊实例"的"特殊性"指向内容或论证领域而非方法和逻辑结构之结论,说明规则并不能成为充足理由的唯一类型。虽然规则作为普遍实践论证和法律论证的先验条件,同时以单称的规范性命题作为普遍实践论证和法律论证的内容,而且以逻辑符号充当相关规则的表达式,[59] 但并不能因此证明规则构成"充足理由"的排他性类型。

首先,这里存在两种规则类型:一是先验的或者是可以被分析所证实的论证规则;二是作为论辩对象的"单称的规范性命题"。但第一种规则只是从形式层面去给定论证的事实(D)、主张(C)或者理据(W)的应然状态,它更多体现为操作性或技术性规则,因此只能充当论证的路标,或称为论证得以顺利进行的形式结构,而非论证的适格对象。第二种规则即使能够蕴含实质内容,却也

〔58〕 应当明确的是,阿列克西在初始提出"特殊实例命题"时,也是以内容上的特殊来引出"特殊实例"的表述。参见[德]罗伯特·阿列克西:《法律论证理论:作为法律证立理论的理性论辩理论》,舒国滢译,中国法制出版社2002年版,第18页。

〔59〕 参见[德]罗伯特·阿列克西:《法律论证理论:作为法律证立理论的理性论辩理论》,舒国滢译,中国法制出版社2002年版,第246页。

只是涵摄而非论证的直接对象,否则将产生逻辑悖论。[60] 例如,在内部证成中,"单称的规范性命题"作为涵摄的逻辑大前提,就是通过递归来发现的。此时,如果认为第二种规则是论证的直接对象,那么在得出该规则前的递归就不能算作论证活动,这无疑是前后矛盾的。其次,阿列克西将图尔敏的论证模式迁移至普遍实践论证和外部证成的表达中,而普遍实践论证和外部证成在很大程度上又是"非逻辑"的实质论证。在这里,如果我们仍然把"逻辑"认定为形式逻辑,而非图尔敏所说的"根据理据所开展的论证",那么,就难以认为普遍实践论证是"合乎逻辑"的论证,因为普遍实践论证并不完全依赖规则而实现。

一言以蔽,规则并不是论证的排他类型。确切地说,规则只是证立结论所必需的排他类型,或者说,论证的充足理由只能以规则作为载体,但不代表参与论证的理由只能是规则。是故,实践论证的中心任务就是在多元的论证理由中找寻可普遍化的"行为理由"[reason(s) for actions],而且这些行为理由不仅为论证本身提供前提条件,也同时成为论证所需的充足条件。就此,我们不妨用"行为理由"的概念来更精确地表述"充足理由"在法律论证中的双重意义。相应地,法律论证就是从复数的事实类型中推导出能够充当可普遍化的行为理由,并使之表述为可以指引行动的规则形式。在这个意义上,"理由论证"将成为更准确描述审判活动的方案:它以既有的法律论证理论为核心,调和论题学/修辞学脉络与法教义学脉络之间的裂缝(需要注意的是,遵循先例恰是二者之综合),并进一步推进法律推论与价值判断的实践作业。

(三)理由论证的论辩型式

对阿列克西"特殊实例命题"的修正工作表明,属于普遍实践论证的论述必须转化为法律的论述之后才可以被用于证立审判。[61] 由于这种转化涉及价值判断,因此将与法律的党派性产生关联,并最终落脚到正义、合目的性和法律安

---

〔60〕 在有关普遍实践论证的问题上,阿列克西似乎正是如此认为的,然而在法律论证的环节中,他却似乎忽略了这一观点。参见[德]罗伯特·阿列克西:《法律论证理论:作为法律证立理论的理性论辩理论》,舒国滢译,中国法制出版社2002年版,第246页。

〔61〕 参见[德]乌尔弗里德·诺依曼:《法律论证学》,张青波译,法律出版社2014年版,第99页。

定性何者优先的问题。[62] 一般而言,为了平衡法律安定性与法律的合目的性,就需要借助包括原则在内的一般条款,对具体的法律论述进行微调;同时,也需要借助某些被普遍承认的法律效力判准来平衡法律的安定性与正义的关系。在这个过程中,法律的合目的性和正义均与普遍实践论证相关,它们分享共同的价值取向,是法律通向社会的渠道;由于法律论证需要借助法律的封闭运作来确保自身符合理性的要求,故必须强调法的安定性。考虑到正义、合目的性和法律安定性三者的价值取向不同,因而需要借助它们之间的转化来实现具体的论证。基于法律论证的"论题取向"特征,"论题"的概念将成为三者的汇聚核心。具体如图 2 所示。

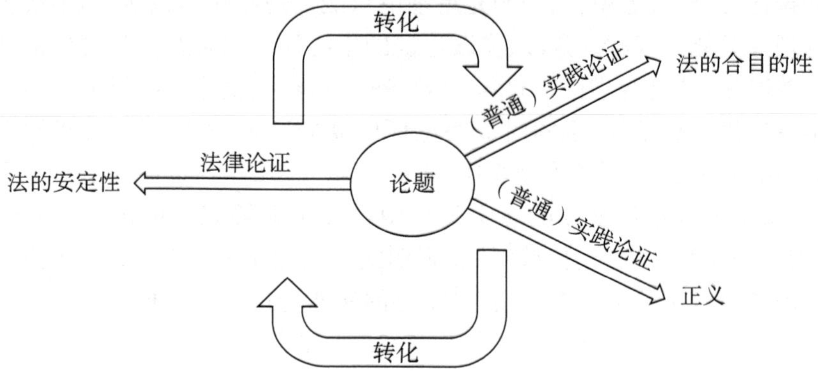

图 2　法律论证与(普遍)实践论证的转化

以上针对"特殊实例命题"的理论重述具有以下特征:第一,能更好说明法律论证与普遍实践论证之间的关系,并且能够以"论题"概念为核心,将法律论证和普遍实践论证模式与法的安定性、合目的性和正义等价值组合在一起,在内容或者论证领域的角度重新发现"特殊实例命题"的含义。第二,在尊重法律论证理论的理论完整性前提下重新阐发法律论证理论的论题底色,可以更准确地说明更具包容性的裁判获取程序的理论基础。第三,在坚持实践商谈的程序理性的同时,重申商谈以论点(论题)和论据(理由)为主轴的实质内容。因此,我们就可以建构出"理由论证"的论辩型式。

---

〔62〕 参见[德]古斯塔夫·拉德布鲁赫:《法哲学》,王朴译,法律出版社 2013 年版,第 81~85 页。

四、结　　论

裁判说理的“理由论证”型式，一方面，能够从法律实践的“内在视角”描述裁判者围绕裁判理由展开充分说理的过程；另一方面，也能够从法律实践的“外在视角”描述裁判者依据法律规范和裁判理由与诉讼各方主体以及不特定社会公众展开话语博弈的过程。为导出裁判说理的“理由论证”型式，首先需要关注法律论证理论谱系中的“论题”概念，这是导出“理由论证”概念的研究起点。尽管图尔敏并没有明确地在他的理论模型中使用“论题”概念和修辞，但这一理论模型无疑处在理论革新的时间窗口之上。

以实践界定论题并继而寻找充足理由的论证理论，预示一种超越于科学主义的论证形式。论题恰好构成了法律与多元世界沟通的桥梁。这正好被反思现代主义的理论家用来处理或然性命题和日常语言所组建成的法律规则的解释问题。这种论证理论的特殊性在于：或然性命题也可以成为论证的前提，以此区别于以绝对性命题为前提的“证明”。论证的这种前提并不必然是无可置疑的、形式完整的，因此并不要求是纯然思辨的论题。由于只要求前提具有相对的有效性、能够被论证各方或听众普遍接受，所以这些前提是可以进行价值判断的实践性命题的。

就此而言，论证应当被认为是以言说为核心的共识获取的模型。在此基础上，阿列克西推出了一个调和形式推理与辩证推理的法律论证理论。但他的困难也恰在于，这样的调和并不能从根本上获取完整的准确的法律论证过程，尤其是难以描述论题的展开过程。换言之，论证的过程既要把握主体之间的沟通和相互了解，又要打通实践与事物本质之间的联系。但这一调和方案不仅难以在实质上同时实现上述内容，而且未能进一步揭示论题在论证中的核心地位、议论作为论证的本质以及形式逻辑在论证中的描述性和说明性功能。而在方法上，对阿列克西法律论证理论的仔细分析可知，逻辑三段论所注重的涵摄仅仅存在于内部证成的最后一个环节，外部证成的全部以及内部证成的大多数内容都是围绕规范与事实之间的相互对应来进行的，甚至涵摄本身也可以认为是规范与事实相互等置的体现。而且，尽管外部证成的利益衡量也要诉诸权衡性规则，但这样的规范利益衡量的规则并不充分，而且大量以原则的形式存在，使这种规则在很大程度上变成了正当化法官自由裁量权的依据。

因此,必须从论证的议论本质而非其形式结构来重新理解法律论证,尤其是重新思考解释"特殊实例命题"的渠道。考虑论证理论所蕴含的议论本质,只有"理由"概念能够站立在主体性和事物本质之两端,使二者成为一个能够相互连接的概念组合。而且,由于沟通和辩论都是为了给最终的实践提供理由,所以主体的相互了解以及物的本质呈现,都必须建立在理由之基础之上。同时,如果事物本质由人之相互理解所发现,那么我们也可以这样说:是理由促成了事物本质之发现。如果进一步从实践哲学的意义上去理解事物本质和主体间了解的问题,则甚至可以提出一个更强的命题,那就是"理由就是事物本质"。

至此可以明确:论证是一个论题导向的实践作业,因而"行为理由"将成为论证的关键指向。换言之,论证因行为理由而可能;论证旨在提供可普遍化的行为理由,并普遍地指引人们的行动。在这个意义上,"法律论证"可以被认为是"理由论证"的一项特殊实例。它能更清晰地描述:外部证成与法律适用;法教义学和遵循先例;先验的程序主义与程序之于世界的实践论辩等问题。在方法论上,"理由论证"不仅不排除形式推理,反而是综合各类推理的方法论综合主义的代表。

On the Pattern of "Argumentation with Reasons" of
Analyzing and Reasoning in Adjudication

Chen Zhaoxin

Abstract: "Argumentation with reason" can describe the discourse practices between the adjudicators and the parties to the lawsuit and other social parties based on legal norms and reasons for the legal decisions. "Argumentation with reason" is the pattern of sufficiently analyzing and reasoning in adjudication by adjudicators. This pattern is closely related to the concept of "reason" in practical philosophy. It derived from the classical legal argumentation theories claimed by Stephen E. Toulmin, Chaïm Perelman and Robert Alexy. Based on the value of law like justice, stability and purposiveness, the "argumentation with reason" pattern aims to generate consensus in adjudication and shows the essence of the discourse practice of trial. It describes how judges find sufficient reasons through discourse arguments.

Key words: Analysis and Reasoning in Adjudication; Legal Arguments; “Argumentation with reason”; Sufficient Reasons; Reasons for Action

中国法理学研究的范式反思*

王　勇**

内容摘要：

目前，中国法理学的发展受到了学科内外的诸多质疑，通过梳理中国法理学研究的范式变迁可以了解其发展的问题所在。中国法理学研究范式的变迁以社会为基础，经过数十年的发展已经形成了数个研究样态。在这些研究样态之下，政法法学、法教义学、社科法学3种最主要的研究范式此消彼长。从法理学学科内外的视角来看，中国法理学研究范式变迁存在西方法学研究范式支配、中国法治实践问题限制、中国的法理学命题3种主要的约束因素。如果能加强法理学范式研究，中国法理学则有可能形成若干自主的范式。

关键词：

法理学　范式变迁　政法法学　法教义学　社科法学

法理学是以"法理"为中心主题和研究对象形成的知识体系、理论体系和话语体系。[1] 在中国法学的发展进程中，法理学是较多遭遇"法学幼稚"质疑的学科。[2] 在很大程度上，这一质疑是由于一些理论脱离了当代生动的法律生活实践而引起的。近期提出的"法理"范式，是回应"法理学幼稚"这一问题的

---

* 本文为中国法学会2023年度部级法学研究课题"中国法理学的标识性概念研究"[课题编号：CLS(2023)D50]的阶段性成果。

** 浙江大学国家制度研究院助理研究员，光华法学院博士后。

〔1〕 参见张文显主编：《法理学》，高等教育出版社2018年版，第23页。

〔2〕 参见王勇：《超越"无用"与"变异"——中国法理学实践观的走向》，载《读书》2020年第11期。

一次努力。[3] 在马克思主义法学理论的指导下,“法理”这一范式具有较强的生命力。[4] 但是,目前有关法理学研究范式的讨论仍不够充分,或者说,仍有宝藏可寻。基于此,本文将试图运用范式变迁这一科学哲学概念,对中国法理学的发展中出现的政法法学、法社会学、法教义学等研究范式中的问题进行反思,并就如何推进中国法理学的实践变迁提出有针对性的思考。

一、中国法理学研究范式变迁的历史脉络

中国法理学的研究范式,是法学界在借鉴托马斯·库恩范式理论的基础上提出的。[5] 范式是库恩针对自然科学而提出的概念,法学界将其运用于梳理法学研究的变化,具有重大的借鉴意义。[6] 范式这一理论能够较好地把哲学和社会科学的概念、理论、方法和实践较好地结合到一起,是考察哲学和社会科学发展的一个较合适的视角。近年来,中国法学界对法理学最多的批判就是法理学容易陷入空洞的理论说教而忽视理论的实践性,中国的法理学似乎只有落入窠臼的理论产出。事实上,中国法理学在其发展的过程当中,发展出了诸多研究范式,这些研究范式都在为解决法理学的实践问题而努力。

(一)作为基础范式的政法法学

作为法学的基础学科,中国法理学随着新中国的成立而诞生,马克思主义对推进中国法理学发展起到了举足轻重的作用。[7] 新的国家成立,必然要求与政权性质相适应的政治意识形态。为“旧法统”服务的旧的法理学著作和教

---

〔3〕 参见张文显:《法理:法理学的中心主题和法学的共同关注》,载《清华法学》2017年第4期。由张文显教授倡导的“法理研究行动计划”,从2017年12月到2021年12月已经召开了19次,取得了丰硕的研究成果。

〔4〕 参见郭晔:《法理:法实践的正当性理由》,载《中国法学》2020年第2期。

〔5〕 参见张文显、于宁:《当代中国法哲学研究范式的转换——从阶级斗争范式到权利本位范式》,载《中国法学》2001年第1期。

〔6〕 参见[美]托马斯·库恩:《科学革命的结构》,金吾伦、胡新和译,北京大学出版社2003年版。

〔7〕 参见付子堂、王勇:《1978—2018:走向实践的中国法理学》,载《山东大学学报(哲学社会科学版)》2018年第5期。

科书已不能适用,新的马克思主义法学国家与法权理论成为废除“旧法统”的主要武器。第一代马克思主义法学家的首要任务是深刻认识一切旧制度、旧法律的本质和反动性,并予以坚决批判。[8] 由于意识形态上的高度相似,苏联的法的一般理论得到国内专家的青睐。[9] 马克思主义对中国法理学的影响主要是国家学说,尤其强调法的阶级性。马克思主义对国家意志的强调及其实践意义构成了中国法理学的主要理论基础。苏联“国家与法权理论”传统根植于马克思列宁主义关于国家与法的基本观点和理论,它的任务是总结地、系统地论述国家与法的最重要问题,它与此前资产阶级的相关学科有本质上的区别。[10]

对新中国成立之初的法理学来说,苏联国家与法权的一般理论对其发展起到了决定性的作用。具体而言,国家与法权理论在三个方面影响了中国法理学研究:其一,国家与法权的一般理论成为中国法理学的研究逻辑起点。苏维埃社会主义的国家与法权与剥削者的国家与法权有重大区别,它在法学理论的概念中体现出更多意识形态的意蕴。这主要体现在国家、法权、国家与法权、法权规范等基础理论之中。其二,国家与法权的一般理论成为中国法理学的学科基础。新中国成立初期,我国的法理学发展主要以引介苏联的作品为主,其中,阿尔希波夫著的《苏维埃国家的法律》、维辛斯基主编的《苏维埃国家法》、杰尼索夫著的《国家与法的理论》等著作对我国法理学教材建设产生了深远影响。[11] 在“国家与法权理论”的框架下,国家理论在教材中的占比较高。例如,在《马克思列宁主义关于国家与法权理论教程》一书中,仅国家理论就占了6章。其三,国家与法权的一般理论还提供了一个法的阶级性分析立场,将法定位为阶级斗争的工具,认为法主要体现的是统治阶级的利益,对阶级性的误读曾经对中国法治的发展造成了严重伤害。[12] 这一时期,中国法理学研究一直处于“政”

[8] 参见程梦婧:《中国第一代马克思主义法学家的理论开创》,载《法学研究》2020年第5期。

[9] 参见雷磊:《法的一般理论及其在中国的发展》,载《中国法学》2020年第1期。

[10] 参见胡水君:《法律理学:跨越法学与理学》,载《政法论坛》2013年第1期。

[11] 参见付子堂、王勇:《1978—2018:走向实践的中国法理学》,载《山东大学学报(哲学社会科学版)》2018年第5期。

[12] 参见张文显、马新福、郑成良:《新时期中国法理学的发展与反思》,载《中国社会科学》1991年第6期。

"法"二元关系和阶级分析进路之中,法学成为"阶级斗争的科学"。[13] 在国家与法的理论影响下,政法话语被法理学界放在了突出位置。围绕政法话语研究,中国法理学逐渐形成政法法学的研究范式。

改革开放之后,随着政法法学概念纲领、研究材料的获取、组织及分析、理论方法、实践体系的成熟,注重政治意识形态话语的政法法学研究范式正式被认可。[14] 政法法学是法理学初创时期的主要研究范式,整个法理学界都试着把"旧法统"的东西废除,政法法学具有代表性的研究都强调政治意识形态话语的力量。我国建立了各级政法机关,确立了马克思列宁主义的法律观。可以说,在新中国成立之初到改革开放之前的法学研究中,政法法学处于绝对的垄断地位。[15] 从 20 世纪 80 年代后期开始,中国法学界内部的自我反思和批判逐渐走向微观化、精细化,政法法学在法学研究中的优势地位被打破。[16] 在某种意义上,政法法学为新生的法理学谋得了一定的独立性,为推动法理学的发展作出了极大贡献。直到今天,它仍然在法理学的研究中发挥重要作用。当前,法理学界掀起习近平法治思想研究的热潮,聚焦法治中国、政法体制、人民司法等问题的研究,这是政法法学的又一次崛起。越来越多的学者开始认真对待政法研究,致力考察"政法"的规范原理、政法的演进脉络。政法法学不仅作为一种法理学的研究范式,而且以权力结构的方式来扩大其领地。[17] 当下,法学知识从政治意识形态中分离出来,建立了自己独立的学科体系,法学话语不再依附政治话语,而是与其相伴相生。因而,当下的政法法学不再是"法理学幼稚"质疑之下的典型范式,而是具有独立精神的政法法学。

(二)作为重要范式的法教义学

改革开放以来,中国法理学研究发生了新转变,一改改革开放前僵化教条范式与方法定于一尊的局面,中国法理学的研究范式开始走向多样化。由此,

---

〔13〕 参见周尚君:《新中国法理学研究进路的三次变迁》,载《四川大学学报(哲学社会科学版)》2019 年第 5 期。

〔14〕 参见苏力:《也许正在发生——中国当代法学发展的一个概览》,载《比较法研究》2001 年第 3 期。

〔15〕 参见苏力:《中国法学研究格局的流变》,载《法商研究》2014 年第 5 期。

〔16〕 参见黄文艺:《对中国法学的反思的再反思》,载《现代法学》2007 年第 3 期。

〔17〕 参见黄文艺:《政法范畴的本体论诠释》,载《中国社会科学》2022 年第 2 期。

法教义学研究范式也应运而生。[18] 1980 年后,随着法理学学科自身的建设和对“维辛斯基法学”体系在理论观点和方法论上的解构,政法法学日渐式微。[19] 这一时期,中国的法制建设取得了长足的进步和巨大的成就,中国法制实践面临怎样实现依法治国,怎样保证已制定的法律得到正确实施的问题。[20] 此时,正在西方兴起的是诠释法学,它契合了中国法理学界的精神需求。在西方法理学理论的影响下,中国出现了被认为是法教义学的前身诠释法学。[21] 诠释法学的要旨是以整个人类以及人与对象的存在关系为出发点诠释法律的生成及其意义,它不仅以法律为文本,而且以导生法律的事实为文本。[22]

诠释法学是当代法学研究的一个重要的领域,但是难以适应中国的法理学研究。诠释法学一进入中国法理学的研究视野,似乎就表现出了“水土不服”的样态,中国法理学界对哲学诠释学在法学中的继受并没有形成共同的理论共识。[23] 甚至连诠释法学的支持者也表现出了一定的担忧。诠释法学之于法律解释通常是带先见的理解,它是法律文本与理解者两个维度的沟通,在沟通的过程中形成判决依据的立场,要颠覆法律解释学只是凭借各种方法寻求判决与法律的一致性,解释无诠释流于空洞,诠释无解释走向盲目。[24] 其反对者更是一针见血地指出,法律适用是一个维护法治的概念,而法律解释的泛化或绝对

---

〔18〕 参见李林、齐延平:《走向新时代中国法理学之回眸与前瞻》,载《法学》2018 年第 6 期。

〔19〕 参见舒国滢:《在历史丛林里穿行的中国法理学》,载《政法论坛》2005 年第 1 期。

〔20〕 参见王夏昊:《中国法理学的研究路径》,载《现代法学》2004 年第 2 期。

〔21〕 20 世纪中叶西方解释学发生了一种根本性转向:从认识论、方法论性质的研究转向本体论、存在论性质的研究,发展为哲学诠释学。因应着解释学的转向,为数不少的法律人将哲学诠释学的基本概念和原理运用到法律领域,发展出了一种本体论范式的法律诠释学。参见姜福东:《反思法学对哲学诠释学的继受》,载《法商研究》2010 年第 5 期。

〔22〕 参见谢晖:《事实之为诠释学法学的对象》,载《法律科学(西北政法学院学报)》2001 年第 4 期。

〔23〕 参见王彬:《再论法学对哲学诠释学的继受》,载《法学论坛》2012 年第 5 期。

〔24〕 参见郑永流:《出释入造——法律诠释学及其与法律解释学的关系》,载《法学研究》2002 年第 3 期。

化隐藏着瓦解法治本身的危险。[25] 由此，诠释法学被中国法理学界所关注，而又很快淡出法理学界的视野，大抵存在两种原因：一个原因是在中国法制基本建立的情况下，对其进行诠释会导致已经建立的制度的不稳定；另一个更重要的原因是，已有的法律制度无法得到很好的实施，随意地违法导致诠释、理性的法律解释难以发挥作用，以至于诠释法学成为一个"贬义词"。[26]

中国法治现代化的进程离不开诠释法学的理论创新，这一理论范式支配了中国改革开放至世纪之交的法理学研究。随着社会的进一步发展，诠释法学的缺陷确实被无限放大了。为了摆脱诠释法学的弊端，更为了主动回应国际学术环境的变化，中国法理学界产生了对于更高层次理论的向往，试图摆脱诠释法学的弊病而向法教义学迈进。在西方法学史上，法教义学开始是以罗马法这种"神圣"法律文本为解释对象，秉持上述解释态度与方法来研究法律，这一法学领域在欧洲大陆盛行。法教义学是"法学内的法学"的一种典型，它坚持法律事业的内在态度。[27] 法教义学，在裁判理论上主张"认真对待法律规范"；在法概念论上主张"法律是一种规范"；在法理上，主张"法学应以坚持规范性研究为立场"，法学本质上是建构性活动为主的实践科学。从"规范"与"规范性"的强调视角来看，法教义学在元方法论层面仍然是一种"规范法学"。[28] 法教义学研究对于法律的依附性更强，我国大规模立法为法教义学的开展提供了前提条件，法教义学在我国呈现了兴盛发展的局面。[29] 这既是我国法理学者主动同国际学术接轨的需要，也是在我国法制健全的大背景下推进法律实施这一学术命题的需要。

近年来，法教义学的研究立场得到法学界的青睐，大量的学者将自己的成

〔25〕 参见陈金钊：《反对解释与法治的方法之途——回应范进学教授》，载《现代法学》2008年第6期。

〔26〕 参见陈兴良：《法学知识的演进与分化——以社科法学与法教义学为视角》，载《中国法律评论》2021年第4期。

〔27〕 参见焦宝乾：《法教义学的观念及其演变》，载《法商研究》2006年第4期。

〔28〕 参见雷磊：《法教义学的基本立场》，载《中外法学》2015年第1期。

〔29〕 参见陈兴良：《法学知识的演进与分化——以社科法学与法教义学为视角》，载《中国法律评论》2021年第4期。

果称之为法教义学研究,学界甚至出现了“恢复法教义学传统”的呼声。[30] 当前,中国的法学研究呈现了越来越清晰的方法论上的自觉,而法教义学应是其方法论范式之一。[31] 当下的法教义学已经实现了迭代升级,已经不仅是以教义、信条或概念为中心的研究,它已经拓展到法学研究的各个领域。从其涉及的研究领域来看,无论是作为公法的宪法与行政法,还是作为私法的民法和商法,乃至新兴的网络法学与数字法学,都出现了大量的法教义学研究的成果。尽管如此,目前法教义学在中国仍然面临争议。一方面,这种争议源于法教义学理论在德国学术发展史上本身就受到过多次质疑和反思。[32] 另一方面,法教义学面临复杂社会现实时所表现出只关注法律条文的表述和承诺,而不关注法律在实践中的实际情况。[33] 法教义学的优缺点明显,这也导致了这一研究范式在中国引起了相当大的争议,形成了泾渭分明的支持与反对的两大阵营。面对如此状况,有学者提出一种沟通式的方法论。法教义学研究阵营的部分学者已经开始反思法教义学的开放性,努力改进法教义学自身的局限性。[34] 法教义学一经出现,都伴随对其可能力量的质疑,但毋庸置疑的是,法教义学在法学研究中发挥了举足轻重的作用。当前,法学界的大部分学者大都认可法教义学的重要作用,作为一种影响深远的研究范式,法教义学在中国被视为一种典型的、可作为内核的法学理论。[35]

(三)作为后起之秀的社科法学

在中国法理学发展的过程中,一些学者不满足于对法条、概念、法律适用的解释,开始探讨法律运作背后的实际状况及构成这些状况的诸多条件,形成了社科法学研究流派。[36] 社科法学的基本立场是以社会科学的方法分析法律问

---

〔30〕 参见白斌:《论法教义学:源流、特征及其功能》,载《环球法律评论》2010 年第 3 期。

〔31〕 参见雷磊:《法教义学的基本立场》,载《中外法学》2015 年第 1 期。

〔32〕 参见雷磊:《法教义学:关于十组问题的思考》,载《社会科学研究》2021 年第 2 期。

〔33〕 参见雷磊:《法教义学:关于十组问题的思考》,载《社会科学研究》2021 年第 2 期。

〔34〕 参见李忠夏:《功能取向的法教义学:传统与反思》,载《环球法律评论》2020 年第 5 期。

〔35〕 参见姜涛:《法教义学的基本功能:从刑法学视域的思考》,载《法学家》2020 年第 2 期。

〔36〕 参见苏力:《也许正在发生——中国当代法学发展的一个概览》,载《比较法研究》2001 年第 3 期。

题,它主张法学研究要发现与法律相关的经验事实,必须吸纳其他学科的研究方法。法学研究必须"从各个学科汲取知识"才能"发现法律制度与社会生活相关的诸多因素",以便更好地把握法律背后的逻辑。[37] 社科法学别名颇多,可称为"法律的交叉科学研究""法律的社会研究""法律与社会学""法律社会科学"等。[38] 社科法学倡导运用社会科学的方法分析法律问题,以实用主义的立场对待法条,主张以结果为起点而不是以法条为起点研究法律问题,注重因果关系发现,强调环境因素等。法学长期以来被视为社会科学领域,社科法学的产生也与近代社会科学的长足发展密不可分。社科法学可分为不同的研究进路,国内相对比较成熟的是法律社会学、法律经济学、法律认知科学。[39] 近年来,社科法学研究蓬勃发展,具有不同学科背景的学者采用定性与定量方法、经验与交叉学科研究等社会科学的方法研究法律现象,社科法学研究的共同体正在形成。[40]

改革开放以来,流行一种说法叫"法学幼稚"。[41] 其中,法理学是一个经常被批评的对象,也使法理学遭到了缺乏实践效果的质疑。[42] 社科法学以社会科学的理论和方法分析法律问题,认为不做正确的调查没有发言权,力求让立法贴近社会生活实践,让法律符合社会事实,是对法理学缺乏实践性的有力回应。社科法学旨在为中国法治实践服务,社科法学研究应围绕法治实践进行,它是为理解中国法治实践的宏观背景和社会基础服务的,这决定了它的实践性品格。[43] 在转型中国大背景下,社科法学的研究尤其必要,不可或缺。当前,

---

[37] 参见侯猛:《社科法学的传统与挑战》,载《法商研究》2014 年第 5 期。

[38] 参见郭栋:《法律社会科学的研究范式、问题与出路》,载《人大法律评论》2019 年第 1 期。

[39] 参见侯猛:《社科法学的研究格局:从分立走向整合》,载《法学》2017 年第 2 期。

[40] 参见付子堂、王勇:《1978—2018:走向实践的中国法理学》,载《山东大学学报(哲学社会科学版)》2018 年第 5 期。

[41] 参见王勇:《超越"无用"与"变异"——中国法理学实践观的走向》,载《读书》2020 年第 11 期。

[42] 参见陈景辉:《法理论为什么是重要的——法学的知识框架及法理学在其中的位置》,载《法学》2014 年第 3 期。

[43] 参见陈柏峰:《社科法学及其功用》,载《法商研究》2014 年第 5 期。

法学理论体系与实践存在鸿沟,理论阐释与实际运作弹性巨大,法理界鲜有对于理解法治实践作用显著的权威著作,经由社科法学重建的法理学或许能够解决这一问题。[44] 社科法学一直偏重"中国""语境式"的"经验"研究,着重强调中国法律实践的"特殊性"。由此,社科法学经常批评教义学缺乏"经验"层面的研究,主要依赖西方的法学理论,只注重一国法律制度作为信条的根本出发点是不能很好地适应于一国的法律实践的。社科法学者不看好法教义学的作用,主张用后果导向式的思维思考司法实践中的问题,即先得出结论,再寻找法律和运用修辞使其正当化。随着社会科学的研究方法越来越多地运用到法学研究当中,注重整合法学与其他学科研究及法律相关的经验事实的社科法学逐渐形成。20 世纪 90 年代,社科法学被引入中国,我国成为这个学派的新领地。[45] 社科法学进入中国后,受到了众多法理学研究者的欢迎,这也为正在遭受缺乏对社会问题的关切质疑的法学,提供了探求真实世界的法律运作的方法。[46] 当代中国法理学的重要任务是在社会实践及相关理论中为法律系统发掘正当性基础,法社会学理应在其中扮演重要的角色。[47]

2014 年以来,由于法教义学在理论界和实务部门颇受欢迎,它对既有的学术流派,特别是社科法学提出了挑战,中国法学界出现了社科法学与法教义学的理论之争。[48] 这场争论不只发生在法理学界内部,各个部门法学者也有不同程度的参与。法教义学有其确保法治的正面功能,却也常常使法治变得胶柱

---

〔44〕 参见陈柏峰:《事理、法理与社科法学》,载《武汉大学学报(哲学社会科学版)》2017 年第 1 期。

〔45〕 参见贺欣:《转型中国背景下的法律与社会科学研究》,载《北大法律评论》第 7 卷第 1 辑,北京大学出版社 2006 年版。

〔46〕 参见侯猛、胡凌、李晟:《"法律的社会科学研究"研讨会观点综述》,载《法学》2005 年第 10 期。

〔47〕 参见杨帆:《法社会学能处理规范性问题吗? ——以法社会学在中国法理学中的角色为视角》,载《法学家》2021 年第 6 期。

〔48〕 在 2014 年的春夏间就有了 3 场两派辩论的擂台分别在中国政法大学、中南财经政法大学以及上海交通大学法学院举行。北京大学法学院主管的《法律与社会科学》编辑部组织的"社科法学与法教义学对话",则把这场争论推向高潮,目前这一争论的余温仍未散去。参见陈柏峰:《社科法学及其功用》,载《法商研究》2014 年第 5 期。

鼓瑟。引入社会科学的知识可以提高法治的可行性,纠正法教义学的偏失。[49]法教义学利用法律规范来认定事实、涵摄事实、评价事实,法律的社会科学研究致力描述事实、解释事实以及预测事实。法律社会科学能够在知识成果和研究方法的意义上为法教义学提供知识供给,填补法教义学的方法缺漏。[50] 法学研究理应对各种研究进路保持开放态度,只有"百家争鸣"方能实现"百花齐放"。社科法学和法教义学是两种性质不同的法学研究,但这并不是要求法律人在两种研究范式之间作非此即彼的选择,两种研究范式有深厚的合作基础。无论是社科法学还是法教义学都旨在研究法学问题,并在各自的知识范围内影响司法实践,未来法教义学和社科法学的发展都应当面向实践,发掘兼具理论意义和实践意义的案例并进行说理或分析。

经过梳理,呈现了法理学研究范式类型的初步轮廓。中国法理学的研究范式,除作为重要的政法法学外,还有法教义学(诠释法学)以及社科法学。法理学所提供的研究范式是相对情境化和流动的,但每种研究范式都有其历史使命,不可或缺。从政法法学、法教义学、社科法学 3 种法理学研究范式变迁的路径来看,其中存在一条主线,那就是理论服务于法治实践。从这个意义上来说,中国法理学研究范式能在几种研究范式之间徘徊,也是法理学回应实践的具体体现。

二、中国法理学研究范式变迁的三重约束

从法理学研究范式变迁的视角来看,注重意识形态话语的政法法学,重视法律适用、解决具体法律纠纷的法教义学,以及借鉴社会科学的经验研究方法试图发现制度或规则与社会生活诸多因素的社科法学 3 种研究范式基本能够概括法理学发展的样态。[51] 目前,3 种研究范式呈现此起彼伏的状态,而且法教义学与社科法学成为当下法理学的研究热潮。从范式视角衡量中国法理学

---

〔49〕 参见苏永钦:《法学为体,社科为用——大陆法系国家需要的社科法学》,载《中国法律评论》2021 年第 4 期。

〔50〕 参见郭栋:《法律的社会科学研究何以可能》,载《法学家》2021 年第 6 期。

〔51〕 参见苏力:《也许正在发生——中国当代法学发展的一个概览》,载《比较法研究》2001 年第 3 期。

的发展,一方面需要考察中国法理学的研究的历时性发展,另一方面需要关注中国法理学的共时性差异。20 世纪以来,中国的法学研究基本上受西方法学影响,现有的法学概念、认识框架、研究范式,基本都是舶来品。[52] 新中国成立后也是一波三折,直到改革开放后,法理学才开始有了较稳定与迅速的发展。[53] 审视中国法理学发展历程,其范式变迁受到一些关键因素的约束,这些主要因素主要表现在以下三个方面:

其一,法理学研究范式受西方法理学研究范式的影响。

中国近代法学,并不是国人在继承中国古代法学之基础上诞生的,而是通过借鉴西方法学发展的实践而建立起来的。[54] "西法东渐"是近代以来中国法学最大的特色,百年以降,中国法学之发展皆系于此。[55] 自清末修律以来,中国法律与法学经历了一个不断学习、借鉴、吸收、消化外国法律和外国法治经验的过程。[56] 清末民国时期,我国扬弃中华法律传统,将西方法律奉为金科玉律,通过大规模地移植西方国家的法律,建立起以"六法"为中心的法律体系。新中国成立后,以"六法"为中心的"伪法统"被废除,然而新法统正在逐步建立的过程中,法学理论知识大量借鉴苏联,这是另一种"西法东渐"。改革开放后,法学界反思"西法东渐"下法治理论法发展的弊端和实践错误,陆续创造性地提出了"法制改革论""文明互鉴论""法律文化论"等新论断,逐步为法学理论的本土化创造条件。

新中国成立以来,中国法理学从初创到停滞,到改革开放后恢复、重建和发展,中国法理学取得了有目共睹的长足进步。中国法理学目前已提升到了可以

---

〔52〕 参见舒国滢:《在历史丛林里穿行的中国法理学》,载《政法论坛》2005 年第 1 期。

〔53〕 参见黄文艺:《中国法理学 30 年发展与反思》,载《法制与社会发展》2009 年第 1 期。

〔54〕 参见何勤华:《西方法学观在近代中国的传播》,载《法学》2004 年第 12 期。

〔55〕 参见支振锋:《"西法东渐"的思想史逻辑及其超越》,载《江苏行政学院学报》2010 年第 2 期。

〔56〕 参见冯玉军:《西法东渐与学术自觉:中国移植外国法研究的回顾与展望》,载《甘肃社会科学》2008 年第 3 期。

与国际同行共时对话的水平，在学术思想界占有了独立的地位。[57] 但是，回顾中国法理学的发展，它仍然在较长的发展时期中受西方法理学研究范式的支配。中国法理学是在“西学东渐”、西方法学知识传播，特别是现代大学设立法科之后才逐渐形成的，新中国成立后，废除“旧法统”的运动不仅废除了旧的法律，旧的法学理论也一并废除。[58] 在树立新的法统的过程中，引入了苏联的法学理论，以法为斗争武器。[59] 新中国法理学则从革命的“斗争法学”的立场终结了“翻译法学”的历史。改革开放后，中国法学界打开了思想僵化、教条主义的沉重枷锁，法理学告别严冬而迈入春天。[60] 此后，中国法理学开始重构了中国法理学的研究体系，迈入了构建中国特色法理学的进程中。[61] 中国法理学紧跟改革开放与法治实践，通过对法学相关核心命题和基本范畴的研讨，实现了法治发展与理论法学建构的有机统一，实现了法理学从一个阶梯向另一个阶梯的跃升，中国的法理学逐渐成熟。[62]

西方法学在古罗马时期已经成为一个专业化的学科，这使其能够较早地开始对法学研究“理论化”进行思考。除法学知识的输出外，包括范式、研究范式的理论，也是西方理论系统化的产物。范式理论一经传入中国，即受到了中国学界的热捧。范式这一理论能够较好地把哲学和社会科学的概念、理论、方法和实践结合到一起，是考察法学发展的一个较为合适的视角。就中国法理的发展而言，中国法理学对范式概念的接受也经历了一个过程，法理学界用范式这一理论来思考法理学发展的问题，是改革开放以后的事情。从改革开放以来中国法理学发展的历史来看，中国的法理学出现过诸多的范式争论。改革开放早期，由张文显教授提出的权利本位范式与张恒山教授义务重心论的研究范式，分别从不同的方向引领了法理学的发展。此后，中国法理学界提出了法条主义

[57] 参见李林、齐延平：《走向新时代中国法理学之回眸与前瞻》，载《法学》2018 年第 6 期。

[58] 参见舒国滢：《在历史丛林里穿行的中国法理学》，载《政法论坛》2005 年第 1 期。

[59] 参见周尚君：《中国法学的话语流变考略》，载《法制与社会发展》2012 年第 5 期。

[60] 参见张文显等：《中国法理学二十年》，载《法制与社会发展》1998 年第 5 期。

[61] 参见付子堂、王勇：《1978—2018：走向实践的中国法理学》，载《山东大学学报（哲学社会科学版）》2018 年第 5 期。

[62] 参见徐显明：《中国法理学进步的阶梯》，载《中国社会科学》2018 年第 11 期。

范式、本土资源论范式、法律文化范式等多种法理学的研究范式。后来苏力教授又从政法法学、诠释法学、社科法学的范式角度来概括中国法理的发展。也就是说,虽然法理学者在“西法东渐”的过程中表现出了一定的自主性,但是这种自主性并没有跳出西方法学研究范式的理论思维。当把“舶来”的法理学内容剔除之后,还能剩下多少真正是“中国特色”。[63] 中国法理学的研究范式无论是从范式理论自身,到具体的范式生产过程,都受到西方法学理论的影响。中国法学的发展基本上为一种所谓的“现代化范式”所支配。[64]

其二,法理学研究范式受中国法治实践问题限制。

以上是从法理学的知识生产视角来考察的,即是从法理学的知识、方法之间的互动展开的。法理学的研究范式离不开学科的外部联系,也就是中国法治实践问题的限制。法理学研究的主体之间受法律实践目的的推动而将法学的概念、范畴运用于考察对象世界、以期对之发生作用的过程。[65] 西方的法理学研究范式,不加改造地适用于中国法理学的研究,只能在中国描绘出一幅西方法理学的理想图景,而不是中国法理学的理想图景。中国的法理学研究应该体现中国的特色,以中国为方法、以中国为重心。中国的法理学,它应该立足中国法与法制发展的实际,以中国法的实践为基本的研究客体。它应当反映中国法律文化的精华,把外国法学的精华中国化以期洋为中用。[66] 西方法律思想尽管能提供某些理论支撑,但中国法学理论体系的建构,却不是简单地对这些思想进行克隆复制,而是在此基础上的自主性寻求和创造性发展。[67] 中国法理学必须基于中国意识基础之上,并用中国的标准而非西方的标准思考中国问

---

〔63〕 参见李林:《关于“中国法学向何处去”的两个问题》,载《现代法学》2007年第3期。

〔64〕 参见邓正来:《中国法学向何处去(上)——建构“中国法律理想图景”时代的论纲》,载《政法论坛》2005年第1期。

〔65〕 参见舒国滢:《法学是一门什么样的学问?——从古罗马时期的Jurisprudentia谈起》,载《清华法学》2013年第1期。

〔66〕 参见张文显、马新福:《关于改革我国理论法学的初步设想》,载《吉林大学社会科学学报》1986年第5期。

〔67〕 参见刘小平:《法学中西之间:西方法学在中国法学理论体系建构中的贡献和定位》,载《法制与社会发展》2012年第6期。

题，只有这样中国法学才有身份认同的可能空间。[68]

西方既有的法学理论中当然的会缺少与中国法治实践活动所对应的知识。[69] 但是，不同时代，不同的学界，法理学界的自主性的表现完全不同。从法理学发展史的角度来看，问题并不在于西方法理学的影响，而在于中国法理学不同历史阶段面临的不同历史使命。新中国成立初期，面临法学理论上的一穷二白，基本上照搬苏联的"国家与法的理论"。这一时期的研究范式，如果概括起来，与政法法学的这一研究范式相近，尤其是在废除"旧法统"，建立新法统的大背景下，研究者关注的焦点基本聚焦政法、革命、斗争等政法话语的范式之下。1977 年我国恢复法学教育之时，事实上是在法学理论的边缘领域上艰难地行进的。[70] 1978 年始，我国法学思想观念得到解放，涌现出许多新的与政法法学相关的理论。改革开放之后随着政法法学理论的成熟，注重政治意识形态话语的政法法学研究范式正式被认可。[71] 当然，政法法学作为一种主流的研究范式，对不属于这一研究范式下的法理学研究也产生了明显的影响。

随着时代发展，法理学的使命也发生了变化，支撑某一时期法律生活的法理一定是与该时期的精神相契合的。法理学的使命在于为当下的法律生活建构一个深广的、一元化的理念世界，以之统领法律的有序运动。[72] 随着改革开放的深入，中国法治实践对法理学提出了更高要求。由于我国法理学深

---

〔68〕 参见杜宴林：《中国法学的概念解析——兼谈中国法学向何处去》，载《法制与社会发展》2006 年第 5 期。

〔69〕 参见侯欣一：《法学研究中政法主题的缺失及彰显——一种学术史的梳理》，载《法律科学(西北政法大学学报)》2020 年第 6 期。

〔70〕 参见舒国滢：《中国法学之问题——中国法律知识谱系的梳理》，载《清华法学》2018 年第 3 期。

〔71〕 参见苏力：《也许正在发生——中国当代法学发展的一个概览》，载《比较法研究》2001 年第 3 期。

〔72〕 参见徐显明：《中国法理学的时代转型与精神进路》，载《中国法学》2008 年第 6 期。

受苏联法理学的影响,间接秉承欧洲大陆法理学传统,一直体现宏大叙事的倾向。[73] 在中国法理学的研究体系基本形成之后,法理学的实践性问题就凸显了出来。法理学界为了解决法理学"上得去""下得来"的问题,不免要对法理学的研究范式进行质疑。[74] 强调意识形态的政法法学已经不能满足法治实践迈向具体法治问题的转变。此时,正在西方兴起的诠释法学,契合了中国法理学面向具体法治实践的需求。社科法学的研究范式的出现,亦是中国法治实践问题变迁的结果。法理学者不能满足于对法条、概念、法律适用的解释,开始探讨影响法律实践运作背后的实际状况及其条件,形成了社科法学这一流派。从法治实践角度看,中国法理学使命面临的主要挑战和基本问题,是如何回应、阐释、解读、引领中国的法制改革和法治实践。[75] 在中国法理学的发展过程中,无论是政法法学、法教义学,抑或是社科法学,都对彼此之间的研究产生了深远影响。强调严密逻辑的法教义学,不免要受到强调意识形态的政法法学和注重社会影响因素的社科法学的约束。

其三,法理学研究范式受中国法理学命题的拘束。

中国法理学研究范式的变迁,不仅在于其受西方法理学研究范式的支配,中国法治实践环境的限制,还在于其受制于"中国的法理学"这一命题的限制。20 世纪 90 年代初,中国法学界就开始了对中国法学发展的思索,以此来推动中国法学独立并走向理性自觉的科学发展路径。[76] 当代学界对中国法理学的主流观点认为是受"现代化范式"以及世界结构支配,可以描述为西方法理学在中国。法理学的研究是有国别的,中国的法理学研究者始终要向中国的法理学进行追问。我国的学界常视近代西方法学知识传入为被动接受欧美知识的过程,忽略了我国知识精英的自主性。[77] 西方法理学传入中国后,中国学者已经开

---

〔73〕 参见付子堂、王勇:《1978—2018:走向实践的中国法理学》,载《山东大学学报(哲学社会科学版)》2018 年第 5 期。

〔74〕 参见张文显:《法理学研究要"上得去"、"下得来"》,载《政治与法律》1994 年第 5 期。

〔75〕 参见李林:《中国法理学的时代使命》,载《中国法律评论》2019 年第 3 期。

〔76〕 参见姚建宗:《主题变奏:中国法学在路上——以法理学为视角的观察》,载《法律科学(西北政法学院学报)》2007 年第 4 期。

〔77〕 参见陈金钊:《中国法理学及其贡献》,载《学习与探索》2019 年第 7 期。

始专注中国的法理学问题的回应。早在民国时期，梁启超、王振先就认为不仅中国有法理学，而且中国古代也有法理学。[78] 100多年来，中国法理学怀揣着法治现代化的梦想，建构了"中国的法理学"知识体系，[79]实现了从西方法理学到中国法理学的转变。[80] 100多年法理学的发展史，也是中国法理学界回应"中国的法理学"命题的历史，只是在不同的阶段，法理学界对这一问题回应的程度不同而已。新中国成立以来，特别是改革开放以来对中国的法理学这一问题的回应最强烈。改革开放之后，随着法理学恢复重建的实现，法理学界内部和外部对这个学科的现状产生了质疑，发出了中国的法理学向何处去的强烈追问。[81]

就当代中国法理学而言，政法法学、法教义学、社科法学等研究范式，都对西方的相关理论进行了改造，只是改造彻不彻底的问题。但是这些研究范式存在一个突出的问题，即无法体现中国法理学的特色。相较而言，"法理言说"注意到中国（法理学）的特色这一问题。这表现在张文显教授对"构建中国特色法学话语体系"的一再呼吁上。努力建设和繁荣发展具有中国特色、中国风格、中国气派的中国法理学，是改革开放以来中国特色社会主义法治道路的必然要求。在法理学研究中把"法理"作为中心主题，"法治中国"必将呈现"法理中

---

[78] 参见朱明哲：《西法东渐中的知识自主：以里昂中法大学法学博士培养为例》，载《上海交通大学学报（哲学社会科学版）》2021年第5期。

[79] 参见陈金钊：《面向法治话语体系建构的中国法理学》，载《法律科学（西北政法大学学报）》2020年第1期。

[80] 参见陈金钊：《中国法理学及其贡献》，载《学习与探索》2019年第7期。

[81] 关于中国法理学的研究范式的追问，从改革开放张文显教授的权利本位论，朱景文的《关于法理学向何处去的一点看法》（载《法学》2000年第2期），到2005年由邓正来引发的"中国法学向何处去"的大讨论（其实这一讨论从某种意义上说是"法理学向何处去"的思考），再到2016年由徐爱国引发"论中国法理学的死亡"的大讨论，一直未曾中断。《中国法律评论》于2016年第3期，刊登了季卫东、舒国滢、徐爱国、桑本谦、陈景辉、聂鑫等多位学者的观点来讨论法理学向何处去。2017年《清华法学》创刊10周年之际，张文显、郑成良、徐显明又一次谈论这一问题。

国"的鲜明品质。[82] "法理"不仅架起了传统与现代法治文化交流的桥梁,还融通了儒家伦理与西方公理,是理解与阐释中国法治现代化的关键所在。[83] 法理是一个实践性概念,它生成于、作用于、发展于法实践,"法理"范式能够进一步完善法理学研究范式的类型,能够重新体现出中国法理学的特色。[84]

中国法学的命运与新中国法治实践的历史紧密相连。新中国成立以来,中国法学进行了 3 次革命性探索,实现了 3 次跨越式的发展。构建中国特色法学体系,是新中国法学历史上的第三次革命性探索。党的十八大以来,以习近平同志为核心的党中央更加重视哲学社会科学创新发展,特别重视中国特色哲学社会科学学科体系、学术体系和话语体系的建构。[85] 构建中国自主的特色法学体系,是中国法学新时代的坐标与历史方位。在这场历史性机遇中,作为中国法学基础的法理学理应首当其冲,引领中国法学研究的范式转变,为构建中国自主的特色法学体系作出最深层面的力量凝聚,砥砺中国法学的创新发展,推动中国法学的繁荣发展。

三、走向中国实践法理学的范式变迁

范式变迁是一个学科发展到一定阶段的必然产物,不可能受研究者的安置和主观想象。但是,这也并不是说法理学研究范式变迁会主动地呈现在研究者面前,它需要法理学研究者的共同努力。当前法理学范式主要的推动力量来自社会实践的变化,新时代产生了极大的推动法理学研究范式变迁的力量。从法理学变迁的理论层面来看,要实现法理学研究范式的变迁,不仅需要理论的推

---

〔82〕 参见张文显:《法理:法理学的中心主题和法学的共同关注》,载《清华法学》2017 年第 4 期。

〔83〕 参见郭栋:《法理概念的经义指向及近代转型》,载《法制与社会发展》2021 年第 3 期。

〔84〕 参见郭晔:《法理主题论——新时代中国法学新范式》,载《法制与社会发展》2020 年第 2 期。

〔85〕 参见张文显:《在新的历史起点上推进中国特色法学体系构建》,载《中国社会科学》2019 年第 10 期。

动,还需要达成相应的"学术共识"。[86] 由于中国法理学本身存在知识与思想的断裂,想要形成新的"法理"范式认知,还需要新形成研究范式变迁的策略。中国法理学应广泛研究世界范围内的研究范式,立足中国法治实践,开展以中国为中心的法理学研究,是推动中国法理学范式变迁的可能路径。

(一)中国法理学范式变迁的可能

中国法理学界从法理学传入中国,就开始思考适合于中国法治实践背景的法理学。但是,对中国法理学研究范式的反思,是改革开放之后的事情。回溯中国法理学研究范式发展的历史,其已经呈现多元研究范式发展的格局。除政法法学、社科法学、法教义学研究范式外,还有属于多种研究范式的研究内容,只是可能还没有成为主流的研究范式,有的还属于新的范式萌芽的阶段。从中国法理学研究范式呈现的研究问题来看,一方面,需要开展面向实践的中国法理学的研究。要面向实践的中国法理学,需要进一步地从哲学、政治学等其他相关学科中引入可利用的资源,尤其要关注这些学科对法理学发展的意义。另一方面,需要进一步增强法理学的实践性,在法治实践中提高法理学研究的水平,不能仅仅止步于对宏大理论的提炼以及大问题的"药方"。唯有如此,才能使法学界摆脱对于法理学是一门提供基本理论的学科的单一印象,发挥其对法治新问题的包容性研究,积极探索新的法学研究范式,利用法理学作为基础法学学科的优势,为中国法治现代化以及世界法治文明作出贡献。

改革开放后,随着法理学研究的全面恢复、重建和发展,中国法理学界有了更多的关于法理学研究范式变迁的思考。各种研究范式几乎同一时间点涌了进来。[87] 改革开放早期,为了建构中国法理学特色研究范式,张文显教授提出了权利本位研究范式与张恒山教授义务重心论的研究范式。此后,在法理学界发生了权利本位论与义务重心论的研究范式争论之后,法理学界关于法理学研究范式的争论多了起来。这些争论有来自学者对法理学研究"西方现代化范式"的批判,也有来自其他部门法学科对法理学的质疑,还有青年学者对法理学研究现状的担忧。在法理学的发展史上,出现了几次影响深远的法理学研究范

[86] 参见《走进法理新时代——专访"法理研究行动计划"的倡导者和推进者张文显教授》,载《中国法律评论》2019 年第 3 期。

[87] 参见雷磊:《法理论:历史形成、学科属性及其中国化》,载《法学研究》2020 年第 2 期。

式的争论。近年来,有学者提出将“法理”作为法理学的中心主题,实现从法律中国、法治中国向法理中国跨越式发展的号召。[88] 事实上,伴随法理学者不断的反思与批判,当前中国法理学已经在面向实践的基础上走向“法理”范式的法理学研究。[89] 自“法理”范式提出以来,政法法学、法教义学、社科法学等研究范式开始反思自身的根基,这些反思无疑为面向实践的中国法理学提供了可能。

法理学者开始强调寻找中国的“法理”,强调中国法学应该关注中国的法理。“法理”一词,中国古已经有之。[90] 在清末变法的大浪潮之中,法理成为高频词汇,在官方文牍、学者著述、国外译作中随处可见有关法理的言说。[91] 然而,这些庞杂的“法理”研究和认识中充斥着中与西、古与今的割裂,造成了人们在“法理”认知上的彷徨。[92] 伴随这些理论范式与中国法理学研究不相适应,中国法理学学者重提、重释、重建“法理”范式研究,成为当前中国法理学范式转型的主要推动力量。让我们思考中国法理学范式变迁时不再拘泥于固有的研究范式,开始考虑中国法理学独特范式的可能性。从整体视角来看,法理学科内部理论、方法与实践的发展促进了法理学范式变迁的发生。

社会的转型必然会造就法律的转型,也必然会催使法学理论的更新。[93] 当前,法理学范式主要的推动力量来自社会实践的变化,新时代产生了极大的推动中国法理学研究范式变迁的力量,开展面向实践的法理范式的法理学研究

---

〔88〕 参见张文显:《法理:法理学的中心主题和法学的共同关注》,载《清华法学》2017 年第 4 期。

〔89〕 参见付子堂、王勇:《“法理”:中国法学与法理学的理想图景》,载《法制与社会发展》2020 年第 4 期。

〔90〕 参见陈翠玉:《中华经典文献中法理概念之考辨》,载《法制与社会发展》2019 年第 6 期。

〔91〕 参见胡玉鸿:《清末变法中法理言说的兴起及其内涵——清末变法大潮中的法理言说研究之一》,载《法制与社会发展》2020 年第 2 期。

〔92〕 参见彭巍:《论梁启超与沈家本的“法理”观——兼论以法理为中心主题的法律史研究》,载《法制与社会发展》2021 年第 3 期。

〔93〕 参见付子堂:《转型时期中国的法律与社会论纲》,载《现代法学》2003 年第 2 期。

能够解决法理学“缺乏实践效果”以及“与部门法学知识重合”等问题。[94] 所有知识的社会实践都一定要有社会需求，也要有社会条件的支撑。从法理学变迁的理论层面来看，要实现法理学研究范式的变迁，不仅需要理论的推动，还需要达成相应的“学术共识”。[95] 由于中国法理学本身存在知识与思想的断裂，想要形成新的“法理”范式认知，还需要新的条件发生。法学如今有了很大变化。学术积累是一个因素，但最主要的，还是因为中国过去几十年来经济社会发展，冒出了许多问题。[96] 当前，法学研究已从具体研究方法的提炼，跃升为研究范式的归纳，这得益于法理学界关于法学研究范式转变的热烈讨论。[97] 在法理学研究范式发展方面，其研究范式受哲学、社会学、经济学、人类学等学科的影响，与这些学科结合的程度还不足以为中国法理学研究范式变迁提供足够的支持。中国法理学应立足中国法治实践，开展以中国为中心的法理学研究，是推动中国法理学范式变迁的可能路径。

（二）中国法理学研究范式变迁的策略

范式变迁是一个学科发展到一定阶段的必然产物，不可能受研究者的安置和主观想象。但是，这也并不是说法理学研究范式变迁会主动地呈现在研究者面前，它需要法理学研究者的共同努力。法理学研究者作为法理学研究的主体，在了解到法理学研究范式变迁的可能趋向的情况下，是可以推动其研究范式变迁的。主体性是中国法理学发展的根本，它意味着中国法理学研究者要自主地对未来进行想象、筹划，展开行动，并担负起应有的责任。[98] 当前，中国法理学研究处于一个开放环境中，研究者对马克思主义法理学、西方法理学的了解是充分的，这得益于互联网的发展，对外交流的学者增多，特别是中国法学研

---

[94] 参见陈景辉：《法理论为什么是重要的——法学的知识框架及法理学在其中的位置》，载《法学》2014 年第 3 期。

[95] 参见《走进法理新时代——专访“法理研究行动计划”的倡导者和推进者张文显教授》，载《中国法律评论》2019 年第 3 期。

[96] 参见苏力：《别太在意通往何处》，载《开放时代》2022 年第 1 期。

[97] 参见黄文艺：《迈向法学的中国时代——中国法学 70 年回顾与前瞻》，载《法制与社会发展》2019 年第 6 期。

[98] 参见邹益民：《当代中国法理学主体性发展的内卷化及其克服》，载《法商研究》2021 年第 6 期。

究国际合作的增强。

法学研究者不能离开本民族的法律文明和实践传统,不能成为在漫无边际的学术海洋上随波逐流的浮萍。[99] 中国法理学研究范式的变迁,要在充分吸收国外法理学研究范式变迁的经验的基础上进行,以“他山之石可以攻玉”的气势,建构中国法理学的独特研究范式。

中国法理学研究范式的变迁,总不免要谈论到什么是旧的法理学的研究范式、旧的是不是要比新的好的问题。法理学研究范式变迁,不是要推翻旧的研究范式,建立新的研究范式。这不是研究范式的新旧之争,而是倡导推进研究范式的多元化发展。法理学研究范式是开展法理学研究的基础性问题,单一的范式是无法回应中国法理学自身的问题的。[100] 中国法理学研究范式的变迁,反对的是法理学研究范式的固化、唯一化,因为这会限制法理学学科自身的发展,制约其新的知识产生的可能性。当代法理学的研究范式多元,这似乎让研究者难以适应。但是,其实这种担心是多余的,只要学术保持重要开放性和平等的互动,那么一个时期中自然会有相应的法理学的研究范式脱颖而出。事实上,可能并不是这种范式更科学,而可能是因为它能够更好地处理好与法理学学科内外部的联系。当法理学某种研究范式失去其协调性之后,自然会受到新的研究范式的挑战。所以,应该鼓励新的研究范式的探索,反对研究范式的固化。唯有如此,中国法理学的研究才能让中国特色的法理学保持蓬勃生机。

推动中国法理学研究范式变迁,是构建中国特色法理学的必由之路。习近平总书记在庆祝中国共产党成立一百周年大会上提出了“中国式现代化新道路”的崭新理论命题。[101] “中国式法治现代化新道路”的进一步发展,需要法学界的范式变迁,提供中国法学的研究的独特范式。中国法理学从清末至今已经有百余年的发展历史了,但是它对什么是中国法理学研究的独特范式的回应还存在理论、方法与实践中的问题。在某种程度上,法理学研究范式变迁就是法理

[99] 参见黄文艺:《迈向法学的中国时代——中国法学70年回顾与前瞻》,载《法制与社会发展》2019年第6期。

[100] 参见付子堂、王勇:《1978—2018:走向实践的中国法理学》,载《山东大学学报(哲学社会科学版)》2018年第5期。

[101] 参见《在庆祝中国共产党成立100周年大会上的讲话(2021年7月1日)》,载《人民日报》2021年7月2日,第2版。

学研究理论的变化，没有理论研究的拓展就不会有研究范式的变迁。当前，中国法理学已经存在大量关于“法理”的研究，其发展过程中也一直伴随对“法理”意义的阐释，为什么在之前没有形成法理的研究范式？最主要的原因就是鲜有深入的理论研究来统领法理研究的实践。中国的法理学应立足中国的法治实践。中国实践是极其独特的，对于发展中国的法理学具有本源性的意义。[102] “全部社会生活在本质上是实践的。凡是把理论引向神秘主义的神秘东西，都能在人的实践中以及对这种实践的理解中得到合理的解决。”[103] 新时代加快构建中国自主的法理学知识体系，要坚持马克思主义的指导地位，善于融通古今中外各种学术资源，着力提升原创能力和水平。[104] 在可以预见的未来，在马克思主义法学理论的指导下，如果中国法理学进一步重视“法理”研究，面向实践的“法理”范式可以大放异彩，形成立足中国法治建设的法理学研究的独特范式，进而建构起体现中国特色的中国法理学的自主知识体系。

Reflections on the Paradigm of Chinese Jurisprudence Research

Wang Yong

Abstract: At present, the development of Chinese jurisprudence has faced many doubts both within and outside the discipline. By combing the paradigm shift of Chinese jurisprudence research, we can understand the problems in its development. The paradigms shift of jurisprudence in China is based on society. After decades of development, Chinese jurisprudence has formed several research paradigms. During this process, Political and Legal Jurisprudence, Legal Dogmatic along with Law and Social Sciences are main research paradigms of jurisprudence research which have been changed and evolved. From the perspectives of both internal and external jurisprudence, the dominance of Western legal research

[102] 参见方军：《发展无愧于新时代的中国理论》，载《中国社会科学》2022 年第 1 期。

[103] 韦建桦主编、中共中央马克思恩格斯列宁斯大林著作编译局编译：《马克思恩格斯文集》（第 1 卷），人民出版社 2009 年版，第 501 页。

[104] 参见谢伏瞻：《加快构建中国特色哲学社会科学学科体系、学术体系、话语体系》，载《中国社会科学》2019 年第 5 期。

paradigm, the constraints of China's legal practice issues, and the Constraints on the subjective proposition of Chinese Jurisprudence are the main reasons limiting the development of China's jurisprudence research paradigms. If the study of legal paradigms can be strengthened, Chinese jurisprudence may develop a number of independent paradigms.

Key words: Jurisprudence; Paradigm shift; Political and Legal Jurisprudence; Legal Dogmatics; Law and Social Sciences

基本权利第三人效力的释义学基础

许瑞超[*]

内容摘要：

基本权利第三人效力的释义学基础不是单一的构造，而是多层的构造。以公私融合关系为基点，基本权利第三人效力的释义学基础涵盖四个方面的内容：政治国家与市域社会的融合关系以及国家宪法与社会宪法的复合模式，构成了基本权利第三人效力的宪制基础；基本权利的涵括与排除、给付请求与积极受益功能，构成了基本权利第三人效力的功能法基础；宪法/公法与私法的相互影响使宪法与私法具有了同一性内容，构成了基本权利第三人效力的实体法基础；民事诉讼程序的宪法化、民事诉讼公私二元的三角法律结构、诉权在民事诉讼中的公私二元结构，构成了基本权利第三人效力的程序法基础。基本权利第三人效力注重个人自由与个体在共同体中的自由之间的协调，目的在于消解社会的结构性不正义。基本权利第三人效力具有多元法律关系的复合性和多元法律主体的统一性，是一种整全性的实践。

关键词：

释义学基础　公私融合　社会立宪主义　涵括与排除功能　三角法律结构

2001 年的“齐某苓案”引发了学界对基本权利第三人效力的集中研究。学界之于基本权利第三人效力释义学基础的判断主要在实体法维度展开，包括宪法对私法秩序的放射性影响、民事规范的合宪性解释、宪法和民法的交互性影

---

* 厦门大学法学院助理教授。

响等。[1] 其实,基本权利第三人效力本质上是一种涵盖了不同范畴的结构性效力,其释义学基础不限于实体法领域,还包括整体法秩序的公私构造问题。[2] 基于传统的公私二元对立关系,基本权利是否具有针对第三人的效力,其最主要的障碍在于自由立宪主义和自由私法主义。自由立宪主义和自由私法主义强调公与私的二元对峙,作为公法的宪法和作为私法的民法是异质性命题,宪法只能在公领域发生效力。但是,这种理论预设并不适用于我国宪法。我国宪法并不是单纯的公法,而是以法律形式确认了国家社会共同体以及社会主义法律体系的基本价值。基本权利不仅具有针对国家性,还具有社会性和公共性。

我国《宪法》规定了包含"针对所有主体"的宪法义务:"序言"第 13 自然段规定"全国各族人民、一切国家机关和武装力量、各政党和各社会团体、各企业事业组织,都必须以宪法为根本的活动准则,并且负有维护宪法尊严、保证宪法实施的职责";第 5 条第 4 款规定"一切国家机关和武装力量、各政党和各社会团体、各企业事业组织都必须遵守宪法和法律";第 2 章在规定公民享有某项基本权利之时,不仅强调公权力主体不得侵犯之,也规定任何公民、任何组织都有不得侵犯该公民该项基本权利的社会性义务。同样的,《民法典》亦是包含许多社会性与公法性规定,与基本权利紧密相关的人格权编更是公私并存的结构。《民法典》人格权编的解释与适用不可能是自足的,必然受到宪法的影响。由此看来,我国的公与私是一种融合关系。

以公私融合关系为基轴,基本权利第三人效力的释义学基础将会呈现一种多层的构造。基本权利第三人效力的释义学基础包括四个方面的内容:政治国

---

〔1〕 相关代表性文章,参见王涌:《宪法与私法关系的两个基本问题》,载《私法研究》2002 年第 1 期;张翔:《基本权利在私法上效力的展开——以当代中国为背景》,载《中外法学》2003 年第 5 期;张巍:《德国基本权第三人效力问题》,载《浙江社会科学》2007 年第 1 期;陈新民:《宪法基本权利及对第三者效力之理论》,载陈新民:《德国公法学基础理论》(上册),法律出版社 2010 年版,第 336 ~ 383 页;李海平:《基本权利间接效力理论批判》,载《当代法学》2016 年第 4 期;刘志刚:《基本权利对民事法律行为效力的影响及其限度》,载《中国法学》2017 年第 2 期。

〔2〕 参见许瑞超:《基本权利第三人效力的范畴与本质》,载《交大法学》2021 年第 1 期。

家与市域社会的融合关系以及“国家宪法”与“社会宪法”的复合模式(宪制层面)、以社会为中心的基本权利理论(功能法层面)、宪法/公法与私法的相互影响(实体法层面)、民事诉讼的公私二元架构(程序法层面)。被称为“宪法司法化第一案”的“齐某苓案”已出世20多年,在增强推动宪法实施的时代背景下,剖释基本权利第三人效力释义学基础的多层构造,对宪法实施是否可延及审判领域的研究也甚有裨益。

一、基本权利第三人效力的宪制基础

随着公私关系的流衍,政治国家与市域社会不再是二元对峙关系而是融合关系,宪法不再只有国家取向还有社会取向,这构成了基本权利第三人效力的宪制基础。

(一)政治国家与市域社会的融合关系

从自由主义、分配原则(Verteilungsprinzip)的角度看,政治国家与市域社会存在严格的“边界设定”,市域社会处于政治国家之外,具有独立性、自治性,政治国家处于一种消极不干预的地位。与之相应地,宪法也是建立在政治国家与市域社会的“边界设定”之上:自由主义、分配原则是保障个人自由和市域社会自治的前提,防御权属性或者消极自由属性是基本权利的本质特征。[3] 吊诡的是,作为导致政治国家与市域社会“边界设定”崩溃的认识,却是肇始于市域社会自治的丧失。随着社会结构的变化,人们面临的不再仅是涉及自由主义的、静态的私法问题,而是多元主义的、动态的私法问题。

自由主义和分配原则所保障的法律的自由,并不足以保证现实的自由。政治国家与市域社会的“边界设定”只是自由实现的假定条件,并不是实现自由的具体方式。在社会碎片化的情境下,宪法若仅以自由主义为基础,一方面无法应对现今市域社会多元化、动态化的治理难题;另一方面当市域社会需要政治国家干预时,政治国家的介入保护和市域社会自治似乎处于对立状态。政治国家与市域社会的关系构造不应拘泥于“边界设定”,而应关注二者之间的关系是否有利于个人自主自决、人格独立的实现。就自由的本体含义来看,其作为政

---

〔3〕 参见[德]卡尔·施米特:《宪法学说》,刘锋译,上海人民出版社2016年版,第179、221~223页。

治国家与市域社会互惠秩序的一部分,没有公私界分的差异,蕴含不受恣意支配的自由。就宪法的功能来看,第二次世界大战后,各国引进的社会立宪主义观念也不限于控制公权力,还有适应整个社会共同体价值共识的一面。[4] 宪法与社会共同体的互动关系在我国的法秩序中也得到了深切体现。

首先,从宪法角度看,我国宪法对于政治国家与市域社会之间关系的判断,并未经历"国家社会二元论"到"国家社会融合论"的转变历程。相反,我国宪法始终强调国家与社会是一种融合关系。彭真在《关于中华人民共和国宪法修改草案的报告》中明确指出:"我们是社会主义国家,国家的、社会的利益同公民个人利益在根本上是一致的。"[5]基于国家利益、社会利益、公民个人利益的一致性原则,我国宪法"不会像资本主义宪法那样仅具有'国家取向'",[6]而必然包括社会取向。其次,从民法角度看,我国民法中的国家与社会是双向构建、同力协契的互动关系,社会的发展促进了我国的转型,民法的繁荣是以公法的发展为前提的。《民法典》中的国家与社会在民法渊源领域以及公益、营利等方面存在相互的合作。[7] 如《民法典》物权法部分篇对涉及国家利益的权利作了专门规定,第32条更是明确规定民事主体不得滥用民事权利损害国家利益。最后,从宪法与民法关系的角度看,国家与社会的关系变迁构成了宪法和民法关系探讨的时代背景,反过来说,"宪法与民法关系体现了中国社会结构的演变,为国家与社会的良性互动奠定了基础"。[8] 总之,在我国的法秩序中,政治国家与市域社会是功能相辅、多维互动的关系构造。

从事实领域的角度看,随着新的社会形态的产生,私法社会面临的不再只是单一的、封闭的、排他的治理模式,还面临数字经济社会、信息网络社会、多元文化社会所引致的公私结合的治理模式。诸如企业、劳工组织、经济团体、职能

---

[4] 参见韩大元:《战争、和平与宪法共识》,载《环球法律评论》2019年第6期。

[5] 彭真:《关于中华人民共和国宪法修改草案的报告》,载《中华人民共和国国务院公报》1982年第20期。

[6] 参见张翔:《基本权利在私法上效力的展开——以当代中国为背景》,载《中外法学》2003年第5期。

[7] 参见谢鸿飞:《〈民法典〉中的"国家"》,载《法学评论》2020年第5期。

[8] 参见韩大元:《宪法与民法关系在中国的演变——一种学说史的梳理》,载《清华法学》2016年第6期。

团体等"拥有巨大势力、类似国家的私团体,产生了威胁一般国民人权的事态"。[9] 在互联网社会,网络平台更是实际上"拥有并行使着监督、定义、影响交易者与利益相关者的巨大权力",并承担了一定程度上的公共职责。[10] 如何对私领域一方的"社会权力"或"私权力"进行宪法上的控制,是政治国家与市域社会融合关系所面临的新的要求。而避免弱势一方罹于他方基于"社会权力"或"私权力"之治则需要政治国家的积极介入,这恰恰是基本权利第三效力所承担的社会宪治功能的基点所在。

综上所述,在宪法与社会共同体之互动结构的引领下,以自由主义和分配原则为基础的立宪国家是在恪守基本权利针对国家性的前提下引入社会立宪主义的观念,比如,德国在自由法治国外确立了社会法治国、美国为确保私领域的基本权利保障而引入了国家行为准则、英国为把基本权利嵌入私领域而建立了公约权利的水平效力机制。受此影响,原本互相对峙的政治国家与市域社会具备了融合关系。与之相反,我国宪制中的国家与社会始终是互相融合的,基本权利的针对国家性较孱弱。唯随着宪法修正案的填补和社会事实的变迁,宪法在恪守社会主义的立宪观念下亦逐步引入了自由主义和分配原则的内容。二者虽然出发点不一样,但殊途同归:公私融合。在政治国家与市域社会相互融合的背景下,基本权利第三人效力也应注意宪法和民法所共有的意义联结构造及其在社会宪治方面的协力作用。

(二)"国家宪法"与"社会宪法"的复合模式

公私二元对峙模式强调市域社会与政治国家平行存在,市域社会自治优先于政治国家干预。有学者以公私划分为基础,认为民法和宪法分别是"调整私法领域和公法领域的基本法律制度",在公私法二元划分的基础上,"私法在私人领域的作用在某种程度上相当于宪法"。从历史上看,私法在宪法出现之前就承担了真正的宪法功能,宪法的基本理念、基本原则、基本制度等均源于私法体系。私法构成了公法的基础,私法价值可以统帅公法价值,"民法相对于宪法

〔9〕［日］芦部信喜:《宪法》(第3版),高桥和之增订,林来梵、凌维慈、龙绚丽译,北京大学出版社2006年版,第106页。

〔10〕参见刘权:《网络平台的公共性及其实现——以电商平台的法律规制为视角》,载《法学研究》2020年第2期。

而言更具有基础地位”。[11] 就本质而言,此观点秉持的是一种私法优先与公私二元对峙论的立场。

但问题在于,并非所有的宪法理念都源于民法,有学者考察发现,人格权是近代人权运动和宪治制度的产物,其立法表述肇始于宪法,而民法法典化运动时的经典民法典却未“发现”和创设人格权,人格权“从产生时即具有了公法和宪法的性质,它首先是一项宪法上的权利,没有宪法或宪法性文献的赋予与规范,便没有民法上的人格权制度”。宪法的人格权经由立法者的具体化,才具有民法属性,现今的人格权其实是“宪法和民法共同创设的结果”。[12] 况且,受公私融合关系的影响,政治国家与市域社会呈现“社会国家化”与“国家社会化”的交错结构。“社会国家化”与“国家社会化”的交错结构对法律的功能提出了新的要求。

从法理上看,“社会国家化”与“国家社会化”的交错结构表现为“以国家为中心的立宪主义”(state-centered constitutionalism)与“社会立宪主义”(societal constitutionalism)相结合的法律范式,即“国家宪法”与“社会宪法”的复合模式。[13] “国家宪法”遵循自由主义的法律范式,在结构上主要表现为组织规范和自由权规范,在目的上以公权力的控制与人权的保障为核心,调整的是“国家—个人”之间的垂直性法律关系;“社会宪法”遵循社会主义的法律范式,在结构上主要体现为社会性保障规范和社会权规范,在目的上以公平正义理念为核心,涉及“国家—社会—个人”三方主体之间的多元法律关系。“国家宪法”与“社会宪法”的区分主要是从调整对象和规范领域进行区分的,并不等同宪法和民法典这样的形式区分,以国家为中心的宪法同样可以包括“社会宪法”的内容,被称为市域社会基本法的民法同样可以发挥自由权领域界定的功能。其实,这种自由性和社会性并存的法律范式在我国的法律体系中尤为明显。

---

〔11〕 参见赵万一:《从民法与宪法关系的视角谈我国民法典制订的基本理念和制度架构》,载《中国法学》2006 年第 1 期。

〔12〕 参见刘凯湘:《人格权的宪法意义与民法表述》,载《社会科学战线》2012 年第 2 期。

〔13〕 See Gunther Teubner, *Societal Constitutionalism: Alternatives to State-Centered Constitutional Theory?*, in Christian Joerges, Inge-Johanne Sand and Gunther Teubner, eds., Transnational Governance and Constitutionalism, Hart Publishing, 2004, p. 3 – 28.

第一，我国宪法是社会主义宪法，无论是在效力体系、拘束力还是在价值体系上都是公私并存的结构。根据现行《宪法》“序言”第13自然段、第5条、第24条、第33条、第51条的规定，我国《宪法》除调整“国家—个人”之间的垂直性法律关系、确保基本权利不受国家权力侵犯的“国家宪法”属性（自由、法治的核心价值观/国家尊重和保障人权）外，还涉及“国家—社会—个人”的多元法律关系（《宪法》第2章公民的基本权利和义务就是公私并存的结构）、维护社会公平正义的“社会宪法”属性（平等、公正的核心价值观/社会性义务）。宪法的“社会宪法”属性与《民法典》的社会主义制度和原则等规定形成了映照，宪法通过《民法典》的这些规定可导入到私法之中，“在保障私权的同时注重对公共利益的维护，实现全社会的整体进步，同时还可以用社会主义匡正市场经济发展中可能出现的矛盾，促进社会正义的实现”。[14] 这种解释方法被称为以宪法为取向的民事法律解释，法院基于合宪性解释在民事诉讼中权衡双方的权益冲突而保护特定主体一方基本权利的实现，是宪法社会公平正义的内在要求。

第二，民法承担了部分的“国家宪法”的功能。从宪法与民法的垂直关系或者垂直功能分际的角度看，民法一般被称为市域社会的基本法，宪法一般被认为是构建政治统一体和创建国家法制的组织法、结构法或政治法。政治国家与市域社会二元划分所具有的公私领域界定功能，不仅确保了宪法与民法的垂直构造和功能领域分际，也决定了民法的规范空间。基于国家领域与社会领域的二分对立设定，民法作为市域社会的基本法，意在强调民法是市域社会生活的宪法和实质意义上的根本法，具有保障个人自由以及塑造和建构市域社会的宪法功能。[15] 民法所具有的领域界定和市域社会构筑功能恰恰是宪法的传统功能，二者存在视阈重叠。法院通过基本权利第三人效力而实现个人的自由权领域不受非法侵犯，正是民法所承担的国家治理功能的重要组成部分。

第三，从宪法与审判的关系的角度看，我国宪法的“社会宪法”属性亦对法院提出了新的义务性要求。《人民法院组织法》第2条、《法官法》第3条就将“维护社会公平正义”作为人民法院和法官的职责。借助“维护社会公平正义”的司法实践，法院一方面可将宪法的功能扩展至市域社会领域，另一方面可有效缓解市民社会的结构性溃败。唯基本权利第三人效力仍以公与私的区分为

---

〔14〕 秦前红、周航：《〈民法典〉实施中的宪法问题》，载《法学》2020年第11期。

〔15〕 参见林来梵：《民法典编纂的宪法学透析》，载《法学研究》2016年第4期。

基础,针对市域社会的结构性溃败问题,以私人自治、契约自由为核心的市域社会相对于政治国家的介入干预具有原则上的优先性。当且仅当市域社会自我调节能力受到限制的时候,法院才能够介入,法院遵循的是功能辅助的补充性原则。市域社会自我调节能力受到限制指的是,在私人法律关系中,一方私人主体因另一方社会权力或社会优势地位的运用,从而陷入另一方决定的状态,以致私人主体的自我拘束构成了基本权利的不当限制。〔16〕 因法院遵循的是功能辅助的补充性原则,基本权利对私人行为的影响将分化为两个阶段:第一阶段是私人自治受到另一方私人主体的侵害问题,其表现为市域社会自我调节能力受到限制;第二阶段则是考察通过民事审判保障基本权利的必要性和法院介入干预的程度问题,从而消除这些影响。

二、基本权利第三人效力的功能法基础

政治国家与市域社会的融合关系、"国家宪法"与"社会宪法"的复合模式为基本权利第三人效力奠定了宪制基础,但这主要是在宏观制度与法律范式层面加以论述。宏观制度与法律范式仍需结合第三人效力中的基本权利功能体系,始可构成一个具有可操作性的释义学方案。这就涉及基本权利第三人效力的功能法基础。作为基本权利第三人效力理论来源的德国,其在第三人效力的理论探讨与司法实践中,社会国原则和基本权利的功能法体系是紧密结合在一起的。根据我国《宪法》第 2 章的规定,我国的基本权利功能体系除保护个人自由不受国家侵犯外,还着眼个人利益与国家/社会/集体利益及他人权利的平衡与和谐。这构成了我国基本权利第三人效力的功能法基础,具体包括基本权利的涵括与排除功能、给付请求与积极受益功能。

(一)基本权利的涵括与排除功能

基于自由主义和分配原则,市域社会不受政治国家的干预。问题是,如果市域社会存在结构性不正义的情况,失序的经验性社会秩序可能对规范性法律秩序形成单方面的压制。根据市域社会各个子系统自治的要求,私人领域基本权利保障的失效可以被理解为市域社会的结构性溃败。在此背景下,基本权利

〔16〕 参见韩大元:《中国宪法上"社会主义市场经济"的规范结构》,载《中国法学》2019 年第 2 期;许瑞超:《基本权利第三人效力的范畴与本质》,载《交大法学》2021 年第 1 期。

的涵括与排除功能应运而生。基本权利的涵括与排除功能蕴含没有国家的宪法化的社会宪治诉求。[17] 这就提出了一个问题,即基本权利在国家宪治之外的社会宪治领域究竟是什么形态?

为准确了解基本权利的涵括与排除功能,需先行区分一组概念:经验性社会秩序和规范性法律秩序。按照分配原则,基于市域社会自治的经验性社会秩序可以出现在实定法秩序的外围,即在传统的立法中心之外。在经验性社会秩序领域内,以自由主义为基础的基本权利是没有轮廓的,私人活动的展开根据个人的自由意志而定。与经验性社会秩序相反,在规范性法律秩序领域内,维持政治国家与市域社会的二元关系是必要的,这是市域社会构筑的基础。在规范性法律秩序内,私人活动的展开并不是完全按照个人的自由意志而定,是有轮廓的,即私人行为除私人契约的自我约束外,还会受到私法体系中的强制性规定及其他可以作为国家干预私人基本权利行使的禁止性法律的调整。[18] 就经验性社会秩序和规范性法律秩序的关系而言,经验性社会秩序镶嵌在规范性法律秩序之中,经验性社会秩序受到规范性法律秩序的制约。

以经验性社会秩序和规范性法律秩序的差异及其关系为基础,基本权利的涵括与排除功能对民事审判的要求是,法院应将不受控制的、异化的经验性社会秩序排除出去(排除功能),并将私人主体涵括进规范性法律秩序赋予私人主体的自治领域(涵括功能),从而保证私人领域的自主化。基本权利排除功能在于对他方的强制性行为的排除,涵括功能在于对合法有效参与社会生活、自愿原则等的确保。基本权利涵括与排除功能的展开,需考虑基本权利在市域社会的再具体化与一般化问题:再具体化强调法院应根据市域社会不同系统各自的逻辑结构和规范属性,分殊化确定基本权利的具体内容、责任主体与受益对象、法律结构及其如何实现等问题;一般化强调为保障社会宪治的实现,须把基本权利从单纯的国家脉络中抽离出来,将其转化为全社会有效的一般性原则,即基本权利作为具有宪法位阶的价值决定,应有效确保公民的人格尊严在国家与

---

〔17〕 See David Sciulli, *Theory of Societal Constitutionalism: Foundations of a Non-Marxist Critical Theory*, Cambridge University Press, 1992, p. 23 - 38.

〔18〕 Vgl. Carl Schmitt, Der Wert des Staates und die Bedeutung des Einzelnen, 2004, S. 28 ff.

社会的共同体当中得到自由发展。[19] 基本权利的再具体化和一般化以宪法上的人的尊严价值为核心,并受到基本权利的主观性与客观性、个体性与社会性、形式性与实质性等的影响。

(二)基本权利的给付请求与积极受益功能

对自由主义、分配原则的恪守,也限制了基本权利功能的发挥。就调整的关系而言,宪法仅可调整"自由权—国家权力"之间的垂直关系。相应地,基本权利对私人行为所能施加的限制也主要在自由权领域,并遵循"个人自由空间的认定→是否存在国家的基本权利干预行为→国家干预是否合宪"的论证进路。问题是,囿于基本权利功能的单一性,国家对于基本权利的具体实现并没有发挥多少实质性的作用,社会结构性不正义问题始终存在。有论者对此评析道,因为"法律对消极自由的保障会因为产生的事实上的权力地位而限制他人的自由",所以为确保基本权利的享有具有实效,分配正义、社会主义或社会法治国家的理念应运而生,以期建立和维持基本权利实现的社会先决条件。[20] 基于分配正义、社会主义或社会法治国家的宪法观认为,私人主体自由的保障和自主生活的形成取决于国家的积极活动,国家不应只是市民法治国家,还应是社会法治国家。宪法除自由主义的属性外,必然还会具备社会主义的属性。

在我国的社会主义原则下,基本权利也具备了给付请求与积极受益的功能。基本权利不仅保障私人主体自由于法院之外(消极受益),还具有积极向法院请求给付、保护的内容(积极、主动受益)。基本权利的给付请求与积极受益功能要求法院有积极作为的义务,法院应着重自由与平等两端的均衡以及社会公平正义的实现。从本质上看,基本权利的给付请求与积极受益功能注重个人自由与个体在共同体中的自由之间的协调,致力为私人领域保留多元化和多样性的可能性空间。这正是第三人效力的目的所在。

---

〔19〕 See Gunther Teubner, *Constitutional Fragments: Societal Constitutionalism and Globalization*, translated by Gareth Norbury, New York, Oxford University Press, 2012, p. 131 - 133.

〔20〕 参见[德]伯恩 · 魏德士:《法理学》,丁晓春、吴越译,法律出版社 2013 年版,第 159 ~ 163 页。

三、基本权利第三人效力的实体法基础

随着公私二元关系的融合转向，宪法/公法与私法的关系也发生了变化，出现相互影响的倾向，这构成了基本权利第三人效力的实体法基础。

（一）规范体系：私法的社会化、公法化

传统学说认为，以公法秩序为基础的国家制度和以私法秩序为基础的社会制度，是政治国家与市域社会二元秩序的表现。宪法/公法、私法都有独立的调整范围和保护对象，是异质性命题。问题在于，以个人自由主义为基础的私法秩序重视形式自由，其结果可能导致私法自治的滥用，造成弱者利益得不到有效保护。私法自治的重要特征是意思自治，其前提是私人主体之间的平等地位和自主自决能力的保障，这有赖国家的积极介入保护。颇具意味的是，法国和德国均有学者对此作出了反思。法国著名公法学者狄骥认为随着社会的演变，拿破仑法典所确立的个人主义私法理念已渐渐松动，一种立基社会主义和个人社会义务的法理念被提出，法必须建立在社会的联立或联系之上。〔21〕 德国法学家和史学家基尔克也试图弥合传统的公私法二元对立论，反思道："如果法律制度在私法和公法中分裂，那么其可以暂时忽略个人对于整体和整体对于个人的意义。但是，最终不可忘记目标的一致性，在以关注个人利益为首任的私法中同样必须追求公共福祉，在首先关注全局的公法中也必须使个人能够获得正义。"〔22〕从规范体系的角度看，受私法的社会化、公法化以及宪法相对民事法律的优位性的影响，私法领域的封闭性、独立性和自足性理念面临了诸多挑战：

一方面，立法者必须将基本权利转化为可以对私法关系参与者产生直接拘束力的法；另一方面，私法不再满足于只是构建一个非政治化和排除国家干预的、维护法律自由和法律主体消极自由地位的、确保一个独立与自足的法律领域所应具有的那种"体系封闭性"，还须切实保护公民的积极法律地位，并以此

〔21〕 参见［法］莱昂·狄骥：《拿破仑法典以来私法的普通变迁》，徐砥平译述，上海社会科学院出版社2017年版，第1～42页。

〔22〕 ［德］奥托·基尔克：《私法的社会任务》，刘志阳、张小丹译，中国法制出版社2017年版，第26页。

服务于实质自由、公共性内容以及社会正义等价值的实现。[23] 受干预主义或社会主义的影响,私法开始重视个人实质自由、多元价值及社会公平正义等的兑现。基于此,私法体系超越了传统单一的自由主义私法模式,出现了干预主义或社会主义的私法模式。在干预主义或社会主义的私法模式下,立法者在民事法律中必然会引入诸于社会性、公法性的规定,为市域社会生活构筑一个公私结合的网络,形成一种公私融合的秩序(public-private ordering)。[24] 这说明,随着私法的社会化与公法化,无论是对市域社会公共利益的强调、市民个体性与公共性的协调,还是市域社会的公序良俗论、法律行为的国家强制论的引入,抑或是私法之公法与宪法任务的承担、私法之基本权利保护义务的履行,都意味着公法与私法并不是截然二分的,而是交错与互动的。[25] 《民法典》第 150 条对受胁迫一方真实意思的特别强调、第 151 条对处于危困状态或缺乏判断能力一方自由意志的特别保护,其实就是国家对私人自治保障的体现。私法的社会性、公法性规定是私法体系的异质性部分,它们在私人法律关系中的适用,会形成一种三角结构关系,如图 1 所示。

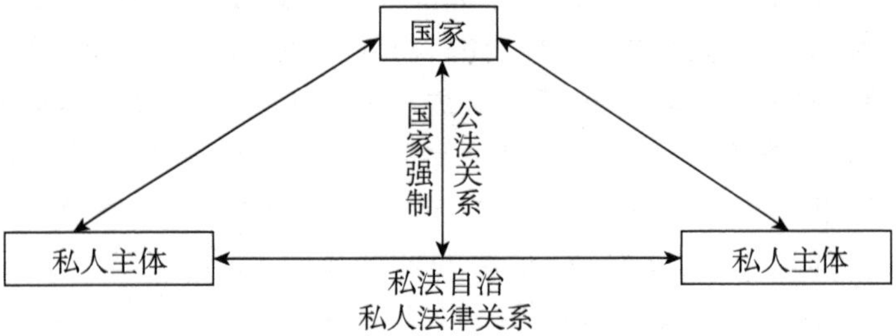

图 1　三角结构关系

---

〔23〕 Vgl. Konrad Hesse, Verfassungsrecht und Privatrecht, 1988, S. 27 ff.; Jürgen Habermas, Faktizität und Geltung, 1994, S. 477 ff.

〔24〕 See Andreas Abegg, *Public-Private Contractual Networks and Third Parties' Rights: The Contracting State as a Challenge for Private Law*, in Gralf-Peter Calliess, Andreas Fischer-Lescano, Dan Wielsch/Peer Zumbansen, eds., Soziologische Jurisprudenz: Festschrift für Gunther Teubner zum 65. Geburtstag, 2009, p. 207 – 214.

〔25〕 参见[日]吉村良一:《从民法角度看公法与私法的交错与互动》,张挺译,载《人大法律评论》2012 年卷第 2 辑·总第 12 辑,法律出版社 2013 年版。

如图1所示,私法体系的异质性部分,使宪法/公法与私法不再是毫无关联的并列,二者之间具有了一定程度上的同质性命题,在主体层面形成了宪法/公法与私法的互动(私人主体—国家—私人主体)。[26] 私法的异质性部分表明,私法的价值基础不仅是以自由主义为根底的结构一元主义,还是一种蕴含了多重价值的结构多元主义,在价值层面形成了宪法/公法与私法的互动(私法自治/自由主义⟺国家强制/干预主义或社会主义)。[27] 干预主义或社会主义的私法模式、宪法的社会宪法属性、以社会为中心的基本权利理论都是为了个人权利能够真正地实现,注重私人自治与社会正义的协调、个体自由与社会共同体秩序之间张力的平衡。

(二)规范结构:私法内在体系的联结性与开放性

从规范结构看,私法体系是内外联结、整体的法律体系,盖可以分为外在体系与内在体系。外在体系是依靠形式逻辑、规则体系建构而成的抽象概念体系,内在体系是由整体法秩序共通的、一般性的价值原则构成的体系。外在体系相对封闭和自足,内在体系相对开放和联结。[28] 以私法内在体系的联结性、开放性为基轴,宪法与私法的关系构造将呈现以下几种类型:

首先,从私法内在体系的基本原理来看,私法和宪法具有共通的基本原则和共同的价值观,如《宪法》和《民法典》都对"社会主义核心价值观"作了规定。从整体上看,私法与宪法共通的价值包括:私人自主自决、个体自由;社会公平正义、国家强制;人格尊严、基本权利价值决定等。在司法实践中,私法自治、契约自由、人的自主性的保障、诉讼地位的确保等,亦被认为属于宪法和私法共通的范畴。基于此,法院能将私法的基本原则和"以国家为中心的权利保障原则"

---

〔26〕 参见[德]约格·诺伊纳:《基本权利对德国私法的影响》,张青波译,载郑永流主编:《法哲学和法社会学论丛》2014年卷·总第19卷,法律出版社2015年版。

〔27〕 See Hanoch Dagan, *Pluralism and Perfectionism in Private Law*, Columbia Law Review, Vol. 112:6, p. 1409 – 1446 (2012).

〔28〕 参见[德]卡尔·拉伦茨:《法学方法论》,陈爱娥译,商务印书馆2003年版,第318、355页。

(state-focused principles)连接起来。[29] 其次,从具体的价值表现来看,私法和宪法都涵盖了自由主义与社会主义的双重价值属性,内含社会公平正义、弱者权利保护等诉求,是价值结构多元主义的反映。最后,从具体权利类型来看,私法和宪法具有共同的保护对象,如财产权、劳动权、社会保障和救助权等自由权或社会权规定。上述三层次的内容不仅是宪法与民法互动的表现,也是私法内在体系联结性、开放性与法秩序统一性的体现。

从民事审判的角度看,私法内在体系的联结性、开放性以及法秩序的统一性包含了一种合体系性解释的要求,即民事审判考虑的不仅是所适用的私法规范,而是整体法秩序的价值理念。在法律规范的层级构造中,基本权利作为最高位阶的基本价值决定,对整体法秩序都具有规范效力。[30] 基本权利是私法内在体系解释与适用的基础性规范:法院一方面须注意宪法与私法在整体法秩序中的效力关联和意义关联,另一方面须顾及基本权利的价值决定对私法规范解释与适用的评价性影响。基本权利与私法内在体系是一种相互影响的诠释构造:光谱上端是基本权利充当了私法内在体系具体化的价值来源,光谱下端是私法内在体系充当了基本权利进入私领域的突破口。基本权利经由私法内在体系的转介与具体化,可为私人主体提供个别化的基本权利保护措施。

(三)制度基础:基本权利的私法保障机制

在民事审判中,基本权利大体存在以下 3 种私法保障机制。

第一,公序良俗型基本权利保障机制。公序良俗包括公共秩序和善良风俗。公共秩序着眼外部社会秩序的规范性,善良风俗则强调市域社会内部价值体系的伦理性。民事法律行为只有在公共秩序与善良风俗所划定的框架范围内,才具有合法性,才有法律效力。在我国的司法实践中,公序良俗主要包括了基本权利、弱者利益、经济社会管理秩序、婚姻家庭秩序、伦理道德等的保护。公序良俗可以作为私人行为是否有效的证明标准,能够成为对私人行为内容或

---

〔29〕 德国对此亦存在相应实践,Vgl. BVerfGE 6, 32 [41]; BVerfGE 8, 274 [328]; BVerfGE 89, 214 [231]。同样的,英国也有相应的实践,see Mosley v. News Group Newspapers Ltd, [2008] EWHC 1777 (QB); ETK v. News Group Newspapers Ltd, [2011] EWCA Civ 439。

〔30〕 参见许瑞超:《德国基本权利第三人效力的整全性解读》,载《苏州大学学报(法学版)》2017 年第 1 期。

法律效力进行司法控制的正当性理据。[31] 从基本权利保护义务的角度看，公共秩序分为基本权利实现型公序和管理秩序维护型公序，基本权利实现型公序是基本权利进入私法领域的效力机制。[32] 基本权利作为客观法的法律内容，主要也是通过这些可以直接主导或干预民事法律关系的强制性和公序良俗性规定而进入私法领域，并对民事主体产生一定的附随性拘束效力。

第二，强制性规定型基本权利保障机制。强制性规定是基本权利的具体保护规范，可分为管理型强制性规定与效力型强制性规定，基本权利需借助效力型强制性规定才能够在私法领域发挥作用。原因在于，管理型强制性规定主要是对法律行为缔结的时间、地点或应采取的方式等外部情况进行规定。违反管理型强制性规定可能导致违法者遭受不利后果，但并没有涉及积极否决私人行为的法律效力。效力型强制性规定则规定了私人主体的法律行为必须满足的条件或私人主体必须、不得或不应从事某种行为，重在对法律行为内容的规制，未满足之将导致行为的无效。[33] 受效力型强制性规定的影响，私法自治具有两个侧面：意思自治、合同形成自由等体现的是私法自治的消极层面，国家有不作为的义务；通过效力性强制性规定来保障另一方私人主体自主自决的实现，体现的是私法自治的积极侧面，国家有积极作为的义务。

第三，保护义务型基本权利保障机制。宪法的私法化和私法秩序的宪法化亦体现在私人主体和国家的义务结构的变化上。

就私人主体的义务结构而言，根据宪法的规定，私人主体的宪法义务不仅包括在“公民—国家”纵向维度下“具有公指向性”的政治性宪法义务，也包括在“公民—社会/集体/其他公民”横向维度下“具有私指向性”的社会性宪法义务。故，我国宪法在规定公民具体基本权利的同时，往往也规定了“任何公民”“任何(个)人”“任何组织”“任何国家机关”等有不得侵犯公民该项基本权利的

---

〔31〕“山东省临沂市人民检察院诉刘某良侵害英雄烈士名誉权案”，山东省临沂市中级人民法院民事判决书，(2019)鲁13民初512号。

〔32〕“窦某等诉葛某确认合同无效纠纷案”，北京市第一中级人民法院民事判决书，(2020)京01民终4157号；“東某晓等诉易居臣信无锡分公司居间合同纠纷案”，江苏省无锡市中级人民法院民事判决书，(2020)苏02民终2816号。

〔33〕“浙江万丰化工有限公司诉中国工商银行股份有限公司绍兴袍江支行等金融借款合同纠纷案”，浙江省绍兴市中级人民法院民事判决书，(2015)浙绍商外终字第30号。

不作为义务。[34] 这种“私指向性”的社会性宪法义务可构成基本权利第三人效力的实践依据。如在“邹某某诉北京大学名誉权纠纷案”中,此案法院就认为,根据宪法规定,不仅言论自由、监督批评权受宪法保护,他人的人格尊严、名誉权也受宪法保护,且“宪法对言论自由、监督批评权作出保护的同时也作出了限制”,故公民的言论自由“应止于对他人合法权利的侵犯”。[35] 从民法的角度看,《民法典》第132条的“民事主体不得滥用民事权利损害国家利益、社会公共利益或者他人合法权益”、第1009条的“……不得违背伦理道德,不得损害公共

〔34〕 我国现行《宪法》蕴含了基本权利与多重义务体系并存、公私相互融合的规范结构,具体包括:《宪法》第10条第4款、第5款规定:“任何组织或者个人不得侵占、买卖或者以其他形式非法转让土地。土地的使用权可以依照法律的规定转让。一切使用土地的组织和个人必须合理地利用土地。”第12条第2款规定:“国家保护社会主义的公共财产。禁止任何组织或者个人用任何手段侵占或者破坏国家的和集体的财产。”第15条第3款规定:“国家依法禁止任何组织或者个人扰乱社会经济秩序。”第18条第1款规定:“中华人民共和国允许外国的企业和其他经济组织或者个人依照中华人民共和国法律的规定在中国投资,同中国的企业或者其他经济组织进行各种形式的经济合作。”第33条第4款规定:“任何公民享有宪法和法律规定的权利,同时必须履行宪法和法律规定的义务。”第36条第2款、第3款规定:“任何国家机关、社会团体和个人不得强制公民信仰宗教或者不信仰宗教,不得歧视信仰宗教的公民和不信仰宗教的公民。国家保护正常的宗教活动。任何人不得利用宗教进行破坏社会秩序、损害公民身体健康、妨碍国家教育制度的活动。”第40条规定:“……任何组织或者个人不得以任何理由侵犯公民的通信自由和通信秘密。”第41条第2款规定:“对于公民的申诉、控告或者检举,有关国家机关必须查清事实,负责处理。任何人不得压制和打击报复。”第42条第1款规定:“中华人民共和国公民有劳动的权利和义务。”第46条第1款规定:“中华人民共和国公民有受教育的权利和义务。”第49条第1款、第2款规定:“夫妻双方有实行计划生育的义务。父母有抚养教育未成年子女的义务,成年子女有赡养扶助父母的义务。”第52条规定:“中华人民共和国公民有维护国家统一和全国各民族团结的义务。”第53条规定:“中华人民共和国公民必须遵守宪法和法律,保守国家秘密,爱护公共财产,遵守劳动纪律,遵守公共秩序,尊重社会公德。”第54条规定:“中华人民共和国公民有维护祖国的安全、荣誉和利益的义务,不得有危害祖国的安全、荣誉和利益的行为。”第55条第2款规定:“依照法律服兵役和参加民兵组织是中华人民共和国公民的光荣义务。”第56条规定:“中华人民共和国公民有依照法律纳税的义务。”

〔35〕 北京市海淀区人民法院民事判决书,(2014)一中民终字第09328号。

利益”等规定,同样表明民事主体在享有民事权利的同时,也须履行一定的社会性义务。

就国家的义务结构而言,宪法的私法化意味着义务结构的水平化。从宪法角度看,根据《宪法》第二章的规定,国家不仅要确保私人主体的基本权利不受其侵犯(消极意义上的尊重义务),还要确保不受其他私人主体的侵犯(水平意义上的保障义务)。消极意义上的尊重义务调整国家和私人主体之间的法律关系,是一种“垂直型的义务结构”;水平意义上的保障义务调整“私人主体—国家—私人主体”之间的三角法律结构,是一种“水平型的义务结构”。从民法角度看,《民法典》中的“……受国家保护”“……受法律平等保护”“……受法律保护”“国家保护……”“……依法予以保护”等规定也都是国家义务结构水平化的体现。在实践中,国家义务结构的水平化,意味着基本权利的水平保障和民事司法的基本权利保护义务是紧密结合的。如在“苏某、陈某生案外人执行异议之诉案”中,针对居住权和普通债权的冲突问题,该案二审法院认为:“从公民基本权利保护和利益平衡的角度,对公民基本居住权利的保护,应当优先于普通债权。”[36]在“聆海公司诉广鹰公司等劳务合同纠纷再审案”中,该案再审法院同样认为,“劳动权,是宪法保障下的劳动者享有劳动权利并在劳动过程中得到基本保障的权利……应当依法优先保护”。[37] 据此观之,《宪法》和《民法典》规定的水平性国家义务,为法院介入私人法律关系提供了规范基础。

从审判角度看,《人民法院组织法》第6条规定了法院的尊重和保障人权义务。在民事领域,法院的尊重和保障人权义务表现为“基本权利的民事司法保护”。对此,也存在相应的司法实践。如在“傅某某诉李某某等土地承包经营权确认纠纷案”中,该案二审法院认为,土地承包经营权是农民受宪法保障的基本人权,“以民事司法的保护方法对受到侵害的土地承包经营权人提供救济,是人民法院审判职能的重要方面”。[38] 在“河南教育报刊社诉维纲中学租赁合同纠纷案”中,该案二审法院也强调,倘若民事审判所针对的法律关系关涉宪法的基本权利保护,法院应妥善处理民事权益与公民基本权利保护之间的关系。[39]

〔36〕 山东省高级人民法院民事判决书,(2018)鲁民终10号。

〔37〕 河南省高级人民法院民事判决书,(2020)豫民再362号。

〔38〕 湖北省孝感市中级人民法院民事判决书,(2018)鄂09民终35号。

〔39〕 河南省郑州市中级人民法院民事判决书,(2019)豫01民终5665号。

由此看来,法院的人权尊重和保障义务是践行基本权利第三人效力的保障机制。

四、基本权利第三人效力的程序法基础

基本权利第三人效力的程序法基础包括民事诉讼程序的宪法化、民事诉讼的公私二元三角法律结构、诉权在民事诉讼中的公私二元结构。

(一)民事诉讼程序的宪法化

公私融合关系不是单纯的描述性概念,而是蕴含了国家积极介入私人领域以保护当事人权益不受他人侵犯的义务性要求,即公私融合关系要求"现代法体系将管理型法和自治型法用作补充措施,通过授权公权力机关监护或者介入社会秩序生活的权能以及私人自主地就法进行相互交涉或者形成组织与关系的权能,来提供促进公私积极进行法活动的范围和指南,增强社会对法的要求的应对能力和敏感度"。为此,公私融合关系对以当事人主义为基础的、以依据一般法规则和形式程序为基轴的民事诉讼法功能提出了质疑,并引发民事司法的改革。[40] 受公私融合关系影响,现代民事诉讼法对民事诉讼程序进行了社会性改造,民事诉讼程序的价值体系呈现结构多元主义的特征。[41] 民事诉讼的有效改革包含当事人诉讼主体地位的保障。在民事诉讼的司法功能上,民事诉讼本质上是一种公共服务,具有强制性特征,个体意志不能改变或规避其适用。在诉讼结构上,民事诉讼程序对自由主义诉讼中的个人主义模式进行了调整,出现了国家照顾和救助的思想。伴随民事诉讼自由主义诉讼模式的调整,当事人主义开始弱化,法官职权主义开始增强,民事诉讼蕴含了实质平等和社会公正的理念。[42] 民事诉讼的社会性改造、政治国家与市域社会的融合转向、以社会为中心的基本权利理论、宪法/公法与私法的相互影响是相对应存在的。

---

〔40〕 参见[日]田中成明:《现代社会与审判:民事诉讼的地位和作用》,郝振江译,北京大学出版社2016年版,第203~204页。

〔41〕 Vgl. Nikolaj Fischer, Zivilverfahrens-und Verfassungsrecht, 2002, S. 5 ff.

〔42〕 参见[德]鲁道夫·瓦瑟尔曼:《社会的民事诉讼——社会法治国家的民事诉讼理论与实践》,载[德]米夏埃尔·施蒂尔纳主编:《德国民事诉讼法学文萃》,赵秀举译,中国政法大学出版社2005年版,第91~97页。

公私融合关系对民事诉讼法的影响,体现为民事诉讼程序的宪法化。从制定依据看,《民事诉讼法》第1条明确规定了民事诉讼法以宪法为制定根据。就内容来看,民事诉讼程序的宪法化包括诉权妥善保护、正当法律程序、辩护权、公正审判等内容。[43] 根据正当法律程序和公正审判的要求,法院必须确保当事人诉讼地位平等地实现。[44] 根据诉权妥善保护和辩护权的要求,法院有保护人格尊严、践行法治国家原则等义务。就具体的功能而言,民事诉讼法除对实体权利进行保护外,还有整体法秩序维护的作用。民事诉讼法的基本权利保障性规定,被看作"被适用的宪法"或"宪法的施行法"。[45] 民事诉讼程序的宪法化使法院在宪法权利的保护上勾画了法治国家的图案,在与诉讼参与人的关系上体现了公平正义、尊重和保障人权等宪法内涵。基本权利的司法保障不仅可以被理解为制度性的,也可以被理解为基本权利宪法功能的一部分。[46] 民事诉讼程序的宪法化,是法秩序作为构成性与宪定性的法秩序、宪法与一般法相互影响在程序法中的体现。

与其他诉讼程序不一样的是,民事诉讼程序是基于民事实体法律关系展开的,具有"意思自治"的属性。这意味着,民事诉讼程序的宪法化是对自由主义诉讼模式的补充,也就是说,唯有在当事人主义造成了诉讼当事人之间结构性不平等、陷入他决的情况下,法院始可借助职权主义进行权衡,且须遵循比例原则。

(二)民事诉讼的公私二元三角法律结构

民事诉讼法律关系是涉及三方主体的法律关系,即诉讼当事人之间以及诉讼当事人与法院之间存在多层的法律关系:第一层关系是诉讼当事人基于私法自治、当事人主义及私人主体平等地位的水平法律关系(私法关系),第二层关

---

[43] 参见许士宦:《民事诉讼上之公正程序请求权》,载李鸿禧教授六秩华诞祝贺论文集编辑委员会主编:《现代国家与宪法》,台北,月旦出版股份有限公司1997年版,第1593~1598页。

[44] BVerfG 52, 131 [156].

[45] BVerfG 55, 1 [6]; BVerfG 7, 275 [279].

[46] 参见[德]埃克哈德·舒曼:《基本法对民事诉讼裁判权的影响》,载[德]米夏埃尔·施蒂尔纳主编:《德国民事诉讼法学文萃》,赵秀举译,中国政法大学出版社2005年版,第433页。

系是诉讼双方当事人同时隶属于法院的垂直法律关系(宪法/公法关系)。[47] 两者的区别是,在私法关系层面,民事诉讼法涉及的是诉讼当事人的私法权利保护问题,诉讼当事人有私法自治、自由处分等权利。在宪法/公法关系层面,民事诉讼法调整的是"诉讼当事人—法院"垂直对应的诉讼法律关系,保护的是诉讼当事人的民事诉讼权利,规范的是法院的司法高权行为。两者的联系是,民事诉讼私法关系的法律争议,是民事诉讼宪法/公法关系展开的基础;民事诉讼宪法/公法关系的有效展开,是民事诉讼私法关系能否得到妥善处理的保证。

与民事诉讼的三角法律结构相类似的是,基本权利第三人效力同样是三角结构关系:(1)基本权利垂直关系:"法院—加害者"涉及的是"消极不干预—主观防御权"垂直关系;"法院—受害者"涉及的是"积极介入保护—保护请求权"垂直关系。(2)基本权利水平关系:"私人主体—私人主体"涉及的是水平对应的私法关系。"诉讼当事人—法院"的民事诉讼宪法/公法关系,与"私人主体—法院"的基本权利垂直关系形成了映照。在诉讼当事人隶属于法院审判权力的情况下,诉讼当事人与法院之间不仅是"诉讼当事人—法院"的民事诉讼宪法/公法关系,还是"基本权利主体—国家公权力主体"的基本权利垂直关系。基于"私人主体—法院"的民事诉讼宪法/公法关系与基本权利垂直关系,法院通过私法规范和判决行为的基本权利取向解释,可实现人民法院尊重和保障人权的义务。基本权利第三人效力涉及法官和诉讼双方当事人的三方关系,是一种结构性效力。[48] 基本权利第三人效力必须在法院和诉讼当事人的垂直关系以及诉讼当事人之间的水平关系中展开。

(三)诉权在民事诉讼中的公私二元结构模式

宪法在民事诉讼的公私二元三角法律结构中的具体实践,要结合诉权的行使方有可能。诉权既是"我国宪法保障的公民基本人权中的实然性权利",也是作为"公民获得司法救济的基本权利",具有宪法位阶、公法、强行性规范、司法

---

〔47〕 参见[意]莫诺 · 卡佩莱蒂:《当事人基本程序保障权与未来的民事诉讼》,徐昕译,法律出版社 2000 年版,第 52 页。

〔48〕 参见许瑞超:《基本权利第三人效力的范畴与本质》,载《交大法学》2021 年第 1 期。

救济与保护、绝对权利等特征。[49] 在民事诉讼中，诉权是公私二元的结构：从性质上看，诉权是民事诉讼宪法/公法关系的实质要素，是一项针对法院行使的宪法性与公法性权利；从功能上看，诉权服务于民事诉讼私法关系的解决，目的是获得正确的民事实体判决，其内容是为保障民事实体权利的实现。[50] 诉权在基本权利第三人效力中的体现是，诉讼当事人有权要求法院对诉请的民事法律基础作出正确的判决。

对于法院来说，一方面，依据诉权之享受法院正确裁判的内容，民事诉讼程序规范的适用会受到基本权利的直接影响，即民事诉讼程序的展开必须有利于基本权利的实现；另一方面，依据诉权之实体权利保护请求的内容，基本权利同样影响了法院对实体规范的适用，即法院对私法规范的适用应作基本权利保护取向的解释。[51] 对于民事诉讼的当事人来说，一项抵触国家尊重和保障人权的民事判决，同样也是侵犯了诉讼当事人之享受法院正确判决的诉权。根据诉权之享受法院正确裁判的内容，法院除确保诉讼当事人程序主体地位的实现外，还有基本权利保护的义务。如在"绿景公司诉俞某、裴某赠与合同纠纷案"中，该案二审法院就认为："维护宪法权威，保障公民的基本权利不受侵犯，是民事诉讼的重要价值追求之一。"[52] 这种凭借民事诉讼宪法/公法关系中的实体权利保护请求权，而实现私人领域基本权利保障的做法，被称为通过法院组织

〔49〕 借助诉权来保护当事人的基本权利在我国司法审判中得到了广泛实践，如"王某生诉被告廖某椿民间借贷纠纷案"，福建省长汀县人民法院民事判决书，(2016)闽0821民初1830号；"陈某诉中施村村委会承包合同纠纷案"，江苏省南通市中级人民法院民事判决书，(2017)苏06民终3557号；"郎某庆等诉中国二十冶集团有限公司等劳务合同纠纷案"，山东省济宁市任城区人民法院民事判决书，(2018)鲁0811民初9295号；"和某功等诉恒茂公司等民间借贷纠纷案"，河南省焦作市中级人民法院民事判决书，(2019)豫08民终5号；"杨某沛诉被告周某香合同纠纷案"，贵州省锦屏县人民法院民事判决书，(2019)黔2628民初538号。

〔50〕 参见[法]亨利·莫图尔斯基：《主观权与诉权》，巢志雄译，载《苏州大学学报(法学版)》2019年第1期。

〔51〕 参见[德]埃克哈德·舒曼：《基本法对民事诉讼裁判权的影响》，载[德]米夏埃尔·施蒂尔纳主编：《德国民事诉讼法学文萃》，赵秀举译，中国政法大学出版社2005年版，第40~53、62~63页。

〔52〕 江苏省淮安市中级人民法院民事判决书，(2018)苏08民终3603号。

和程序的基本权利保护方式,即基本权利保障的程序化。[53] 基本权利保障的程序化使基本权利的保障和具体的诉讼程序紧密地结合在一起。借由诉权公私二元结构模式的司法实践,基本权利作为主观权利的抽象结构,在民事诉讼中被赋予了具体的权能。

此外,诉权在民事诉讼中的公私二元结构模式,亦可将民事诉讼的私法关系和民事诉讼的宪法/公法关系紧密地结合在一起。唯当事人主义仍是民事诉讼的基础,法院依职权对民事诉讼进行干预仍受到私法自治的限制,法院与诉讼当事人之间的垂直关系奠基在诉讼当事人之间的私法关系之上。

五、结　　语

基本权利第三人效力的释义学基础涉及宪制、功能法、实体法、程序法等内容。需要注意的是,释义学基础是为法院裁判提供证成的依据,并非实践的操作规程。法院对基本权利第三人效力应遵循整全性和阶梯性的实践。首先,基本权利第三人效力并非简单等同法院将宪法直接适用到民事个案当中,因为尊重私人自治权利的私法自治理念"同时也体现了限制司法的适度介入的司法导向"。[54] 虽然宪法"对大的方面作出了概括性规定",但"法院处理裁决案件适用的是具体的法律",故法院不能直接援引宪法而认定诉讼当事人的法律行为无效。[55] 民事法院必须妥切权衡上位法效力优先性与下位法适用优先性、私法自治与介入保护之间的张力,斟酌法院和双方私人主体之间的三角法律关系。其次,从裁判原理来看,根据《宪法》第131条的规定,人民法院是依照法律规定行使审判权,这反映在民事领域即法院依照民事法律进行审判。最后,因抽象法律规范与具体个案事实始终有间距,故宪法和民事法律共同构成了法院裁判论证说理的法源,基本权利第三人效力的实践其实是"宪法+民事法律→

[53] 参见[德]沃尔弗拉姆·亨克尔:《程序规范的正当性》,载[德]米夏埃尔·施蒂尔纳主编:《德国民事诉讼法学文萃》,赵秀举译,中国政法大学出版社2005年版,第7~13页。

[54] "魏某诉沧州高新技术产业开发区某庄村村民委员会侵害集体经济组织成员权益纠纷案",河北省沧州市中级人民法院民事判决书,(2018)冀09民终2518号。

[55] "新昌县七星街道五都村民委员会诉浙江省新昌县商贸总公司确认合同效力纠纷案",浙江省新昌县人民法院民事判决书,(2017)浙0624民初10号。

裁判规范⇆个案事实→裁判结论”。基本权利第三人效力是法院在依照民事法律裁判中协调诉讼当事人之间的权利冲突、实现诉讼当事人的基本权利保障，属于合法律裁判中的基本权利保护问题。

公私领域的融合关系虽使宪法与私法二者具备了同质性命题，但二者仍属不同法律领域。宪法作为根本法所包含的价值设定、作为最高法所具有的规范力并非要求法院直接依据宪法进行裁判，而是强调宪法对法院解释与适用法律、法院裁判的拘束力。基本权利第三人效力由垂直效力和水平效力构成：宪法→法院对民事法律解释与适用/法院依照民事法律作出的裁判结论（垂直效力）→诉讼当事人（水平效力）。法院对基本权利第三人效力的实践必须作双阶判断，即在判断具有“社会权力”“经济权力”属性的“私权力行为”是否属于私法自治容许的范围时，不能将目光局限于私法规范本身的价值判断（第一阶段判断），而应同时兼顾整体法秩序的一致性，特别应当重视政治国家与市域社会的融合关系及“国家宪法”与“社会宪法”的复合模式、以社会为中心的基本权利理论、私法的社会性与公法性规定、民事诉讼公私二元架构等对私法规范解释与适用的影响（第二阶段判断）。

The Doctrinal Foundation of Third-Party Effect of Fundamental Rights

Xu RuiChao

Abstract: The doctrinal foundation of third-party effect of fundamental rights is not a single structure, but a multi-layered structure. The integration of political state and civil society, as well as the compound mode of national constitution and social constitution, constitute the constitutional basis of third-party effect of fundamental rights. The inclusion and exclusion, payment and benefit functions of the fundamental rights are the functional law foundation for third-party effect of fundamental rights. The social and mandatory provisions of private law, the identity of constitution and private law, and the coherence and openness of the internal system of private law constitute the substantive law basis for third-party effect of fundamental rights. The constitutionalisation of civil proceedings, the triangular legal structure of civil litigation, and the public-private dual structure of right of action are the basis of procedural law for third-party effect of fundamental rights. Third-party effect of fundamental rights focuses on the idea of a societal constitutionalism and a constitutionalisation without the state, aiming at dissolving the structural injustice of the society and guaranteeing the realization of the rights of the vulnerable groups. Third-party effect of fundamental rights has the complex nature of multiple legal relationships and the unity of multiple legal subjects, which is a comprehensive practice.

Key words: Doctrinal foundation; Public-Private integration; Societal constitutionalism; Inclusionary and exclusionary functions; Triangular legal structure

“青鹰”专栏

在流行中消解:大众文化对全民守法的塑造机制*

韩尚宜**

内容摘要:

在全民守法的宏观背景下,法律意识研究需超越微观行动情景,建立与大众文化相融的理论结构。规范性的合法性认同与价值性的守法道德观念是守法意识内涵的双重面向,在大众文化场域中展开为"法律价值积累与意义选择""法律意识形态与集体无意识""法律精英与法盲"3组关系,塑造了作为感觉结构的守法意识模式。大众法律文化是从守法观察法治的独特视域窗口,其所遵循的创造性破坏机制,有助于理解现代社会中法律意识"在流行中消解"的悖论式特征,为普法、法律意识和法律传播等相关经验研究与中国法治实践提供一个新的思考框架。

关键词:

守法　法律意识　大众文化　法律文化　普法

一、问题的提出

"全民守法"是实现依法治国的基本要求,是中国法治的基石。[1] 解释守法现象,总结守法规律,构建守法理论,对守法进行有针对性和系统性的研究,

---

* 中国人民大学科学研究基金(中央高校基本科研业务费专项资金资助)项目成果,23XNH021,全民守法的社会文化塑造机制研究。

** 中国人民大学法学院博士研究生。

〔1〕 参见刘爱龙:《全民守法是法治中国的基石》,载《苏州大学学报(哲学社会科学版)》2015年第1期。

是近年来法学界的一种趋势。全民守法的核心,在于大众普遍树立遵守法律的态度。基于这一背景,守法研究需要围绕尊法信法的塑造机制,分析守法意识的构成要素及价值基础,解释守法意识生成、维系与发展的多元影响因素,以此为守法意识的培养提供可行方案。

研究守法意识有多种向度,但对中国法治发展来说,从在法律之外、以物质化媒介为形式的大众文化角度切入相关论题、则具有更重要的理论与实践意义。因为,守法意识塑造之讨论不能脱离法律传播,而法律传播本身有赖大众文化场域。例如,党的十八届四中全会公报指出,"增强全民法治观念,推进法治社会建设""使尊法守法成为全体人民共同追求和自觉行动""使全体人民都成为社会主义法治的忠实崇尚者、自觉遵守者、坚定捍卫者";党的十九大报告指出,"提高全民族法治素养""加大全民普法力度,建设社会主义法治文化""强化社会责任意识、规则意识";中共中央印发的《法治社会建设实施纲要(2020—2025年)》指出,"推动全社会增强法治观念",需要"丰富法治文化产品,培育法治文化精品,扩大法治文化的覆盖面和影响力""健全媒体公益普法制度,引导报社、电台、电视台、网站、融媒体中心等媒体自觉履行普法责任"。上述纲领性文件都体现了国家倡导守法意识塑造与大众文化相互交融的政策导向,对守法意识和大众文化间关系进行解读并由此构建一种融贯二者的理论就显得十分必要。

基于此,本文将致力构建大众文化场域中守法意识的理论结构,阐发大众法律文化塑造法律意识的一般机制,在整理与评述国内外守法意识研究和大众法律文化研究的基础上,以期为该领域更具体的经验分析提供认知框架。首先,笔者将对守法意识展开意涵解读,指出其内在面向间的相互作用;其次,讨论守法意识与大众文化的互动关系,建构大众文化场域中的守法意识理论,在该部分,笔者将会把对大众文化之界定详尽地融入相关论证中;最后,统合守法与大众文化双重视域,阐发大众法律文化的复合作用机制,并将其扩展到其他法治实践领域。

二、规范性与价值性:守法意识的双重面孔

(一)守法意识的合法性维度

守法意识最直观的意义面向,展现为某种功利主义的认知态度:守法可以

是对遵守法律或违背法律后果的一种利益大小的估计或预测。法律经济学在守法研究中运用的"成本—收益"分析框架是其理论阐发的代表,美国经济学家贝克发展了功利主义的守法理论,提出了守法的惩罚威慑模型:人们以利益最大化为目的并可以通过理性计算来规避损失和获取收益。因此,只有当法律带来更多利益时才会服从,反之将会违法。提高惩罚严厉程度和执法效率,将有助于促进守法。[2] 这一观点,在我国的守法研究中也有部分理论响应,即认为守法意识在利益衡量中生成,法的惩罚威慑力直接影响了公民遵守法律的一般态度。宋湘琦、巩固等人则在守法的"成本—收益"理论基础上,进一步指出,通过法律制裁,提高违法成本并不能形成守法意识,调动守法积极性需要从正面进行守法激励,降低守法成本,在守法激励中培养守法意识。[3] 但随着现代经济学理论的发展,尤其是行为经济学对"理性人"假设的质疑,功利主义的守法意识观点在实践中很难得到证成。埃里克·波斯纳(Eric Posner)的研究指出,"成本—收益"分析不能在经验研究上确证当提高执法与司法成本时必然提升守法率,人们守法意识也并非与法律的严苛制裁或者守法激励成正比。[4] 伍德志则基于实验经济学的研究进路发现,守法意识中具有超越自利动机之外的公平偏好,这种非理性的直觉情感出于对其他人也都能够平等守法的期待与信任,而非出于对守法成本和收益的理性计算。其认为,守法意识的生成不能仅靠对公众进行理性说教,而是要建立公民对于社会体制和财富分配的公平感,这需要基于法治实践的不断磨合以及对公众正义直觉的准确把握。[5]

功利主义观点在法律与社会科学跨学科研究中的另一种发挥,与法律社会学用以阐释守法意识的工具主义范式有密切关联。守法研究中的工具主义范式假定法律系统能够提供一种绝对外在于个人的权威工具,而且对所有人都会

---

[2] 参见王凌皞、葛岩、秦裕林:《多学科视角下的守法行为研究——兼论自动守法中的高效认知界面优化》,载《浙江社会科学》2015 年第 8 期。

[3] 参见宋湘琦:《守法激励的经济分析》,载《社会科学战线》2014 年第 12 期;巩固:《守法激励视角中的〈环境保护法〉修订与适用》,载《华东政法大学学报》2014 年第 3 期。

[4] See Eric Posner, *Law and Social Norms: The Case of Tax Compliance*, Virginia Law Review, Vol. 86, p. 1781 – 1819 (2000).

[5] 参见伍德志:《守法行为中的公平偏好:基于实验经济学的启示》,载《法制与社会发展》2019 年第 6 期。

具有同样的效力。法律的工具性控制功能和威慑力量是个人服从法律权威、遵守法律的动因。法律能够提供惩罚和奖励机制,使人们从遵守法律的行为中获得收益,而违反法律规则的行为则要遭受惩罚。[6] 但是,这一研究进路却不能有力地解释同样的工具性法律措施为何对不同的守法主体会产生不同的守法效果:有些人并不因为奖励而更加遵守法律,有些人亦不因为惩罚而选择放弃违法,法律的工具性权威仍然未能涵盖守法意识的多样化表达。

单纯的功利主义或工具主义守法意识理论无法准确揭示守法意识的核心内涵,这使进一步研究有必要将关注点聚焦守法的规范内化。所谓规范内化,主要强调负有遵守法律义务的主体,不将这种守法义务当作基于强迫不得不进行的行为,或当作一种功利主义的后果衡量,主体服从法律不是出于心理恐惧、现实压迫或利益获取。

规范内化范式从守法行为与守法意识之间的内在联系视角来理解人们为何要遵守法律。法律规则的权威性及其对个人的服从程度的影响,并非取决于规则本身的特点和功能,而是取决于人们对待规则的主观认识态度。[7] 美国学者汤姆·R.泰勒(Tom Taylor)在对芝加哥地区居民守法意识展开社会调查的基础上进行研究,他认为,功利主义的威慑因素对守法意识的影响十分有限,非功利主义的、对法律的合法性的认同,尤其是对程序正当性的认同才是影响守法意识的最主要因素。[8] 冯仕政认为,中国人的法律服从基本上是规范性的,但规范性服从背后蕴含强烈的工具性动机。[9] 陆益龙在研究影响中国农民守法行为的因素时,对守法研究的工具主义范式与规范内化范式进行了综合性讨论,其认为法律工具性因素和行动者主观因素对守法意识的作用是一致的,而不应该将其中一类因素置于另一类的对立状态,现实中这些因素共同作

---

[6] 参见陆益龙:《影响农民的守法行为的因素分析——对两种范式的实证检验》,载《中国人民大学学报》2005年第4期。

[7] 参见陆益龙:《影响农民的守法行为的因素分析——对两种范式的实证检验》,载《中国人民大学学报》2005年第4期。

[8] 参见[美]汤姆·R.泰勒:《人们为什么遵守法律》,黄永译,中国法制出版社2015年版,第277~306页。

[9] 参见冯仕政:《法社会学:法律服从与法律正义——关于中国人法律意识的实证研究》,载《江海学刊》2003年第4期。

用于人们的选择。〔10〕

规范内化揭示了法律服从的一般规律：主体的守法行为基于对法律的内在认同，无论内在认同来源先天、习惯、教育、与法律系统打交道的亲身经历还是对公平正义的理性期待，其核心都在于承认法律作为正当性行为的标准、法律系统具有至高无上的权威性。对法律权威的拥护要求守法主体对法律义务进行规范性认同，肯定法律的合法性。

（二）守法意识的道德维度

规范内化固然在分析守法问题时具有一定的说服力，但仅从规范性视角解读守法行为，仍不能有效解释守法意识的多样性。例如，规范内化无法证实内在观点对于任何守法情景都普遍有效，有的守法主体即使在大部分法律实践中认可法律合法性，但是也并不能排除其在特定情形下放弃规范性观点。毋宁说，规范内化作为一种理想意义上的守法意识而存在，它并不能完全替代守法意识中的工具主义倾向、功利主义衡量、感性心理认知与个人经历因素。守法意识并不仅有规范意义上、去个性化的内在认同这一个面向，它还在具体的守法实践中伴随守法主体的主观体验与情感认知进行着微观调整。从法律社会学的研究成果来看，规范性守法意识的调整往往与个体的主观判断相联系，能够强化或者弱化守法意识中合法性认同的内在面向。

就个体的主观判断与规范性守法观点相一致的层面来说，李娜在对建筑工人守法行为的实证研究中指出，建筑工人注重自身安全保护因此遵守规则，守法意识深受私人主导性的价值观影响，当法律与个人的内在伦理道德相一致时，个人会更容易地表现出自觉的守法状态。〔11〕她的研究表明，个体在合法性认同之外还存在对法律的道德伦理认同，当二者相互契合时就会体现出和谐一致的守法意识，个人道德内化于规范认同中。就守法意识的道德意涵来看，川岛武宜认为，这类守法意识实际是守法精神的体现，其认为守法精神包括公民的主体性意识和建立在价值合法化基础上的自发的守法动机两个方面。“近代

〔10〕 参见陆益龙：《影响农民的守法行为的因素分析——对两种范式的实证检验》，载《中国人民大学学报》2005 年第 4 期。

〔11〕 参见李娜：《守法作为一种个体性的选择——基于对建筑工人安全守法行为的实证研究》，载《思想战线》2015 年第 6 期。

法意识最根本的基础因素是主体性意识”,[12]守法意识包括对法的价值的高度认同。

就个体的主观判断与规范性观点相矛盾的层面来说,冯晶运用政治学中的支持理论实证分析了我国民事诉讼当事人的法律意识。她将当事人对司法的信赖分为“普遍支持”和“特定支持”两个维度,并由此区分了“门外汉”和“入门者”两类当事人类型:前者不信赖法院的根本原因在于,其法律意识与司法制度间存在巨大的矛盾冲突;后者的法律意识则产生于特定的法律情境中,只在意具体案件的审判质量。不同的支持类型会影响当事人遵循法律程序的具体行为。[13] 这项研究对界定守法意识内涵的启发在于,具有“普遍支持”法律意识的主体对法律系统整体持有合法性认同的观点,但由于其自身的司法经历等个性化原因会使该主体对具体的法律机构削弱或丧失“特定支持”,但这并没有影响他对法律整体的规范性看法。而那些连“普遍支持”都不具有的主体,其个人价值观与法律系统存在矛盾。支持理论表明,合法性认同并不能确保守法主体在具体的法律情境中都坚持规范性观点:就算主体认同法律的合法性,也无法承诺在个人价值判断上始终支持法律;规范内化的守法观点可能与个性化的守法意识相反但却共存,甚至还会出现个人价值观否定法律合法性的情形。

在对守法意识的规范内化范式进行系统性变革的研究中,美国法律社会学的安赫斯特学派开创的“日常生活中的法律”研究最具代表性,其理论背景根植于美国法律与社会科学研究在 20 世纪 80 年代的“文化转向”,研究重点在于关注普通人的法律意识。[14] 该学派认为,法律意识是一个建构性的过程,它并不发生于国家正式的法律系统内部,而是源自普通人日常生活中具有法律性意义的文化实践,主体在参与法律实践展现法律意识的同时也赋予了法律意识新的意义。该学派代表人物帕特里夏 · 尤伊克(Patricia Ewick)和苏珊 · S. 西尔贝(Susan S. Silbey)的研究采用了一种名为“法律性”的诠释框架,“作为一种社会

---

[12] [日]川岛武宜:《现代化与法》,申政武等译,中国政法大学出版社 1994 年版,第 53 页。

[13] 参见冯晶:《支持理论下民事诉讼当事人法律意识的实证研究》,载《法学研究》2020 年第 1 期。

[14] 参见刘思达:《美国“法律与社会运动”的兴起与批判——兼议中国社科法学的未来走向》,载《交大法学》2016 年第 1 期。

互动的构成成分",法律性"包含了多样的情形,正是在这些情形中法律得以呈现,同时,法律还促成结构的形成。因为法律性嵌入于日常行为,并从日常行为中表现出来,它的意义和运用与其他一些平常现象,特别是科层制、游戏或'勉强应付'等现象产生了共鸣"。〔15〕她们的研究结果表明,现实生活中人们的法律意识具有多元性,人们对待法律的态度可以是:敬畏法律、利用法律与对抗法律。〔16〕

萨利·安格尔·梅丽(Sally Engle Merry)通过对美国3个基层法院的调解工作的实证研究指出,在诉讼中的社会底层人群不仅使用法律话语,而且还同时运用道德话语和治疗话语等其他话语资源,法律意识不仅是一个表示如何理解法律的认知概念,它还在多元的意义建构中不断被塑造与实践。〔17〕安赫斯特学派具有文化人类学色彩的法律意识实证研究表明,单纯的规范性法律意识理论框架忽视了主体在法律实践中主动创造意义的积极面向,没有将法律意识理解为一个社会建构的过程。因此,规范内化范式虽然揭示了法律意识的普遍面向,但却无法发现法律意识的多元性。传统守法的实证研究运用的解释理论呈现某种单调性,而"日常生活中的法律"研究则具有包容不同法律意识的"复调"特色。即使规范性的守法意识代表对法律权威的服从,需要被守法社会普遍接纳,但法治建设者也不应当忽视个人体验与价值判断在道德观念维度对规范性守法意识的建构作用与消解效果。

(三)现有守法意识理论的结构关联与缺失

守法意识的规范性与价值性意涵,不是非此即彼的选择关系,而是内在于守法意识的有机整体,可以相互促进,也可能互相制约,体现出两者在守法目标、环境和主体上的关联性。

第一,建构了守法目标的理想与现实。心理学家科尔伯格认为,守法意识与道德发展模式同步:人类在前习俗水平时,没有真正理解社会规则,无法真正

〔15〕[美]帕特里夏·尤伊克、[美]苏珊·S.西尔贝:《日常生活与法律》,陆益龙译,商务印书馆2015年版,第35页。

〔16〕参见[美]帕特里夏·尤伊克、[美]苏珊·S.西尔贝:《日常生活与法律》,陆益龙译,商务印书馆2015年版,第83~258页。

〔17〕参见[美]萨利·安格尔·梅丽:《诉讼的话语:生活在美国社会底层人的法律意识》,郭星华等译,北京大学出版社2007年版,第291页。

遵守法律。“法律是一种由警察强制实行的东西,所以遵守法律的理由是为了不受处罚。”在习俗水平,守法意识是对规则的内化,认识到法律为公共利益以及守法被认为是正确的。在后习俗水平,守法意识是一种基于对法律在符合社会道德要求前提下的接受态度。〔18〕 由此可见,从“守法意识的规范性意涵”到“守法意识的价值性意涵”再到“守法意识规范意涵与价值意涵的契合”,组成一个“正—反—合”的辩证逻辑链,最终达致守法意识的高阶形态。但就现实而言,个人道德观点时常与规范性守法意识发生冲突,守法研究在法理意义上的学术任务就包含揭示个人道德判断在何种意义上整体或部分遮蔽了合法性认同的理想维度,及其诱因和作用机制。

第二,涵括了守法环境的国家与社会。以规范性观点为核心的法律性在与个人体验的互动中发挥着意义传递与文化宰制的作用,同时也面临日常生活经验的挑战。在“反抗法律”的意识中,“社会边缘性与反霸权意识相联系”,“当人们看到自己的经历和需要不能在法律中得以反映,或是发现法律补救措施不可获得、无法帮助或不可靠时,他们就会转而运用其他手段,如我们已描述过的反抗行动”。〔19〕 泰勒也观察到了守法意识意涵内在的权力冲突与竞争,他指出:“不像合法性那样,个人的道德价值观有时候是把‘双刃剑’。有时候它与政府机构的指令是一致的,因此有利于促使人们遵守法律;但有时候,它也可能会引导人们去抵制法律,抵制法律当局。”通过守法意识定义中规范性与价值性的概念张力,能够清晰地发现守法意识嵌入在一个权力关系纵横交织的守法环境网络之中,其规范性意涵表征自上而下地法律文化控制过程,而价值性的守法道德观念则体现了自下而上的法律文化理解或反抗的过程,两者相互构建组成了守法意识的实践情景。

第三,描述了守法主体的信仰与背离。从守法意识的规范角度来看,在理想的全民守法状态下,全社会的守法主体秉持统一的合法性认同观点,将法律服从当作一种普遍的伦理义务。守法主体将个人意识融入规范观点中,呈现与其他守法主体的思维共性。这个意义上,守法主体是“抽象主体”,并不能创造

---

〔18〕 参见[美]L. 科尔伯格:《道德发展心理学:道德阶段的本质与确证》,郭本禹等译,华东师范大学出版社 2004 年版,第 168 页。

〔19〕 [美]帕特里夏 · 尤伊克、[美]苏珊 · S. 西尔贝:《日常生活与法律》,陆益龙译,商务印书馆 2015 年版,第 335 ~ 339 页。

新的法律意义,其是普遍法律文化的信仰者,是国家法律意义的承载符号。从守法意识的价值角度分析,守法主体则走出了规范性法律服从的普遍意义之网,其在自我道德观念的指引下构建具有个性化色彩的法律意识,不再作为被规训者被动信仰法律。

守法意识的二重面向和其3组张力如何能够被统一安置在一种阐释性要素(或者是理论、方法等)中,是其知识生产面临的重要议题。因为这一要素必然既能够揭示法律意识的宏观社会面向,又能够深入微观变化的法律情感领域;既能够引入人文理论分析法律意义所寄托的媒介与符号化艺术要素,又能够兼顾法律意识实证分析应用到的社会科学理论资源,提出合理的描述性机制。这种理论整合的努力,集中体现在法律与认知科学的研究,试图将"依照规则"的强制性守法与"遵守规则"的自愿性守法统一于建立高效认知界面的方案中。[20] 然而,守法意识的塑造亦有其教化、文化与道德的维度。[21] 法律与认知科学统一守法研究的方法论努力,只能说是在实然层面的一种初步尝试,对守法何以作为一种公众性的文化认同缺乏相应解释力。法律合法性认同以及个人守法道德观的塑造,与社会文化环境紧密相关,应当在最具影响力的现代文化场域中重构守法意识的理论结构。

三、感觉间的张力:大众文化对守法意识的结构再创

劳伦斯·M.弗里德曼(Lawrence M. Friedman)指出,在法律系统外寻找影响法律运行因素的相关研究,其关注视角往往是"行为主义"的,即在于阐发某种外部环境通过某种作用机制影响某一具体主体,从而向法律系统发挥某种作用,将对主体的"行为"分析作为方法立场,而可能忽视了法律与外部因素勾连起来的中间环节与过程机制。在他看来,是法律文化表达了这种"中介联系"——社会的变化影响人们思想与情感的塑造模式,从而产生对法律新的理解与实践表达,法律文化居于社会变革与法律更新的枢纽。他认为,这一意义

---

〔20〕 参见王凌皞、葛岩、秦裕林:《多学科视角下的守法行为研究——兼论自动守法中的高效认知界面优化》,载《浙江社会科学》2015年第8期。

〔21〕 参见李娜:《守法社会的建设:内涵、机理与路径探讨》,载《法学家》2018年第5期。

上的法律文化,其实就是指广义的大众法律文化(包括大众法律意识),“它不是法理学家或法学教授有意识的理论概括,它是与法律制度相互作用的人们的见解,例如非专业人员、银行家、商人、警察、要离婚的妇女等人的见解”。[22] 这种“见解”是大众法律意识的表达形式,大众法律文化研究则是要揭示它在社会中形成与传输的机制。[23]

本文中,与守法意识塑造相互勾连的大众文化是狭义上、非观念化的、具有明确物质载体的文化形态,即一种影响法律意识塑造的外部文化因素,表现为承载法律意义、广泛散布于日常生活中的大众文化产品,是法律在其正式运作系统之外的符号化实践表达。可称其为大众文化中的法律(law in popular culture)。大众文化在自身特点的基础上,与守法意识的内涵与概念张力产生内在的、密切的、现实的关联性,重构了全民守法意识的理论结构。

(一)大众文化进入守法意识的路径

第一,大众文化的传播特征引导了守法意识的目标选择。任何文化都有其借以表达的符号化、物质化形式。大众文化在这个意义上体现为由具有商业性的工业化、信息化生产模式创造并借助现代传播媒介流通的庞大规模的消费产品。[24] “机械复制时代的艺术品”,[25] 电视节目、电影、流行音乐、通俗小说、互联网等文化媒介共同体现出大众文化的市场属性,其传播特点在于能够短时期内大量扩张和迅速蔓延,并渗透到日常生活的各个领域。[26] 弗里德曼敏锐地指出,当代社会中真正无处不在的普遍现象有两种:第一种是法律;第二种是大众文化。“法律毕竟不直接影响公民的行为,影响其行为的只是大众传播媒介

---

〔22〕 [美]劳伦斯 · M. 弗里德曼:《法律,法律家和大众文化》,刘慈忠译,载《环球法律评论》1990 年第 2 期。

〔23〕 参见[美]理查德 · K. 舍温:《大众文化中的法律》,赖骏楠译,载[美]奥斯汀 · 萨拉特编:《布莱克维尔法律与社会指南》,北京大学出版社 2011 年版。

〔24〕 参见邹广文:《当代中国大众文化及其生成背景》,载《清华大学学报(哲学社会科学版)》2001 年第 2 期。

〔25〕 [德]瓦尔特 · 本雅明:《机械复制时代的艺术作品》,载汉娜 · 阿伦特编:《启迪:本雅明文选》,张旭东、王斑译,生活 · 读书 · 新知三联书店 2014 年版。

〔26〕 参见邹广文:《当代中国大众文化及其生成背景》,载《清华大学学报(哲学社会科学版)》2001 年第 2 期。

传送的信息"。[27] 法律并非自治的,法律与大众文化的界限极易穿透,[28]人们从大众文化中获取法律的象征符号。作为全民守法的规范性理想目标,内在于守法意识的合法性认同,与法律权威的树立密切关联。"法律的权威源自人民的内心拥护和真诚信仰",[29]守法信仰的塑造是一个历时性的意义沉淀过程。合法性认同之所以能够成为守法主体的信念,不仅因其作为守法主体法律参与中获得公平感的持久经验被固定下来,更在于它符合人们稳定的文化体验。合法性能够成为广泛的持续的社会文化认同,说明法律权威被大众习惯性接受。

但在大众文化场域,汤姆·R. 泰勒和里克·特林克纳(Rick Trinkner)以人类幼年和青年群体为研究对象,对生命历程中守法信念社会化的描述——那种聚焦价值观教育与代际传递的守法道德的习得过程,[30]已经不能完整解释当代守法意识塑造的文化或传播机制。传播技术的长足发展,终结了传统法律文化的封闭状态,各类信息的爆炸性扩散使文化意义的传递具有极强的流动性,多元化的生产、消费方式与广阔的选择空间令每个人的生活体验都极具个性因素。大众社会中,法律的增长与人格主义的增长相互冲突但却同生共存。[31]作为守法意识理想意涵的合法性认同,在与个人守法道德观念的契合过程中,不再以一种垂直式的权威降临,而是要面对大众文化场域中诸多流行价值观念的挑战。理想意义的规范性守法观点,并不能保持自身的"纯粹性",它也参与到大众文化的意义传输过程中,并与现实中带有工具性的守法观点以及个人守法道德观念互相建构,被扩大影响或被遮蔽意涵。由此可见,那种守法意识"层累的"、历时性的信念塑造模式,在大众文化共时性存在的规模庞大的文化产品

[27] [美]劳伦斯·M. 弗里德曼:《法律,法律家和大众文化》,刘慈忠译,载《环球法律评论》1990年第2期。

[28] 参见[美]理查德·K. 舍温:《大众文化中的法律》,赖骏楠译,载[美]奥斯汀·萨拉特编:《布莱克维尔法律与社会指南》,北京大学出版社2011年版。

[29] 《中共中央关于全面推进依法治国若干重大问题的决定》,2014年10月23日中国共产党第十八届中央委员会第四次全体会议通过。

[30] 参见[美]汤姆·R. 泰勒、[美]里克·特林克纳:《孩子为什么遵守规则:法律社会化与合法性发展》,雷槟硕译,上海三联书店2020年版,第63~83页。

[31] 参见[美]弗里德曼:《选择的共和国法律、权威与文化》,高鸿钧等译,清华大学出版社2005年版,第13页。

与意义符号中,变得不再那么有稳定感。法律权威被大众文化平行化了,“现代国家仰赖法律的权威,而法律仰赖个人选择的权威”。[32] 当合法性的意义体认掌握在具有个性化体验的群体和普通大众手中,守法意识的塑造,就从规范性导向很强的法律宣教转向多元意义共存的文化选择。法律文化中的“选择的共和国”,揭示了守法意识的产生与发展处于一个价值缠绕的文化场域,守法意识的理想与现实、规范性与工具性间的张力在大众文化的传播机制中不断地经由选择与沉淀,并被塑造为当代守法文化。

第二,大众文化的意义背景参与了守法意识的环境塑造。大众文化所表征的是面向世俗生活的、满足平均化了的大众消费需求、具有极强的时效性与娱乐性的文化模式。其通俗的表现形式与疏远主流价值的传播内容,构成了市民文化的“现代版本”。[33] 就大众文化的意义背景看,其与国家权力为主导的意识形态有不相容之处,但由于大众文化广泛的传播效果与文化影响力,这一文化场域往往有国家的强势参与。国家意志浸入大众文化生产、消费的各个环节,并潜移默化地改造着文化意义的传播形式。在我国的守法建设中,普法运动可以说是国家争夺大众文化控制权最鲜明的例子。法律的普及不仅是知识的扩散,更伴随国家权力下沉过程中法律意识形态的支配扩大。守法意识中合法性认同的树立,不仅带有前述规范性的理想意义,更带有对意识形态权威的服从属性。

然而,大众文化场域的意义传输并不局限于官方的宣教,同时更多体现了市域社会的文化特点。去意识形态乃至反意识形态的文化意义在大众文化场域中诱导受众并破坏守法意识。大量违法行为受到大众文化中娱乐、消费等价值观的深刻影响:部分暴力犯罪尤其是青少年犯罪与其日常接触的电子游戏、视听产品的文化导向不无关系;[34] 人肉搜索、污蔑诽谤、隐私侵犯、经济诈骗等与以互联网为代表的大众文化场域密切相连的违法行为向来是社会治理的难

---

〔32〕 [美]弗里德曼:《选择的共和国法律、权威与文化》,高鸿钧等译,清华大学出版社 2005 年版,第 47 页。

〔33〕 参见邹广文:《当代中国大众文化及其生成背景》,载《清华大学学报(哲学社会科学版)》2001 年第 2 期。

〔34〕 参见刘亚娜、高英彤:《青少年沉迷网络游戏及引发犯罪的实证研究与应对机制》,载《山东大学学报(哲学社会科学版)》2020 年第 3 期。

题;流行传播媒介中传递的大众化了的无政府主义、情绪性民主、民族主义思潮更是成为诸多群体性、突发性公共违法事件的思想诱因,[35]以及受大众文化影响的日常违法行为的从众心理,都表现官方主流文化倡导的守法意识,在面对大众文化时会显现不甚理想的宣教效果。如果说大众文化推广了作为意识形态的守法意识,那么大众文化也从反面塑造并传递着某种偏离法律的集体无意识,构成对法律文化宰制的抵抗。根植于现代市域社会的消费化、娱乐化、利己化的文化因素,被大众传播媒介流布为异于主流规范观点的守法道德观念,这种文化心理体现了守法意识塑造中内在的权力冲突。这一影响守法意识塑造的文化权力冲突,安东尼奥·葛兰西(Antonio Gramsci)的"文化霸权"理论这样阐释:大众文化是一个支配与反对、收编与抵抗共存的文化场域,由统治者获取霸权的文化宰制与被统治者抵抗霸权的斗争有机组成。[36] 它既不完全是统治者意识形态的某种通俗宣传工具(如普法运动),也不是一种有意识、有组织的自发文化抗争,而是一个动态性的文化谈判与斗争的开放领域。来自合法性认同和个体守法道德观任何一个方向的力量都会影响守法意识,这种内在于守法意识中意识形态与集体无意识的斗争张力体现了守法的文化环境,大众文化场域中的守法意识塑造是多种文化权力反复较量的复杂过程。

第三,大众文化的受众建构了守法意识的主体。大众文化旨在满足普通人日常生活中的感觉愉悦,鲜明的娱乐化刺激与商品欲望的群体性满足特点,使大众文化指向与高雅文化相背离的"通俗(庸俗)文化"。大众文化的受众不是具有特定知识技能或者身份地位的精英阶层,而是普遍同质化了的大众。大众文化是与精英文化相对立的群氓文化(mass culture),[37]同时也是与高雅文化相区别的通俗(庸俗)文化。在大众文化场域中,守法主体也被进行着微妙区

---

[35] 参见马长山:《网络公民与守法精神》,载《苏州大学学报(哲学社会科学版)》2015年第1期。

[36] 参见[意]安东尼奥·葛兰西:《狱中札记》,曹雷雨、姜丽、张跣译,河南大学出版社2014年版,第8~13页;罗钢、刘象愚主编:《文化研究读本》,中国社会科学出版社2000年版,"总序"第17页。

[37] "群氓文化"是文化研究中利维斯主义的理论立场,这一流派的研究者普遍认为"文化是少数人的专利",参见[英]约翰·斯道雷:《文化理论与大众文化导论》,常江译,北京大学出版社2019年版,第9~10、28~35页。

分。一方面是由大众文化创造出的“法盲”,另一方面是借助大众文化普及法律的“法律人”。前者体现的文化主体特征被文化研究者描述为“堕落的多数”,后者则是“文明的少数”。〔38〕如果说所谓法治或普法的“群众路线”和“法盲法理学”,是为了开拓一种本土化、赋予“法盲”主体参与意义、“接地气”与“草根化”的法律意识建设方案,〔39〕那么其所达致的法律意识目标毋宁说仍是精英式的法律“认同”及“信仰”。从“法盲”到自觉的守法主体,守法意识的关键改变在于接受了法律的合法性权威。那种在大众文化中塑造或在大众法律文化中表达的、个性化及多样化的法律意识因素需要被规范性观点统合,形成法治社会极为推崇的“法律信仰”。

每个规范内化了的守法主体都将成为“守法模范”,并代表超越了大众法律文化的法律精英文化。法律以其客观中立的现实立场与表达公平正义的价值追求,与高雅文化、精英意识有天然的亲和性。〔40〕然而“法盲”的这种法律知识或守法价值观的提升,并不是受高雅文化与精英文化的单向熏陶而形成的,广泛的守法主体作为法律合法性认同的普遍“信仰者”,恰恰是从“通俗文化”的体悟中获取法律经验的,这也体现了守法意识塑造机制的某种悖论。大众法律文化研究学者安东尼 · 蔡司(Anthony Chase)指出,“大众文化的中心矛盾在于,它同时能够取得与高级文化同等的政治明晰性和艺术成就”。〔41〕大众文化并不创造对法律的信仰,它只是在用通俗方式传播法律信仰。无论是源于国家教化还是自由创作,守法意识中规范性观点的严肃性或神圣性,在大众文化的娱乐化、商业化包装下,都会体现出对法律意义的“再创造”。在大众消费文化产品的过程中,这些复杂但又隐蔽的法律意义又会被以不同的方式接受、理解与诠释,指示大众守法意识中不同于法律“信仰者”的另一维度,即大众

〔38〕 参见[英]约翰 · 斯道雷:《文化理论与大众文化导论》,常江译,北京大学出版社 2019 年版,第 58 页。

〔39〕 参见凌斌:《普法、法盲与法治》,载《法制与社会发展》2004 年第 2 期。

〔40〕 波斯纳认为,经典文学和法律中都含有某种浪漫主义价值观,参见[美]理查德 · A. 波斯纳:《法律与文学》(增订版),李国庆译,中国政法大学出版社 2002 年版,第 200 ~ 218 页。

〔41〕 Anthony Chase, *Toward a Legal Theory of Popular Culture*, Wisconsin Law Review, p. 532(1986).

法律意识中作为守法道德观念"创造者"的主体体验。守法意识在合法性认同维度的普遍化与在道德观念维度的个性化,根源于大众文化的二元塑造效果。

因此,大众文化是这样一种文化:在表现形式上,以工业化与信息化生产、消费模式的文化商品为意义载体,以现代流行的传播方式为媒介表达;在文化实践上,表达了与主流意识形态相疏离的市民的、世俗的、日常生活的、消费性的非官方意义;在受众主体上,指涉着以感觉娱乐为目的、以通俗内容为接受对象的普遍的、同质化了的非精英群体。大众文化在上述三大路径中全面楔入了守法意识的内在结构。

(二)作为感觉结构的守法意识模式

大众文化是塑造守法意识极为重要的外部文化机制,直接且显著作用于守法意识的目标选择、实践环境与主体表达,并与全民守法事业中的普法、法律文化建设等话题相互勾连。对此,理查德·K. 舍温认为,"寻找法律意识的构成性要素,亦即寻找使法律意义得以塑造、传播和接受的大众文化材料"。[42] 在本文研究中,大众文化传导的法律意义成为塑造大众守法意识的影响因素。"法律文化意义"作用于"法律实践意识"的关系表明,对守法意识乃至法律意识进行研究,不能再以一种法律社会学式的"行动者"逻辑——与法律发生现实关联并表现出对待法律的现实态度与行为,来展现这一意识的真实全貌。法律意识更微妙、更感性,或更潜隐、也更重要地表现出其作为一种社会文化心态的领域,恰恰在于"法律文化意义"影响下"法律实践意识"所体现的非行为意义上的情感模式。法律意识不一定外化为法律行动,但法律行动一定有赖法律意识。对于法律意识的研究有必要适当超越"行动者"逻辑,探寻法律文化意义在法律意识中的传播与积淀。

英国文化社会学研究者雷蒙德·威廉斯(Raymond Williams)将这种普遍的社会文化心态,即某一文化环境中群体所共同生产、分享、传播的情绪、愿望、冲动等经验化了的独特生活感受与感性理解,称为"感觉结构"(或译为情感结

---

〔42〕 [美]理查德·K. 舍温:《大众文化中的法律》,赖骏楠译,载[美]奥斯汀·萨拉特编:《布莱克维尔法律与社会指南》,北京大学出版社 2011 年版。

构、感知结构,the structure of feeling)。[43] 它溶解流动中的社会经验,沉积、传播、建构文化素材,表现并影响现实在场的、活跃着的、连续性之中的实践意识。[44] 它虽然以结构命名,但是其学术传统属于文化分析领域中"伯明翰学派"的"文化主义"流派。[45] 因其强调个人体验与主观感受,与结构主义话语中强调个人经验的从属性并不完全相同。[46]

将守法意识理解为一种"感觉结构",正是基于在大众文化场域中,守法意识是以一种群体文化心态被塑造的,与全民守法的宏观群体相符合,而非局限于语境化了的、必须参与到法律正式运行环节中的个别守法情景,也并非必须通过行为才能揭示——涉及法律的行为有赖法律意识,但对法律意识之认知未必只能通过观察行为、调查询问等实证研究而获取。大众"法律文化意义"外在影响关于守法的"法律实践意识",这种"大众化了"的守法意识,作为"感觉结构"能够被社会成员所共享,突出的是有关法律的生命体验感、生活经验感。这一"感觉结构"是全民守法建设中,守法主体的共同情感体认的文化凝结,而且也能够外化为守法行为。大众文化塑造的守法意识是作为"感觉结构"的守法意识,大众文化自身体现的以及守法意识塑造过程中的种种意义张力,亦被固定在这一"感觉结构"之中。

综合以上分析,本文用图 1 集中展示大众文化对守法意识产生重要影响效果的各种面向:图 1 中"合法性认同""守法道德观念"作为守法意识的两个重要

---

〔43〕 感觉结构在其概念发展史各阶段中,意义并不完全一致,但在分析立场和诠释方法上的意涵是明确的,即突出某种文化场域下塑造的较统一性的生命体验感、生活经验感,笔者在此维度使用这一概念。关于其概念发展史,参见付德根:《感觉结构概说——雷蒙德 · 威廉斯的文化唯物主义的一个概念》,载王杰主编:《马克思主义美学研究》第 9 辑,中央编译出版社 2006 年版;张登峰:《"感觉结构"作为"关键概念":理论系谱与文化实践》,载《中国图书评论》2019 年第 12 期。

〔44〕 参见[英]雷蒙德 · 威廉斯:《马克思主义与文学》,王尔勃、周莉译,河南大学出版社 2008 年版,第 141 ~ 144 页。

〔45〕 参见[英]约翰 · 斯道雷:《文化理论与大众文化导论》,常江译,北京大学出版社 2019 年版,第 45 页。

〔46〕 参见罗钢、刘象愚主编:《文化研究读本》,中国社会科学出版社 2000 年版,"总序"第 9 页。

组成部分,其下列举的"规范性理想""工具性现实","国家权力下沉""文化宰制抵抗","信仰者""创造者"分别表征守法意识塑造的目标、环境与主体,"大众文化场域"作为外部影响因素,在这3个维度上楔入了守法意识的塑造环节,同时对"合法性认同"与"守法道德观念"两大领域施加影响,产生了守法意识塑造时"价值积累与意义选择""意识形态与集体无意识""法律精英与法盲"之间的文化张力,有机统合了守法意识在当代社会文化塑造中的关键要素,形成了勾连法律文化意义与法律实践意识的崭新理论图式,为全民守法在现代社会文化维度提供了一种人文性的思考框架。

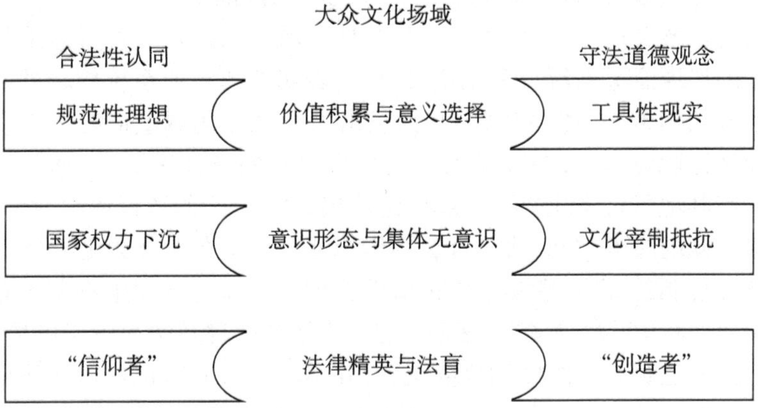

图1　作为"感觉结构"的守法意识

四、从守法到法治:大众文化的复合作用效果

作为感觉结构的守法意识,反映了大众文化楔入法律实践之中形成大众法律文化时的机制特征:一方面,是依靠法律精英,行使法律规训,整合法律价值的法律意识形态之强力推动与广泛普及;另一方面,是法律门前的普通人,接受或抵抗法律规训,提出自我法律见解之集体无意识活动领域、倾向消解守法道德观念。自上而下与自下而上的双向过程合二而一,构成大众法律文化的一体两面,并非体现为社会建构视域下将各类事实分开考察的不同环节。也就是说,不是法律规训在法律理解中被重新诠释,而是大众文化中的法律规训本身就带有既普及又消解法律意识的悖论式特征,体现为守法意识的创造性破坏机

制,并扩展到法治大众化等广泛领域。

(一)守法意识的创造性破坏机制

所谓"创造性破坏"(或译为"创造性毁灭")的概念,是由约瑟夫·熊彼特(Joseph Schumpeter)在研究资本主义经济发展模式时提出,即经济创新必须不断摧毁既有的经济结构,在破坏旧模式基础上实现经济发展的革命化。[47] 美国学者泰勒·考恩(Tyler Cowen)将这一概念引入对流行文化传播机制的学术讨论中,实现了这一概念由社会科学领域向人文科学领域的应用转化。在他看来,流行文化的全球传播破坏了地方性的传统文化,但同时促进了个体文化选择的多样化,"创造性破坏"是创新世界文化的积极推动力。[48]

就创造性普及而言,主要集中在规范性领域。法律在其自身体系与正式运行环节中的严谨意义被流行文化意义改造,表明法律专业系统相较外部而言较封闭的意义结构被"破坏";与此同时,经由大众文化场域塑造的法律意义消除了其与非法律职业人士,即普通人生活世界之间的意义区隔,法律及其合法性意涵得以与其他日常文化要素一起广泛传播。"流行"的过程将法律剥离,陌生化地融入大众的想象空间,法律合法性作为社会共识在大众文化中普及。

就破坏性制约而言,则集中于价值性领域。大众文化在生产法律意义时面临法律符号"虚拟"与"现实"的表达矛盾,其创造性普及法律意义的同时,制约着守法意识在道德观念维度的价值跃升,并不能十分有效地促进法律信仰等更高层次守法意识的生成;同时,大众文化中违法亚文化的表现形式,会将消费主义逻辑楔入法律意识之中,破坏守法建设。纵使大众文化对守法意识中的合法性认同进行了创造性普及,应用贴合日常生活的流行文化素材对疏远于常人经验世界的法律规范进行形象化建构,使法律意义祛除了因其专业属性而与普通大众相区隔的感知隔膜;然而,这一创造性的发挥,却在更广泛的文化传播领域消弭了法律严谨的规范属性,由于大众文化自身表现形式与美学属性的局限特点,使置于相关文化场域中建设法律意识的普法措施,并不能有效克服法律意义被通俗娱乐扭曲、法律价值被流行文化破坏、敬畏法律的态度被消费主义观

---

[47] 参见[美]约瑟夫·熊彼特:《资本主义、社会主义与民主》,吴良健译,商务印书馆 1999 年版,第 144 ~ 150 页。

[48] 参见[美]泰勒·考恩:《创造性破坏:全球化与文化多样性》,王志毅译,浙江大学出版社 2017 年版,第 196 ~ 206 页。

念削弱。

大众文化之所以对合法性认同具有创造性普及的功能,是因为其是在对守法道德观念破坏性消解的基础上同步实现的。大众文化场域中的守法意识塑造产生相反效果,除主观感觉体验的微妙运作和艺术创作的编码差异外,归根结底则源于社会文化权力的复杂属性,即葛兰西文化霸权理论所揭示的,大众文化场域是一个国家与社会、抵抗与收编、意识形态宰制与集体无意识反对同生共存的复杂权力网络,是上述文化关系的均势妥协。每一件凝结法律意义的大众文化创作,在大众文化场域的流通环节中,都会同时向文化霸权所指涉的两个层次靠拢,如果稍有偏离,那么大众文化得以于社会中广泛流行的平衡性前提就会失去维系基础。而身处文化场域中的个体,在日常的经验生活中也同时适应了这两种在冲突中保持和谐的文化权力,认可国家法律在规范维度的合法性,但在对待法律更主观化的情感领域,也保留了个性因素较强烈的价值判断标准。

创造性破坏机制表明,任何蕴含法律意义的大众文化场景演绎都无法将规范意义上的合法性认同与价值意义上的守法道德观念完全割裂开来。因此,"在合法性认同广泛流行中消解高阶守法精神(法律信仰等)"是全民守法研究在文化场域维度具有本质意义的理论范畴,对法治建设亦具启发性。

(二)在流行中消解:重思"法治大众化"

事实上,如果将学术视域进行适度拓展,大众文化对法律意识的影响也并不局限于本文所聚焦的守法、普法等领域,还能够为法治建设的其他环节提供有益的思考进路。域外学者的相关研究,亦能够证实大众法律文化的破坏性创造机制在司法、执法、立法等法律运作环节构建法律意识时展现的消解与流行并存的二元效果。

从立法角度看,研究大众的想象力是因为它是一个重要的法律来源。理查德·舍温认为,从对立法者和法官掌权的选民,到在整个陪审团房间里决定真相和正义的陪审员。正如法律的合法性最终来自非专业公众一样,法律的合法性也取决于公众的持续信念和接受。"人民在愤怒中可能会否定国家的法律,他们甚至可能在街头制定自己的法律。"[49] 弗里德曼分析了媒体通过传播关于

---

[49] Richard K. Sherwin, *Picturing Justice*: *Images of Law &(and) Lawyers in the Visual Media Introduction*, University of San Francisco Law Review, Vol. 30, p. 891 – 902(1996).

法律的一些宣传用的“套话”对法治发生影响,“刑事政策是由波莉·克拉斯(美国一场绑架杀人案的受害者)决定的”,“侵权行为法政策则由麦当劳的热咖啡以及其他都市传奇来决定”。[50]

在司法领域,大众文化对案件审判乃至具体的事实认定都产生了直接影响。维基·史密斯(Vicki Smith)的研究表明,对法律、真相和正义的大众观念、范畴、情感和信念,以各种方式进入法律系统中。当陪审员以他们自己的常识信念来代替难以理解的、在法官指示陪审团时匆匆读过的、超过普通人理解能力的法律规则时,这些观念、范畴、情感和信念就进入了法律。[51] 他关注到了在当代社会中大众文化中的可视技术试图将其展示方式带入法庭,他敏锐地察觉出法庭传统的言辞说服与大众传播媒介的视觉隐喻之间的区别,大众传播媒介的视觉资料在劝说中具有独特的效能,它们改变了论证方式,并通过这种改变拥有了更有力地现实劝导能力,在法庭内外进行法律意义的传导与构建。

大众文化为常人对法律的体悟提供了不同于司法场域中诉讼参与等活动的新视角,这一视角也为重新发现法律制度的意义扩展了批判的空间。奥斯汀·萨拉特(Austin Sarat)以电影 The Sweet Hereafter 为分析对象,表明在大众文化语境下美国民事司法系统具有相当的不确定性和脆弱性以及诉讼这一司法救济自身具有的潜在问题。[52] 保罗·伯格曼(Paul Bergman)也研究了大众文化类似的扭曲效应,即其传播受众对审判中“边缘证据”地位的认知,并不以客观性为标准。他认为,法律电影往往夸大直接证据的价值,而不是间接证据的价值。这类编剧反映了大众对确定性的强烈渴望,这种渴望表现在相信目击者的陈述比间接的物证更值得信赖。这些学者的研究提示了当大众文化渗入法律系统时,会混淆规范问题和“讲故事”之间的界限,误导大众对法律真实意

---

[50] See Lawrence Friedman, *Lexitainment*: *Legal Process as Theater*, De Paul Law Review, Vol. 50, p. 539 - 558(2000).

[51] See Vicki Smith, *Prototypes in the Courtroom*: *Law Representations of Legal Concepts*, Journal of Personality and Social Psychology, Vol. 61, p. 857 - 872(1991).

[52] See Austin Sarat, *Exploring the Hidden Domains of Civil Justice*: *Naming*, *Blaming*, *and Claiming in Popular Culture*, DePaul L. Review, Vol. 50, p. 425 - 452(2001).

涵的认知,这些不良作用值得学界研究关注。[53] 法律意义与法律系统外的流行文化要素进行有机混合,受众在法律实践中进行语境化的多样解读。而这些解读催化了不同法律意识生成的可能性,对法律意义的认可与摒弃被大众文化场域整体容纳。

与大众法律文化紧密相关的另一中国法学话题,是法治大众化。我国法学界对大众文化如何影响法治的看法,经历了一个由谨慎对待到包容接受的发展过程。早在20世纪末期,舒国滢就立足"文化—哲学"的解释视角对大众文化给我国法治带来的可能影响作出了分析,他认为,大众化标志法律的一些演化,有从旧到新的转向;另外,大众化与法治化又不完全是同质关系,它们都有可能有不同的走向,并不存在相互承诺的保障。相反,大众文化的出现,将给中国的法治化带来一系列难以解决的问题,如法的合理性(正统性)危机,"守法—执法"的间离化等。[54] 刘星则从法律解释的角度,关注了大众话语与精英话语的对立问题,指出犹如西方法律解释不能回避大众话语与精英话语的选择困难一样,中国的法律解释同样必须面对这一潜在的问题。[55] 这两位学者整体上对大众法律文化抱有谨慎态度,认为大众文化对法治建设的干预应当被限缩在一个较严格的范围内。

21世纪以来,随着流行文化的飞速发展与境外大众法律文化理论的译介,法学界对法律大众化的态度转向开放,在理论与实践方面都提出了运用大众文化的积极措施。例如,吕明的著作《大众法律文化研究》对大众法律文化与法律文化结构中传统、现代、精英、主导、民间等法律文化作了比较,并就大众法律文化对于立法、司法和法治教育的意义进行了概括性介绍,认为大众文化能够在法律各个运作环节中发挥良性作用。[56] 柏欣关注了大众文化对法律文化的认

〔53〕 See Richard K. Sherwin, *Picturing Justice*: *Images of Law & (and) Lawyers in the Visual Media Introduction*, University of San Francisco Law Review, Vol. 30, p. 891 - 902 (1996).

〔54〕 参见舒国滢:《大众化与法治化:一个文化—哲学的解释》,载《政法论坛》1998年第3期。

〔55〕 参见刘星:《法律解释中的大众话语与精英话语——法律现代性引出的一个问题》,载《比较法研究》1998年第1期。

〔56〕 参见吕明:《大众法律文化研究》,安徽大学出版社2018年版。

同演替,他指出,大众文化与精英文化对一个国家的民族法律文化认同具有循环性的影响。大众文化、精英文化各自依照自身的运行程序在法律文化认同结构的3个子系统中循环,不断冲突、融合,共同塑造一个国家的民族法律文化认同。中国法律文化认同结构性演化的过程历史性地演绎了其规律。[57] 熊浩、赵彩凤等人在理论意义上重述了法学研究中大众文化的理论,提示学界关注这一进路的研究价值。[58] 熊浩认为,“法律与大众文化这一论域在中国的命名将有助于拓展和开阔法律研究的视野,启发和创造一个可持续的,有学术接力与智识创造可能的事业,并为法律学术提供一种新鲜的视角,材料以及诸多其他可能”。赵彩凤则在评述弗里德曼的大众法律文化思想时指出,深入理解当代法律文化转型中的大众“选择共和国”意象对全球化时代的法治文化建设具有导航意义。“我国法治建设主体仍以内行法律人独自担纲,未能真正认识到现代大众的强大力量和应有的主体地位,只将其作为被普法与被启蒙的对象。”黄文艺在对新时代中国法理学研究方法论的阐释中,也特别提到了法理学研究中的大众化视角,“法治宣传教育应从注重以法律条文为主的普及及专项以法治精神为主的法理教育”,“让遇事找法、办事循法成为全体公民的自觉行动”。[59] 国内相关论文也揭示了大众传播媒介之于守法的积极意义,有学者研究了交通执法机构新闻发布与公众守法行为倾向之间的关系,在传播学意义上分析了法治传播的效果。建设健全的法律信息传播的大众传媒机制,能够促进公众守法。[60]

既有研究从不同维度揭示的大众法律文化的复杂面向,展现了全民守法背景下法律意识消解与流行的多元特征,这些特征根植于作为感觉结构的守法意识模式及其所依托的创造性破坏作用机制。中国法治建设的大众化事业,应当寻求某种结构平衡,在合法性认同之流行中警惕守法道德观念的消解,同时克

[57] 参见柏欣:《大众文化、精英文化对法律文化认同的循环影响——以“文革”以来中国法律文化认同结构性演化为实例》,载《长白学刊》2008年第3期。

[58] 参见熊浩:《法律与大众文化》,载《思想战线》2010年第6期;赵彩凤:《法律背后的沉默之音——弗里德曼大众法律文化思想解析》,载《中国法律评论》2015年第2期。

[59] 参见黄文艺:《新时代中国法理研究方法论》,载《法学》2020年第4期。

[60] 参见江灏锋、谯治等:《交通执法机构新闻发布会与公众守法行为倾向关系研究——以重庆市R市机构为例》,载《国际新闻界》2019年第3期。

服为了达致高阶守法精神时那种牺牲通俗化手段普及法律的刻板倾向。

五、结　　语

全民守法是一场不能脱离当代社会文化场域的综合性工程。本文勾连了法律文化意义与法律实践意识两大领域,涵盖了守法意识规范性与价值性的综合面向,并将其拓展为容纳守法目标、环境与主体,包罗宏观与微观感觉结构,以此揭示了大众法律文化"创造性破坏"的复合作用机制。有关法律意识、普法和法律文化的研究和法律实践,需要审慎对待"守法道德观念在合法性广泛认同中被消解了"的大众法律文化命题。基于法律意识"在流行中消解"的宏观规律,稳健开展法治大众化建设,结合具体语境对本文提出的理论框架进行诠释与推进,细化这一领域的微观经验研究。

Dissolving in Popularity: The Shaping Mechanism of
Popular Culture on National Law-abidingness

Han Shangyi

Abstract: Under the macro background of law-abiding for all people in the country, the study of legal consciousness needs to transcend micro action scenarios and establish a theoretical structure that is compatible with popular culture. The normative identity of legality and the value of law-abiding morality are the two sides of the connotation of law-abiding consciousness, which are developed into three groups of relations in the field of popular culture, such as "accumulation of legal value and choice of meaning", "legal ideology and collective unconscious", "legal elite and legal illiteracy", etc., which shape the structure of sensation as the structure of feeling. The relationship between the legal elite and legal illiteracy has shaped the mode of law-abiding consciousness as a sensory structure. Popular culture is a unique window to observe the rule of law from the law-abiding perspective, and the creative destructive mechanism it follows helps to understand the paradoxical feature of "dissolving in popularity" of legal consciousness in modern society, and provides a new thinking framework for empirical research on law popularization, legal consciousness and legal dissemination, as well as for the practice of the rule of law in China.

Key words: Law-abiding; Legal Consciousness; Popular Culture; Legal Culture; Popularizing the Law

《人大法律评论》稿约

《人大法律评论》是在中国人民大学法学院支持下，由法学院学生自主创办、独立编辑并公开出版发行的学术出版物，现为中文社会科学引文索引(CSSCI)来源集刊。

《人大法律评论》初创于2000年，现包含“专题研讨”“论文”“评论”等板块，新设有“法哲学专题”“公法专题”“博士论文精华”等特色板块。

欢迎海内外专家学者、优秀学子惠赐稿件，来稿原则上在1万至2万字，特别优秀的稿件，可以不限字数。《人大法律评论》线上投稿系统现已正式启用，网址为：https://rdfl.cbpt.cnki.net/。

来稿请附中、英文标题和摘要(300字之内)、关键词(5个以内)，并于线上投稿系统中填写作者个人简介(包括姓名、单位、职务或职称、地址、联系电话、电子邮箱)。关于注释规范，请参见后附注释体例。

《人大法律评论》实行匿名三审制，编辑部收到稿件起3个月内向作者通报审录结果，每稿必复。

《人大法律评论》崇尚学术自由、严守学术规范。一旦发现作者一稿多投、抄袭或者存在其他严重学术不端行为的，本评论将向其所在单位、主管机关、学术团体及新闻媒体通报情况，并保留追究其法律责任的权利。

为了扩大本评论及作者知识信息交流渠道，除非作者在来稿时声明保留，则视为同意《人大法律评论》拥有以非专有方式向第三人授予已收录作品电子出版权、信息网络传播权和数字化汇编、复制权，以及向《中国社会科学文摘》《高等学校文科学术文摘》和中国人民大学书报资料中心《复印报刊资料》等文摘类刊物推荐转载已收录作品的权利。

《人大法律评论》编辑部

《人大法律评论》注释体例

一、文中注释一律采用脚注，全文连续编号。

二、非直接引用原文的，注释前加“参见”；引用非原始资料时，请注明“转引自”。

三、引用同一文献的，无论两个注释是否相邻，均应列出完整的文献信息，避免使用“同上”“同上书”表述。

四、表格的表号和表题在表身上方，插图的图号和图题在图形下方。图表制作应当使用可在文档中编辑的制图软件，勿使用截图。

五、注释及参考文献范例

（一）著作、教材类

（1）个人专著

[1]《习近平谈治国理政》（第4卷），外文出版社2022年版，第24页。

[2]龚祥瑞：《比较宪法与行政法》，法律出版社1985年版，第255页。

（2）多位作者专著

胡锦光、韩大元：《中国宪法》，法律出版社2018年版，第89页。

（3）主编等其他著作方式作品

佟柔主编：《中国民法》，法律出版社1990年版，第67～75页。

（二）论文类

[1]苏永钦：《私法自治中的国家强制》，载《中外法学》2001年第1期。

[2]王利明：《合同无效制度》，载《人大法律评论》编辑委员会组编：《人大法律评论》2012年卷·第1辑，法律出版社2012年版，第67～91页。

[3]梁君瑜：《行政诉权研究》，武汉大学2017年博士学位论文，第36页。

[4]姜明安：《新时代中国行政法学的转型与使命》，中国法学会行政法学研究会2018年年会论文。

（三）文集类

尹田：《法国合同责任的理论与实践》，载梁慧星主编：《民商法论丛》第3卷，法律出版社1995年版。

（四）译作类

［古希腊］亚里士多德：《政治学》，吴寿彭译，商务印书馆1983年版，第54页。

（五）报纸

张志铭：《何谓法律真实？》，载《人民法院报》2002年3月15日，第3版。

（六）古籍类

［1］（西汉）司马迁：《史记·商君列传》，中华书局1959年版，第2229页。

［2］《清实录》卷二四五。

（七）辞书类

《新英汉法律词典》，法律出版社1998年版，第24页。

（八）网络资料类

［1］洪明思、钟法：《5位律界"大咖"成为杭州中院首批"律师调解员"》，载杭州网，http://ori.hangzhou.com.cn/ornews/content/2017-11/11/content_6712391.htm。

［2］刘松山：《失信惩戒立法的三大问题》，载微信公众号"中国法律评论"2019年11月19日，http://mp.weixin.qq.com/s/wA3Jj923WNctVATeSKIhCw。

（九）裁判文书类

北京市海淀区人民法院民事判决书，（2018）京0108号民初142号。

（十）案例类（案例中出现的姓名、名称需匿名化处理）

［1］"田某诉北京科技大学案"，北京市海淀区人民法院行政判决书，（1998）海行初字第142号。

［2］"荣某某诉王某、永诚财产保险股份有限公司江阴支公司机动车交通事故责任纠纷案"，最高人民法院指导案例24号（2014年）。

［3］"陆某某诉南通市发展和改革委员会政府信息公开答复案"，载《最高人民法院公报》2015年第11期。

（十一）英文类

［1］L. Fuller, *The Morality of Law*, Yale University Press, 1969, p. 143.

［2］Randolph Quirk et al., *A Comprehensive Grammar of the English Language*,

New York, Longman Inc. ,1985,p. 1140.

[3]Mark Greenburg, *How Facts Make Law*, 10 Legal Theory 157 (2004).

[4] H. L. A. Hart, *Jhering's Heaven of Concepts and Modern Analytical Jurisprudence*, in Eaasys in Jurisprudence and philosophy, Oxford University Press, 1983, p. 269 – 270.

(十二)德文类

[1]Claus Roxin, Strafrecht Allgemeiner Teil, band Ⅰ, 4. Aufl. 2006, §15 Rn. 19.

[2] Benjamin Vogel, Rechtsgüterschutz und Normgeltung, ZStW 129 (2017), S. 630,632.

(十三)法文类

[1] Marc Chevallier, *L'État de droit*, Montchrestien, 4eéd. , Paris, 2003, p. 16 – 29.

[2]Marc Poisson, «Le droit de la mer», *RGDIP*, p. 15 – 47.

(十四)日文类

[1]喜多了祐『外観優越の法理』(千倉書房,1977 年)215 頁。

[2]我妻栄 = 有泉亨『民法総則物権法(法律法体系・コンメンタール篇)』(日本評論社,1950 年)31 頁。

[3]於保不二雄「付加物及び従物と抵当権」民商法雑誌 29 巻 5 号(1954 年)1 頁以下。